기독교 신앙의 진리

The truth of the Christian faith

기독교 신앙의 진리

발행 2015년 8월 13일

지은이 원종천
발행인 윤상문
디자인 여수정
발행처 킹덤북스
등록 제2009-29호(2009년 10월 19일)
주소 경기도 용인시 기흥구 동백동 622-2
문의 전화 031-275-0196 팩스 031-275-0296

ISBN 978-89-94157-58-0 (03230)

Copyright ⓒ 2015 원종천
이 책은 저작권법에 따라 보호받는 저작물이므로 무단전재와 복제를 금지하며,
이 책의 내용의 전부 또는 일부를 이용하려면 반드시 저작권자와 킹덤북스의 서면 동의를 받아야 합니다.

※ 잘못된 책은 구입하신 곳에서 교환하여 드립니다.
※ 책 가격은 표지 뒷면에 있습니다.

 킹덤북스(Kingdom Books)는 문서사역을 통해 하나님의 나라를 확장하고, 한국 교회와 세계 교회를 섬기고자 설립된 출판사입니다.

기독교 신앙의 진리

The truth of the Christian faith

원종천 지음

킹덤북스
Kingdom Books

서 문

　이 책은 강남구 대치동에 위치한 '서울교회'에서 2012년 9월부터 2014년 6월까지 2년 동안 "신앙강좌부"에서 강의한 내용을 수정 보완하여 정리한 것이다. 장년들의 신앙 교육을 위해 마련된 본서는 일반 성도들의 신앙성장과 영성함양을 목표로 하고 있다. 범람하고 있는 이단의 유혹과 가톨릭교회와의 혼란한 상황 가운데 정체성 문제를 겪고 있는 개신교회 성도들의 신앙을 확고히 하고 성경을 근거로 깊이 있는 기독교 신앙의 정립을 목적으로 하고 있다. 본서는 종교개혁을 중심으로 개신교회의 뿌리를 찾으며, 교회역사를 배경으로 우리에게 필요한 신앙적 주제를 다루고 있다. 성경을 기준으로 내용을 전개하고 집필했으며, 본인이 교수로 재직하고 있는 아세아연합신학대학교에서 강의하는 내용들도 부분적으로 함께 녹아져 있다. 교회의 일반 성도들을 위한 내용이기에 핵심 내용들을 간략하고 쉽게 이해할 수 있도록 기술하려고 노력했다. 본서는 성도들에게 깊이 있는 신앙의 진리를 전달하기 위해 저술되었다. 강의를 맡겨주신 '서울교회' 박노철 담임목사님, 그리고 강의를 듣는 성도들 및 강의 진행과 부서 발전을 위해 헌신의 수고를 아끼지 않는 임원들과 교사들에게 감사를 드린다. 한국교회 성도들을 위한 교육 자료의 필요성을 인지하고 본서를 출판해 주기로 결정해 주신 킹덤북스(Kingdom Books) 대표 윤상문 목사님께 심심한 감사를 표한다.

2015년 7월　저자 원종천

차례

서문 5

제01장	기독교회의 역사적 배경 9
제02장	로마 가톨릭교회 19
제03장	마틴 루터의 회심 41
제04장	이신칭의 53
제05장	만인제사장 61
제06장	죄 71
제07장	예정 83
제08장	그리스도와의 연합과 교제 93
제09장	의인화된 언어 101
제10장	사랑 105

제11장	복음의 함성	127
제12장	언약	169
제13장	하나님에 대한 언약적 의무	195
제14장	인간에 대한 언약적 의무	223
제15장	인간	255
제16장	그리스도인의 삶	301
제17장	그리스도인의 자유	331
제18장	기도	345
제19장	교회	373
제20장	예배	401

참고문헌 423

제 *01* 장

The truth of the Christian faith

기독교회의 역사적 배경

　　　　　　　　　　기독교회 역사 2000년이 흘렀다. 예수님께서 오시고 오순절 성령께서 강림하시어 신약교회가 탄생한 후 지금까지 온 것이다. 기독교회는 2000년에 걸쳐 수많은 역경과 시련을 거치며 지금까지 왔다. "음부의 권세가 내 교회를 이기지 못하리라(마 16:18)"는 주님의 말씀이 실현되었고 현재 진행 중이다. 2000년 기독교회 역사에서 16세기 종교개혁은 그 전과 후를 가르는 중요한 사건이었다. 고대와 중세를 거쳐 성경에서 점점 멀어져가고 있던 교회를 신앙의 기준으로 되돌려놓는 사건이었기 때문이다. 16세기 종교개혁은 개신교회의 시작이었고 성경 신학의 출발이었다. 그것은 하나님의 진리를 회복하고 교회를 하나님 말씀 위에 세워놓으려는 애절한 노력이었다. 개신교회의 근거가 되는 종교개혁에 이르기까지 기독교회는 어떤 경로를 거치게 되었는가? 우리는 그 역사적 배경을 살펴봄으로써 기독교 신앙의 진리를 찾아보고자 한다.

(1세기-4세기): 기독교회의 탄생과 박해, 그리고 로마 제국의 정복

예수님께서 부활 승천하신 후 오순절에 성령께서 임하시어 기독교회는 탄생했다. 기독교회는 처음에 유대교의 일부분으로 여겨졌다. 그 이유는 초기에 기독교는 유대교의 연속으로 간주되어 로마 제국으로부터 박해와 천대를 피할 수 있었기 때문이다. 그러나 유대교와의 마찰을 통해 기독교는 유대교와 다른 종교라는 사실이 점점 드러났다. 그래서 기독교회는 로마 제국의 박해를 받기 시작했다. 로마 제국의 황제를 숭배하지 않는다는 것이 가장 큰 이유였다. 이미 1세기에 시작된 기독교회에 대한 박해는 2세기와 3세기를 통해 진행되었다. 그러나 박해 가운데에도 기독교회는 성장했다. 기독교인들은 불법집단에 속해있는 자들로 간주되었기에 로마정부의 혹독한 박해와 더불어 시민들에 의해 부당하게 항상 열등 시민으로 취급받았다. 그럼에도 예수를 믿음으로 말미암아 당연히 치러야 할 대가로 생각하고 살았다. 서기 313년 로마 제국의 황제 콘스탄티누스(Constantinus)는 '밀란 칙령'을 공포했고 기독교회를 공식적으로 인정했으며 박해를 중지시켰다. 기독교회는 더 이상 불법집단이 아닌 것이 되었다. 기독교회의 불굴의 신앙과 교인들의 삶의 모범이 로마 제국을 감동시켰던 것이다. 380년 황제 데오도시우스(Theodosius)는 기독교회를 로마 제국의 유일한 공식 종교로 공포했고, 391년 모든 이방신들의 숭배는 금지되었다. 기독교회가 로마 제국을 정복한 것이다.

(5세기-9세기): 교회의 위기와 안정

476년 서로마 제국의 멸망과 더불어 기독교회에 위기가 왔으나, 교회는 로마를 정복하고 프랑스 왕국을 세운 프랑스족(게르만족의 한 분파)과 유대관계를 맺을 수 있었다. 프랑스 왕국은 초기의 위협과는 달리 교회를 환대했고 귀하게 여기기 시작했다. 로마 제국(라틴족)보다 문화적 수준이 현저히 낮은 프랑스족은 기독교회로부터 글과 문화를 배울 필요가 있었던 것이다. 교회는 프랑스족에게 위협의 대상이 아니라는 것을 알게 된 프랑스 왕국은 기독교회를 귀하게 여겼다. 교회는 이것을 계기로 새로운 왕국과 유대관계를 맺으며 그들을 교육하고 선교하기 시작했다. 496년 프랑스 왕국의 클로비스(Clovis) 왕이 세례를 받음으로 기독교회는 프랑스 왕국의 공식 종교가 되었다. 왕국은 영토를 넓혀가며 제국으로 성장했고 새로운 제국과의 밀월관계는 교회의 가시적이고 양적인 성장을 불러왔다. 샬러메인(Charlemagne)의 통치 기간(768-814) 동안 프랑스 제국은 절정에 달했다. 그는 영토를 더욱 확장하여 최대 제국의 면모를 갖추었고 교회에 큰 관심을 가지고 있었다. 교회와 매우 가까운 관계를 가졌고 교황을 보호했으며 성직자들의 교육수준을 향상시키려고 애썼다. 서기 800년 샬러메인은 황제로 등극했다. 교황청은 황제를 의존했고, 황제는 자신을 믿음의 수호자로 여겼다. 샬러메인은 제2의 로마 제국을 꿈꾸었다.

(9세기-11세기): 교회의 암흑기

제2의 로마 제국으로 성장한 프랑스 제국이 843년 스칸디나비안 족(바이킹 족)의 침공으로 와해되면서 기독교회는 심각한 위기상황에 도달하게 되었다. 침공세력은 교회를 존중하지 않았고, 분열되고 쓰러

져가고 있는 기존 제국은 교회를 지킬 수 없었다. 교회의 존재가 사라진 것은 아니었지만, 스칸디나비안 족들은 퇴치되던 919년까지 교회를 짓밟았고 기독교회를 그들의 노리개로 삼았다. 그 후 프랑스 족은 제국을 탈환했으나 이미 존재감이 상실된 기독교회는 더 이상 제국의 존경 대상이 아니었다. 스칸디나비안 족의 침공으로 프랑스 사회가 스스로를 보호하기 위해 형성된 봉건제도는 교회에도 영향을 미쳤다. 교회는 봉주가 된 제국의 봉신으로 전락했고, 과거 제국이 교회를 섬기고 보호해주었던 것과는 전혀 다른 양상을 띠게 되었다. 962년 '신성로마제국'으로 명칭을 변경한 프랑스 제국은 성직자들을 스스로 임명하고 자신의 정치적 수단으로 교회를 이용했다. 기독교회가 부패와 타락으로 말미암아 교회로서의 영적 기능을 발휘할 수 없게 된 것은 필연적 결과였다. 기독교회의 암흑기 200년의 역사는 11세기 중반에 와서야 종식될 수 있었다.

(11세기-13세기): 교회의 회복과 개혁의 시도

1049년 기독교회에는 재생의 길이 열렸다. 1039년 즉위한 신성로마제국의 황제 헨리 3세(Henry III)가 교회 개혁의 칼을 들었던 것이다. 개혁을 위해서는 바르게 훈련된 인재가 필요했다. 그 오랜 기간 동안 부패의 길을 걸어오던 교회에 어떻게 인재들이 있었을까? 기독교회의 암흑기에도 하나님은 일부 수도원을 통해 신앙을 지키게 했고 남은 자들을 키워 나가셨다. 암흑기 와중인 910년 수도원 개혁운동을 통해 새롭게 세워진 클루니(Cluny) 수도원은 1세기 반 동안 인재들을 키워왔다. 드디어 때가 되어 교회개혁이 시작되었을 때, 클루니 수도원은 필요한 인물들을 제공했다. 로마를 중심으로 교회개혁은 진행되었다. 교회의 우선과제는 제국으로부터의 분리였다. 제국의 간섭으로 말미암아 교회는 항상 정치적 상황에서 벗어날 수 없었고 영적 순결의 유지가 불가능했기 때문이다. 제국은 교회를 이용하여 권력을 더욱 확실하게 장악하려고 했기 때문에 교회는 영적 유지를 위해 스스로의 권세를 지켜야만 했다. 제국과 교회의 우위 다툼은 지속되었고 1122년 "보름스 협약"(Concordat of Worms)으로 상호간의 양보와 타협을 통해 피차의 권위를 인정하는 모양새를 갖추었다. 1204년 지리적, 정치적, 교리적 등의 여러 가지 불가피한 상황과 이유로 기독교회는 로마를 중심으로 한 서방교회(지금의 로마 가톨릭교회)와 콘스탄티노플(지금의 이스탄불)을 중심으로 한 동방교회(지금의 희랍정교회)로 분리되었다.

1100년대와 1200년대를 거치며 로마 가톨릭교회는 권세를 회복하고 성장했다. 로마 가톨릭교회에 신앙과 신학을 발전시킬 수 있는 계기가 마련되었던 것이다. 안셈(1033-1109), 성 버나드(1090-1153), 성 프란시스(1182-1226), 토마스 아퀴나스(1225-1274) 등과 같은 중세 시대에 유명한 신학자들과 영적지도자들이 배출되었다. 그런데 교회와 교황의 권위가 심화되면서 제국과의 관계가 과거와 달라졌다. 교회가 국가들을 장악하는 상황이 나타나기 시작했던 것이다. 불행히도 이것은 교회와 국가의 결속관계를 다시 심화시켰으며, 교회를 타락의 길로 가게 만드는 길을 열어놓았다. 정교분리가 되지 않은 중세의 상황은 항상 양쪽에 문제의 불씨를 남겨두고 있었던 것이다.

(14세기-15세기): 교회의 부패와 타락

1300년대 초, 중세 말 시대가 열리며 교회는 불행의 길로 가게 되었다. 1309년 프랑스 제국이 신성로마제국보다 국제적 권력이 강해지면서 처음부터 로마에 존재해 오던 교황청을 프랑스로 이전시켰다. 이미 제국들과의 이해관계 속에 얽혀있던 기독교회는 국제정세에 영향을 받을 수밖에 없는 상황이었고 당시 최고의 국가 권력을 자랑하던 프랑스 제국의 영향을 배척할 수 없는 상황이 되었던 것이다. 교황청 이전은 교회역사 이래 초유의 사건이었다. 프랑스의 아비뇽(Avignon)이란 도시에 위치하게 된 교황청은 사치와 향락을 누리며 1377년까지 약 70년 동안 교회를 부패와 타락의 길로 가게 했다. 삼척동자도 알게 된 교회의 부패와 타락은 스스로의 참담함을 인식하게 된 교황청으로 하여금 로마로의 귀환을 결정하게 했다. 1377년 로마에 돌아온 교황청은 교황선출 문제로 추기경단의 분열을 겪게 된다. 로마 계열의 추기경과 프랑스 계열의 추기경으로 갈라진 교황청은 교회의 '대분열'이란 사태를 겪으며 두 명의 교황을 세우게 되었다. 교회는 로마 교황청과 아비뇽 교황청으로 양분된 어처구니없는 결과를 맞이하게 되었다. 이것을 해결하기 위해 1409년 소집된 '피사 종교회의'(Council of Pisa)는 오히려 한 명의 교황을 추가하는 엉뚱한 사태를 빚었고, 교회는 동시대에 세 명의 교황이라는 최악의 상황에 도달하게 되었다. 한 시대에 교황이 한 명 밖에는 존재할 수 없는 '사제제도'의 로마 가톨릭교회의 전통과 가르침에 정면으로 충돌되는 사건이었다. 교회는 자정능력을 상실했고 자치능력을 발휘하지 못했다. 스스로 문제를 해결할 수 없게 된 교회는 신성로마제국의 황제에게 도움을 요청하게 되었다. 황제 시기스문드(Sigismund)는 1414년 강제적으로 콘스탄스(Constance)에 종교회의를 소집하여 문제 해결을 주도했다. '콘스탄스 종교회의'(1414-1418)가 개최된 것이다. 문제는 해결되었다. 세 명의 기존 교황을 폐위시키고 새로운 교황을 세웠다. 교황의 최고권위를 부정하고 교회들의 대표로 구성된 종교회의를 교회의 최고 결정기관으로 만들었으며, 교황은 종교회의의 결정을 따르게 했다. '공의회주의'의 탄생이 있다. 이것은 교회 역사상 최초로 민주주의 방식의 교회정치를 시도한 것이다. 이런 시험적 민주주의는 약 40여 년 동안 진행되었으나 여러 가지 현실적 어려움과 교황의 정치적 술책으로 종식될 수밖에 없었다. 1460년 공식적으로 종교회의의 권위는 폐지되고 교황의 권위는 옛 모습으로 되돌아가는 불행한 상황이 되었다. 교회의 영적 무능과 도덕적 타락은 지속되었고 수많은 사람들은 교회에 대한 실망과 불만으로 가득 차게 되었다. 이러한 현상이 암담한 중세 말 교회의 상황이었다.

그동안 로마 가톨릭교회는 도덕적으로 뿐만이 아니라 교리적으로도 심각한 부패를 겪었다. 가톨릭교회는 많은 부분에서 성경의 가르침을 떠났고 소위 '전통'이라 일컫는 교회의 가르침을 성경보다 더 높은 권위에 올려놓았다. 일반 성도들에게는 성경을 보급하지 않았고 성도들이 스스로 성경을 읽고 이해하는 것은 위험하다고 가르쳤으며 오직 교회의 권위만을 내세우며 진리의 길을 막았다. 그들의 가르침은 헬라 철학의 영향으로 성경의 가르침을 왜곡시켰으며 인간의 이성을 중시하여 신앙에 대해 논리적인 가르침으로 일관하려 했다. 이것을 '스콜라주의'라고 한다.

(16세기): 종교개혁과 개신교회의 탄생

1517년 독일에서 태어난 로마 가톨릭교회의 충성스러웠던 성직자 마틴 루터는 교회 부패의 온상이었던 면죄부 매매에 대항해 95개 조항을 내걸고 개혁을 요구했다. 면죄부 매매는 성도들에게 천국을 돈으로 살 수 있다는 잘못된 생각을 불어넣은 로마 가톨릭교회의 결정적 비리와 부패의 상징이었다. 그들은 막대한 재정이 필요했다. 로마 교황청에 베드로 성당을 건축하고 있었기 때문이다. 면죄부 매매를 통한 수익은 로마 교황청의 베드로 성당을 건축하기 위한 재정을 충당하기 위해 사용되었다. 95개 조항을 내걸은 루터의 개혁 요구는 결국 그를 파문으로 이르게 했다. 이단으로 정죄 받아 처형되어야 할 운명에 처하게 된 것이다. 그러나 루터는 하나님의 섭리 가운데 여러 사람의 도움으로 살아남을 수 있었고, 이미 교황청에 등을 돌린 많은 유럽의 시정부 개혁세력들과 그를 따르는 성직자들과 성도들은 루터를 지켜냈다. 그는 새롭게 교회를 세우게 되었고, 많은 추종자들은 그를 따라 나섰다. 오직 성경만이 하나님의 진리라고 가르쳤고 구원의 길은 예수 그리스도를 구주로 믿는 복음 밖에는 없다고 가르쳤다. 그래서 개신교회가 탄생한 것이다. 그 이후 츠빙글리, 요한 칼빈과 같은 많은 종교개혁자들은 성경의 가르침을 세밀하게 정리하여 보급했고 로마 가톨릭교회와 목숨을 걸고 싸워 진리를 수호했다.

우리는 누구인가?

우리는 개신교 종교개혁의 후예들이다. 마틴 루터나 요한 칼빈이 위대해서 그들을 따르는 것이 아니고 성경의 가르침이 유일무이한 하나님의 진리이고 구원의 길을 제시한 하나님의 유일한 계시임을 믿기 때문이다. 우리는 역사를 통해 배운다. 과거의 잘못과 오류를 반복하길 원치 않기 때문이다. 이제 우리는 하나님의 진리를 바르게 알고 바르게 신앙생활을 하기 원하여 성경의 가르침에 귀를 기울인다. 더 이상의 왜곡과 오류, 그리고 부패와 타락에 휩쓸려서는 안 된다. 우리는 우리 신앙의 정체를 분명하게 알아야 하고 그것을 지켜야 한다. 오직 성경만이 그것을 보증해 준다. 그러므로 우리는 성경의 진리를 열심히 탐구하고 하나님의 뜻을 밝히 알아 그분의 뜻을 따르는 순종의 삶을 살아야 한다. 이것이 우리 그리스인들이 이 세상을 사는 목적이다. 진리를 바르게 알아 감동으로 심령에 새기며 그것을 삶에 실천하여 하나님께 영광을 돌려야 한다. 인생의 궁극적 목적이 무엇인가? 하나님을 영화롭게 하며 그분을 즐거워하는 것이다. 우리는 이것을 하기 원한다. 인간 삶의 근본적인 목적을 회복하여 하나님께 복 받는 아름다운 삶을 살기 원하기 때문이다.

제 **02** 장

The truth of the Christian faith

로마 가톨릭교회

     우리 그리스도인은 신앙의 정체성을 분명히 해야 한다. 우리가 무엇을 믿으며 왜 그렇게 믿으며 어떻게 살아야 하는지 알아야 한다. 그렇지 않으면 상황에 흔들려 혼란에 빠지기 쉽다. 여러 종교의 가르침 또는 다른 교회의 비성경적 가르침, 나아가서는 신천지 같은 이단들의 감언이설에 넘어가 우리의 신앙이 큰 타격을 받을 수 있기 때문이다. 우리가 믿는 내용은 무엇이고 우리는 어떻게 살아야 하는가? 우리는 성경의 가르침을 절대적으로 믿으며 그 가르침 위에 우리의 신앙을 세우고 그 진리에 입각하여 행동해야 한다.

    우리의 이런 믿음은 16세기 종교개혁자들이 부르짖었던 것으로, 성경의 가르침으로 되돌아가자는 교회개혁운동에서 찾아 볼 수 있다. 개신교의 시조이었던 마틴 루터와 요한 칼빈 같은 종교개혁자들은 과거에 잘못되었던 중세 로마 가톨릭교회의 오류를 바로잡고 성경적 신앙을 회복시키려 목숨을 걸었다. 그래서 개신교가 탄생했다. 중세 로마 가톨릭교회는 신학의 핵심부분인 구원론에 심각한 오류를 가지고 있었다. 이것은 지금까지 내려와 현재 가톨릭교회의 구원론의 근간을 형성하고 있다. 우리는 가톨릭교회의 가르침에서 무엇이 문제인지를 파악하고 성경을 중심으로 한 개신교의 가르침은 무엇인지 알고자 한다.

로마 가톨릭교회의 구원론은 개신교와 차이점을 가지고 있다. 그 차이점은 세례(영세), 성찬(미사), 고해성사, 연옥 등에서 쉽게 발견된다. 가톨릭의 세례와 성찬은 성경과는 맞지 않는 내용을 가지고 있고, 고해성사와 연옥은 성경에서 찾아볼 수 없는 개념이다. 이제 이 내용들을 알아보고 무엇이 문제이며 개신교는 이것과 관련하여 어떤 믿음의 내용을 가지고 있는지 살펴보기로 한다. 왜 가톨릭 교리를 알아보려고 하는가? 하나의 진리를 이해하고자 할 때, 다른 개념과 비교나 대조를 통해 그 진리를 더 정확하게 알 수 있기 때문이다. 우리 주변에는 많은 가톨릭교회가 있고 가톨릭 교인들이 있다. 개신교회가 사회의 많은 비판을 받고 있으며 감소추세로 가고 있는데 반해, 가톨릭교회는 사회의 존경을 받고 있고 성장추세로 나아가고 있다. 왜 이런 현상이 일어나야 하는가? 개신교회는 먼저 자신을 돌아보아야 한다. 어떻게 이렇게 되었는지, 무엇이 문제인지 알아야 한다. 종교개혁 전통에 뿌리를 두고 '오직 성경'의 원칙 하에 진리를 추구하는 개신교회에 어디서 문제가 생긴 것인지 파악해야 한다. 그리고 회개할 부분을 회개해야 한다. 동시에 가톨릭교회에 대해서도 알아야 한다. 특히 성경을 기준으로 보았을 때 가톨릭교회 가르침의 문제점이 무엇인지 올바로 인식해야 한다. 가톨릭과 개신교 사이의 혼란 가운데 바른 판단을 해야 하기 때문이다. 중세 로마 가톨릭교회의 전통에 뿌리를 두고 있는 가톨릭교회의 가르침과 비교해 종교개혁에 입각해 성경에 철저하게 의존하려고 하는 개신교회의 가르침을 바로 분별할 수 있어야 한다.

세례

가톨릭교회는 구원을 위해 세례가 필수적이라고 가르친다. 세례가 원죄와 세례 전까지 지은 죄를 사해준다는 것이다. 사제가 베푸는 세례를 통해, 가지고 태어나는 원죄의 죄책을 사함 받고 세례 받기 전까지 지은 죄를 동시에 사함 받는다고 가르친다. 그러나 이것은 성경적인 근거를 찾을 수가 없다. 세례는 가톨릭교회가 베푸는 일곱 성례(세례성사, 견진성사, 성체성사, 고해성사, 결혼성사, 서품성사, 병자성사) 중 하나로 신앙의 길로 입문할 때 처음 통과하는 과정으로 여겨진다. 서품성사는 성직자로 안수 받는 예식이기에 평신도에게는 해당이 안 되고, 결혼성사는 성직자에게 해당되지 않는다. 가톨릭교회는 세례를 구원을 위한 절대적인 요소로 보고 있으며, 유아는 유아세례를 받지 않고 죽을 경우에 천국(영생)의 길이 열리지 않는다고 보고, 성인도 세례를 받지 않으면 마찬가지로 구원의 길로 들어설 수가 없다고 가르친다. 이것 역시 세례에 대한 성경적인 가르침과는 전혀 다르다.

성경의 가르침에 의하면 세례는 내적 중생의 외적 징표다. 중생하여 예수 그리스도를 믿고 구원을 받은 사실을 외적으로 표시하는 것이다. 곧 세례는 세례 받은 자가 그리스도인의 삶의 시작을 말하는 외적 상징이다. 이것은 곧 우리가 예수 그리스도를 믿고 그와 하나 되어 의로워져 새로운 삶을 살게 되었음을 표시하는 것이다. 세례의 본질은 그리스도와 합하여 하나 되는 것이다. 그러므로 그의 죽음이 우리의 죽음이 되고, 그의 삶이 우리의 삶이 되는 것이다. 사도 바울은 여러 곳에서 이것을 말한다. "무릇 그리스도와 합하여 세례를 받은 우리는 그의 죽으심과 합하여 세례 받은 줄을 알지 못하느냐. 그러므로 우리가 그의 죽으심과 합하여 세례를 받음으로 그와 함께 장사되었나니 이는 아버지의 영광으로 말미암아 그리스도를 죽은 자 가운데서 살리심과 같이 우리로 또한 새 생명 가운데서 행하게 하려 함이라."(롬 6:3-4) "누구든지 그리스도와 합하여 세례를 받은 자는 그리스도로 옷 입었느니라."(갈 3:27) "너희가 세례로 그리스도와 함께 장사되고 또 죽은 자들 가운데서 그를 일으키신 하나님의 역사를 믿음으로 말미암아 그 안에서 함께 일으키심을 받았느니라."(골 2:12)

위의 세 본문이 말하듯이 우리가 받는 세례는 우리가 그리스도와 하나 되었다는 것을 표시하는 것이다. 세례를 받음으로 그리스도의 죽음과 합해졌다는 말은 그의 죽음이 곧 우리의 죽음이 되었다는 것이다. 그리스도께서 우리 죄를 짊어지시고 대신 죽으셨기 때문이다. 그러므로 우리에게는 하나님 앞에 스스로 죄 값을 치러야하는 정죄가 사라진 것이다. 우리는 또한 그리스도의 부활하심과 합해졌다. 그 결과 새 생명이 생긴 것이고 이제 새로운 삶을 살게 되었다. 우리는 그리스도와 하나 되어 그분 안에서 일으켜졌다는 말이 된다. 새 생명을 가진 새 사람으로 말이다. 세례는 이것을 표시하는 것이다. 그리스도와 합하여 세례를 받았으니 그리스도의 의로움으로 옷 입었다는 말이 의미를 발하는 것이다.

세례는 그리스도와의 연합의 표징이요, 믿음의 표징일 뿐만 아니라, 하나님과 언약 관계가 형성되었음을 나타내는 언약의 표징이다. 세례를 받음으로 우리는 언약공동체인 교회로 진입하여 교회의 일원이 되었음을 선포하는 것이다. 그것은 이스라엘 백성이 할례를 받고 구약

언약공동체인 이스라엘 백성의 일원이 된 것과 동일히다. 신약시대의 세례는 구약 시대의 할례에서 기인했다. 구약의 할례가 메시야 예수 그리스도가 오신 후에 세례로 방식이 변경된 것이다. "또 그 안에서 너희가 손으로 하지 아니한 할례를 받았으니 곧 육의 몸을 벗는 것이요 그리스도의 할례니라. 너희가 세례로 그리스도와 함께 장사되고 또 죽은 자들 가운데서 그를 일으키신 하나님의 역사를 믿음으로 말미암아 그 안에서 함께 일으키심을 받았느니라."(골 2:11-12) 사도 바울은 할례와 세례를 연관하여 말한다. 할례도 그리스도의 할례라고 지칭하고, 곧바로 세례로 그리스도와 하나 되었음을 말하고 있다. 할례의 원 뜻은 육의 몸을 벗는 것이라고 말한다. 그리스도를 믿고 의인이 되어 변화해 새 사람이 된 것을 의미한다. 그것이 그리스도의 할례라는 것이다. 그리스도의 할례는 곧 세례로, 그리스도와 연합하여 그의 죽음과 부활에 동참하는 것이라고 가르친다. 구약 시대의 할례는 바로 이 그리스도의 할례를 바라보고 있었다. 구약의 할례는 예수 그리스도께서 오셔서 완성되었고 신약시대에는 세례가 할례를 대신하게 되었다.

미사

가톨릭교회는 예배 때마다 미사를 드린다. 미사는 성찬식을 말하는 것이며, 가톨릭의 가르침에 의하면, 제정사("이것은 그리스도의 피입니다. 이것은 그리스도의 몸입니다.")가 선포되는 순간, 기적이 일어나 눈에 보이지는 않지만 떡과 포도주가 그리스도의 몸과 피로 변화한다는 것이다. 눈에 보이는 떡과 포도주의 물질은 변하지 않지만, 떡과 포도주의 눈에 보이지 않는 본체가 변한다는 것이다. 가톨릭은 사제만이 이런 능력을 행할 수 있는 권한을 가지고 있다고 가르친다. 이것을 '화체설(化體說, Transubstantiation)'이라고 한다. 성도들이 떡을 먹을 때에는 실제로 그리스도의 몸을 먹는 것이고, 사제가 포도주를 마실 때에는 성도들을 대표하여 실제로 그리스도의 피를 마신다는 것이다. 아울러 가톨릭교회의 화체설은 성찬식을 통해 그리스도의 희생제사를 드린다는 개념을 포함하고 있다. 예수님께서 2000년 전에는 십자가에서 피를 흘리시는 제사를 드렸지만, 이제는 성찬을 통해 매 번 피 없는 제사를 드린다는 것이다. 성도들은 미사(성찬)에 참여하여 하나님의 은혜를 얻고 일부의 죄를 사함 받는다고 가르친다.

성찬에 대한 가톨릭 가르침은 성경적으로 옳지 않다. 성찬의 성경적 의미는 무엇인가? 성찬은 그리스도께서 제정하신 것으로 그리스도 몸의 죽으심과 피 흘리심을 나타내는 것이다. 예수님은 이렇게 말씀하셨다. "그들이 먹을 때에 예수님께서 떡을 가지사 축복하시고 떼어 제자들에게 주시며 이르시되 받아서 먹으라. 이것은 내 몸이라 하시고 또 잔을 가지사 감사 기도하시고 그들에게 주시며 이르시되 너희가 다 이것을 마시라. 이것은 죄 사함을 얻게 하려고 많은 사람을 위하여 흘리는바 나의 피 곧 언약의 피니라."(마 26:26-28)

성찬에 참여하여 우리는 그리스도의 죽음을 선포하는 것으로 곧 복음을 전하는 것이다. 바울은 말한다. "너희가 이 떡을 먹으며 이 잔을 마실 때마다 주의 죽으심을 그가 오실 때까지 전하는 것이니라."(고전 11:26) 우리는 성찬에 참여함으로 그리스도의 복음 사역을 선포하며, 나를 위한 그리스도 죽음의 유익에 참여한다는 것을 배우고 익힌다. 내가 상징적으로 그리스도의 몸을 먹고 그의 피를 마심으로 내가 그리스도와 하나 되고 구원받았음을 확인하며 신앙의 확신에 큰 도움을 얻게 되는 것이다. 성찬은 우리에게 매우 유익한 영적 공급이 된다. 예수님은 당신의 피와 살을 먹고 마시면 영생을 얻는다고 말씀하셨다. 물질적으로 먹고 마시는 것이 아니다. 그리스도의 살과 피를 먹고 마시는 것은 영적인 내용을 상징적으로 표현하는 방식이다. 이것은 곧 예수 그리스도를 믿어 영생을 얻는 것을 의미한다. "예수님께서 이르시되 내가 진실로 진실로 너희에게 이르노니 인자의 살을 먹지 아니하고 인자의 피를 마시지 아니하면 너희 속에 생명이 없느니라. 내 살을 먹고 내 피를 마시는 자는 영생을 가졌고 마지막 날에 내가 그를 다시 살리리니 내 살은 참된 양식이요 내 피는 참된 음료로다. 내 살을 먹고 내 피를 마시는 자는 내 안에 거하고 나도 그의 안에 거하나니 살아 계신 아버지께서 나를 보내시매 내가 아버지로 말미암아 사는 것 같이 나를 먹는 그 사람도 나로 말미암아 살리라."(요 6:53-57)

    로마 가톨릭교회의 화체설은 성경의 근거가 없고, 그들이 가르치는 피 없는 희생제사 개념은 반성경적이다. 예수 그리스도는 십자가에서 한 번으로 모든 제사를 다 드리셨기 때문이다. 더 이상 그리스도께서 자신의 몸을 제물로 드리는 제사는 없는 것이다. "[그리스도께서는] 대제사장이 해마다 다른 것의 피로써 성소에 들어가는 것 같이 자주 자기를 드리려고 아니하실지니 그리하면 그가 세상을 창조한 때부터 자주 고난을 받았어야 할 것이로되 이제 자기를 단번에 제물로 드려 죄를 없이 하시려고 세상 끝에 나타나셨느니라. 한 번 죽는 것은 사람에게 정해진 것이요. 그 후에는 심판이 있으리니 이와 같이 그리스도도 많은 사람의 죄를 담당하시려고 단번에 드리신바 되셨고 구원에 이르게 하기 위하여 죄와 상관없이 자기를 바라는 자들에게 두 번째 나타나시리라."(히 9:25-28). 그리스도의 피 없는 제사가 지속적으로 필요하다는 말은 십자가에서 치르신 그리스도의 희생제사가 불충분하다는 의미가 된다. 이것은 비성경적이고 망령된 가르침이다. 그리스도 십자가 사역의 가치와 명예를 훼손시키는 것이기 때문이다. 그리스도의 십자가 사역은 완벽하고 충분했다. 더 이상의 제사는 필요 없다. 주님은 단번에 제사를 드렸다. 그분이 드리신 한 번의 제사는 영원한 가치를 가지고 있다.

고해성사

가톨릭 교인들의 신앙생활에서 가장 많은 비중을 차지하고 있는 것이 고해성사다. 고해성사는 가톨릭 교인들이 평소에 지은 죄를 모아 사제에게 고백하고 죄 사함을 받으며 잠벌(暫罰-현세와 연옥에서 받는 벌)에 대한 대가를 치루는 과정으로 되어있다. 좀 더 세밀하게 보면 고해성사에는 4가지 요소가 있다. 참회, 고백, 면제, 보속이다. '참회'는 죄에 대해 잘못을 깨닫고 진정으로 통회하는 마음을 가지는 것이다. '고백'은 참회한 자가 사제를 찾아와서 자신의 입술로 사제에게 죄를 자백하는 것이다. 그러면 사제는 이 고백을 듣고 하나님을 대신하여 '면제'를 선포한다. 죄 사함을 선포하는 것이다. 여기까지만이라면 어느 정도 이해가 될 수 있다. 그러나 문제는 '보속'이라고 일컫는 다음 과정에 있다. 면제가 선포된 후 사제는 '보속'을 선언하며 구체적으로 보속의 방법을 명령한다. 보속이란 면제를 통해 축소된 형벌을 치르게 하는 개념이다. 고해성사 과정을 거치지 않았다면 지은 죄로 말미암아 매우 큰 벌을 받아야 하는데, 고해성사의 과정을 거쳐 면제를 받았기에 형벌의 양이 축소되어 이제 이 땅에서 감당할만한 적은 벌을 치르면 된다는 것이다. 보속은 금식, 봉사, 헌금, 성지순례 등의 여러 가지 방법으로 치르게 되어 있으며 사제가 결정하여 명령한다. 이 보속의 일환으로 중세 말에 자행되던 것이 바로 면죄부 매매였다. 돈을 주고 교황청에서 발행한 면죄부라는 문서를 매입하면 보속을 치른 것으로 대치해 주는 것으로 수많은 사람들이 면죄부를 매입했다. 보속을 온전히 치르지 않으면 남은 벌을 죽은 후에 연옥에 가서 치러야 하는 끔찍한 상황이 기다리고 있다고 가르쳤고 그렇게 믿었기 때문이다. 면죄부 매매는 자신만을 위해서가 아니고 이미 돌아가셔서 연옥에서 벌을 받으며 고통을 겪고 있는 사랑하는 부모나 가족을 위해서도 형벌이 감해진다는 잘못된 가르침으로 중세 말 더 성행하게 되었다.

가톨릭교회의 고해성사 가르침은 참으로 심각한 문제를 가지고 있다. 죄를 가지고 상담 차원으로 성직자에게 상담을 받는 것은 좋다. 우리 개신교는 이것이 더 필요할지 모른다. 그러나 보속개념은 잘못된 것이다. 죄로 말미암아 통회하는 마음을 가지고 죄를 고백하여 죄 사함으로 종결되어야 한다. 더 이상 남은 형벌은 없다. 어떻게 그런가? 예수 그리스도의 속죄 사역 때문이다. 예수 그리스도께서는 우리의 죄와 질고를 대신 짊어지시고 십자가에서 못 박히고 피 흘려 돌아가셨다. 죄로 말미암아 우리가 치를 형벌을 대신 치르신 것이다. 우리에게는 그리스도의 속죄사역으로 말미암아 더 이상 치를 형벌이 남아있지 않다. 예수님께서 다 치르신 것이다. "예수님께서 신 포도주를 받으신 후에 이르시되 다 이루었도다 하시고 머리를 숙이니 영혼이 떠나가시더라."(요 19:30) "그러므로 이제 그리스도 예수 안에 있는 자에게는 결코 정죄함이 없나니 이는 그리스도 예수 안에 있는 생명의 성령의 법이 죄와 사망의 법에서 너를 해방하였음이라."(롬 8:1-2)

그리스도의 구속사역은 완전한 것이며 궁극적인 것이다. 예수 그리스도께서 십자가에서 피 흘려 돌아가신 사건은 그 어떤 다른 사역을 필요로 하지 않으며 더 이상 죄에 대한 대가를 용납하지 않는다. 누구도 그 사역에 첨가할 것이 없고 첨가해서도 안 된다. 우리 주님의 사역은 그 어떤 사역이 대신할 수도 없고 보완할 수도 없다. 그분의 사역은 완전한 사역이고 궁극적인 사역이기 때문이다. "[그리스도께서는] 대제사장이 해매다 다른 것의 피로써 성소에 들어가는 것 같이 자주 자기를 드리려고 아니하실지니 그리하면 그가 세상을 창조한 때부터 자주 고난을 받았어야 할 것이로되 이제 자기를 단번에 제물로 드려 죄를 없이 하시려고 세상 끝에 나타나셨느니라. 한 번 죽는 것은 사람에게 정해진 것이요. 그 후에는 심판이 있으리니 이와 같이 그리스도도 많은 사람의 죄를 담당하시려고 단번에 드리신바 되셨고 구원에 이르게 하기 위하여 죄와 상관없이 자기를 바라는 자들에게 두 번째 나타나시리라."(히 9:25-27)

십자가에서 그리스도의 완전한 속죄 사역이 있었음에도 불구하고 교회가 다시 보속을 통해 성도들로 하여금 형벌을 치르게 하는 것은 예수 그리스도께서 우리를 대신하여 죄 값을 치르시고 우리를 대신하여 모든 벌을 다 받으신 그분의 속죄사역의 가치를 훼손하는 것이다. 이것은 있을 수 없는 일이다.

예수 믿고 구원받은 자가 세상을 사는 동안 하나님으로부터 형벌을 받는가? 믿는자에게 고난은 있으나 형벌은 없다. 고난과 형벌은 구별되어야 한다. 하나님은 당신의 자녀인 믿는 자에게 형벌을 가하시지 않으신다. 죄로 말미암은 대가를 치르도록 하기 위해 하나님께서 벌을 내리시지는 않는다는 것이다. 우리 죄에 대한 모든 형벌은 예수 그리스도께서 대신 다 받으셨다. 우리 죄 값을 다 치르신 것이다. 그러나 우리에게 고난이라는 것은 있다. 하나님은 우리를 위하여 고난을 주시기도 한다. 그것도 우리에게 진노하셔서가 아니고 우리를 사랑하시어 훈련시키기 위함이다. 우리는 고난과 형벌을 혼동해서는 안 된다. 우리는 고난의 성경적 의미를 파악하여 형벌의 오해를 풀고 하나님과의 관계에서 불필요한 시험에 들지 않도록 해야 한다.

첫째, 고난은 죄악에 떨어진 세상에서 살기 때문에 나타나는 불가피한 차원이 있다. 이 고난은 모든 사람에게 찾아온다. 우리만이 예외일 수는 없다. 세상은 죄로 범람해 있고 우리 믿는 사람들은 그런 세상에서 살고 있다. 하나님께서 우리 그리스도인들만 이런 죄의 영향에서 벗어나게 하시지는 않는다. 나는 아무 잘못도 없는데 남의 죄로 말미암아 내가 피해를 보고 고난을 겪는 경우가 있다. 인간의 죄 때문에 하나님의 모든 피조물이 그런 형편에 있다. 사도 바울은 피조물 전체가 고난 하에 있음을 선포한다. "생각하건대 현재의 고난은 장차 우리에게 나타날 영광과 비교할 수 없도다. 피조물이 고대하는 바는 하나님의 아들들이 나타나는 것이니 피조물이 허무한 데 굴복하는 것은 자기 뜻이 아니요 오직 굴복하게 하시는 이로 말미암음이라. 그 바라는 것은 피조물도 썩어짐의 종노릇 한 데서 해방되어 하나님의 자녀들의 영광의 자유에 이르는 것이니라. 피조물이 다 이제까지 함께 탄식하며 함께 고통을 겪고 있는 것을 우리가 아느니라."(롬 8:18-22)

우리는 이것을 알고 바로 이해해야 한다. 온 피조물이 허무한 데 굴복하는 것은 자기 뜻이 아니고 하나님 뜻이라고 본문은 말한다. 피조물이 겪는 이 고난에는 우리가 다 헤아릴 수 없는 하나님의 뜻이 있다는 것이다. 우리가 다 이해는 안 되지만, 한 가지 분명한 것은 이 모든 상황이 하나님의 주권적 통치 하에 있다는 것이다. 그러므로 우리는 비참이나 허망에 빠지지 않는다. 혹 남의 잘못으로 내가 피해를 입는다고 해도 원한을 품거나 억울함에 견디지 못하여 악행을 저지르시 않는다. 그것에는 내가 다 알 수 없는 하나님의 뜻이 있다고 믿기 때문이다. 우리는 주 안에서 이런 고난을 이해하고 극복하며 여전히 승리의 삶을 산다.

둘째, 고난은 자신의 죄에 대한 결과로 나타나는 부분이 있다. 이 고난도 하나님께서 우리 죄에 대해 형벌을 가하시는 것이 아니다. 우리는 예수 믿고 구원받아 새 사람이 되었지만, 아직도 죄성이 남아있기에 여전히 죄를 짓게 된다. 그럴 때 어려움이 생기게 된다. 그것은 죄가 가지고 있는 속성 때문이다. 죄는 문제와 어려움, 그리고 고난을 동반하게 되어 있다. 다윗은 자신의 부하의 아내를 취하는 죄를 짓고 평생을 괴로워했다. 회개하여 죄 사함을 받았지만 그 죄는 다윗의 인생에 많은 고통을 안겨주는 결과를 초래했다. 죄는 나와 주변에 영향을 주게 되어 있다. 그러므로 사도 베드로는 이렇게 말한다. "너희 중에 누구든지 살인이나 도둑질이나 악행이나 남의 일을 간섭하는 자로 고난을 받지 말려니와 만일 그리스도인으로 고난을 받으면 부끄러워하지 말고 도리어 그 이름으로 하나님께 영광을 돌리라."(벧전 4:15-16) 가치 있는 고난은 그리스도인으로서 올바르게 살려고 할 때 받는 고난이지, 자신의 악행과 잘못으로 받는 고난은 아무런 가치도 없고 부끄러울 수밖에 없다는 말이다. 자신의 죄로 말미암아 고난을 받는 일이 없도록 하라는 권면이다.

셋째, 고난은 하나님께서 사랑으로 우리를 훈련시키시기 때문에 나타나는 측면이 있다. 누구의 죄인지 무슨 죄로 말미암아 이렇게 된 것인지는 모르지만, 나에게 고난이 다가온다. 그 고난에는 하나님께서 사랑하는 우리를 훈련하시려는 목적이 담겨져 있다. 히브리서 기자는 이렇게 말한다. "또 아들들에게 권하는 것 같이 너희에게 권면하신 말씀도 잊었도다. 일렀으되 내 아들아 주의 징계하심을 경히 여기지 말며 그에게 꾸지람을 받을 때에 낙심하지 말라 주께서 그 사랑하시는 자를 징계하시고 그가 받아들이시는 아들마다 채찍질하심이라

하였으니 너희가 참음은 징계를 받기 위함이라. 하나님이 아들과 같이 너희를 대우하시나니 어찌 아버지가 징계하지 않은 아들이 있으리요. 징계는 다 받는 것이거늘 너희에게 없으면 사생자요 친아들이 아니니라."(히 12:5-8)

하나님은 고난을 통해 믿는 자에게 자신을 돌아보고 하나님을 더 신뢰할 수 있는 능력을 주신다. 순종의 삶을 방해하는 죄를 저항하고 하나님을 순종할 수 있는 영적 힘을 공급하신다. 예수 그리스도께서 모범을 보여주셨다. 예수님께서는 죄가 없으시나 "그가 아들이시면서도 받으신 고난으로 순종함을 배우셨다."(히 5:8) 예수님께서는 "고난을 통하여 온전하게" 되셨다.(히 2:10) 그러므로 우리가 어려움을 겪을 때, 하나님께서 당신에 대한 신뢰와 우리의 순종을 강화시키기 위해 우리에게 고난을 주시며 더 거룩한 삶을 살도록 채찍하시고 인도하신다는 것을 알아야 한다.

넷째, 고난은 하나님의 영광을 위하여 주어지는 부분이 있다. 사도 베드로는 말한다. "만일 그리스도인으로 고난을 받으면 부끄러워하지 말고 도리어 그 이름으로 하나님께 영광을 돌리라."(벧전 4:16) 그리스도인으로 고난을 받는다는 것은 예수 믿는 이유로 또는 예수를 믿어 바르게 살기 때문에 고난을 겪는 경우를 말한다. 초대교회에서 이런 경우는 흔했다. 기독교회 박해 시대에 예수 믿는다는 것은 곧 고난을 겪는다는 것을 의미했다. 정부가 교회를 인정하지 않고 사회가 그리스도인들을 멸시했기 때문이다. 그러나 그리스도인들은 이에 굴하지 않고 믿음을 지켰다. 무시당할 때 부끄러워하지 않았다. 핍박이 올 때 고난 가운데 먼저 가신 주님을 생각했다. 교회 지도자들과 신앙의 선배들의 순교와 희생을 보고 힘을 얻었다. 그것은 사랑의 힘이었다. 그리스도의 사랑이 전수되어 교회가 고난을 이긴 것이다. 로마 제국을 정복한 것이다. 그리스도의 이름으로 하나님께 영광을 돌린 것이다. 우리가 그리스도인이기 때문에 이 세상에서 어려움을 당하는 것은 당연하다고 생각해야 한다. 세상은 하나님을 거부하며 그리스도를 믿지 않고 인간의 욕심과 정육에 이끌리어 살기 때문이다.

이와는 조금 다른 경우가 있다. 그것은 우리가 전혀 알 수 없는 하늘에서의 상황으로 말미암아 고난을 받는 경우가 있다. 사탄과 영의 세계에서 일어나는 일인데, 하나님께서 그리스도인의 믿음의 순수성을 드러내기 위해서 고난을 주신다. 욥의 경우를 말한다. 욥의 고난은 자신의 죄와도 무관하고 그 누구의 죄와도 연관되어 있지 않은 것이었다. 욥의 신앙이 하나님 사랑과는 무관하며 그것은 결국 가짜 신앙이라는 사탄의 고발에 하나님은 욥의 신앙의 진실성을 보여주려고 사탄이 욥을 시험하도록 허용하셨다. 즉, 하나님께서 욥의 신앙을 연단하여 그를 더욱 온전하게 하시려고 일시적으로 사탄이 욥에게 고난을 주시도록 허용하셨다. 그러나 이야기의 시작과 핵심은 욥에 대한 사탄의 고발이 잘못되었음을 드러내기 위한 것이었다. 하나님께서 욥을 시험하여 그의 믿음이 암흑의 세력에게 입증되기를 원하셨다. 욥의 믿음을 통해 하나님의 영광이 드러나기 원하셨던 것이다.

모든 고난의 경우에 우리는 확신을 가지고 있다. 무슨 확신인가? 이 모든 것이 결국 숭고한 하나님의 뜻을 이루기 위한 것이라는 확신이다. 그러므로 우리는 고난에 대해 부정적으로 생각하지 않고 긍정적으로 생각한다. 사도 바울은 이렇게 말한다. "우리가 알거니와 하나님을 사랑하는 자 곧 그의 뜻대로 부르심을 입은 자들에게는 모든 것이 합력하여 선을 이루느니라."(롬 8:28)

연옥

가톨릭교회의 가르침에 의하면 사후에 사람들은 세 곳으로 분류되어 간다. 천국, 연옥, 지옥이다. '성인'으로 추대 받은 사람들과 같은 극히 소수의 특별한 자들은 죽은 후에 바로 천국에 간다고 가르친다. 그들은 이미 이 세상에서 공로가 크고 그 공로로 자신의 구원을 충분히 이루었을 뿐 아니라 그 공로를 남에게 나누어 줄 수 있는 경지에 이르렀다는 것이다. "성인"으로 추대된 테레사 수녀나 전 교황 요한 바오로 2세 등이다. 이런 자들은 죽으면 바로 천국에 간다고 가르친다. 교회를 배척하고 가톨릭교회에서 세례도 받지 않고 믿음이 없는 사람은 바로 지옥으로 간다고 가르친다. 이들은 구원의 길이 열리지 않았다는 것이다. 그러나 교회에 나와서 세례를 받고 신앙생활을 한 대부분의 사람들은 사후에 연옥에 간다고 가르친다. 연옥은 살아생전에 남은 벌을 죽은 후에 가서 다 치러야 하는 곳이라 말한다. 연옥에서 그 형벌을 다 치룬 후에 천국에 간다는 것이다. 왜 잠벌이 있는가? 보속을 완벽하게 치루지 못했기 때문이라고 가르친다. 고해성사를 통해 축소된 남은 형벌을 치르는 과정인 보속을 완전하게 다 이행하지 못하면 그만큼 형벌이 남게 되고, 죽을 때 남은 형벌은 정산이 되어 사후 연옥이란 곳에서 그 남은 형벌을 다 치러야 한다는 개념이다. 이것이야 말로 전혀 성경적인 근거가 없는 것이다. 우리는 이 시점에서 사후의 상황에 대한 성경적 가르침을 바로 알아보아야 할 필요가 있다. 연옥 개념이 얼마나 비성경적이고 반성경적인지 알아야 하기 때문이다.

사후상황에 대한 성경석 가르침은 무엇인가? 성경에 의하면 죽음은 영과 육의 한시적 분리이다. 죽으면 영은 육에서 분리되어 하나님 품으로 바로 간다. 성경은 여러 곳에서 이것을 암시한다. "우리가 담대하여 원하는 바는 차라리 몸을 떠나 주와 함께 있는 그것이라."(고후 5:8) "내가 그 둘 사이에 끼었으니 차라리 세상을 떠나서 그리스도와 함께 있는 것이 훨씬 더 좋은 일이라."(빌 1:23) "예수님께서 이르시되 내가 진실로 네게 이르노니 오늘 네가 나와 함께 낙원에 있으리라 하시니라."(눅 23:43) "한번 죽는 것은 사람에게 정해진 것이요. 그 후에는 심판이" 있다.(히 9:27)

하나님은 우리의 죽은 몸을 땅에 영원히 놓아두지 않으신다. 그리스도께서 다시 오실 때 우리 영은 몸과 다시 결합할 것이기 때문이다. 우리의 몸은 부활하여 그리스도와 함께 영원히 살 것이다. 성경에 의하면, 연옥이란 곳은 존재하지 않는다. 가톨릭교회는 외경과 교회전통에서 일부 연옥의 근거를 찾고 있다. 외경에 일부 관련 구절이 있기는 하다. 2 Maccabees 12:42-45이다. 죽은 자를 죄로부터 구원하기 위한 기도와 헌금에 대한 언급이다. 그러나 이것은 성경의 가르침과 상충된다.

죽음에 대한 개념은 인생관을 바꾸어 놓고, 현세에서의 삶의 모습을 바꾸어 놓는다. 그리스도인은 죽으면 영과 육이 분리되어 영은 즉시 천국(하늘)에 간다. 여기서 "하늘"과 "천국"은 동일어다. "하늘에 계신 우리 아버지, 이름이 거룩히 여김을 받으시오며"라고 말할 때 "하늘"은 헬라어로 ουρανός 영어로 heaven으로 천국을 말한다. 하나님이 계신 곳이다.

그러면 여기서 첫 번째 질문이 생긴다. 누가복음 23:43 "예수님께서 이르시되 내가 진실로 네게 이르노니 오늘 네가 나와 함께 낙원에 있으리라 하시니라."에서 혹시 낙원이 천국과 다른 곳이 아닌가 하는 질문이다. 연옥이 천국과 지옥이 아닌 제3의 장소라면 혹시 낙원은 연옥인가, 아니면 또 다른 장소인가라는 질문이 나온다. "낙원"이란 용어는 헬라어로 παραδείσω 영어로 paradise로 번역되어 있다. 신약에 "낙원"이란 단어가 사용된 곳이 두 군데 더 있다. 고린도후서 12:4과 요한계시록 2:7이다.

고린도후서 12:2-4은 이렇게 기록되어 있다. "내가 그리스도 안에 있는 한 사람을 아노니 그는 십사 년 전에 셋째 하늘에 이끌려 간 자라 [그가 몸 안에 있었는지 몸 밖에 있었는지 나는 모르거니와 하나님은 아시느니라]… 그가 낙원으로 이끌려 가서 말로 표현할 수 없는 말을 들었으니 사람이 감히 이르지 못할 말이로다." 여기서 낙원은 바울이 계시를 받기위해 잡혀 올라갔던 곳이다. 셋째 하늘이라고 말한다. 셋째 하늘이란 무엇인가? 구약 히브리 개념에 의하면 "하늘"이란 용어가 세 가지로 사용된다. 첫째, 새가 나는 곳; 둘째, 해, 달, 별이 있는 곳; 셋째, 하나님과 천사들이 있는 곳이다. 하나님과 천사들이 있는 곳이 셋째 하늘(낙원)이다. 낙원이란 하나님이 계신 곳, 천국을 말하는 것이다. 성경 여러 군데에서 이곳을 말한다. 창세기 28:12에 기록된 천사들이 사닥다리를 타고 오르내리는 하늘, 신명기 10:14에 기록된 "모든 하늘의 하늘," 열왕기상 8:27에 나오는 "하늘들의 하늘" 등이다.

요한계시록 2:7에 이런 말씀이 있다. "귀 있는 자는 성령이 교회들에게 하시는 말씀을 들을지어다. 이기는 그에게는 내가 하나님의 낙원에 있는 생명나무의 열매를 주어 먹게 하리라." 여기서 낙원은 생명나무가 있는 곳을 말한다. 다른 두 곳을 보면 생명나무는 천국에 있다. 요한계시록 21장과 22장이다. 요한계시록 21:27-22:2은 이렇게 기록되어 있다. "무엇이든지 속된 것이나 가증한 일 또는 거짓말하는 자는 결코 그리로 들어가지 못하되 오직 어린 양의 생명책에 기록된 자들만 들어가리라. 또 그가 수정같이 맑은 생명수의 강을 내게 보이니 하나님과 및 어린 양의 보좌로부터 나와서 길 가운데로 흐르더라. 강좌우에 생명나무가 있어 열두 가지 열매를 맺되 달마다 그 열매를 맺고 그 나무 잎사귀들은 만국을 치료하기 위하여 있더라." 요한계시록 22:12-14에도 이렇게 말한다. "보라 내가 속히 오리니 내가 줄 상이 내게 있어 각 사람에게 그가 행한 대로 갚아 주리라. 나는 알파와 오메가요 처음과 마지막이요 시작과 마침이라. 자기 두루마기를 빠는 자들은 복이 있으니 이는 그들이 생명나무에 나아가며 문들을 통하여 성에 들어갈 권세를 받으려 함이로다."

결론적으로 고린도후서 12:4과 요한계시록 2장, 21장, 22장은 모두 낙원이 천국임을 말하고 있다. 누가복음 23:43은 예수님께서 죽으신 후에, 비록 몸은 땅에 묻히시고 장사지내시게 되지만, 당신의 영은 즉시 천국에 계신 아버지의 품으로 가신다는 것을 의미한다.

가톨릭교회는 성례를 통해 인생을 완전히 장악하고 있다. 요람에서 무덤까지, 아니 심지어 무덤 이후까지 교회는 성례라는 것을 통해 성도들의 삶을 사슬에 묶어 꼼짝 못하게 하고 있다. 16세기 종교개혁자들은 로마 가톨릭교회의 이런 비성경적인 가르침으로부터 성도들을 해방시키기 위해 일어났다. 그들은 '오직 성경'의 원리를 주장했다. 하나님의 진리와 영적 진리는 오직 성경에만 입각해야 한다고 가르쳤던 것이다. 하나님께서 당신을 계시하시고 영적 비밀을 알려주신 것은 성경 밖에는 없다고 생각했기 때문이다. 로마 가톨릭교회는 성경을 중시한다고 말은 하지만 '오직 성경'의 입장은 아니다. 그들은 성경과 아울러 전통을 동등한 권위로 받아들인다. 전통이란 교회의 가르침을 말한다. 성경에서 찾아볼 수 없어도 전통에서 찾을 수 있으면 된다는 입장이다. 그러다보니 실질적으로 그들에게 성경보다 전통이 더 중요하게 된다. 성경과 전통이 서로 상충되는 경우에는 전통을 따르고, 성경의 내용을 전통에 입각하여 해석하기도 한다. 마리아 숭배사상이 대표적인 예다. 우리는 종교개혁의 원칙을 따르는 개신교도들이다. 우리는 성경을 떠나서는 살 수가 없다. 우리의 신앙은 성경에 입각하고 있으며 성경이 가는 곳까지 가고 성경이 서는 곳에는 선다. 성경보다 더 잘 아는 것처럼 해서도 안 되고 성경이 말하는 것을 숨겨서도 안 된다.

사후 상황에 관련하여 두 번째 질문이 있다. 혹시 예수님께서 죽으신 후, 그분의 영이 즉시 천국에 가신 것이 아니고 지옥이나 연옥에 가셔서 구속사역을 좀 더 하신 것이 아닌가? 그리고 사흘 후에 부활하신 것이 아닌가? 특히 베드로전서 3:18-20, 4:6은 사후에 복음을 믿을 기회가 있는 것을 말하는 것이 아닌가? 그리스도께서 죽은 자들에게 복음을 전하시는 것이 아닌가? 베드로전서 3:19-20 "그[그리스도]가 또한 영으로 가서 옥에 있는 영들에게 선포하시니라. 그들은 전에 노아의 날 방주를 준비할 동안 하나님이 오래참고 기다리실 때에 복종하지 아니하던 자들이라. 방주에서 물로 말미암아 구원을 얻은 자가 몇 명뿐이니 겨우 여덟 명이라."은 무슨 의미인가?

이것은 그리스도께서 죽음과 부활 사이에 하신 것을 말하는 것이 아니고, 노아시대에 영의 존재로 가셔서 하셨다는 것을 말하는 것이다. 노아가 방주를 만들 때 그리스도는 "영으로" 노아를 통해 그의 주변에 있는 그를 적대하는 자들에게 복음을 선포하셨다는 말이다. 베드로전서 1:10-11은 이것을 잘 보여준다. "이 구원에 대하여는 너희에게 임할 은혜를 예언하던 선지자들이 연구하고 부지런히 살펴서 자기 속에 계신 그리스도의 영이 그 받으실 고난과 후에 받으실 영광을 미리 증언하여 누구를 또는 어떠한 때를 지시하시는지 상고하니라." 그리고 베드로후서 2:5은 노아를 선포자로 말하고 있다. "오직 의를 전파하는 노아와 그 일곱 식구"라고 말하기 때문이다. 전파한다는 말은 선포한다는 말이다. "이를 위하여 죽은 자들에게도 복음이 전파되었으니 이는 육체로는 사람으로 심판을 받으나 영으로는 하나님을 따라 살게 하려 함이라."(벧전 4:6) 여기서 죽은 자는 현재 육적으로는 살아 있으나 영적으로 죽어있는 자를 말하는 것이다.

　예수님께서는 "다 이루었도다."(요 19:30)고 말씀하셨다. 이것은 우리를 위한 그리스도의 고난이 그 순간 끝이 났음을 말하는 것이다. 즉, 우리 죄를 짊어지시고 죄 값을 치르시기 위해 성부 하나님으로부터 버림받으시는 것이 끝났다는 것이다. 이것은 예수님께서 지옥이나 연옥으로 가신 것이 아니고 즉시 성부 하나님 품으로 가신 것을 의미한다. 누가복음 23:46은 이렇게 증언한다. "예수님께서 큰 소리로 불러 이르시되 아버지 내 영혼을 아버지 손에 부탁하나이다 하고 이 말씀을 하신 후 숨지시니라." 이것은 그리스도의 고난이 끝나고 당신의 영이 성부 하나님에게로 가는 것을 말하고 있는 것이다. 스데반의 죽음도 그러한 모습을 보이고 있다. "그들이 돌로 스데반을 치니 스데반이 부르짖어 이르되 주 예수여 내 영혼을 받으시옵소서."(행 7:59) 이것은 그리스도께서 죽으실 때 믿는 자들이 이 세상에서 죽을 때와 동일한 경험을 하신 것을 말해주고 있다.

　그리스도의 죽은 몸은 지상에 남아 땅에 묻히셨고, 영은 즉시 하늘(천국)에 계신 하나님 품으로 가셨다. 우리와 같은 모습으로 하신 것이다. 그리고 첫 부활절에 그리스도의 영이 몸과 재결합하여 죽음에서 살아나셨다. 그리스도인이 죽은 후 예수 그리스도께서 다시 오실 때, 그의 영이 몸과 재결합하여 완전한 부활의 몸으로 다시 살아나는 것과 같은 모습이다. 예수님께서는 사후에 몸은 땅에 묻히시고 영은 즉시 하나님에게로 가셨다. 그리스도께서는 죽으신 후 다시 구속사역을 하지 않으셨다.

　세 번째 질문이 있다. 인간(안 믿는자)에게 죽은 후에 어떤 구원의 길이 있지 않은가? 성경적으로 답은 분명히다. 사후에는 구원의 길이 없다. 성경은 인간이 죽은 후에 그리스도를 믿을 기회가 다시 주어진다고 결코 가르치지 않는다. 부자와 거지 나사로 이야기는 사람이 죽으면 지옥에서 천국으로 넘어갈 수 있는 방법이 없음을 알려준다. 누가복음은 이렇게 기록하고 있다. "그[부자]가 음부에서 고통 중에 눈을 들어 멀리 아브라함과 그의 품에 있는 나사로를 보고 불러 이르되 아버지 아브라함이여 나를 긍휼히 여기사 나사로를 보내어 그 손가락 끝에 물을 찍어 내 혀를 서늘하게 하소서. 내가 이 불꽃 가운데서 괴로워하나이다. 아브라함이 이르되 얘 너는 살았을 때에 좋은 것을 받았고 나사로는 고난을 받았으나 이것을 기억하라. 이제 그는 여기서 위로를 받고 너는 괴로움을 받느니라. 그뿐 아니라 너희와 우리 사이에 큰 구렁텅이가 놓여 있어 여기서 너희에게 건너가고자 하되 갈 수 없고 거기서 우리에게 건너올 수도 없게 하였느니라."(눅 16:24-26)

  죽은 후에 죄 값을 치르고 다시 천국으로 들어간다는 개념도 성경에 없다. 히브리서 9:27은 "한 번 죽는 것은 사람에게 정해진 것이요 그 후에는 심판이 있으리니"라고 말하고 있다. 최후의 심판은 사후에 우리가 무엇을 했는가와는 아무 상관이 없다. 마태복음 25:31-46, 로마서 2:5-10, 고린도후서 5:10을 보라. 안 믿는 자들은 죽은 후 즉시 영원한 형벌로 들어가나, 그들의 몸은 마지막 심판 때까지 부활되지 않는다. 마지막 심판 날에 그들의 몸은 부활하여 그들의 영혼과 재결합되고 마지막 심판을 위해 하나님의 심판대 앞에 설 것이다. 그들은 몸을 입은 상태에서 형을 선고받을 것이다. 영벌이다. 예수님께서는 이렇게 말씀하신다. "인자가 자기 영광으로 모든 천사와 함께 올 때에 자기 영광의 보좌에 앉으리니 모든 민족을 그 앞에 모으고 각각 구분하기를 목자가 양과 염소를 구분하는 것 같이 하여 양은 그 오른편에

염소는 왼편에 두리라. 그 때에 임금이 그 오른편에 있는 자들에게 이르시되 내 아버지께 복 받을 자들이여 나아와 창세로부터 너희를 위하여 예비 된 나라를 상속받으라⋯ 그들[염소]은 영벌을, 의인들[양]은 영생에 들어가리라."(마 25:31-46) "이를 놀랍게 여기지 말라 무덤 속에 있는 자가 다 그의 음성을 들을 때가 오나니 선한 일을 행한 자는 생명의 부활로, 악한 일을 행한 자는 심판의 부활로 나오리라."(요 5:28-29) 누가는 바울의 말을 이렇게 기록했다. "그들이 기다리는 바 하나님께 향한 소망을 나도 가졌으니 곧 의인과 악인의 부활이 있으리라 함이니이다."(행 24:15) 사도 요한은 이렇게 말한다. "또 내가 보니 죽은 자들이 큰 자나 작은 자나 그 보좌 앞에 서 있는데 책들이 펴 있고 또 다른 책이 펴졌으니 곧 생명책이라. 죽은 자들이 자기 행위를 따라 책들에 기록된 대로 심판을 받으니⋯ 누구든지 생명책에 기록되지 못한 자는 불 못에 던져지더라."(계 20:12,15) 죽은 후에는 인간에게 구원의 길은 전혀 없다.

제03장

마틴 루터의 회심

중세 로마 가톨릭교회의 구원론은 가톨릭교회 내에서 지금까지 그 기본적 가르침이 전수되어 왔다. 원죄와 자범죄를 사해주는 세례 개념, 그리스도를 지속적으로 희생제물로 바친다는 미사 개념, 세례 이후 범하는 죄를 사함 받고 보속을 통해 잠벌을 치르는 고해성사, 그리고 사후 연옥이란 곳에서 잠벌을 치러야 한다는 개념 등의 비성경적인 가르침으로 많은 문제점을 가지고 있다. 가톨릭교회는 구원을 위해 교회에서 성직자가 베푸는 성례가 하나님의 은혜 전달을 위해 절대적으로 필요하다고 가르친다. 앞에서 본 세례, 미사, 고해성사 등이 모두 성례다. 가톨릭은 세례성사, 견진성사, 성체성사, 고해성사, 혼례성사, 서품성사, 종유성사(병자성사) 등의 일곱 가지 성례를 가르친다. 성례에 참여하기만 하면 참여자의 믿음과 상관없이 사제가 베푸는 성례의 예식 자체를 통해 하나님의 은혜가 전달되는 효력이 발생된다고 가르친다. 이것을 성례의 사효성(事效性, ex opere operato)이라고 한다. 중세 가톨릭교회는 성례를 이렇게 중요시 했다. 성례는 교회의 권위를 유지시켜주었고 그 권위로 성도들을 묶어 버렸다. 진리가 우리를 자유롭게 해주어야 하는데 중세 가톨릭교회의 가르침은 성도들의 자유를 빼앗아 갔고, 성경적 가르침에 위배되는 교회의 틀에 가두고 사슬로 얽어매어 버린 것이다.

중세 말 로마 가톨릭교회 교인들에게는 구원의 확신에서 우러나오는 샘솟는 기쁨 같은 것은 없었다. 아무리 열심히 보속을 치러도 그것이 완벽한 보속의 수행이라고는 믿기 어려웠다. 그럼에도 이 세상에서 최선을 다해 열심히 고해성사와 보속을 치르는 그들의 신앙은 엄숙할 수밖에 없었고 급기야는 돈을 주고 면죄부를 사서 보속을 대신하는 관행으로 유인되었다. 사후에 연옥을 갈 것이라는 생각과 연옥에서의 기나긴 고통은 너무도 끔찍하다는 생각은 당시 가톨릭 교인들로 하여금 현재의 신앙생활에 기쁨이 넘치고 확신에 찬 신앙을 가질 수 없게 했다.

나아가 중세 말 로마 가톨릭교회 성직자들의 무능과 도덕적 타락은 교인들의 신뢰를 얻어 낼 수 없게 만들었다. 일반성직자들은 성경에 무지하여 진리를 제공해 줄 수 있는 능력이 없었고 그들의 윤리적 타락은 교회에서 끊임없이 나타나는 사생아들로 말미암아 감출 수 없는 지경에 이르렀다. 교회 내에서 성직의 매관매직(賣官賣職)이 성행했고 목양을 해야 하는 대부분의 일반성직자들은 교인들에게 관심이 없었다. 고위성직자들은 교육은 받았으나 교회를 영적으로 책임지려는 자세는 찾아보기 힘들었다. 오랜 기간 동안 국가와 교회의 정치적 일에 관여하고 세속적 부의 축적에 관심을 가져왔기에 영적 일에 대해서는 마찬가지로 무능할 수밖에 없었다. 일반성직자들이 자신의 사녀(사생아)들의 유아세례를 위해 불가피하게 고위성직자들을 찾아 왔을 때 그들은 비밀을 보장해주는 대가로 높은 수수료를 챙기고 유아세례를 베풀 정도였다. 중세 말 로마 가톨릭교회의 부패와 타락은 총체적이었다. 교리적 타락과 윤리적 타락은 함께 줄을 이어 중세 말에 걸쳐 오랜 기간 동안 진행되었다.

중세 로마 가톨릭교회 구원론의 기본 틀은 하나님의 은혜와 인간의 공로가 합하여 구원을 이룬다는 신인협동설이었다. 그것은 현재 가톨릭교회의 가르침에 그대로 반영되어 있다. 신인협동설은 성경적 개념인 오직 하나님의 은혜와 오직 믿음과는 분명한 차이를 가지고 있다. 가톨릭의 기본 구원론 구조는, 성례가 은혜 전달의 수단이고 인간의 믿음과 선행이 공로가 되는 것이며 그 대가로 영생을 얻는 구조를 가지고 있다. 종교개혁은 부패한 중세 로마 가톨릭교회의 개혁을 위해 일어났다. 개혁의 성격은 윤리적 개혁과 교리적 개혁을 다 포함하고 있었다. 구원론이 교리 개혁의 핵심이었고, 이신칭의가 그 내용의 중심에 있었다. 그것은 복음이었다. 하나님의 은혜로 말미암아 믿음으로 의로워지는 것이지 선행을 통한 공로가 구원을 가져다주는 것이 아님으로, 예수 믿고 의로워진 인간은 자신의 공로를 자랑할 것이 없다는 것이었다.

복음 발견

중세 말 부패한 교회 상황 가운데 복음의 정수를 가장 먼저 외친 사람은 종교개혁자 마틴 루터(1483-1546)였다. 루터는 독일에서 태어났고 평범한 가정에서 성장했다. 그는 대학에서 학사 및 석사학위를 받았다. 대학생활 중 죄의식으로 말미암은 심한 영적고뇌를 겪었고, 그 고통은 루터로 하여금 법학도의 길을 포기하고 수도사의 길로 가게 만들었다. 그는 수도사가 된 후 로마 가톨릭교회의 충성스러운 사제가 되었다. 복음 발견이 되지 않은 상황에서 영적고뇌는 지속되었으나 그의 성실성과 학문적 탁월성은 상관의 눈에 띄었다. 상관의 인도로 루터는 신학학사 및 신학박사 학위를 받았고 대학 교수로 등용되었다. 성경을 연구하고 가르치던 교수생활을 하던 중 루터는 로마서를 통해 복음을 발견하고 회심체험을 하게 된다.

복음을 발견하기 전, 루터의 영적 고뇌는 민감한 죄의식과 하나님의 심판에 대한 두려움 및 연옥에 대한 공포로 이루어졌다. 하나님의 의(義) 개념이 루터에게는 가장 소화하기 어려운 것이었다. 하나님은 공의로우신 분이기 때문에 죄를 간과하지 아니하시고 심판을 하셔야만 한다는 믿음이었다. 루터는 스스로의 노력으로 하나님으로부터 인정받으려고 했다. 그것이 수도사가 된 이유이기도 했다. 그러나 루터는 스스로 하나님의 율법을 제대로 지킬 수 없다는 것을 깨닫게 된다. 모든 율법을 총망라하는 두 계명을 지킬 수 없는 것이 인간이라는 것을 깨닫게 된 것이다. 루터는 자신의 경험을 통해 인간의 타락과 무능을 실감했다. (1) "네 마음을 다하고 목숨을 다하고 뜻을 다하고 힘을 다하여 주 너의 하나님을 사랑하라."(막 12:30) (2) "네 이웃을 네 몸과 같이 사랑하라."(막 12:31) 하나님의 이 두 계명은 루터 입장으로는 도저히 지킬 수 없는 것이었다. 그러기에 공의로운 하나님의 심판을 피할 수 없다고 생각했고 그것은 공포를 야기할 수밖에 없었다.

그러던 루터에게 복음 발견의 기회가 찾아 왔다. 그것은 로마서를 연구하는 과정에서 일어났다. 로마서 1:17이었다. 하나님의 의는 더 이상 응징적 의가 아니고 구속적 의라는 것을 발견했고, 사람이 의로워지는 것은 하나님의 은혜로 말미암아 믿음으로 되는 것이지 인간의 행위를 통한 공로가 아니라는 것을 깨닫게 되었다. 루터는 영적고뇌에서 벗어나 낙원을 경험하는 것 같았다. 회심체험을 한 것이다. 로마서 1:17("복음에는 하나님의 의가 나타나서 믿음에서 믿음으로 이르게 하나니 기록된 바 오직 의인은 믿음으로 말미암아 살리라 함과 같으니라.")은 로마서 3:21-26에서 보충 설명이 된다. "이제는 율법 외에 하나님의 한 의가 나타났으니 율법과 선지자들에게 증거를 받은 것이라. 곧 예수 그리스도를 믿음으로 말미암아 모든 믿는자에게 미치는 하나님의 의니 차별이 없느니라. 모든 사람이 죄를 범하였으며 하나님의 영광에 이르지 못하더니 그리스도 예수 안에 있는 속량으로 말미암아 하나님의 은혜로 값없이 의롭다하심을 얻은 자 되었느니라… 이는 하나님께서 길이 참으시는 중에 전에 지은 죄를 간과하심으로 자기의 의로움을 나타내려 하심이니 곧 이 때에 자기의 의로우심을 나타내사 자기도 의로우시며 또한 예수 믿는 자를 의롭다하려 하심이니라. 그런즉 자랑할 데가 어디냐. 있을 수 없느니라. 무슨 법으로냐 행위로냐. 아니라 오직 믿음의 법으로니라. 그러므로 사람이 의롭다하심을 얻는 것은 율법의 행위에 있지 않고 믿음으로 되는 줄 우리가 인정하노라."

　인간은 그리스도를 믿음으로 의로워지는 것이지, 선행의 공로로 되는 것이 아니다. 인간에게는 구원의 소망이 없다. 구원을 위해 오직 그리스도를 바라보는 것이다. 나를 위해 대신 십자가 형벌을 받으신 주님을 바라보는 것이다. 그분은 나를 위해 모든 죄 값을 대신 치루셨을 뿐 아니라, 나를 위해 대신 의를 이루셨다. 오직 그분을 믿음으로 말미암아 내 죄가 사함 받고 그분의 의가 내게 전가되는 것이다. 이것을 깨닫게 되는 것이 복음 발견이다. 루터는 이 복음을 발견했다.

회심체험

 루터의 복음 발견은 회심체험으로 이어진다. 그의 복음 발견과 회심체험을 이해하기 위해 로마서 1:17, 로마서 3:21-28, 에베소서 2:8-9을 소개한다. 루터는 로마서 1:17을 통해 복음을 깨닫게 되었다고 말했다. "복음에는 하나님의 의가 나타나서 믿음으로 믿음에 이르게 하나니 기록된 바 오직 의인은 믿음으로 말미암아 살리라 함과 같으니라."(롬 1:17) 그는 이 구절을 통해 어떻게 복음을 발견했는가? 루터를 계속 괴롭혀 왔던 것이 '하나님의 의' 개념이었다. 루터는 하나님의 의를 공의로 이해했다. 하나님의 공의의 속성은 하나님으로 하여금 죄를 그냥 지나가실 수 없고 그 죄 값을 치르게 하셔야만 한다고 생각했다. 그래야 하나님의 의가 드러난다고 생각했던 것이다. 그래서 루터는 항상 하나님을 두려워했다. 하나님은 피하고 싶은 존재이고 대면하기 원치 않는 존재였다. 루터에게 하나님은 항상 심판의 하나님이었기 때문이다.

 그런데 로마서 1:17에 의하면 하나님의 의가 복음에 나타났다고 했다. 복음은 좋은 소식인데 하나님의 의가 좋은 소식일 수 있다는 말인가? 이것이 무슨 말인가? 내가 그동안 무언가 잘못 생각하고 있었는가? 루터는 의아해 할 수밖에 없었다. 루터는 자신의 선행과 율법 지킴을 통해 의로워지려고 했다. 그것이 루터의 '의인'에 대한 생각이었다. 그것이 루터가 수도사가 된 이유였다. 자신의 선행을 통한 의로움이 하나님께 인정을 받아 의인으로 평가 받기 위함이었다. 그러나 자신의 선행에 대해 늘 회의를 느끼고 고뇌를 하던 차에 루터는 의인이 선행과 율법으로 되는 것이 아니고 믿음으로 된다는 것을 본문에서 발견했다. 루터가 그동안 가지고 있던 '하나님의 의' 개념과 '의인' 개념에 문제가 있음을 알게 되는 순간이 있다.

루터는 '하나님의 의' 개념과 '의인' 개념에 새로운 의미를 발견하게 되었다. 이 두 개념이 복음으로 연결되는 것을 알게 되었다. 아, 그렇구나! 그거구나! 그래서 좋은 소식이구나. 그래서 복음이구나. 믿음으로 의인이 되는 것이지 율법을 지킴으로 되는 것이 아니구나. 이것이 하나님의 의가 되는 것이구나. 이 깨달음은 루터의 고뇌 경험에 해답을 주었다. 율법을 지키려고 그렇게 노력해도 한계를 느끼며 고민하던 루터였다. 그는 스스로 율법을 지키어 선행을 통해 의로워지려 했으나 그것이 불가능하다는 것을 알게 되었던 것이다.

그럼에도 돌파구를 찾지 못하여 양심적 가책으로 고뇌를 겪던 루터는 로마서 1:17을 통해 그동안 자신의 생각이 완전히 잘못 되었었다는 것을 깨달았다. 결국 그는 복음의 진리를 통해 하나님 앞에서 거꾸러지고 말았다. 의는 자기가 만들어내는 것이 아니고 하나님이 만드시는 것이며, 자기는 오직 믿음으로 말미암아 그 의를 얻을 수 있다는 것을 알게 된 것이다. 행위가 아니고 믿음으로 의인이 된다는 진리를 깨달은 것이다. 그 오랫동안 루터를 짓눌렀던 무거운 짐이 한꺼번에 걷어지는 경험이었다. 암흑의 긴 터널을 지나 광명의 빛을 보는 순간이었다. 그것은 복음 발견이었다. 루터는 낙원에 들어가는 체험을 했다. 회심체험이었다.

루터의 회심을 잘 설명해 주는 두 개의 구절이 있다. 로마서 3:21-28과 에베소서 2:8-9이다. "이제는 율법 외에 하나님의 한 의가 나타났으니 율법과 선지자들에게 증거를 받은 것이라. 곧 예수 그리스도를 믿음으로 말미암아 모든 믿는 자에게 미치는 하나님의 의니 차별이 없느니라. 모든 사람이 죄를 범하였으며 하나님의 영광에 이르지 못하더니 그리스도 예수 안에 있는 속량으로 말미암아 하나님의 은혜로 값없이 의롭다하심을 얻은 자 되었느니라… 이는 하나님께서 길이 참으시는 중에 전에 지은 죄를 간과하심으로 자기의 의로움을 나타내려 하심이니 곧 이 때에 자기의 의로우심을 나타내사 자기도 의로우시며 또한 예수 믿는 자를 의롭다 하려 하심이니라. 그런즉 자랑할 데가 어디냐. 있을 수 없느니라. 무슨 법으로냐 행위로냐. 아니라. 오직 믿음의 법으로니라. 그러므로 사람이 의롭다하심을 얻는 것은 율법의 행위에 있지 않고 믿음으로 되는 줄 우리가 인정하노라."(롬 3:21-28) "너희는 그 은혜에 의하여 믿음으로 말미암아 구원을 받았으니 이것은 너희에게서 난 것이 아니요 하나님의 선물이라. 행위에서 난 것이 아니니 이는 누구든지 자랑하지 못하게 함이라."(엡 2:8-9) 이 구절들이 루터의 회심을 어떻게 설명해 주는지 살펴보고자 한다.

1. 복음에서 '하나님의 의' 발견

"율법 외에 하나님의 한 의가 나타났으니."(롬 3:21)라고 말할 때, "율법 외"는 복음을 말한다. 더 이상 율법을 지켜서 하나님 앞에 의로워지겠다는 것은 불가능한 것이다. 율법이 하나님의 의를 보여주는 것은 사실이다. 율법은 하나님 속성의 표현이고 공의는 하나님 속성의 한 부분이다. 그러나 율법 준수로는 의인이 될 수 없었다. 누구도 율법을 완전히 지킬 수 없기 때문이다. 그러기에 하나님께서는 율법 외에 다른 방법을 주셨다. 예수 그리스도께서 우리를 대신하여 율법을 완벽하게 지키시고 우리는 그를 믿어 그의 의(義)가 우리 의(義)로 전가되는 방법이다. 우리에게 주어진 방법은 그리스도를 믿는 것이다. 이것이 우리가 하나님 앞에 의인이 될 수 있는 방법이다. 이것을 통해 하나님은 율법 외에 당신의 의를 드러내시는 것이다. 이것이 복음이다.

이것이 "그리스도를 믿음으로 말미암아 모든 믿는 자에게 미치는 하나님의 의."(롬 3:22)라는 말이다. 복음에는 죄 사함이 있다. 어떻게 우리의 죄가 사함 받을 수 있는가? 하나님의 공의는 어디로 간 것인가? 하나님의 공의에서 나오는 진노와 심판은 예수 그리스도에게 임했다. 십자가에서 성부 하나님께 버림받고 우리의 죄 값을 대신 다 치르신 것이다. 그리고 예수 그리스도를 구주로 믿는 우리에게 그리스도의 의(義)를 전가하셨다. 이제 하나님은 우리를 보실 때 우리 죄를 보지 않으시고 우리 죄를 간과하시고 넘어가실 수 있게 되었다. 그리스도 때문이다. 예수 그리스도께서 이루신 완벽한 율법 순종과 십자가에서 우리 대신 죄 값을 치르신 희생 때문이다. 우리는 그리스도를 구주로 믿음으로 그리스도의 순종과 희생의 유익을 우리 것으로 누릴 수 있게 되었다.

하나님께서 "전에 지은 죄를 간과하심으로 자기의 의로움을 나타내려 하심."(롬 3:25)이란 말이 그것이다. 우리를 더 이상 죄인으로 여기지 아니하시고 그리스도의 의(義)로 옷 입은 의인으로 여겨주시어 하나님께서는 당신의 의로움을 율법이 아니고 복음을 통해 만방에 드러내신 것이다. 이것을 깨달은 루터에게는 '하나님의 의' 개념에 근본적인 전환이 일어났다. 과거에는 하나님의 공의로 말미암아 죄인을 심판하셔야만 하는 '응징적 의' 개념이었다. 그러나 이제는 예수 그리스도의 보혈의 공로로 말미암아 믿음을 통해 우리를 의롭다고 여겨주시는 하나님의 은혜에서 나오는 '구속적 의' 개념이 되었다. 루터에게 하나님은 더 이상 공포의 대상이 아니었다. 죄인을 심판하시는 무서운 하나님이 아니었다. 예수 그리스도로 말미암아 은혜로 죄인을 용서해 주시고 우리를 의인으로 삼아주시는 사랑의 하나님이 된 것이다.

2. 하나님 은혜 깨달음

"하나님의 은혜로 값없이 의롭다하심을 얻은 자."(롬 3:24)라는 말씀이 은혜를 설명해 준다. 내가 죄 값을 치렀다면 그것은 은혜가 아니다. 만일 내가 스스로 죄 값을 치르려고 한다면 하나님의 은혜를 받아드리지 않겠다는 것이 된다. 은혜란 정당한 것을 초월하여 베푸는 호의와 친절을 의미하기 때문이다. 하나님의 은혜는 받을 자격이 없는 인간에게 베푸시는 하나님의 호의 또는 친절이다. 그렇다고 하나님의 은혜를 값싼 은혜로 여겨서는 안 된다. 하나님의 은혜가 부어지기 위해 누군가 값을 치렀기 때문이다. 그것도 엄청난 값을 치렀다. 예수 그리스도께서 당신의 고귀한 생명을 내놓으신 것이다. 희생이 있는 곳에만 은혜가 있을 수 있다. 은혜란 희생을 요구한다. 누군가의 희생으로 많은 사람들이 유익을 얻는 것이다. 하나님의 은혜가 쏟아져 나오기 위해 예수 그리스도께서 엄청난 값을 치르셨다. 무한한 값을 치르신 것이다. 이것이 예수 그리스도의 공로다. 우리는 이런 호의와 친절을 받을 자격이 없다. 그런데 하나님께서는 그것을 우리에게 주셨다. 그저 감동적이며 감격스러워 감사할 뿐이다.

3. 믿음을 가지게 됨

"사람이 의롭다하심을 얻는 것은 율법의 행위에 있지 않고 믿음으로 되는 줄 우리가 인정하노라."(롬 3:28) 우리는 믿음으로 이 놀라운 하나님의 은혜를 받는다. 믿음은 하나님의 은혜를 받는 수단이다. 구체적으로 믿음은 무엇을 신뢰하는 것인가? 믿음은 하나님의 약속(복음)을 신뢰하는 것이다. 그리스도 안에서 주어진 하나님의 자비의 약속을 신뢰하는 것이다. 동시에 약속을 주시고 자비를 베푸신 하나님을 신뢰하는 것이다. 더 이상 나를 믿지 않고 그리스도를 믿는 것이다. 나,

그 누구, 그 어떤 것에도 소망이 없음을 알고 더 이상 그런 것을 바라보지 않겠다는 결단이다. 인생의 궁극적 소망은 오직 그리스도에게 있음을 알고 그분만을 바라보겠다는 것이다. 그러므로 믿음은 싸구려가 아니다. 은혜가 값싼 은혜가 아니기에, 믿음도 값싼 믿음이 아니다. 믿음은 대단한 결단을 내린 행위이다. 나를 부인하고 그리스도를 받아드린 것이다. 나의 기존 가치관이 무너지고 새로운 가치관이 형성된 것이다.

4. 복음으로 충격 받음

복음의 충격은 루터의 기존 가치관을 깨뜨렸다. 복음을 깨닫기 전 과거의 루터는 하나님의 은혜를 근거로 자신의 선행 공로를 위해 최선을 다하여 하나님 앞에서 의롭다고 인정받으려 했다. 하나님의 은혜는 있지만 구원을 얻기 위해서는 결국 내가, 내 힘으로 공로를 세워야 하는 것으로 알아 최선을 다했다. 그러나 복음이 들어오자 그는 달라졌다. 내가 의인이 되는 것은 내가 하는 것이 아니고, 하나님이 하신다는 것을 알게 되었다. 가치관에 근본적인 변화가 온 것이다. 자기중심주의에서 하나님중심주의로의 과격한 변화였다. 예수를 믿었다는 것은 가치관에 이런 변화가 생겼다는 것을 의미한다. 예수 믿고 의로워진 우리에게 교만은 있을 수 없다. 내가 한 것이 아니기 때문이다. 에베소서 2:8-9이 그것을 말해 준다. 우리는 "그 은혜에 의하여 믿음으로 말미암아 구원을 받았을" 뿐이다. 내가 구원을 받을 만한 자격이 있어서도 아니고 그런 조건을 갖추어서도 아니다. 구원은 내가 만들어낸 것이 아니고, 나로 말미암아 주어진 것도 아니다. "이것은 너희에게서 난 것이 아니요 하나님의 선물이라"는 것이다(엡 2:8). 나의 공로는 없다. 예수 믿고 다시 나를 바라보고 내 믿음의 대단함과 내 행실의 고귀함에 나의 눈과 나의 마음이 간다면 대단히 잘못된 것이다. 우리의 구원은 우리 자신의 "행위에서 난 것이 아니니 이는 누구든지 자랑하지 못하게 함이라."(엡 2:9)고 말하기 때문이다.

제04장

The truth of the Christian faith

이신칭의

    루터의 회심체험은 개신교의 가장 중요한 성경적 교리인 이신칭의를 낳았다. 믿음으로 의로워진다는 가르침이다. 이신칭의는 종교개혁의 깃발이었고 개신교의 핵심교리였으며 가톨릭과 개신교를 구별하는 중요한 표지가 되었다. 가톨릭교회는 믿음만으로는 안 되고 믿음과 선행으로 의로워진다고 가르쳤고, 개신교는 오직 믿음으로 의로워지며 선행은 믿음의 결과요 열매라는 것이었다. 가톨릭교회는 구원을 위해 하나님의 은혜와 아울러 인간에게 공로가 있어야 한다고 가르쳤고, 개신교는 인간에게는 공로가 있을 수 없고 오직 하나님의 은혜라고 가르쳤다.

    우리는 이신칭의에 대해 좀 더 자세하게 알아볼 필요가 있다. 인간의 근본적 문제는 우리가 의롭지 못한 것이다. 이것이 루터의 영적 고뇌였다. 사실 인간에게는 이런 근본적인 고뇌가 필요하다. 인간이 자신에 대해 근원적인 질문을 하지 않고 산다는 것은 진정으로 무의미한 삶을 사는 것이다. 곧 자신이 왜 사는지 전혀 알지 못하고 사는 것과 같다. 인간은 범죄하였기에 죄인이 되었으며, 죄인은 죄책을 가지고 있다. 죄책을 가지고 있다는 것은 유죄선고를 받았다는 것을 의미하며, 유죄선고의 판결은 죽음이다. 영벌인 것이다. 인간은 이 문제를 해결해야 한다. 우리는 이 문제를 어떻게 해결할 수 있는가? 죄책을 가지고 있는 우리가 어떻게 의로워질 수 있는가?

의로움의 선언

우리가 의로워 질 수 있는 길은 오직 하나님께서 우리를 의롭다하시는 것이다. 인간은 스스로를 의롭게 할 수가 없기 때문이다. 인간이 의로워지는 것은 하나님만이 하실 수 있고 오직 하나님의 방법으로 가능한 것이다. 하나님은 어떻게 우리를 의롭게 하시는가? 로마서 8:30은 그 기본적인 답을 준다. 하나님께서는 "또 미리 정하신 그들을 또한 부르시고 부르신 그들을 또한 의롭다 하시고 의롭다 하신 그들을 또한 영화롭게 하셨느니라." 하나님은 믿음을 통해 우리를 의롭다 하신다. 이신칭의라고 한다. 예수 그리스도께서 두 번째 아담으로 오셔서 율법을 완성하시고 십자가에 못 박혀 피 흘려 돌아가심으로 우리의 죄 값을 대신 치르셨기 때문에 우리가 의로워질 수 있는 근거가 마련되었다. 이것에 대해 믿음으로 우리는 반응을 보이고, 그런 우리 믿음에 대한 하나님의 반응이 우리를 의롭다 하시는 것이다. 사도 바울은 여러 곳에서 이것을 선포한다. "예수 믿는 자를 의롭다 하려 하심이라."(롬 3:26) "그러므로 우리가 믿음으로 의롭다 하심을 받았으니 우리 주 예수 그리스도로 말미암아 하나님과 화평을 누리자."(롬 5:1) "사람이 의롭게 되는 것은 율법의 행위로 말미암음이 아니요 오직 예수 그리스도를 믿음으로 말미암는 줄 알므로 우리도 그리스도 예수를 믿나니 이는 우리가 율법의 행위로써가 아니고 그리스도를 믿음으로써 의롭다 함을 얻으려 함이라 율법의 행위로써는 의롭다 함을 얻을 육체가 없느니라."(갈 2:16)

"의롭다 하심(칭의)"의 기본개념은 무엇인가? 그것은 "의롭다고 선언하시다"는 것이다. 헬라어로는 $δικαιόω$라고 하며 이것은 법정적인 개념을 가지고 있다. 바울은 이렇게 말한다. "일을 아니할지라도 경건하지 아니한 자를 의롭다 하시는 이를 믿는 자에게는 그의 믿음을 의로 여기"신다(롬 4:5). 하나님은 경건치 않은 자를 당신의 눈에 의롭다고 선언하신다. 그들의 선행 때문이 아니고 그들의 믿음에 대한 반응으로 그렇게 하신다는 말이다. "누가 능히 하나님께서 택하신 자들을 고발하리요. 의롭다 하신 이는 하나님이시니 누가 정죄하리요."(롬 8:33-34) 누구를 정죄한다는 것은 그 사람이 죄인이라고 선언하는 것이다. 정죄한다는 것의 반대가 의롭다 하는 것이다.

하나님께서 우리를 의롭다 하시는 것(칭의)의 의미는 좀 더 구체적으로 무엇인가? 첫째, 우리의 모든 죄가 사함 받았다고 선언하시는 것이다. 우리에게는 더 이상 죄 값을 치러야할 형벌이 없음을 의미한다. 과거, 현재, 미래의 모든 죄를 포함해서다. "그러므로 이제 그리스도 예수 안에 있는 자에게는 결코 정죄함이 없나니 이는 그리스도 예수 안에 있는 생명의 성령의 법이 죄와 사망의 법에서 너를 해방하였음이라."(롬 8:1-2) 이 구절이 그것을 잘 말해주고 있다. 둘째, 우리가 완전히 의로워졌다고 선언하시는 것이다. 만일 하나님께서 우리의 죄가 용서받았다고만 선언하셨다면, 우리의 문제는 완전히 해결되지 못한 것이다. 하나님 앞에서 단순히 중립이 되는 것이기 때문이다. 범죄 전, 아담이 하나님 앞에서 잘한 것도 잘못한 것도 없는 상태처럼 말이다. 하나님 앞에서 죄도 짓지 않았지만, 의롭다는 판결도 없는 상태를 말한다. 그러므로 칭의의 두 번째 요소는 하나님 앞에서 중립으로부터 의로워지는 상태로 가는 것이다.

하나님은 완전한 의로움을 요구하신다. 인간이 그런 의로움을 가지지 못하기 때문에 하나님께서는 그런 의로움을 당신의 백성들에게 주신다. 그러면 그것은 누구의 의로움인가? 하나님의 의로움이다. 선지자 이사야는 이렇게 말한다. "내가 여호와로 말미암아 크게 기뻐하여 내 영혼이 나의 하나님으로 말미암아 즐거워하리니 이는 그가 구원의 옷을 내게 입히시며 공의의 겉옷을 내게 더하심이 신랑이 사모를 쓰며 신부가 자기 보석으로 단정함 같게 하시리라."(사 61:10) 사도 바울은 이렇게 말한다. "이제는 율법 외에 하나님의 한 의가 나타났으니 율법과 선지자들에게 증거를 받은 것이라. 곧 예수 그리스도를 믿음으로 말미암아 모든 믿는 자에게 미치는 하나님의 의니 차별이 없느니라."(롬 3:21-22) 하나님의 의가 인간에게 전달되어 의로워지는 방법은 그리스도를 믿는 것이다. "아브라함이 하나님을 믿으매 그것이 그에게 의로 여겨진 바 되었느니라."(롬 4:3)고 하셨다. 어떻게 단순히 하나님을 믿는 것이 의가 되는가? 하나님이 의로 여기시는 것은 완전한 의로움이 아닌가? 완전한 의는 그리스도의 완전한 순종 때문에 가능한 것이다. "한 사람이 순종하지 아니함으로 많은 사람이 죄인 된 것 같이 한 사람이 순종하심으로 많은 사람이 의인이 되리라."(롬 5:19) 하나님께서 우리를 의롭다고 선언하시는(칭의) 두 번째 요소는 우리가 그리스도의 완전한 의로움의 공로를 가지고 있기 때문이다.

많은 사람들은 우리가 의인이 된 것이 예수 그리스도를 믿어 죄 사함 받았기 때문이라고 생각한다. 틀린 말은 아니지만 완전한 대답은 아니다. 의로워지는 것은 죄 사함의 한 가지 요소만 가지고 되는 것이 아니고 그리스도의 의로움으로 옷 입혀져야 하는 두 번째 요소까지 있어야 한다. 하나님께서 우리를 의롭다고 선언하시는 것은 단순히 우리 죄가 사함 받았기 때문만이 아니다. 동시에 그리스도의 의로움이 우리 의로움으로 여겨졌기 때문이다. 믿음으로 이 모든 것이 가능해진 것이다.

전가

칭의는 하나님께서 우리를 의롭다고 선언하시는 것이다. 우리가 하나님에 의해 의롭다고 선언될 수 있는 유일한 방법은 믿음이다. 그러므로 이신칭의라는 용어가 나왔다. 이것은 법정적 개념이다. 그런데 구체적으로 칭의에는 두 가지 내용이 들어있음을 이미 살펴보았다. 즉, 죄 사함의 선언과 완전한 의로움의 선언이다. 죄 사함의 선언은 그리스도께서 나의 죄를 짊어지시고 형벌을 받으셨기에 가능하다. 완전한 의로움의 선언은 내가 그리스도의 완전한 의를 가지고 있기에 가능하다. 내가 어떻게 그리스도의 완전한 의를 가지고 있는가? 하나님께서 그리스도의 의로움을 나의 의로움으로 '여겨주시기' 때문이다. 이것을 '전가'(轉嫁, imputation)라고 한다. 그러면 우리는 그리스도 때문에 완전한 의를 가지고 있으니, 더 이상 의를 행하지 않아도 되는가? 그렇지 않다. 우리는 그리스도를 믿음으로 엄청난 유익을 얻었다. 죄 사함과 그리스도의 의가 우리에게 전가 되었다. 내가 스스로 공로를 쌓지 않고도 하나님 앞에서 완전히 의로운 자로 여김을 받은 것이다. 그러므로 우리의 선행은 이 놀라운 하나님의 은혜에 대한 감격과 감사에서 자연스럽게 우러나온다.

로마서 4:3("아브라함이 하나님을 믿으매 그것이 그에게 의로 여겨진 바 되었느니라.")은 창세기 15:6을 인용한 것이다. "아브람이 여호와를 믿으니 여호와께서 이를 그의 의로 여기시고"에서 "여기신다"는 것이 전가 개념이다. 로마서 5:17-19은 아담과 그리스도의 전가 개념을 설명한다. "한 사람[아담]의 범죄로 말미암아 사망이 그 한 사람을 통하여 왕 노릇 하였은즉 더욱 은혜와 의의 선물을 넘치게 받는 자들은 한 분 예수 그리스도를 통하여 생명 안에서 왕 노릇하리로다. 그런즉 한 범죄로 많은 사람이 정죄에 이른 것 같이 한 의로운 행위로 말미암아 많은 사람이 의롭다 하심을 받아 생명에 이르렀느니라. 한 사람이 순종하지 아니함으로 많은 사람이 죄인 된 것 같이 한 사람이 순종하심으로 많은 사람이 의인이 되리라." 이것을 정리해 보면 다음과 같다.

(1)아담이 죄를 지었을 때, 그의 죄책은 우리 것으로 여겨졌다. 아담의 죄가 우리에게 전가된 것이다. 그래서 우리는 실제로 아담의 죄성을 가지고 태어나고 죄를 짓게 되었다. (2)그리스도께서 우리를 위해 고난을 당하시고 대신 죽음의 형벌을 받으셨을 때, 하나님께서는 그것을 그리스도를 믿는 우리의 형벌과 죽음으로 여기셨다. 우리의 모든 죄는 사함 받은 것이다. 우리의 죄가 그리스도에게 전가된 것이다. (3)그리스도께서 모든 율법을 완성하시어 아담이 하지 못한 완전한 순종을 하심으로 의를 이루신 것이다. 그리고 하나님께서는 그리스도의 의를 믿는 자의 의로 여기셨다. 그리스도의 의가 우리에게 전가된 것이다. (4)그리고 우리에게는 드디어 변화된 거룩한 삶이 나타나기 시작한다.

결국 칭의란 죄 전가와 의 전가의 두 가지가 이루어지는 것을 말한다. 이것은 믿음으로만 가능하다. 우리가 예수 믿고 의인이 되었다는 것은 바로 죄 사함과 의 전가가 이루어졌다는 것을 의미한다. 이것은 우리가 그리스도를 믿음으로 성령께서 역사하시어 가능한 것이다. 이제 우리 영은 새로워졌다. 죽었던 영이 새로 태어난 것이다. "그는 허물과 죄로 죽었던 너희를 살리셨도다."(엡 2:1)라고 한 것처럼 말이다. 이것이 바로 거듭난 것이다. 이신칭의와 동시에 우리에게는 변화된 새로운 삶이 나타나기 시작한다.

칭의는 의로워져 구원받아 영생을 얻는 것 외에 부수적으로 또 하나의 중요한 의미를 생각하게 한다. 그것은 이 세상에서 사는 우리 그리스도인의 존재를 의미 있게 해준다. 어떻게 그렇게 되는가? 이신칭의가 우리의 존재 의미와 존재 가치를 부여해 주기 때문이다. 칭의는 'justify'(정당화하다)라는 의미가 내포되어 있다. 우리가 하나님 앞에 죄인으로 서 있을 때, 우리의 존재 의미는 땅에 떨어져 있다. 우리의 존재는 정당화 될 수 없다. 우리는 하나님의 진노 하에 있다. 죄인으로서 존재 가치는 상실되었고 삶의 의미는 허물어졌다. 결국 죽어서 지옥갈 수밖에 없는 인생이란 허무하고 끔찍하기 짝이 없는 것이다. 그러나 우리는 그리스도를 믿어 의로워짐으로 말미암아 하나님의 진노에서 벗어나 의인이 되었다. 죄인에서 의인으로 신분이 바뀌었다. 사후에 천국과 영생이 보장 되었다. 의로워졌기 때문에 우리의 존재가 정당화 되는 것이다. 곧 우리의 존재 가치와 존재 의미를 찾게 된 것이다. 인간은 자신의 존재 가치를 느끼지 못할 때 살 수가 없다. 내가 왜 존재하는가? 답이 없으면 삶의 의미를 느끼지 못한다. 그러므로 무언가 가치 있는 일을 하기 원한다. 우리는 그 가치와 자신을 연결하여 자신의 존재 의미를 찾는다. 그리스도를 믿어 의인이 되고 하나님의 자녀가 됨으로 궁극적으로 우리의 존재 의미와 가치를 알게 되는 것이다.

야고보서는 이신칭의와 다른 말을 하는 것으로 보인다. "사람이 행함으로 의롭다 하심을 받고 믿음으로만은 아니니라."(약 2:24) 여기서 의롭다 하심(δικαίωσις)은 "의롭다는 것을 보여주는 것"이라는 의미다. 즉, 칭의(의롭다 하심, δικαίωσις)는 신약성경에 두 가지 의미로 사용되고 있다. (1)의롭다고 선언함, (2)의롭다는 것을 보여줌이다. 그러므로 야고보서는 행함으로 의로워진 것을 보여준다는 의미다. 누가복음 16:15, 10:28, 마태복음 11:19 등은 이것을 보여준다. 야고보서 2:21-22을 보면 "우리 조상 아브라함이 그 아들 이삭을 제단에 바칠 때에 행함으로 의롭다 하심을 받은 것이 아니냐"라고 되어 있다. 이 사건은 창세기 15:6에 아브람이 하나님을 믿으매 그것을 의로 여기신 한참 후에 나타난 사건을 말한다. 즉, 이제 아브라함의 믿음이 행동으로 나타나 결국 그가 의롭다는 것을 행동으로 보여준 것이 된다. 야고보서 2:18은 믿음을 가지고 있다고 말하는 사람이 삶에 변화가 전혀 없는 경우를 염려하며 이렇게 말한다. "어떤 사람은 말하기를 너는 믿음이 있고 나는 행함이 있으니 행함이 없는 네 믿음을 내게 보이라 나는 행함으로 내 믿음을 네게 보이리라 하리라." 이신칭의는 결국 의로운 행동으로 열매가 나타난다. 의롭다고 선언된 자는 그 의로움을 보여주는 행위가 반드시 나타나는 것이다. 만일 그렇지 않다면, 의로워졌다는 것의 진위를 다시 한 번 생각해 보아야 한다. 믿음을 다시 점검해야 한다. 이것을 칭의와 성화의 불가분의 관계라고 말한다.

제 **05** 장

만인제사장

중세 로마 가톨릭교회는 교회를 무엇이라고 생각했는가? 그들은 교회를 로마 가톨릭교회 조직을 말하는 것으로 여겼고 사제들의 모임으로 생각했다. 그렇다면 가톨릭 교인들이 교회에 간다고 하면 무엇을 의미하겠는가? 사제들의 모임에 가는 것을 생각한다. 교회에 가서 사제들이 베푸는 성례에 참석하는 것이다. 미사, 고해성사, 영세 등이다. 왜? 하나님의 은혜는 사세들을 통해서만 받을 수 있다고 가르쳤기 때문이다. 이것을 사제제도라고 한다. 가톨릭교회에 사제의 권위는 대단하다. 일반 성도와 사제 사이에는 근본적인 존재 가치의 차이가 있다. 사제는 미사(성찬)를 집행하며 소위 일컫는 화체설에 입각해 떡과 포도주를 그리스도의 몸과 피로 변화시키는 기적을 행할 수 있는 능력을 가지고 있는 것으로 되어 있다. 성례 집행을 통해 하나님의 은혜를 전달할 수 있는 능력을 행한다는 것이다. 일반 신도들에게 이것은 불가능한 일로 여겨진다. 이런 이유로 가톨릭교회에서는 일반 신도들의 위치와 역할이 사제에 비해 근본적으로 낮고 지극히 제한적인 것으로 되어 있다. 개신교회에도 질서 개념이 있다. 하나님의 피조물에 질서가 있듯이 사회와 가정에도 질서가 있고 교회에도 질서가 있다. 그러나 그 질서는 역할 차이 개념이지, 존재 가치 차이 개념은 아니다.

인간 본연의 모습

가톨릭교회의 사제제도는 오류다. 우선 교회의 성경적 개념은 무엇인가? 바울은 말한다. "그리스도께서 교회를 사랑하시고 그 교회를 위하여 자신을 주심 같이 하라."(엡 5:25) 여기서 교회는 그리스도께서 구원하시기 위하여 돌아가신 모든 자들이다. 즉, 모든 시대의 모든 믿는 자들을 말한다. 신명기는 이렇게 기록한다. "여호와께서 내게 이르시기를 나에게 백성을 모으라 내가 그들에게 내 말을 들려주어 그들이 세상에 사는 날 동안 나를 경외함을 배우게 하며 그 자녀에게 가르치게 하리라."(신 4:10) "백성을 모으라(히브리어 קהל, 헬라어 ἐκκλησιάζω)"는 말은 "교회(헬라어 ἐκκλησία)"라는 명사의 동사형이다. 구약 시대에 하나님께서는 당신의 백성을 교회로 생각하셨다. 신약은 구약 이스라엘 백성을 "교회(ἐκκλησία)"라고 말한다. 즉, 교회는 조직이나 성직자들의 모임이 아니고, 성도들의 모임이다. 하나님께서 불러내신 자들의 모임인 것이다. 교회는 곧 성도들을 말한다.

모든 성도는 선지자직, 제사장직, 왕직을 가지고 있다. 이것을 만인

제사장론이라고 말한다. 사도 베드로는 이 세 직분을 나 말하고 있다. "그러나 너희는 택하신 족속이요 왕 같은 제사장들이요 거룩한 나라요 그의 소유가 된 백성이니 이는 너희를 어두운데서 불러내어 그의 기이한 빛에 들어가게 하신 이의 아름다운 덕을 선포하게 하려 하심이라."(벧전 2:9) 그리스도인은 왕 같은 제사장으로 왕과 제사장일 뿐만 아니라, 하나님의 이름을 선포하는 역할을 하는 선지자인 것이다. 종교개혁자 마틴 루터는 로마 가톨릭교회의 심각한 오류중 하나가 사제들의 비성경적인 권력 남용이라고 생각했다. 그는 일반 성도와 사제들 사이에 하나님 앞에서 근본적인 존재 가치 차이가 없음을 강조했다. 차이라면 일반 성도와 사제들 사이에 다른 직분에 의한 역할의 차이라는 것이었다. 루터는 예수 그리스도를 믿는 자는 모두가 다 제사장이라고 강조했다. 모든 믿는 자는 선지자, 제사장, 왕인 것이다. 더 구체적으로 살펴보고자 한다.

1. 창조된 인간의 모습

인간은 하나님의 창조 때부터 선지자, 제사장, 왕의 역할을 가지고 있었다. 에덴 동산에 죄가 들어오기 전에 아담은 선지자로서 하나님에 대한 모든 참된 진리를 가지고 있었고, 하나님과 그의 피조물에 대해 진실 되게 말했다. 아담과 하와는 제사장으로 하나님께 기도와 찬양과 감사를 마음대로 지유롭게 올릴 수 있었다. 죄로 말미암아 제사를 드릴 필요는 없었다. 아담과 하와는 왕으로 피조물을 지배하고 다스릴 수 있는 권한이 주어졌다. "하나님이 그들에게 복을 주시며 하나님이 그들에게 이르시되 생육하고 번성하여 땅에 충만하라, 땅을 정복하라, 바다의 물고기와 하늘의 새와 땅에 움직이는 모든 생물을 다스리라"고 명하셨기 때문이다(창 1:28).

2. 타락 후 인간의 모습

죄가 세상에 들어온 후, 타락한 인간은 더 이상 선지자 역할을 할 수 없게 되었다. 하나님에 대한 잘못된 정보를 믿었고 하나님에 대해 잘못된 말을 했다. 인간은 제사장 역할을 할 수가 없었다. 죄가 그를 하나님의 존전에서 끊어 버렸기 때문이다. 그는 왕의 역할을 할 수 없게 되었다. 피조물이 그에게 고통을 주었기 때문이다. 홍수, 가뭄, 수확할 수 없는 땅, 심지어 독재자들로 말미암아 지배를 받고 고통을 받을 수밖에 없게 되었다. 하나님이 창조하신 선지자, 제사장, 왕으로서의 인간의 고귀함은 죄로 말미암아 상실되었다. 이 세 역할의 부분적 회복이 있었다. 그것은 구약 시대 이스라엘 왕국에 선지자, 제사장, 왕의 세 직분이 주어졌을 때였다. 때로 거룩한 사람이 이 직분을 차지했다. 그러나 거짓 선지자도 있었고, 부정직한 제사장도 있었으며, 사악한 왕도 있었다. 그래서 하나님이 의도하신 원래의 순수함은 이들의 모습에서 온전히 이루어지지 않았다.

3. 예수 그리스도

예수 그리스도가 오셨을 때 처음으로 이 세 직분(역할)이 완성되었다. 그분은 완전한 선지자로 하나님을 드러내셨다. 하나님의 뜻을 가장 정확하게 우리에게 전하셨고, 모든 권한으로 하나님의 말씀을 완벽하게 우리에게 가르치셨다. 그분은 완전한 제사장으로 우리의 죄를 위해 최상의 제사를 드리셨다. 그리스도는 제사장임과 동시에 희생제물로서 자신을 드렸다. "자기를 단번에 제물로 드려 죄를 없이 하시려고 세상 끝에 나타나셨다."(히 9:26) 그리스도는 지속적으로 우리를 하나님의 존전으로 인도하신다. 그러므로 우리는 예루살렘 성전에 갈 필요가 없고 우리와 하나님 사이에 특별한 제사장이 필요한 것도 아니다.

물론 목자의 필요성을 부정하는 것은 아니다. 예수님께서는 여전히 지속적으로 우리를 위해 기도하신다. 제사장 직분 중 하나는 백성을 위해 기도하는 것이다. 예수님께서는 지금도 하늘에서 그 일을 하고 계신다. "예수는 영원히 계시므로 그 제사장 직분도 갈리지 아니하시느니라… 이는 그가 항상 살아 계셔서 그들을 위하여 간구하심이라."(히 7:24-25) 바울도 말한다. "누가 정죄하리요 죽으실 뿐 아니라 다시 살아나신 이는 그리스도 예수시니 그는 하나님 우편에 계신 자요 우리를 위하여 간구하시는 자시니라."(롬 8:34) 예수 그리스도는 왕으로 오셨다. 그분은 지금 우리 마음에 오셔서 왕으로 계신다. 우리의 심령을 통치하고 계신다. 그리스도는 또한 교회의 머리가 되시어 교회를 다스리시고 계신다. 교회는 그리스도를 순종하며 그분을 따른다. 또한 그리스도께서는 장차 참되고 의로운 온 세상의 왕으로서 새 하늘과 새 땅을 의로 통치하실 것이다.

영원한 삼중직

원래 창조된 인간은 선지자, 제사장, 왕의 역할을 하게 되어 있었다. 그러나 아담의 타락으로 문제가 생겼다. 그럼에도 구약 이스라엘 백성을 위해 선지자, 제사장, 왕직이 부분적으로 회복되었다. 마지막으로 예수 그리스도가 오셔서 완전한 선지자, 제사장, 왕의 역할을 하셨다. 이제 그리스도인은 그리스도를 닮기 시작한다. 원래 인간에게 주어진 역할을 회복하기 시작한 것이다. 부족하나마 그리스도인은 선지자, 제사장, 왕의 역할을 하기 시작했다.

1. 선지자

그리스도인은 선지자이다. 구약의 선지자 역할은 신약에서 사도들이 했다. 신약에 "선지자"라는 용어를 쓰지 않은 이유가 있다. 신약 시대에 이 용어는 이미 하나님 말씀을 전하는 자라는 의미 외에 일반적으로 "외부 영의 영향으로 말하는 자"라는 의미로 사용되었기 때문이다(딛 1:12; 눅 22:64). 구약의 선지자와 신약의 사도는 하나님 말씀을 전하고 기록하는 역할을 했다(고전 2:13; 고후 13:3; 갈 1:8-9, 11-12). 사도들은 그들의 인생 말기에 성경 말씀을 강조했다. 사도들이 죽은 그 다음 시대에는 성도들로 하여금 기록된 말씀(성경)으로 살도록 했다. 이것을 위해 사도들은 기록된 하나님 말씀에 대해 여러 곳에서 충성어린 권면을 했다. "너는 진리의 말씀을 옳게 분별하여 부끄러울 것이 없는 일꾼으로 인정된 자로 자신을 하나님 앞에 드리기를 힘쓰라."(딤후 2:15) "모든 성경은 하나님의 감동으로 된 것으로 교훈과 책망과 바르게 함과 의로 교육하기에 유익하니."라(딤후 3:16) "또 우리에게는 더 확실한 예언이 있어 어두운 데를 비추는 등불과 같으니… 성경의 모든 예언은 사사로이 풀 것이 아니니."라(벧후 1:19-20) 구약 선지자들과 신약 사도들이 전하는 말씀은 이제 성경에 다 기록되었다. 그 기록된 말씀을 바로 전하는 자들이 이제는 선지자 역할을 하는 것이다. 우리가 복음을 세상에 전할 때 우리는 선지자 역할을 한다. 사실 누구에게 하나님에 대해 진실 되게 말할 때 우리는 선지자 역할을 하는 것이다. 전도할 때, 말씀을 나눌 때, 말씀을 가르칠 때 그런 역할을 하는 것이다. 또한 우리의 거룩한 삶을 통해 하나님의 "아름다운 덕을 선포"(벧전 2:9)할 때도 마찬가지다.

2. 제사장

그리스도인은 제사장이다. 우리는 "왕 같은 제사장"(벧전 2:9)이기 때문이다. 우리가 드리는 제사는 거룩한 제사로, 우리의 삶을 말한다. 거룩한 삶이다. 사도 베드로는 말한다. "너희도 산 돌 같이 신령한 집으로 세워지고 예수 그리스도로 말미암아 하나님이 기쁘게 받으실 신령한 제사를 드릴 거룩한 제사장이 될지니라."(벧전 2:5) 우리는 제사장으로 성소에 들어간다. 하나님 존전에 직접 나아간다는 말이다. 이제는 구약 시대처럼 더 이상 제사장이라는 특정 인물을 통해 하나님께 나아가지 않는 다. 우리 그리스도인은 직접 하나님이 계신 곳에 나아간다. 직접 하나님과 대화하며 교제한다. 히브리서 기자는 말한다. "그러므로 형제들아 우리가 예수의 피를 힘입어 성소에 들어갈 담력을 얻었나니."(히 10:19). 이것은 우리로 하여금 거룩한 삶을 통해 하나님 앞에 나아가게 한다. 하나님을 향한 순결한 믿음과 정성어린 마음으로 우리의 삶을 하나님께 바치겠다는 심령으로 나아가는 것이다. 히브리서 기자의 계속되는 권면이다. "우리가 마음에 뿌림을 받아 악한 양심으로부터 벗어나고 몸은 맑은 물로 씻음을 받았으니 참 마음과 온전한 믿음으로 하나님께 나아가자."(히 10:22) "그러므로 우리는 예수로 말미암아 항상 찬송의 제사를 하나님께 드리자 이는 그 이름을 증언하는 입술의 열매니라."(히 13:15) "오직 선을 행함과 서로 나누어 주기를 잊지 말라 하나님은 이 같은 제사를 기뻐하시느니라."(히 13:16) 사도 바울도 우리에게 제사장 역할을 강조한다. 자신의 전부를 하나님께 바치는 제사로 드리라고 이렇게 권면한다. "그러므로 형제들아 내가 하나님의 모든 자비하심으로 너희를 권하노니 너희 몸을 하나님이 기뻐하시는 거룩한 산 제물로 드리라 이는 너희가 드릴 영적 예배니라."(롬 12:1) 제사장의 거룩한 삶을 위한 헌신은 백성을 위한 짐을 짊어지는 것을 포함한다. 구약의 제사장은 이스라엘 백성의 죄 문제를 짊어지고 짐승의 피를 흘려 하나님의 죄 사함을 구했다. 예수님께서는 제사장으로 오셔서 당신 백성의 죄와 질고를 대신 짊어지셨다. 그리스도께서 오신 후 우리는 형제 자매들의 어려움에 동참한다. 그들의 고통과 아픔을 함께 할 때, 그들을 위로해 줄 때, 그들 위해서 기도할 때, 그들에게 도움을 줄 때, 그들과 함께 모여 교제하고 나누며 기도할 때, 우리는 제사장 역할을 담당하는 것이다.

3. 왕

그리스도인은 왕이다. 우리는 그리스도의 왕적 통치에 참여하고 있다. 우리가 구원받았을 때 주께서 우리를 "함께 일으키사 그리스도 예수 안에서 함께 하늘에 앉히"(엡 2:6)셨기 때문이다. 그러므로 우리는 우리를 대항해 배치된 악한 영적 권세 위에 계신 그리스도의 권세에 참여하고 있는 것이다. "우리의 씨름은 혈과 육을 상대하는 것이 아니요 통치자들과 권세들과 이 어둠의 세상 주관자들과 하늘에 있는 악의 영들을 상대"하는 것이다(엡 6:12). 하나님께서는 우리에게 이 땅에서 교회와 많은 영역의 작고 큰 일에 권세를 주셨다. 권면을 통해 형제 자매의 삶에 변화가 있도록 할 때, 교회의 질서를 위해 역할을 할 때, 우리는 왕직을 담당하는 것이다.

4. 영원한 삼중직

주께서 다시 오셔서 새 하늘과 새 땅을 통치하실 때, 우리는 다시 한 번 진정한 선지자가 될 것이다. 그 때 우리의 모든 지식은 완전하게 될 것이다. 사도 바울은 말한다. "지금은 내가 부분적으로 아나 그 때에는 주께서 나를 아신 것 같이 내가 온전히 알리라."(고전 13:12) 그 때에 우리는 하나님과 세상에 대해 진실만을 말할 것이다. 하나님께서 원래 아담에게 주신 선지자의 역할이 우리 안에서 완성될 것이다. 우리는 영원한 제사장이 될 것이다. 우리는 영원히 하나님을 예배할 것이고 하나님께 기도를 올릴 것이기 때문이다. 하나님의 얼굴을 마주보며 그분의 존전에 거할 것이다. 사도 요한은 말한다. "다시 저주가 없으며 하나님과 그 어린 양의 보좌가 그 가운데에 있으리니 그의 종들이 그를 섬기며 그의 얼굴을 볼 터이요 그의 이름도 그들의 이마에 있으리라."(계 22:3-4) 우리는 자신을 지속적으로 드릴 것이며 우리가 하는 모든 것이나 가진 모든 것을 우리가 가장 존귀히 여기는 그분께 올려드릴 것이다. 우리는 하나님 밑에서 우주만물의 통치에 참여할 것이다. 우리는 그분과 함께 영원히 통치할 것이기 때문이다. 요한계시록은 다음과 같이 미래를 말한다. "다시 밤이 없겠고 등불과 햇빛이 쓸데 없으니 이는 주 하나님이 그들에게 비치심이라 그들이 세세토록 왕노릇 하리로다."(계 22:5) 예수님께서 말씀하셨다. "이기는 그에게는 내가 내 보좌와 함께 앉게 하여 주기를 내가 이기고 아버지 보좌에 함께 앉은 것과 같이 하리라."(계 3:21) 사도 바울도 같은 맥락으로 말했다. "성도가 세상을 판단할 것을 너희가 알지 못하느냐… 우리가 천사를 판단할 것을 너희가 알지 못하느냐."(고전 6:2) 그러므로 우리는 영원히 선지자, 제사장, 왕의 역할을 할 것이다. 물론 우리는 이 역할을 하면서 주 예수 그리스도에게 복종할 것이다. 그분이야 말로 최고의 선지자, 제사장, 왕이시기 때문이다.

우리는 자신이 누군지 바로 알고 살아야 한다. 이것은 매우 중요하다. 그리스도인이 되기 전에는 이것을 알 길이 없었다. 그러나 우리에게 진리가 주어졌다. 하나님은 이제 나를 원래의 소중한 존재로 회복시키시고 계신다. 하나님은 우리를 의롭다고 선언하셨다. 우리는 예수 믿고 새 사람이 되어 많은 변화가 있지만 우리에게는 여전히 죄가 남아 있다. 그러나 하나님 보시기에 우리는 너무도 아름다운 의인이다. 하나님은 우리를 당신의 자녀로 삼으시고 영생을 주신 것이다. 예수 그리스도 때문이다. 그리고 하나님께서는 우리를 선지자, 제사장, 왕으로 부르셨다. 우리는 자신을 생각할 때 지나치게 남을 의식하거나 과다하게 남들과 비교하는 습관을 버려야 한다. 오히려 하나님과의 관계 가운데 있는 우리 자신을 생각하도록 해야 한다. 선지자, 제사장, 왕으로서 말이다. 그렇다고 교만할 이유도 없다. 내가 선지자, 제사장, 왕으로 원래 인간의 모습을 찾기 시작한 것이 모두 하나님의 은혜요, 주 예수 그리스도의 공로이기 때문이다. 비하할 것도 교만할 것도 없다. 우리는 선지자, 제사장, 왕으로서 주님 안에서 감사함으로 자긍심을 가지고 살아가야 한다. 우리가 하는 모든 일은 결국 그리스도인으로서 이 세 직분 중 어느 것을 하는 것이 된다. 인생의 어떤 상황에서 무슨 일을 하든지 우리는 선지자, 제사장, 왕으로서 사역을 하는 것이다. 그럼에도 우리는 여전히 죄인이요 아직도 많은 문제를 안고 살아가고 있다. 그러나 동시에 우리는 하나님의 자녀로서 소중한 존재이다. 너무도 소중한 존재이다.

제06장

죄

　중세 로마 가톨릭교회는 원죄를 심각하게 생각하지 않았다. 원죄(아담과 하와의 죄)로 말미암아 인간은 초자연적 은사만 상실했다고 가르쳤다. 초자연적 은사란 하나님을 아는 지식, 영생, 영적기쁨 등을 말하는 것이다. 종교개혁을 통해 개신교는 성경적으로 죄에 대한 개념을 정립했다. 종교개혁자들은 성경에 입각하여 인간의 원죄로 말미암아 인간의 모든 부분에 타락의 영향이 왔다고 가르쳤다. 이것을 인간의 전적타락이라고 한다. 전적타락이란 전체적 타락을 의미한다. 인간의 모든 부분에 죄와 타락의 영향이 왔다는 말이다. 인간의 삼요소라고 일컫는 지, 정, 의 모든 부분이 죄의 영향으로 문제가 생겼음을 의미한다. 인간의 지적, 정적, 의지적 부분들이 훼손되어, 생각에 오류가 생기고 감정이 왜곡되며 그릇된 행동이 나온다.

지, 정, 의가 정상적인 관계로 질서를 유지하지 못하고 모든 부분이 통제되지 않는 것이다.

인간에 대한 견해 차이는 구원론에 차이를 가져온다. 인간이 타락하지 않았다고 생각한다면, 구원이 필요가 없다고 생각할 것이다. 인간이 부분적으로 타락했다고 생각하면, 하나님의 은혜가 부분적으로 필요하다고 생각할 것이다. 인간이 전적으로 타락했다고 생각한다면, 하나님의 은혜가 전적으로 필요하다고 생각할 것이다. 어떤 것이 옳은 것인가? 성경은 인간이 전적으로 타락했음을 가르친다. 그러므로 하나님의 은혜가 전적으로 필요하다고 가르친다. 인간을 제대로 알지 못하면 구원을 알 수 없다. 스스로 죄인이라는 것을 인식하지 못하면 하나님의 은혜를 받을 이유가 없다고 생각하게 된다. 그러면 구원의 길이 열릴 수 없게 되는 것이다.

죄의 정체

우리는 다음의 질문을 하게 된다. 하나님이 세상을 만드셨고 만드신 모든 것을 통치하신다면, 도대체 죄는 어디서 왔는가? 이것은 논리적으로 답하기 쉽지 않은 질문이다. 궁극적으로 죄가 하나님으로부터 나왔든지, 아니면 하나님은 나오는 죄를 막으실 길이 없으셨든지, 둘 중의 하나라는 생각이 들 것이다. 어느 쪽이든 하나님의 입장은 곤란해지는 것으로 보인다. 인간의 논리에 의하면 그렇다. 그러나 성경은 어떻게 말하는가?

하나님은 결코 죄를 짓지 않으셨다. 그래서 하나님이 죄 때문에 책망을 받으실 이유는 전혀 없다. 인간이 죄를 지은 것이고 천사가 죄를 지은 것이기 때문이다. 혹시 하나님과 대등한 악의 세력이 있는가? 긍정적으로 대답할 때, 이것을 "이원론"이라고 한다. 그러나 이원론은 오류다. 우주에 하나님과 대등한 영원한 악의 세력이 있다고 생각하는 것은 큰 잘못이다. 하나님은 온 우주를 통치하시는 절대주권을 가지고 계신다. 하나님은 "모든 일을 그(하나님)의 뜻의 결정대로 일하시는 이의 계획에 따라" 하신다(엡 1:11). 하나님께서는 "땅의 모든 사람들을 없는 것 같이 여기시며 하늘의 군대에게든지 땅의 사람에게든지 그는 자기의 뜻대로 행하시나니 그의 손을 금하든지 혹시 이르기를 네가 무엇을 하느냐고 할 자가 아무도 없도다."(단 4:35) 그렇다면 하나님은 죄와 어떤 관련이 있지 않은가? 하나님의 절대주권 개념에 의하면, 이 세상의 어떤 것도 하나님의 통치 하에 있지 않은 것이 없다. 그렇다면 죄도 하나님의 통치 하에 이루어진 것이 아닌가? 이러한 전제하에서는 하나님께서 죄가 이 세상에 들어오도록 정하셨다는 말이 된다. 물론 하나님은 죄를 즐거워하지 않으신다. 그러나 하나님께서는 분명히 어떤 뜻을 가지시고 죄가 들어오도록 허용하신 것이다. 문제는 이것이 우리에게 비밀로 되어있다는 것이다. 우리는 왜 하나님께서 죄가 이 세상에 들어오도록 정하셨는지 정확하게 알 수 없다.

그럼에도 분명한 것은 하나님께서는 윤리적 피조물의 자발적 선택을 통해 죄가 들어오도록 허용하셨다는 것이다. 하나님은 윤리적 피조물(인간과 천사)에게 선과 악(순종과 불순종)의 선택권을 주셨다. 자유의지를 주신 것이다. 하나님은 윤리적 피조물을 로봇으로 만들지 않으셨기 때문이다. 창조된 인간의 고귀함이 그것에 있다. 인간은 다른 모든 피조물과 다르다. 이제 인간의 죄의 기원을 살펴보고자 한다.

아담과 하와가 죄를 짓기 전에 천사의 세계에 죄가 있었다. 사탄과 마귀의 타락이었다. 인간에게는 첫 죄가 아담과 하와의 불순종이었다

(창 3:1-19). 선악과를 따먹은 것은 죄의 전형적인 성격을 가지고 있다. 그 내용을 살펴보자.

아담과 하와는 진위여부의 판단에서 하나님 말씀을 부정했다. 스스로의 판단으로 하나님의 말씀을 배척한 것이다. 그들은 진실을 추구하는 과정에 하나님을 대적하는 입장을 취했다. "선악을 알게 하는 나무의 열매는 먹지 말라 네가 먹는 날에는 반드시 죽으리라"고 하나님은 말씀하셨다(창 2:17). 그러나 뱀은 "너희가 결코 죽지 아니하리라"고 말했다(창 3:4). 하와는 뱀의 말에 솔깃하여 하나님 말씀의 진실성을 의심했고 하나님의 말씀이 진실인지 아닌지 알아보기 위한 시험을 했다. 선악과를 따먹은 것이다. 하나님이 거짓을 말했을 가능성을 심각하게 생각한 것이다. 이것으로 하나님과의 신뢰관계가 깨졌다.

아담과 하와는 옳고 그름의 판단에서 하나님의 기준을 져버렸다. 선과 악을 가리는데 스스로의 기준으로 하나님의 기준을 배척한 것이다. 하나님께서는 아담과 하와가 선악과를 따먹지 않는 것이 윤리적으로 옳은 것이라고 말씀하셨다. "네가 먹는 날에는 반드시 죽으리라."(창 2:17) 그러나 뱀은 열매를 따먹는 것이 옳은 것이라고 말했다. 열매를 먹으면 아담과 하와는 하나님과 같이 될 것이라고 말했던 것이다. "너희가 그것을 먹는 날에는 너희 눈이 밝아져 하나님과 같이 되어 선악을 알 줄 하나님이 아심이니라."(창 3:5) 하와는 무엇이 옳은지에 대해 자신의 판단을 신뢰했다. 무엇이 자신에게 좋은 것일까 하는 질문에 자신의 판단을 믿었다. 하나님의 말씀이 옳고 그름의 판단의 기준이 되는 것을 수용하지 않은 것이다. 성경은 이렇게 기록한다. "여자가 그 나무를 본즉 먹음직도 하고 보암직도 하고 지혜롭게 할 만큼 탐스럽기도 한 나무인지라 여자가 그 열매를 따먹"었느니라(창 3:6). 윤리의 기준은 무엇인가? 자연인은 자기 스스로 윤리적 기준을 세우려고 한다. 예를 들어, 세속 사회학자들은 결혼이 인간이 만든 잘못된 제도이고 진화과정에서 인간의 본성과 역행한다고 주장한다. 또한 동성애를 비판하는 것은 인권침해라고 주장한다. 그러나 성경은 분명히 가르친다. 결혼은 하나님이 만드신 제도이고 동성애는 잘못된 것이라고 말이다.

아담과 하와는 창조주에 도전하여 자신의 정체성을 상실했다. 그들은 자신이 누구인가를 알아가는 과정에 심각한 죄를 범한 것이다. 아담과 하와는 하나님의 피조물이다. 피조물은 창조주에게 의존해야 하고 창조주의 말씀에 절대 순종해야 한다. 그러나 그들은 하나님과 같이 되리라는 유혹에 넘어갔다. 그러므로 자신을 하나님 자리에 올려놓으려는 심각한 죄를 저지르게 되었다. 그들은 하나님을 의존하지 않았다. 하나님을 믿지 않았다. 그렇게 하면 자신의 위치를 상실한다고 생각했기 때문이다. 하나님께 자기 자리를 내주어야 하기 때문이다. 인간은 피조물로서 자신의 위치를 알 때 본인의 자리를 제대로 찾을 수 있다. 그러나 죄에 떨어진 인간은 자신의 자리에 만족하지 못한다. 하나님이 인생의 주인이심에도 불구하고 자연인은 자신을 인생의 주인으로 생각한다. 그러므로 자연인은 1계명을 지속적으로 범하고 있다. "너는 나 외에는 다른 신들을 네게 두지 말라."(출 20:3)는 말씀을 어기고 있다. 그래서 인간에게 교만이라는 문제가 생긴 것이다.

원죄로 말미암아 하나님과 인간과의 관계가 깨졌다. 인간은 하나님의 진실성을 의심하고, 하나님 대신 스스로 윤리적 기준을 세우며, 결국 하나님의 자리를 차지하려했다. 하나님과의 관계가 파괴되니 곧 인간과의 관계도 파괴되었다. 아담은 책임을 하와에게 돌리며 이렇게 말했다. "하나님이 주셔서 나와 함께 있게 하신 여자 그가 나무 열매를 내게 주므로 내가 먹었나이다." (창 3:12) 자신을 구하기 위해 하와를 팔아버리는 형국이 되었다. 하나님과의 관계가 파괴됨으로 인간과의 관계가 파괴되었다. 그리고 다른 모든 피조물과의 관계가 파괴되었다. 인간을 향한 피조물의 반란이 일어난 것이다. 더 이상 땅이 인간을 위해 순종적으로 수확을 내고 풍성함으로 섬기지 않게 되었다. 땅이 저주를 받았다. 그래서 인간이 아무리 열심히 일해도 가시덤불과 엉겅퀴를 내게 되었다. 인간은 흙으로 돌아갈 때까지 수고하고 땀을 흘려야만 먹고 살게 되었다(창 3:17-19).

죄의 성격

아담과 하와의 죄는 하나님과의 관계를 깨뜨렸고 인간의 정체성을 잃게 했다. 인간은 스스로 하나님의 자리에 오르려는 심각한 질병에 걸린 것이다. 이것은 인간의 모든 죄의 뿌리이고 전형적인 요소가 되었다. 원죄로 말미암아 창조질서가 무너졌다. 인간의 하나님에 대한 반란은 피조물의 인간에 대한 반란으로 이어졌다. 그나마 세상과 우주가 이정도 만큼이나 돌아가는 것은 하나님의 은총 때문이다. 이것을 하나님의 "일반은총"이라고 한다. 그러나 원죄는 인류에게 심각한 결과를 초래했다. 아담의 후손인 모든 인간은 원죄를 물려받은 것이다. 원죄의 영향을 받지 않고 태어나는 인간은 한 사람도 없다. 그 결과는 어떤 것인가?

1. 죄책

인간에게는 원죄에 대한 책임이 있다. 아담으로부터 물려받은 죄에 대해 우리가 책임을 지게 되었다는 말이다. 우리는 아담의 죄로 말미암아 죄책을 가지게 되었다. 아담의 죄로 말미암아 우리가 죄인으로 여겨지게 되었다는 것을 의미한다. 사도 바울은 이렇게 말한다. "그러므로 한 사람으로 말미암아 죄가 세상으로 들어오고 죄로 말미암아 사망이 들어왔나니 이와 같이 모든 사람이 죄를 지었으므로 사망이 모든 사람에게 이르렀느니라. 죄가 율법 있기 전에도 세상에 있었으나 율법이 없을 때에는 죄를 죄로 여기지 아니하였느니라. 그러나 아담으로부터 모세까지 아담의 범죄와 같은 죄를 짓지 아니한 자들까지도 사망이 왕 노릇 하였나니 아담은 오실 자의 모형이라."(롬 5:12) 사도 바울은 아담이 인류의 대표였기에, 그의 범죄는 모든 후손을 죄인으로 만들어 버렸다고 말한다. 아담의 후손이 아담의 죄를 짓지도 않고 율법이 있기 전에는 죄를 죄로 여기지도 않았는데 어떻게 그들에게 사망이 임했는가? 아담의 죄가 그들의 죄로 여겨졌기 때문이다. 이것만으로 설명이 부족할 수 있기에 바울은 또 하나의 인물을 소개한다. 아담은 바로 앞으로 오실 자의 모형이라는 것이다. 아담이 모형이면 앞으로 오실 자는 실체를 의미한다. 바울은 아담과 인류와의 관계를 통해 또 하나의 관계를 소개한다.

이 새로운 관계는 예수 그리스도로 이루어졌다. 아담은 모형이었고 그 실체는 예수 그리스도라는 것이다. 어떤 면에서 아담이 그리스도의 모형인가? 모형이란 실체와 동일하지는 않지만 유사성이 있다. 그 유사성은 무엇인가? 대표성이다. 아담이 인류의 대표인 것처럼, 예수 그리스도는 그리스도인들의 대표인 것이다. 아담의 범죄로 말미암아 모든 후손들이 죄인 된 것 같이, 예수 그리스도의 의로운 행위로 말미암아 그를 믿는 그리스도인들이 모두 의인이 되는 것이다. 아담의 후손은 아담의 죄를 짓지 않고도 죄인이 되었고, 그리스도인은 그리스도의 의로운 행위를 행하지 않고도 믿음만으로 의인이 되었다. "그런즉 한 범죄로 많은 사람이 정죄에 이른 것 같이 한 의로운 행위로 말미암아 많은 사람이 의롭다 하심을 받아 생명에 이르렀느니라. 한 사람이 순종하지 아니함으로 많은 사람이 죄인 된 것 같이 한 사람이 순종하심으로 많은 사람이 의인이 되리라."(롬 5:18-19) 우리 모든 인간의 첫 대표인 아담이 죄를 지음으로 하나님은 우리 모두를 죄책이 있는 것으로 여기셨다. 반면에 하나님은 예수 그리스도를 믿는 우리 모두를 또한 의롭다고 여기신다. 이것이 하나님께서 인류를 다루시는 방법이다. 인류를 유기적 단일체로 보시는 것이다. 아담은 인류라는 단일체의 머리이다. 동시에 하나님은 그리스도에 의해 대표된 새로운 인류인 그리스도인을 유기적 단일체로 보시는 것이다. 그리스도는 그 단일체의 머리이시다.

2. 죄성

우리는 아담의 죄로부터 죄책을 물려받았을 뿐 아니라 죄성도 물려받았다. 물려받은 죄성을 "원죄"라고 하지만, 그것은 사실 물려받은 "오염" 또는 물려받은 "부패"를 의미한다. 다윗은 자신의 죄에 대해 너무도 낙망하며 자신은 처음부터 죄악을 가지고 있었음을 고백했다. 깊이 뿌리박혀 있는 자신의 죄성을 깊이 있게 인식한 것이다. 그는 말한다. "내가 죄악 중에서 출생하였음이여 어머니가 죄 중에서 나를 잉태하였나이다."(시 51:5) "하나님이여 주의 인자를 따라 내게 은혜를 베푸시며 주의 많은 긍휼을 따라 내 죄악을 지워 주소서. 나의 죄악을 말갛게 씻으시며 나의 죄를 깨끗이 제하소서. 무릇 나는 내 죄과를 아오니 내 죄가 항상 내 앞에 있나이다."(시 51:1-3) 우리 그리스도인들은 예수 믿기 전에 하나님의 진노의 대상이었다. 죄성에서 우러나오는 욕심이 문제였다. "전에는 우리도 다 그 가운데서 우리 육체의 욕심을 따라 지내며 육체와 마음이 원하는 것을 하여 다른 이들과 같이 본질상 진노의 자녀이었"다(엡 2:3).

인간은 물려받은 죄성 때문에 하나님 앞에서 영적 선이 없다. 인간의 모든 부분이 죄의 영향을 받았다. 바울은 이렇게 말한다. "내 속 곧 내 육신에 선한 것이 거하지 아니하는 줄을 아노니 원함은 내게 있으나 선을 행하는 것은 없노라."(롬 7:18) 동시에 물려받은 죄성 때문에 인간은 하나님을 기쁘시게 할 수 있는 선을 행할 능력이 없다. 예수님께서는 "나를 떠나서는 너희가 아무 것도 할 수 없음이라"고 말씀하셨다(요 15:5). 인간 사이에는 선한 일을 할 수 있다. 그러나 인간 사이에 선한 일이라고 그것이 하나님 앞에서 반드시 선한 일이 되는 것은 아니다. 하나님은 그 모든 선한 일의 숨은 동기를 보시기 때문이다. 하나님을 믿지 않고 하는 모든 일들은 하나님 앞에 선한 일이 될 수 없다. 믿지 않는 자들은 결국 자신이 하나님 자리에 앉아 있는 것이고, 모든 일을 자신의 영광을 위해 하게 된다. 그러므로 그 선한 일도 결국 하나님의 영광을 위해서가 아니고 자신의 영광을 위해 하게 되는 것이다. 히브리서 기자는 말한다. "믿음이 없이는 하나님을 기쁘게 하지 못하나니 하나님께 나아가는 자는 반드시 그가 계신 것과 또한 그가 자기를 찾는 자들에게 상주시는 이심을 믿어야 할지니라."(히 11:6)

3. 죄 사함

인간은 모두가 죄인이다. 성경은 여러 곳에서 인간이 죄인이라는 사실의 보편성과 심오성을 강력하게 선언한다. "선을 행하는 자가 없으니 하나도 없도다."(시 14:3) "유대인이나 헬라인이나 다 죄 아래 있다고 우리가 이미 선언하였느니라. 기록된 바 의인은 없나니 하나도 없으며 깨닫는 자도 없고 하나님을 찾는 자도 없고 다 치우쳐 함께 무익하게 되고 선을 행하는 자는 없나니 하나도 없도다."(롬 3:9-12) "모든 사람이 죄를 범하였으매 하나님의 영광에 이르지 못하였"다(롬 3:23). 심각한 문제는 우리가 스스로 죄 문제를 해결할 수 없다는 점이다. 해결하고 싶어도 해결할 능력이 없는 것이다. 스스로 문제를 해결하려고 할 때 오히려 우리는 문제를 증폭시킨다. 스스로를 교만에 떨어지게 만들기 때문이다. 우리는 우리의 죄 문제를 해결할 수 없음을 솔직하게 인식하고 겸손함으로 하나님 앞에 나와야 한다. 두 손 들고 나아와 하나님의 도움을 요청해야 한다. 하나님의 해결 방법을 구해야 한다. 하나님께서 제시하신 해결의 유일한 방법은 그리스도를 믿고 회개하여 죄 사함 받는 것이다. 그리고 그리스도의 의로움이 나의 의로움으로 전가되어 의인이 되는 것이다. 하나님의 은혜로만 우리는 새 사람이 된다. 그래서 우리는 하나님 앞에 선을 행할 수 있는 능력을 가지게 된다. 그리고 완전하지는 않으나 실제로 하나님 앞에 선을 행하기 시작한다.

4. 자범죄의 영향

예수 믿고 의로워졌지만, 그 후 그리스도인은 여전히 죄를 짓게 된다. 죄를 짓게 되면 우리는 불편함을 느끼고 때로는 혼란에 빠진다. 자책을 하기도 하고 두려워지기도 한다. 죄 사함 받았다는 생각에 안이해지기도 하고, 반복적인 죄로 말미암아 자신의 구원에 의심을 품기도 한다. 죄 사함 받은 후 그리스도인이 죄를 범하면 어떻게 되는 것인가?

죄를 범해도 하나님 앞에서 우리의 법적 신분에는 변함이 없다. 물론 오해는 없어야 한다. 그러므로 우리가 죄를 계속 범해도 괜찮다는 특권을 받았다는 의미는 절대 아니다. 죄를 범하는 것이 괜찮을 수는 없다. 이것은 그리스도의 십자가를 망령되게 만드는 것이다. 다만, 우리 그리스도인에게 어떤 일이 벌어져도 다시 정죄함이 없다는 말이다. 사도 바울은 말한다. "그러므로 이제 그리스도 예수 안에 있는 자에게는 결코 정죄함이 없나니 이는 그리스도 예수 안에 있는 생명의 성령의 법이 죄와 사망의 법에서 너를 해방하였음이라."(롬 8:1-2) 그리스도를 믿어 이미 의인이 된 우리 신분에는 변화가 없다는 말이다. 우리는 여전히 의인이다. 우리는 이미 과거, 현재, 미래의 죄를 다 사함 받았다.

그럼에도 우리가 죄를 범하면, 하나님과의 교제에 문제가 생기고 우리 삶에 어려움이 나타난다. 하나님과 좋은 관계가 유지되지 않기 때문이다. 하나님과 멀어지게 되고 우리 영은 즐겁지 않다. 죄로 말미암아 우리 삶에 문제가 생기게 된다. 우리가 죄를 범할 때 하나님이 우리를 사랑하시는 것을 중단하지는 않으나, 우리를 즐거워하시지는 않는다. 부모가 자녀를 향한 마음을 생각하면 쉽게 이해될 수 있다. 우리는 성령을 슬프게 할 수 있다(엡 4:30). 죄에는 자연스러운 결과가 따른다. 죄는 항상 문제를 일으키고 그 여파를 남기게 되어 있기 때문이다. 이것이 죄의 속성이다. 주 안에서 우리의 즐겁고 행복한 삶을 어둡게 하고 심할 경우에는 파괴한다. 사도 바울은 이렇게 권면한다. "그런즉 어찌하리요. 우리가 법 아래 있지 아니하고 은혜 아래에 있으니 죄를 지으리요. 그럴 수 없느니라. 너희 자신을 종으로 내주어 누구에게 순종하든지 그 순종함을 받는 자의 종이 되는 줄을 너희가 알지 못하느냐. 혹은 죄의 종으로 사망에 이르고 혹은 순종의 종으로 의에 이르느니라."(롬 6:15-16)

하나님은 죄에 빠져 어려움에 있는 당신의 자녀를 보시면 그냥 놓아두지 않으신다. 주님은 반드시 우리를 훈련시키신다(히 12:6). 훈련 없이는 성장하지 않기 때문이다. 이 훈련은 죄에 대한 저주나 죄 값을 치르는 형벌과는 의미가 다르다. 하나님의 자녀인 그리스도인에게 죄에 대한 징계로 보이는 상황은 우리가 거룩해지라고 채찍질하시는 하나님 아버지의 훈련의 손길이다. 하나님이 주시는 징계는 저주가 아니고 형벌이 아니다. 징계는 훈련이라는 의미다. 아버지가 자녀의 유익을 위해 훈련하시는 것이다. 히브리서 기자는 말한다. "우리 육신의 아버지가 우리를 징계하여도 공경하였거든 하물며 모든 영의 아버지께 더욱 복종하여 살려하지 않겠느냐. 그들은 잠시 자기의 뜻대로 우리를 징계하였거니와 오직 하나님은 우리의 유익을 위하여 그의 거룩하심에 참여하게 하시느니라. 무릇 징계가 당시에는 즐거워 보이지 않고 슬퍼 보이나 후에 그로 말미암아 연단을 받은 자들은 의와 평강의 열매를 맺느니라."(히 12:9-10)

훈련은 고난으로 나타난다. 우리에게 고난은 저주가 아니다. 그리스도인에게 고난은 훈련을 통한 하나님 사랑의 표현이다. 그러나 모든 고난이 꼭 나의 죄로 말미암은 하나님의 훈련은 아니다. 나의 죄와는 무관하게 다른 사람의 죄로 말미암아 내가 피해를 받을 수 있다. 또는 선을 행하다가 고난을 받을 수도 있다. 사도 베드로는 말한다. "부당하게 고난을 받아도 하나님을 생각함으로 슬픔을 참으면 이는 아름다우나 죄가 있어 매를 맞고 참으면 무슨 칭찬이 있으리요. 그러나 선을 행함으로 고난을 받고 참으면 이는 하나님 앞에 아름다우니라."(벧전 2:19-20) 또는 우리가 전혀 알 수 없는 이유로 고난을 받을 수 있다. 욥이 좋은 예이다. 이런 모든 경우에 우리는 상황을 이해하고 성숙하게 대처해야 한다.

제07장

The truth of the Christian faith

예정

　　　　　　예정론은 교회역사에서 많은 의견의 대립을 가져다준 가르침이다. 중세 로마가톨릭 교회 내에서도 예정론은 논란이 되었고, 종교개혁 후 개신교 내에서도 논란이 되고 있는 내용이다. 예정론은 인간적 논리 관점으로는 어려움을 초래하고 논쟁을 불러일으키게 되어 있다. 그러나 신앙의 내용은 인간적 논리나 사색으로 해답을 찾을 수 없다. 물론 인간에게는 하나님이 주신 이성의 활동이 있다. 그러나 우리는 우리의 이성을 하나님 말씀인 성경의 권위 하에 두어야 한다. 그러므로 우리의 방법은 예정론의 진리를 알기 위해 성경의 가르침으로 가서 하나님이 보여주신 진리를 찾도록 해야 한다.

선택

예정론에는 두 가지 개념이 포함되어 있다. 선택과 유기이다. 선택은 하나님께서 창세 전에 주권적으로 어떤 자들을 구원하시기로 택하신 행위이다. 하나님의 선택은 택함 받은 자들의 미래적 공로를 앞서 보셨기 때문이 아니고 단지 하나님의 기쁘신 뜻 때문이다. 유기는 하나님께서 창세 전에 어떤 자들은 구원하시지 않고 그냥 지나가시기로 주권적으로 정하신 것이다. 그러므로 그들은 그들의 죄로 말미암아 벌을 받아 하나님의 정의가 드러나게 된다.

먼저 선택을 생각해 보자. 우리는 어떻게 예수 그리스도를 믿고 구원을 얻게 되었는가? 예수 안 믿는 다른 사람들보다 더 똑똑해서인가? 더 착해서인가? 더 순수해서인가? 과연 그 궁극적인 이유가 우리 인간에게 있는가? 그렇지 않다. 그 이유는 우리에게 있지 않다. 오직 하나님에게서 그 이유를 찾을 수 있다. 사도행전은 이렇게 기록한다. "이방인들이 듣고 기뻐하여 하나님의 말씀을 찬송하여 영생을 주시기로 작정된 자는 다 믿더라."(행 13:48) 믿는 자는 누구인가? 하나님께서 영생을 주시기로 작정된 자라는 말이다.

선택은 우리에게 큰 위로를 주는 진리이다. 우리 구원은 하나님의 예정으로 시작되어 부르심으로 진행되며 의롭다고 판명하시고 종국에는 영화의 길로 인도된다. 택함 받은 자는 이 경로에 놓여있고 절대로 이 길에서 벗어나지 않는다. 사도 바울은 이렇게 말한다. "우리가 알거니와 하나님을 사랑하는 자 곧 그의 뜻대로 부르심을 입은 자들에게는 모든 것이 합력하여 선을 이루느니라. (왜냐하면) 하나님이 미리 아신 자들을 또한 그 아들의 형상을 본받게 하기 위하여 미리 정하셨으니 이는 그로 많은 형제 중에서 맏아들이 되게 하려 하심이니라.

또 미리 정하신 그들을 또한 부르시고 부르신 그들을 또한 의롭다 하시고 의롭다 하신 그들을 또한 영화롭게 하셨느니라."(롬 8:28-30) "모든 것이 합력하여 선을 이루느니라" 바로 다음에 한글성경에는 헬라어 원문에 있는 '왜냐하면'이란 접속사가 생략되어 있다. 그것은 헬라어 ὅτι라는 단어다. '왜냐하면'은 다른 말로 '어떻게 이것을 알 수 있는가 하면'이란 의미다. 현재 힘들어 보이는 나의 상황이 모든 것이 합력하여 선을 이루는지 어떻게 확신할 수 있는가? 하나님께서 나를 과거에 정하셨고 최근에 부르시고 의롭다하셨으며 미래에 영화롭게 하시기 때문이라는 말이다. 이것은 현재 상황이 독립적으로 존재하는 것이 아니고, 과거와 미래의 연결 선상에 한 부분으로 존재한다는 것을 의미한다. 나는 이 선상에서 절대로 벗어나지 않는다는 뜻을 함축하고 있다. 과거는 택함과 부르심이었고 그것은 현재 의로움으로 진행되고 있으며 미래는 영화가 기다리고 있다는 것이다. 나의 어려운 현실은 이 가운데 놓여 있기 때문에, 어떤 상황이 벌어져도 결국은 모든 것이 합력하여 선을 이룬다는 말이 되는 것이다. 하나님께서는 영원부터 영원까지 택한 자들을 위해서 이렇게 놀랍게 역사하신다. 그렇다면 현재 우리의 모든 상황도 결국 모든 것이 합력하여 선을 이루도록 하나님께서 역사 하시는 것이다. 이것은 지금 어려움에 처해있는 자들에게 큰 위로를 주는 말씀이다. 예정론은 우리에게 위로를 주는 가르침인 것이다.

 선택은 우리에게 안정을 제공한다. 하나님께서 우리를 택하신 것은 우리의 행위로 말미암음이 아니다. 우리가 헤아릴 수 없는 하나님의 뜻 때문이다. 야곱과 에서에 대한 하나님의 뜻은 인간의 생각으로는 이해가 되기 어렵다. 그들이 태어나기 전부터 하나님의 뜻은 정해져 있었다. 그것도 하나는 선택이요 다른 하나는 유기였다. 사도 바울은 이렇게 말한다. "그뿐 아니라 또한 리브가가 우리 조상 이삭 한 사람으로 말미암아 임신하였는데 그 자식들이 아직 나지도 아니하고 무슨 선이나 악을 행하지 아니한 때에 택하심을 따라 되는 하나님의 뜻이 행위로 말미암지 않고 오직 부르시는 이로 말미암아 서게 하려 하사 리브가에게 이르시되 큰 자가 어린 자를 섬기리라 하셨나니 기록된 바 내가 야곱은 사랑하고 에서는 미워하였다 하심과 같으니라."(롬 9:10-13) 야곱과 에서의 선행이나 악행과는 무관하게 하나님은 야곱을 사랑하셨고 에서는 미워하셨다는 것이다. 왜 이렇게 되었는가? 다른 이유가 없다. 오직 하나님께서 야곱을 택하셨기 때문이다. 인간의 일반 논리로는 이해가 되지 않는다. 본문은 무엇을 말하려고 하는가? 그것은 하나님 주권이다. 무슨 이유인지 우리에게는 알려져 있지 않다. 그러나 분명한 것은 구원이 하나님의 절대적인 주권적 의지에 의해 이루어지는 것이지 인간의 행위로 말미암아 이루어지는 것은 아니라는 말이다. 우리의 구원은 궁극적으로 하나님에게 달려 있다는 것이다. 이것은 예수 믿은 우리에게 구원의 확신과 심리적 안정감을 가져다준다. 하나님의 택하심이 나에게 달려 있는 것이라면 나는 불안할 수밖에 없고 구원의 확신에 대해 항상 의심하지 않을 수 없을 것이다.

선택은 우리에게 기쁨을 안겨준다. 하나님께서 우리를 택하심으로 우리는 기쁘고 즐거움으로 가득 차며 하나님을 찬양한다. 창세 전에 나를 택하사 하나님께서 자녀 삼으시어 거룩한 존재가 되도록 예정하셨기 때문이다. 바울은 이렇게 말한다. "찬송하리로다. 하나님 곧 우리 주 예수 그리스도의 아버지께서 그리스도 안에서 하늘에 속한 모든 신령한 복을 우리에게 주시되 곧 창세 전에 그리스도 안에서 우리를 택하사 우리로 사랑 안에서 그 앞에 거룩하고 흠이 없게 하시려고 그 기쁘신 뜻대로 우리를 예정하사 예수 그리스도로 말미암아 자기의 아들들이 되게 하셨으니 이는 그가 사랑하시는 자 안에서 우리에게 거저 주시는 바 그의 은혜의 영광을 찬송하게 하려는 것이라."(엡 1:3-6) 우리는 택함의 결과로 하나님의 자녀가 되어 구원을 받은 것이고 하늘에 속한 모든 신령한 복을 받게 되는 것이다. 어떻게 이런 하나님을 찬양하지 않을 수 있는가? 우리가 원래 특별히 우월하거나 거룩해서가 아니다. 택함의 이유는 단지 하나님의 사랑 때문이다. 우리를 향한 하나님의 기쁘신 뜻이 계셨다는 것이다. 우리가 거룩하고 흠이 없게 하시기 위함이다. 택함의 근거는 단지 하나님의 기쁘신 뜻이지 인간의 행위나 의지가 아니다. 나는 이런 특권을 누리거나 받을 자격이 없다. 이것은 하나님의 은혜다. 택함의 목적은 하나님의 은혜의 영광을 찬송하게 하려는 것이다. 하나님께서 나를 택하셨다는 인식은 내가 누구인지에 대한 명확한 정체성을 가져다준다. 그래서 택함 받은 우리는 즐겁고 기쁘지 않을 수 없다.

선택은 우리에게 확신을 가져다준다. 내가 택함 받은 것을 어떻게 알 수 있는가? 내가 복음을 들었을 때 하나님의 능력이 전달되고 나에게 확신이 나타났기 때문이다. 사도 바울은 이렇게 말한다. "하나님의 사랑하심을 받은 형제들아 너희를 택하심을 아노라. 이는 우리 복음이 너희에게 말로만 이른 것이 아니라 또한 능력과 성령과 큰 확신으로 된 것임이라."(살전 1:4-5) 하나님의 택하심으로 말미암아 우리 삶에는 열매가 맺어지고 결과가 나타난다. 성령으로 거룩하게 하시는 것과 진리를 믿음으로 구원을 받게 한다. 사도 바울은 이렇게 된 형제들을 보고 하나님께 감사했다. "주께서 사랑하시는 형제들아 우리가 항상 너희에 관하여 마땅히 하나님께 감사할 것은 하나님이 처음부터 너희를 택하사 성령의 거룩하게 하심과 진리를 믿음으로 구원을 받게 하심이니"라(살후 2:13). 택함 받은 자의 이름은 생명책에 기록되어 있다.

기록되어 있지 않은 자들은 택함 받지 못한 자들이고 그들의 결과는 불가피하다. 그들은 예수를 믿지 않을 것이고 하나님께 경배하지 않을 것이다. 결국 사탄의 경배자가 될 것이다. 요한계시록은 단호하게 말한다. "또 권세를 받아 성도들과 싸워 이기게 되고 각 족속과 백성과 방언과 나라를 다스리는 권세를 받으니 죽임을 당한 어린 양의 생명책에 창세 이후로 이름이 기록되지 못하고 이 땅에 사는 자들은 다 그 짐승에게 경배하리라."(계 13:7-8)

예정론은 택함 받은 우리에게 어떤 유익을 주는가? 내가 어렵고 힘들 때 위로를 주고, 모든 것이 불안하고 불분명한 세상에서 살 때 내 존재에 대한 확신을 안겨준다. 내 구원에 대해 의심이 들 때 안정감을 가져다주고, 내가 누구인지 혼란스럽고 정체성이 흔들릴 때 '나는 하나님의 택함 받은 자녀'라는 확고한 정체 의식을 제공한다. 구원에 대해 확신이 흔들릴 때, 영생은 나의 것이고 하나님께서 나를 이토록 사랑하신다는 것을 확신할 수 있는 놀라운 기쁨을 안겨 준다.

유기

예정론에는 두 가지 개념이 포함되어 있다. 선택과 유기다. 선택은 하나님께서 창세 전에 주권적으로 어떤 자들을 구원하시기로 택하신 행위다. 그리고 선택의 필연적 결과는 유기다. 유기는 하나님께서 창세 전에 어떤 자들은 구원하시지 않고 그냥 지나가시기로 주권적으로 정하신 것이다. 하나님은 슬픔 가운데 그들을 구원하지 않기로 정하셨고, 그들은 그들의 죄로 말미암아 벌을 받아 하나님의 공의가 드러나게 되었다.

유기 교리는 성경의 가르침 가운데 우리가 소화하기 가장 힘든 것 중 하나다. 그러나 성경에 유기를 가르치는 내용이 있다면, 인간적으로 수용하기 어려워도 받아들여야 한다. 유다서는 어떤 특정한 인물을 놓고 그가 유기되었음을 간접적으로 표현한다. "이는 가만히 들어온 사람 몇이 있음이라. 그들은 옛적부터 이 판결을 받기로 미리 기록된 자니 경건하지 아니하여 우리 하나님의 은혜를 도리어 방탕한 것으로 바꾸고 홀로 하나이신 주재 곧 우리 주 예수 그리스도를 부인하는 자니라."(유 4) 하나님께서는 귀히 쓸 그릇과 천히 쓸 그릇을 다 만드셨다. 어느 그릇이 귀히 쓸 그릇이고 어느 그릇이 천히 쓸 그릇인가? 그 기준은 무엇인가? 하나님이시다. 하나님의 절대 주권적 의지다. 바울은 이렇게 말한다. "성경이 바로에게 이르시되 '내가 이 일을 위하여 너를 세웠으니 곧 이로 말미암아 내 능력을 보이고 내 이름이 온 땅에 전파되게 하려 함이라' 하셨으니 그런즉 하나님께서 하고자 하시는 자를 긍휼히 여기시고 하고자 하시는 자를 완악하게 하시느니라. 혹 네가 내게 말하기를 그러면 하나님이 어찌하여 허물하시느냐 누가 그 뜻을 대적하느냐 하리니 이 사람아 네가 누구이기에 감히 하나님께 반문하느냐. 지음을 받은 물건이 지은 자에게 어찌 나를 이같이 만들었느냐 말하겠느냐. 토기장이가 진흙 한 덩어리로 하나는 귀히 쓸 그릇을, 하나는 천히 쓸 그릇을 만들 권한이 없느냐. 만일 하나님이 그의 진노를 보이시고 그의 능력을 알게 하고사 하사 멸하기로 준비된 진노의 그릇을 오래 참으심으로 관용하시고 또한 영광 받기로 예비하신 바 긍휼의 그릇에 대하여 그 영광의 풍성함을 알게 하고자 하셨을지라도 무슨 말을 하리요."(롬 9:17-23) 이렇게 절대주권을 강조한 바울은 택함 받은 자와 남은 자들을 분명하게 구별하고 있다. 그는 이렇게 말한다. "그런즉 어떠하냐. 이스라엘이 구하는 그것을 얻지 못하고 오직 택하심을 입은 자가 얻었고 그 남은 자들은 우둔하여졌느니라."(롬 11:7) 사도 베드로 또한 구원받지 못한 자들을 가리켜 하나님이 정하신 자들이라고 말한다. "또한 부딪치는 돌과 걸려 넘어지게 하는 바위가 되었다 하였느니라. 그들이 말씀을 순종하지 아니하므로 넘어지나니 이는 그들을 이렇게 정하신 것이라."(벧전 2:8) 예수님께서도 믿는 자와 믿지 않는 자를 구별하시며 그들이 원래 하나님의 뜻으로 그렇게 된 것임을 지적하셨다. "그 때에 예수님께서 대답하여 이르시되 천지의 주재이신 아버지여 이것을 지혜롭고 슬기 있는 자들에게는 숨기시고 어린 아이들에게는 나타내심을 감사하나이다. 옳소이다. 이렇게 된 것이 아버지의 뜻이니이다."(마 11:25-26)

하나님의 지혜 가운데 유기와 선택은 하나님의 공의를 보여주고 하나님의 영광을 드러낸다. 사도 바울은 유기를 설명하기 위해 선택과 대조하여 하나님께서 그렇게 하신 목적을 말한다. "만일 하나님이 그의 진노를 보이시고 그의 능력을 알게 하고자 하사 멸하기로 준비된 진노의 그릇을 오래 참으심으로 관용하시고 또한 영광 받기로 예비하신 바 긍휼의 그릇에 대하여 그 영광의 풍성함을 알게 하고자 하셨을지라도 무슨 말을 하리요."(롬 9:22-23) 본문은 "멸하기로 준비된 진노의 그릇"과 "영광받기로 예비하신 바 긍휼의 그릇"을 말하고 있다. 진노의 그릇이 미리 준비되었다는 것이고 긍휼의 그릇도 예비 되었다는 것이다. 진노의 그릇이 준비된 이유는 "하나님의 진노를 보이시고 그의 능력을 알게" 하시기 위함이고, 긍휼의 그릇이 예비 된 것은 하나님 영광의 풍성함을 알게 하시기 위함이다. 유기와 선택의 목적을 대조적으로 언급하고 있는 것이다.

선택과 유기의 차이점을 정리해 보기로 한다. 선택은 다음의 요소를 가지고 있다. 선택은 우리의 기쁨과 하나님 찬양의 원인이다. 하나님은 찬양을 받으실만 하며 우리 구원에 대한 모든 찬사를 받으셔야 한다. 하나님은 구원을 위해 우리를 적극적으로 택하셨다. 하나님은 그 택함을 사랑과 기쁨으로 하셨다. 반면에 유기는 다음의 요소를 가지고 있다. 유기는 하나님에게 기쁨이 아니고 슬픔을 가져다준다. 에스겔서는 이렇게 기록했다. "너는 그들에게 말하라 주 여호와의 말씀이니라. 나의 삶을 두고 맹세하노니 나는 악인이 죽는 것을 기뻐하지 아니하고 악인이 그의 길에서 돌이켜 떠나 사는 것을 기뻐하노라. 이스라엘 족속아 돌이키고 돌이키라 너희 악한 길에서 떠나라. 어찌 죽고자 하느냐 하셨다 하라."(겔 33:11) 그러나 죄인의 정죄에 대한 책임은 하나님을 반항한 사람에게 있지 하나님에게 있지는 않다. 요한복음은 이렇게 기록한다. "그를 믿는 자는 심판을 받지 아니하는 것이요. 믿지 아니하는 자는 하나님의 독생자의 이름을 믿지 아니하므로 벌써 심판을 받은 것이니라. 그 정죄는 이것이니 곧 빛이 세상에 왔으되 사람들이 자기 행위가 악하므로 빛보다 어두움을 더 사랑한 것이니라."(요 3:18-19) 예수님께서 말씀하셨다. "그러나 너희가 영생을 얻기 위하여 내게 오기를 원하지 아니하는도다."(요 5:40) 선택의 원인은 하나님에게 있고, 유기의 원인은 죄인에게 있다. 선택의 근거는 하나님의 은혜이고, 유기의 근거는 하나님의 공의이다.

제 08 장

그리스도와의 연합과 교제

　하나님은 우리를 사랑하사 엄청난 일을 하셨다. 우리 죄를 사하시고 구원의 길을 열기 위해 예수 그리스도를 보내시어 십자가에 못 박으셨다. 그런데 종교개혁자 요한 칼빈은 이렇게 말한다. 만일 우리가 그리스도 밖에 있다면 하나님의 이 놀라우신 사역의 축복은 우리에게 아무 소용이 없다. 우리가 그리스도 안에 있지 않다면 그것은 우리 것이 될 수 없다. 하나님께서는 모든 영적 축복을 예수 그리스도를 통해서만 주시기 때문이다. 놀라우신 하나님의 구원사역의 축복이 우리 것이 되기 위해서는 우리가 그리스도와 하나 되어야 한다. 이것을 "그리스도와의 연합"이라고 부른다.

　우리는 어떻게 그리스도와 연합하는가? 오직 그리스도를 믿음으로 가능하다. 그리스도를 믿어 그와 연합하였기에 그분과 우리 사이에 교환이 이루어진다. 그것은 죄와 의의 교환이다. 우리의 죄가 그리스도에게로 넘어가고 그리스도의 의가 우리에게로 넘어오는 것이다. 이것을 칭의라고 한다. 그리고 동시에 우리는 변화된 삶을 살기 시작한다. 그것을 성화라고 한다. 그리스도와의 연합으로 말미암아 칭의가 이루어지고, 그리스도와의 교제를 통해 성화가 진행된다.

그리스도와 연합하여 그분과 하나 된 우리는 이제 평생 "그리스도와 교제"하며 산다. 그분과 함께 사는 것이다. 내가 그 안에 있고 그가 내 안에 계시기 때문이다. 그러므로 그분을 늘 생각하며 사는 것이다. 그분과 늘 대화하며 사는 것이다. 그분을 늘 사모하며 사는 것이다. 그분이 계신 곳을 늘 마음에 그리며 사는 것이다. 그가 계신 곳은 곧 내가 있는 곳이기에 그렇다. 내가 예배를 드릴 때 하늘 문이 열리고 천군 천사와 함께 주님 앞에서 주님과 함께 예배드린다. 히브리서 기자는 이렇게 말한다. "너희가 이른 곳은 시온 산과 살아 계신 하나님의 도성인 하늘의 예루살렘과 천만 천사와 하늘에 기록된 장자들의 모임과 교회와 만민의 심판자이신 하나님과 및 온전하게 된 의인의 영들과 새 언약의 중보자이신 예수와 및 아벨의 피보다 더 나은 것을 말하는 뿌린 피니라."(히 12:22-24) 내가 이 땅에서 고통당할 때 대제사장 되시는 예수 그리스도께서는 하늘에 계셔서 우리의 고통에 참여하신다. 그러므로 히브리서 기자는 말한다. 이 비밀을 알고 고난을 겪을 때 우리를 이토록 사랑하시는 주님의 은혜의 보좌 앞에 나오라고 말이다. "우리에게 큰 대제사장이 계시니 승천하신 이 곧 하나님의 아들 예수시라. 우리가 믿는 도리를 굳게 잡을지어다. 우리에게 있는 대제사장은 우리의 연약함을 동정하지 못하실 이가 아니요. 모든 일에 우리와 똑같이 시험을 받으신 이로되 죄는 없으시니라. 그러므로 우리는 긍휼하심을 받고 때를 따라 돕는 은혜를 얻기 위하여 은혜의 보좌 앞에 담대히 나아갈 것이니라."(히 4:14-16) 모든 상황에 주님이 함께 하신다. 세상 끝날까지 함께 하신다. 주님은 이렇게 말씀하셨다. "내가 너희에게 분부한 모든 것을 가르쳐 지키게 하라. 볼지어다. 내가 세상 끝날까지 너희와 항상 함께 있으리라 하시니라."(마 28:20) 어떤 어려운 상황에 부딪혀도 우리는 나 혼자가 아니다. 너무 고통스러울 것 없다. 어떤 성공을 이루어도 내가 한 것이 아니다. 교만할 것 없다. 늘 주님이 함께 하시기 때문이다. 성경은 여러 가지 비유와 형상으로 "그리스도와의 연합과 교제"를 가르친다.

성경은 그리스도와 그를 믿는 우리와의 관계를 결혼관계로 묘사한다. 그리스도는 우리의 신랑이고, 우리는 그리스도의 신부라는 것이다. 사도 바울은 에베소서에서 이렇게 말한다. "이와 같이 남편들도 자기 아내 사랑하기를 자기 자신과 같이 할지니 자기 아내를 사랑하는 자는 자기를 사랑하는 것이라. 누구든지 언제나 자기 육체를 미워하지 않고 오직 양육하여 보호하기를 그리스도께서 교회에게 함과 같이 하나니 우리는 그 몸의 지체임이라. 그러므로 사람이 부모를 떠나 그의 아내와 합하여 그 둘이 한 육체가 될지니 이 비밀이 크도다. 나는 그리스도와 교회에 대하여 말하노라."(엡 5:28-32) 남편과 아내의 관계를 설명한 후, 이것이 곧 그리스도와 교회에 대한 말이라는 것이다. 그리스도와 교회의 관계를 남편과 아내의 관계로 설명한 것이다. 그러면 그리스도와 우리의 관계를 결혼관계로 생각해 보자. 결혼관계를 통해 신부에게는 신분의 변화가 생긴다. 한 남자의 아내가 되는 것이다. 일반적으로 신부는 신랑과 결혼하여 그와 연합했기 때문에 신랑의 모든 특권과 유익을 누리게 된다. 신부의 공로가 아니고 신랑과의 관계 때문에 그렇게 되는 것이다. 영부인이 좋은 예가 된다. 영부인은 국가적 귀빈 대접을 받는다. 그분 자체가 위대하고 존경의 대상이 되어서가 아니고, 그분이 대통령의 부인이라는 신분 때문에 그렇게 되는 것이다. 우리는 우리 자체가 훌륭하고 위대해서 하나님의 자녀가 되고 영생을 소유하는 특권을 가지게 된 것이 아니다. 오직 예수 그리스도를 믿음으로 그분의 신부가 되었기 때문이다. 그분과 하나 되었기 때문에 그것이 가능하게 되었다는 말이다.

성경은 그리스도를 우리의 머리로, 우리를 그리스도의 몸으로 묘사한다. 몸과 머리의 관계는 분리될 수 없는 하나 된 관계를 말한다. 바울은 이렇게 말한다. "오직 사랑 안에서 참된 것을 하여 범사에 그에게까지 자랄지라. 그는 머리니 곧 그리스도라. 그에게서 온 몸이 각 마디를 통하여 도움을 받음으로 연결되고 결합되어 각 지체의 분량대로 역사하여 그 몸을 자라게 하며 사랑 안에서 스스로 세우느니라."(엡 4:15) 몸과 머리의 관계를 생각해 보라. 몸과 머리는 분리될 수 없고, 몸은 머리를 따르게 되어 있다. 그리스도와 연합한 우리는 우리의 머리되시는 그리스도를 순종하는 삶을 사는 것이다.

성경은 그리스도를 우리의 큰 형님으로, 우리를 그리스도의 형제로 묘사한다. 이것도 그리스도와 우리 사이의 하나 된 관계를 말한다. "하나님이 미리 아신 자들을 또한 그 아들의 형상을 본받게 하기 위하여 미리 정하셨으니 이는 그로 많은 형제 중에서 맏아들이 되게 하려 하심이니라."(롬 8:29) 그리스도와 우리는 형제관계다. 친밀한 관계임을 말하는 것이다. 우리가 그리스도의 피로 구원받았기에 같은 혈통이라고 생각할 수 있다. 그래서 그리스도와 거리를 두지 말고 가깝게 여겨야 할 것이다.

성경은 우리를 그리스도로 옷 입은 자로 묘사한다. 이것도 우리가 그리스도와 하나 된 관계를 말한다. 갈라디아서는 이렇게 기록한다. "누구든지 그리스도와 합하기 위하여 세례를 받은 자는 그리스도로 옷 입었느니라."(갈 3:27) 사람은 발가벗으면 수치스러움을 느낀다. 죄 때문이다. 아담이 범죄한 후 무화과나무 잎으로 몸을 가렸다. 그런 아담과 하와에게 하나님께서는 가죽옷을 지어 입히셨다. 우리는 그리스도의 의로움으로 옷 입었다. 하나님께서 우리의 죄와 수치를 아름다운 그리스도의 의로움으로 덮어주신 것이다. 그 결과 하나님은 벌거벗어 수치스러운 모습으로 우리를 보지 않으시고 그리스도의 의로 옷 입혀진 모습으로 보신다. 그러므로 우리는 하나님 앞에서 항상 의인으로 보일 수 있는 것이다.

성경은 그리스도께서 내 안에, 나는 그리스도 안에 있다고 묘사한다. 그리스도와 우리가 하나 됨을 말하는 또 하나의 표현이다. 예수님도 이렇게 말씀하셨다. "나는 포도나무요 너희는 가지라. 그가 내 안에, 내가 그 안에 거하면 사람이 열매를 많이 맺나니 나를 떠나서는 너희가 아무 것도 할 수 없음이라."(요 15:5) 우리가 예수 그리스도를 믿었을 때 그분은 우리 안에 들어오신 것이다. 그리스도의 영이신 성령께서 우리 안에 들어오셔서 내주하신다는 말이다. 그러므로 내가 선행을 하는 것은 단순히 내가 하는 것이 아니고 내 안에 계신 성령께서 하시는 것이다. 그리스도와 연합했기에 우리의 선행이 진정한 선행이 될 수 있다는 말과 같은 것이다. 다른 말로 하면, 우리의 선행은 오직 그리스도와의 연합에서 우러나오는 것이라 할 수 있다. 그렇지 않은 선행은 교만과 자기자랑을 불러일으킨다. 이것은 진정한 선행이 될 수 없다.

사도 바울은 말한다. "내가 그리스도와 함께 십자가에 못 박혔나니 그런즉 이제는 내가 사는 것이 아니요. 오직 내 안에 그리스도께서 사시는 것이라. 이제 내가 육체 가운데 사는 것은 나를 사랑하사 나를 위하여 자기 자신을 버리신 하나님의 아들을 믿는 믿음 안에서 사는 것이라."(갈 2:20) 내가 사는 것은 내가 사는 것이 아니고 내 안에 계신 그리스도가 사시는 것이다. 이것이 그리스도를 믿는 믿음으로 사는 것이다. 무엇이 우리에게 주어진 행복의 길인가? 항상 내 안에 계신 그리스도를 의식하며 사는 것이다. 나를 바라보지 말고 항상 주님을 바라보며 사는 것이다.

그리스도가 내 안에 계시다는 말은 내 안에 그리스도의 영이 계시다는 말이다. 바울은 말한다. "만일 너희 속에 하나님의 영이 거하시면 너희가 육신에 있지 아니하고 영에 있나니 누구든지 그리스도의 영이 없으면 그리스도의 사람이 아니라. 또 그리스도께서 너희 안에 계시면 몸은 죄로 말미암아 죽은 것이나 영은 의로 말미암아 살아 있는 것이니라."(롬 8:9-10) 하나님은 우리 안에 계신 그리스도의 영을 보신다. 그것은 곧 하나님의 영이다. 부모 된 우리가 자식을 사랑할 때 우리는 그들 안에 있는 우리를 보기 때문에 더욱 그렇게 된다. 하나님은 우리를 보실 때 우리 안에 있는 당신의 영을 보신다. 그리고 사랑하신다.

그리스도께서 우리 안에 계시지 않으면 우리는 버림받은 자다. 바울은 말한다. "너희는 믿음 안에 있는가 너희 자신을 시험하고 너희 자신을 확증하라. 예수 그리스도께서 너희 안에 계신 줄을 너희가 스스로 알지 못하느냐. 그렇지 않으면 너희는 버림 받은 자니라."(고후 13:5) 그리스도와 연합된 우리 모두는 비밀을 가지고 있는 자들이다. 그 비밀은 우리 안에 계신 예수 그리스도시다. 그리고 그리스도와 연합한 자는 영광의 소망을 가지고 있다. 그리스도 밖에 있는 자는 전혀 알 길이 없는 놀라운 비밀이다. 사도 바울은 말한다. "하나님이 그들로 하여금 이 비밀의 영광이 이방인 가운데 얼마나 풍성한지를 알게 하려 하심이라. 이 비밀은 너희 안에 계신 그리스도시니 곧 영광의 소망이니라."(골 1:27)

내가 그리스도를 믿었을 때, 나는 그리스도 안에 들어간 것이다. 로마서 6장 3절에 "무릇 그리스도 예수와 합하여 세례를 받은 우리"라는 구절에서 "그리스도 예수와 합하여 세례"를 받았다는 말은 헬라어 원어로는 "그리스도 예수 안으로 세례"를 받았다는 말이다. 그분과 합했다는 말은 원래 그분 안으로 들어갔다는 말로 묘사되어 있다. 내가 그리스도 안으로 들어갔으니 그리스도께서는 나를 품고 계신다. 하나님께서 나를 보실 때에는 나를 감싸고 계신 그리스도를 통해서 보시게 된다. 그리스도로 옷 입었다는 것과 유사한 모양이 되는 것이다.

성경은 그리스도와 연합한 우리가 그리스도와 교제를 누리게 된다고 말한다. 주께서 말씀하셨다. "볼지어다. 내가 문 밖에 서서 두드리노니 누구든지 내 음성을 듣고 문을 열면 내가 그에게로 들어가 그와 더불어 먹고 그는 나와 더불어 먹으리라."(계 3:20) 그리스도께서는 우리 안에 들어오기 원하시고 우리와 하나 되어 교제하기 원하신다. 우리가 그리스도와 연합했으면, 우리는 지속적으로 그분과 교제하게 된다. 잠시도 우리는 그리스도를 떠나서 살 수가 없게 되어 있다. 이것은 우리에게 주어진 놀라운 축복이요 진정한 행복이다.

제09장

The truth of the Christian faith

의인화된 언어

그리스도는 성경에서 여러 가지 호칭으로 불러지고 있다. 예수, 사람, 하나님, 다윗의 아들, 하나님의 아들, 사람의 아들, 메시야, 선한 목자, 거룩한 의사, 구주, 예언자, 임금, 돌, 신랑, 생명의 떡, 세상의 빛, 문, 포도나무, 길, 진리, 생명, 부활, 심판자, 어린 양, 많은 형제 중에서 맏아들, 대속자, 보증, 중보자, 생명의 주, 대제사장, 사랑하는 아들, 기뻐하는 자, 의인, 오실 분, 아멘이신 분, 알파와 오메가, 머리, 하나님의 형상, 빛나는 새벽별, 주, 말씀 등이다.

성경은 하나님에 대해 많은 호칭을 사용한다. 그 이유는 무엇인가? 하나님을 인간 차원의 용어로 완벽하게 묘사한다는 것이 불가능하기 때문이다. 하나님을 인간적 언어로 완전하게 담을 수 없기 때문이다. 더욱이 몇 가지 인간적 용어로 다 묘사할 수는 없다. 성경은 이런 하나님을 인간에게 이해시키기 위해 인간이 이해할 수 있는 여러 가지 용어를 사용한다. (1)하나님을 피조물의 용어로 묘사한다. 사자(사 31:4), 독수리(신 32:11), 양(사 53:7), 암탉(마 23:37), 해(시 84:11), 새벽별(계 22:16), 빛(시 27:1). (2)하나님을 인간의 경험에서 알 수 있는 있는 용어로 묘사한다. 신랑, 남편, 아버지, 심판자, 왕. (3)하나님의 활동을 묘사하기 위해 비유적으로 인간 몸의 부분을 사용한다. 하나님의 얼굴(출 33:20), 하나님의 눈(시 11:4), 하나님의 귀(시 55:1), 코(신 33:10), 입(신 8:3), 입술(욥 11:5), 혀(사 30:27), 목(렘 18:17), 팔(출 15:16), 손(민 11:23), 손가락(출 8:19), 마음(창 6:6), 발(사 66:1) 등이다. (4)인간 사이에 익숙한 경험을 묘사하는 언어를 통해 하나님의 성품을 묘사한다. 좋으심, 자비로우심, 의로우심, 거룩하심, 공정하심 등이다. 성자 하나님을 성경에서 묘사하는 방법도 마찬가지다.

성경은 "의인화된 언어(anthropomorphic language)"를 통해 비유적 방법으로 하나님의 실체를 묘사하고 있다. 그런데 여기서 주의할 점이 있다. 성경 표현의 한계 때문에, 하나님에 대해 우리에게 부족하거나 잘못된 정보를 성경이 주고 있다고 생각해서는 안 된다. 하나님께서 이런 방법으로 당신을 우리에게 드러내시기로 하셨기 때문이다. 또한 하나님의 속성에 대한 각각의 표현은 성경이 하나님에 대해 말하고 있는 전체적인 내용에 비추어 이해해야 한다. 창세기 6:5-6에 하나님 후회하셨다는 표현을 어떻게 이해해야 하는가? "여호와께서 사람의 죄악이 세상에 가득함과 그의 마음으로 생각하는 모든 계획이 항상 악할 뿐임을 보시고 땅 위에 사람 지으셨음을 한탄하사 마음에 근심하"셨다(창 6:5-6). 이것은 하나님의 실수를 말하고 있는 것인가? 그렇지 않다. 하나님은 실수하지 않으신다. 잘못하지 않으신다. 인간의 죄악에 대한 하나님의 심정을 표현하기 위해 인간이 이해할 수 있는 이런 용어를 사용하는 것이다.

　사실상 모든 피조물이 하나님의 어떤 면을 우리에게 말해주고 있다. 세상의 어떤 것을 보거나 겪을 때 우리는 그것이 하나님의 어떤 면을 보여주고 있는지 생각해야 한다. 아름다운 자연을 볼 때 하나님의 영광을 생각하라. 남편이 아내를 사랑할 때 그리스도(신랑)의 우리(신부)를 향한 사랑을 생각하라. 아내가 남편을 사랑할 때 우리의 그리스도를 향한 사랑을 생각하라. 부모가 자녀를 볼 때 하나님께서 당신의 자녀를 보시는 마음을 생각하라. 재앙을 목격하거나 겪을 때 하나님의 마지막 심판을 생각하라. 고난을 당할 때 그리스도의 십자가 고난을 생각하라. 긍휼을 베풀 때 하나님의 우리를 향한 긍휼을 생각하라. 위로를 받을 때 그리스도를 통해 우리에게 주시는 하나님의 위로를 생각하라. 용서해 줄 때 그리스도를 통해 우리를 용서해 주시는 하나님의 마음을 생각하라. 불의를 겪을 때 그리스도께서 겪으신 불의를 생각하라. 공의가 실현될 때 마지막 심판에서 이루어질 최후의 완벽한 공의를 생각하라.

　왜 피조물의 모든 것이 하나님의 능력을 묘사하고 있는가? 이것은 "하나님께서 우주만물을 왜 만드셨는가"라는 질문과 연관된다. 왜 궁극적으로 하나님은 우주만물을 창조하셨는가? 하나님께서 당신의 찬란하신 아름다움을 보이시기 위해 우주만물을 창조하셨다. 하나님의 영광을 드러내시기 위해 창조하신 것이다. 사도 요한은 말한다. "우리 주 하나님이여 영광과 존귀와 권능을 받으시는 것이 합당하오니 주께서 만물을 지으신지라. 만물이 주의 뜻대로 있었고 또 지으심을 받았나이다."(계 4:11)

제 **10** 장

The truth of the Christian faith

사랑

중세 시대는 신앙적으로 많은 문제를 가지고 있었다. 종교개혁자들은 중세교회의 오류를 타파하고 성경적으로 바른 신앙을 세우려했다. 그러나 중세의 교회지도자들 가운데 종교개혁자들에게 큰 도움이 되고 모범이 된 하나님의 사람들이 있었다. 그 중 한 분이 성 버나드(1090-1153)였다. 그는 수도원장과 교회지도자로 교회역사에서 중요한 공헌을 남겼으며, 루터와 칼빈 같은 대표적인 종교개혁자들도 그를 흠모하고 그로부터 많은 것을 배웠다. 성 버나드의 글 가운데 사랑의 네 단계를 해설한 내용은 신앙의 핵심을 잘 정리했다. 중세 시대의 글임에도 불구하고 이 내용은 현대를 살고 있는 우리에게 큰 도전이 되고 많은 것을 생각하게 한다. 이 글에서 성 버나드는 사람이 어떤 신앙의 경로를 거쳐가게 되는지 사랑이란 용어를 통해 잘 표현하고 있으며 신앙체험적인 관점에서 기록하고 있다.

사랑의 네 단계

1. 첫 번째 단계의 사랑: 자신을 위해 자신을 사랑하는 단계

원래 인간은 자기 자신을 위하여 자신을 사랑한다. 이것은 인간의 이기적 죄성에서 나오는 육신적 사랑이다. 사람은 오직 자기 자신만을 의식한다. 이러한 이기적 자기 사랑은 죄성에서 우러나오는 것이기 때문에 그대로 놓아두면 점점 심하게 되며 무절제한 상태로 나아간다. 이기적 사랑이 점점 더욱 무절제하게 되고, "지켜야할 벽을 야생 물결처럼 터뜨리고 즐거움의 밭을 홍수로 넘치게 한다." 이기적 죄성은 남의 사정과 형편에 대하여는 양심을 무디게 만들고 오직 자기 즐거움과 자기만족에 사로잡히게 된다. 그러다가 남에게 피해와 상처를 주게 되어, 결국 "너는 네 이웃을 네 몸과 같이 사랑하라."(마 22:39)는 하나님의 계명과 충돌하게 된다. 이웃을 자신의 몸과 같이 사랑하기는커녕 이웃을 전혀 아랑곳하지 않고 생각하거나 배려하지 않는 지극히 이기적인 사랑인 것이다.

2. 두 번째 단계의 사랑: 자신을 위해 하나님을 사랑하는 단계

여러 가지 상황으로 사람은 하나님의 계명에 부딪히게 되고 자신을 돌아보게 된다. 이 사람은 자신의 권한 만큼이나 이웃의 권리도 중요하다는 것을 생각하게 된다. 자신만을 향하던 이기적인 육신적 사랑이 이웃의 필요와 권리도 생각하며 자신을 절제하고 이웃에게 자기가 누리고 즐기는 것을 나누기 시작한다. 양심, 권면, 환란의 상황 등의 이유로 그는 하나님 말씀과 계명에 걸리는 자신을 보며 불편하게 느끼고 자신의 문제를 파악하기 시작한 것이다. 이제 그는 자신을 절제하고 하나님 계명에 입각하여 이웃의 형편과 입장을 고려하고 그들의 필요와 권리를 생각하게 된다. 말씀에 부딪혀 자신을 돌아보고 돌아서는 회개의 모습이 보이는 것이다. 이제 이 사람은 이웃을 도와주는 상황에서 하나님께 매달리고 기도하는 상황으로 발전한다. 자신을 돌아보며 회개하여 온전한 길을 가려할 때에 문제가 생긴다. 이제 이 사람은 문제를 가지고 자신의 불확실한 상황에서 하나님께 매달리고 의탁하며 하나님의 약속의 말씀을 믿고 나아간다. 하나님께 더욱 가까이 다가가는 것이다. 상황이 불확실함에도 불구하고 하나님의 말씀을 믿고 마음을 정리하며 의지를 강하게 하는 것이다. 이 때 자기가 필요하지 않은 것을 다 내놓고 이웃을 사랑하는 자에게는 요청하지 않아도 모든 필요한 것을 주신다는 하나님의 약속을 알게 된다. "하나님 나라와 그의 의를 구하라 그리하면 이 모든 것을 더하시리라."(마 6:33)는 말씀이 바로 그 내용이다. 자신의 생각보다 하나님 말씀에 의지하여 믿고 맡기는 것이다. 이것은 죄악이 자기 육신을 다스리도록 하기보다는 절제를 확실히 선호하겠다는 의지의 표현이다.

그러나 이렇게 이웃을 사랑하는 것 그 자체로는 계명이 준수되지 않는다. 이웃을 향한 사랑 그 자체만으로는 온전한 그리스도인의 입장이라고 생각할 수 없다. 그리스도인이 아니라 하더라도 얼마든지 동정을 가지고 이웃을 사랑하는 경우를 찾아볼 수 있기 때문이다. 성경이 뜻하는 대로 이웃을 온전히 사랑하려면 하나님을 먼저 사랑해야 한다. 하나님을 사랑하지 않고 어떻게 이웃을 순수하게 사랑할 수 있겠는가? 이웃을 온전하게 사랑하려면 오직 하나님 안에서 사랑해야 한다. 그러므로 하나님을 먼저 사랑하고 하나님을 사랑하는 그 사랑 안에서 이웃을 사랑해야 한다.

그러면 하나님은 인간으로 하여금 어떻게 당신을 사랑하도록 만드시는가? 인간이 겪는 시련과 고통의 훈련을 통해서다. 인간을 포함한 모든 피조물은 하나님의 보호하심과 돌보심으로 존재하며 삶을 영위하게 되어 있다. 인간은 어려움과 시련을 당할 때에 이것을 깨닫는다. 인간은 어려움과 고통을 겪으며 하나님을 찾고 하나님은 그때에 그를 구원하신다. 그리고 인간은 하나님께 영광을 돌린다. 이런 식으로 짐승같이 자기 자신만을 사랑하던 인간이 여러 가지 어려운 경험을 통하여 자신의 유익을 위해 하나님을 사랑하기 시작한다. 오직 하나님 안에서만 자신에게 유익한 모든 것을 할 수 있고, 하나님 없이는 어떤 좋은 것도 할 수 없다는 것을 경험을 통하여 깨닫기 때문이다.

인간은 이렇게 하여 자신의 유익을 위해 하나님을 사랑하게 된다. 이것이 두 번째 단계의 사랑이다. 그러나 이것은 아직 하나님을 위하여 하나님을 사랑하는 것은 아니다. 하나님을 사랑하는 것이 아직도 궁극적으로는 자신을 향하고 있다. 하나님을 사랑하는 동기가 역시 자기 자신의 유익을 구하는 것이기 때문이다. 그럼에도 불구하고 인간은 이 과정에서 자기중심에서 하나님중심으로 움직이기 시작한다. 자신에게 이렇게 큰 유익을 주시고 자신을 죄로부터 지켜주시는 하나님을 불쾌하게 하지 않기 위하여 마음을 쓰게 된다. 이것을 스스로가 할 수 있는 것이 무엇이고 하나님의 도움으로 할 수 있는 것이 무엇인지 그는 알게 된다. 시련의 횟수가 늘고 하나님께 더 자주 나아오며 하나님으로부터 지속적인 도움을 얻게 된다. 이 과정에서 아무리 마음이 강퍅한 사람이라도 자신을 어려움에서 구원하는 것은 하나님의 은혜라는 것을 알게 된다. 이제 더 이상 자기 자신을 위해서가 아니고 하나님을 위하여 하나님을 사랑하기 시작한다.

3. 세 번째 단계의 사랑: 하나님을 위해 하나님을 사랑하는 단계

인간에게 자주 찾아오는 부족함은 하나님을 더 찾게 만들고 더 자주 하나님 앞에 나오게 한다. 그런데 이렇게 하여 형성된 하나님과의 친밀감은 인간으로 하여금 하나님의 맛을 보게 하고 하나님이 얼마나 달콤한지 알게 한다. 하나님의 달콤함을 맛보면 우리는 더 이상 필요 충족을 위하여 하나님 앞에 나아가지 않는다. 오직 하나님을 향한 순수한 사랑 때문에 하나님 앞에 나아간다. 이렇게 되는 사람은 이웃을 사랑하라는 하나님의 계명을 지키는데 어려움이 없어진다. 그는 하나님과 하나님의 것을 진실로 사랑하게 되는 것이다. 순수하게 사랑하고 계명을 순수하게 지키는 것이 어렵지 않게 된다. 이 사랑은 매우 즐거운 것이다. 자유롭기 때문이다. 그것은 순결하다. 말이 아니고 행동으로 나타나기 때문이다. 그것은 정의롭다. 받은 것을 주기 때문이다. 이렇게 사랑하는 사람은 사랑을 받은 대로 남을 사랑한다. 그리스도께서 자신의 것을 요구하지 않으신 것처럼, 그도 그 대가를 요구하지 않는다. 그리스도에게 속해 있기 때문이다. 이제 그는 반드시 하나님이 그에게 잘 해주시기 때문에 하나님을 사랑하지는 않는다. 하나님은 좋으신 분이기 때문에 그분을 사랑한다. 이제 그는 자신을 위하여 하나님을 사랑하는 것이 아니고 하나님을 위하여 하나님을 사랑하는 것이다. 이것이 세 번째 단계의 사랑이다.

4. 네 번째 단계의 사랑: 하나님만 사랑하는 단계

네 번째 단계의 사랑은 인간의 궁극적 목표다. 이 사랑은 저 세상에서 완전히 얻을 수 있다. 그러나 그것을 이 세상에서 잠시나마 얻는 자는 정말 복이 있다. 네 번째 단계의 사랑에 있는 자는 더 이상 자신을 사랑하지 않고 하나님만 사랑한다. 이것은 하나님의 사랑에 도취되어 자기 자신을 잊어버리고 깨진 접시처럼 되어 하나님에게 달려가서 부착하며 그분과 영으로 하나가 되는 것을 말한다. "주와 합하는 자는 한 영이니라."(고전 6:17)는 말씀처럼 하나님의 뜻과 우리의 뜻이 완전히 동일하게 되는 것이다. 인간의 욕심과 육신의 정욕은 벗어버리고 완전히 하나님의 뜻과 하나 되어 그분을 추구하게 되는 것이다. 이 상태는 이 세상에서는 거의 찾아보기 힘들다. 그러나 지극히 예외적으로 잠시 동안 경험할 수 있을는지 모른다. 혹시 삼층천을 경험한 바울처럼, 혹시 성전에서 하나님의 모습을 본 이사야처럼, 혹시 밧모섬에서 이상 가운데 천국을 본 요한처럼 말이다. 이 단계의 사랑은 자신이 더 이상 존재하지 않는 것처럼, 자신을 생각하지 않는다. 자신을 경험하는 것을 중단한다. 그러나 이 세상에서 이것은 지속적인 체험일 수가 없고 잠시 동안 겪다가 그 이전 상태로 되돌아 갈 수밖에 없다.

성 버나드의 말을 그대로 옮겨본다. "동시에 성경은 하나님께서 모든 것을 당신의 목적을 위하여 만드셨다고 했다. 그리고 그 일이 창조주와 일치되고 동의될 날이 올 것이다. 그러므로 우리의 영혼도 그와 같은 상태에 도달하는 것이 필수적이다. 하나님께서 모든 것이 당신을 위하여 존재하도록 뜻하신 것처럼 우리도 우리 자신이나 다른 것들이 우리의 즐거움을 위한 것이 아니고 하나님의 뜻을 위한 것이 되기를 바란다. 우리의 욕구와 행복이 만족되는 것이 하나님의 뜻이 우리 안에서 그리고 우리를 위하여 이루어지는 것을 보는 것보다 우리를 덜 즐겁게 해야 한다. 우리는 항상 기도한다. '당신의 뜻이 하늘에서 이루어진 것 같이 땅에서도 이루어지이다.' 오, 순수하고 거룩한 사랑이여! 달콤하고 즐거운 애정이여! 오, 순수하고 죄가 없는 목적을 가진 의지, 그것이 우리를 이기적인 허영의 얼룩으로부터 해방시키기 때문에 더 죄가 없고 순수하지 않은가. 그 안에서 발견되는 모든 것이 신적

이기 때문에 더 달콤하고 즐겁지 않은가. 이러한 경험을 거치는 것이 얼마나 신성한 것인가. 한 방울의 물이 많은 분량의 포도주 안으로 완전히 사라져서 포도주의 맛과 색깔을 내는 것처럼; 빨갛게 달아 용해된 철이 마치 불과 같이 되어 그것의 근본적 상태를 잃어버리는 것처럼; 햇빛 나는 날에, 공기가 밝게 빛나는 정도가 아니고 햇빛 그 자체로 변화하는 것으로 보이는 것처럼 모든 인간적 감정들이 신비스럽게 녹아서 하나님의 뜻으로 흘러들어가는 것이 성도들에게 필수적이다. 그렇지 않다면 어떻게 하나님께서 모든 것 안에 모든 것이 될 수 있겠는가?(고전 15:28) 만일 인간적인 것이 인간 안에 잔존한다면 말이다. 물론 비록 다른 형태, 다른 영광, 다른 권능 하에 본질이 남아있다는 것에는 의심의 여지가 없다. 언제 이것이 일어나는가? 누가 그것을 보겠는가? 누가 그것을 소유하고 있는가? '내가 언제 오고 내가 언제 하나님 앞에 나타날 것인가?' 오 나의 주, 나의 하나님, '나의 심령이 당신께 말했습니다; 내 얼굴이 당신을 찾았습니다; 주여, 나는 당신의 얼굴을 찾겠나이다.' '당신은 내가 당신의 거룩한 성전을 볼 것이라고 생각하십니까?'"

사랑의 질서

성 버나드의 네 단계 사랑에 이어, 사랑이 행동으로 이어질 때 필요한 질서 개념을 소개한다. 우리의 묵상과 기도, 그리고 그리스도를 향한 사랑의 감정이 우리 신앙의 중요한 부분을 차지하고 있다면, 그것이 행동화하는 과정에서 원칙이 필요하다. 성 버나드는 사랑의 감정과 행동과의 관계에 대한 원칙을 질서 개념에서 찾는다. 묵상과 기도의 중심 내용인 사랑은 영을 충만하게 할 뿐 아니라 인간의 삶에 질서를 가져다준다. 피조물은 이미 어떤 질서를 갖추고 있다. 자연적 현상을 보거나 사회적 동향을 살펴보면 자명하다. 질서가 부실한 부분이나 파괴된 질서로 말미암아 나타나는 결과를 보면 피조물은 질서의 필요를 가지고 있는 존재라고 확신할 수 있다.

왜 피조물에 질서가 절대적으로 필요한가? 근본적으로 하나님은 질서의 하나님이시기 때문이다. 그러므로 하나님께서는 피조물을 만드실 때에 질서를 중요한 원칙으로 사용하셨고, 창조 시에 이미 다 이루어 놓으신 질서가 있다. 이 질서에 따라 우주는 운행되고 세상은 돌아가게 되어 있었으며 인간은 행동하게 되어 있었다. 그러나 인간의 타락으로 이 질서가 무너졌다. 자연세계도 인간세상도 무질서로 허망해졌으며 인간의 내면도 질서를 잃은 채 병들게 되었다. 그러므로 구원을 통하여 인간 내면에 질서가 회복되어야 한다. 묵상과 기도를 통하여 그 질서가 힘을 얻어 나아가야 하며, 그것이 외적 실천과 행동으로 나타나야 한다. 구원받은 인간은 하나님이 세워놓으신 질서를 찾으려고 노력하며 그 질서를 세우려고 안간힘을 쓰고 있는 것이다. 이것을 위하여 인간의 의지는 부단한 노력을 한다.

인간의 의지가 하나님께서 세우신 질서를 찾아 나아가며 그것을 이루어 나간다는 것은 매우 중요하다. 인간의 의지는 선하게 만들어졌다. 선하신 하나님은 모든 것을 다 선하게 만드셨기 때문에 인간의 의지도 선하게 만드신 것이다. 아울러 인간의 의지에 선택의 자유가 주어졌다. 인간이 하나님의 형상으로 만들어졌기 때문이다. 타락 전에 인간은 하나님의 창조질서 가운데 선한 의지와 선택의 자유가 주어졌다. 그러나 인간 의지는 죄로 말미암아 원래의 선을 상실했고 창조주로부터 떠났다. 타락한 인간 의지에 회심이 필요하게 된 것이다. 회심은 인간의 의지가 하나님의 의지와 하나 되는 방향으로 가기 위해 전심에서 우러나오는 자발적이고 헌신적인 순종의 노력을 한다.

회심은 인간의 의지가 내면세계로부터 시작하여 하나님의 질서를 회복시키는데 결정적인 역할을 한다. 회심된 인간의 의지는 내면으로부터 시작하여 다음에는 인간세상과 자연세계를 바라보며 하나님의 질서를 찾고 회복해야할 필요성을 느낀다. 자신의 내면뿐만이 아니라 인간세상과 자연세계도 인간의 죄와 타락으로 말미암아 창조 질서에 큰 훼손이 왔기 때문이다. 인간 의지의 전적 회심은 의를 가져다주고, 의는 하나님의 영광을 넘치게 한다. 의와 하나님의 영광은 불가분의 관계다. 회심을 통해 하나님을 향하게 된 의지는 인간의 모든 영역에 하나님의 의를 드러나게 하며, 그것은 곧 하나님의 영광을 드러나게 하는 것이다.

의지를 통하여 하나님의 뜻에 하나가 되어가는 영혼은 변화를 통하여 하나님의 질서를 찾아간다. 인간은 여러 가지 종류의 감정을 가지고 있다. 이 감정들은 죄와 타락의 영향으로 상호간의 적절한 역할과 긴밀한 관계에 문제를 갖게 되었다. 감정들은 종합하여 인격을 형성하고 덕을 세운다. 그러나 인간은 감정들의 질서가 무너져있기 때문에 인격이 망가지고 덕을 세우는 일에 실패한다. 여러 종류의 감정들이 질서를 찾아 나아가는 것은 인간이 덕을 세우는 데에 결정적인 역할을 한다. 회심의 삶이 질서의 삶으로 열매가 나타나야 하다는 말이다. 질서가 잘 잡혀있는 감정들로 가장 아름답게 정돈된 삶이 있다. 예수 그리스도의 삶이다. 그리스도를 닮아간다는 것은 바로 이러한 질서의 삶을 살아가는 것이다. 인간은 회심을 통하여 감정들이 질서 있게 정리되고 그 질서에 의하여 정리되는 삶을 살아야 한다. 그렇다면 회심한 인간에게 감정의 질서를 세우는 것이 우선적 과제라 하겠다.

질서 개념은 영혼이 하나님에게로 변화하여 다가가는 성 버나드 가르침의 모든 부분에 관련이 있다. 특히 감정들의 질서가 덕을 세우는 방법과 밀접한 관계를 맺고 있다. 여러 감정들이 순위에 따라 질서가 잘 잡혀져 있을 때, 삶 가운데 덕이 제대로 열매를 맺는다. 그리스도인의 삶 전체가 회심을 통하여 삶의 질서를 세워 나가려면 감정의 질서에 따른 덕의 열매들이 맺어져야 한다. 이와 같은 질서가 가장 잘 세워져 있는 삶의 모범이 그리스도에게 있다. 그를 닮아가는 것은 그의 질서 있는 삶의 모습을 따라가는 것이라는 해석이 나온다.

성 버나드는 바르게 질서 잡힌 사랑의 정의를 내리고 있다. "만일 우리가 사랑받아야할 것을 사랑한다면, 만일 우리가 더 사랑받아야할 것을 더 사랑한다면, 그리고 우리가 사랑받지 말아야할 것을 사랑하지 않는다면, 사랑은 깨끗해질 것이다. 다른 모든 감정들도 마찬가지다." 즉, 사랑하는 것에도 질서가 있다는 것이다. 사랑받아야할 것, 더 사랑받아야할 것, 사랑받아서는 안 될 것 등이다. 이런 것들이 하나님이 세워놓으신 질서에 따라 적절한 분량으로 사랑받아야 한다. 이것은 사랑뿐만이 아니고 모든 다른 감정에도 다 적용된다. 물론 버나드에게 사랑이 가장 중요한 것이다. 버나드는 사랑을 가지고 하나님과 인간의 관계를 설명하고 있기 때문이다.

앞에서 본 성 버나드의 네 단계 사랑은 질서 관점으로 볼 때 다음과 같이 말할 수 있다. 첫 단계 사랑은 자기를 위하여 자기만을 사랑하는 사랑으로 질서가 완전히 무너져 있는 사랑이다. 두 번째 단계로 나아가면서 자신을 위하여 하나님을 사랑하는 사랑으로 질서가 조금 회복되는 상태로 변한다. 세 번째 단계에서는 하나님을 위하여 하나님을 사랑하는 사랑으로 질서가 상당히 많이 회복된 상태로 변하는 것을 말한다. 마지막 네 번째 단계는 하나님만을 사랑하여 자신의 의지가 하나님의 의지와 동일하게 되는 완전한 질서를 회복한 상태를 말한다. 이렇게 보면 사랑의 네 단계는 완전한 질서가 잡혀있는 사랑을 향하여 나아가는 과정을 그린 것이다. 질서가 무너져 타락하고 불결한 사랑이 어떻게 개혁되고 순결해지며 질서가 잡히는가를 다룬 것이다.

사랑에 질서 개념은 매우 중요하다. 우리의 사랑은 순결한 사랑이 되어야 한다. 순결한 사랑이 되기 위해서는 질서가 있어야 한다. 이웃을 순수하게 사랑하기 위해서는 그를 하나님 안에서 사랑해야 한다. 하나님을 사랑하기 전의 이웃 사랑은 순결성이 없는 사랑이다. 하나님을 먼저 사랑해야 이웃 사랑이 그 진정한 사랑의 의미를 가질 수 있다. 나아가서 모든 피조물이 하나님으로부터 나왔고 하나님에게 그 존재를 의존하기 때문에 우선 하나님을 알아야 그 피조물을 알 수 있고, 하나님을 사랑해야 하나님께서 만드신 그 피조물을 제대로 사랑할 수 있다. 하나님을 사랑할 때 진정한 선을 행할 수 있으며, 하나님 밖에서는 아무런 선을 행할 수 없다. 이웃을 사랑하는 데에도 질서가 있다. 하나님을 사랑한 다음에 이웃을 사랑하되 우리 몸과 같이 사랑하라는 계명이다. 이웃 사랑이 자신에 대한 사랑을 포기한다는 의미가 아니다. 이웃을 자신보다 더 사랑하는 것도 적절한 질서가 아니라는 것이다.

사랑의 감정과는 다른 두려움이나 이기심 같은 감정들은 어떠한가? 두려움과 이기심 같은 감정들은 그 위치가 점점 낮아져서 사라져야 한다. 그것들은 사랑의 법으로 변형되어야 한다. 두려움과 이기심에 사랑이 와서 헌신을 불러일으키고 질서를 세우면, 선이 이루어지고 덕스러운 삶이 나타난다. 악한 것들을 거부하게 된다. 좋은 것과 더 좋은 것을 분별할 줄 알게 된다. 좋은 것보다 더 좋은 것에 그만큼 더 많은 관심을 갖게 된다. 사랑이 인간의 죄로 말미암은 이기심에 작용하여 제대로 질서를 세운 것이다. 하나님의 은혜로 이러한 질서가 잘 세워지면 육신은 영혼을 위하여 사랑받고 영혼은 하나님을 위하여 사랑받고 하나님은 오직 하나님 자신만을 위하여 사랑받는 질서정연한 모습이 이루어진다. 성 티어리가 윌리암에게 쓴 편지에서 성 버나드는 이렇게 말했다. "사랑의 가치가 있는 것만을 알고 사랑하며, 사랑의 가치가 있는 분량만큼만 사랑하고, 사랑의 가치가 있기 때문에 사랑하는, 그러한 질서 있는 사랑"을 하라. 너무도 심오하고 고귀한 표현이다.

중세 시대는 이원론이 큰 힘을 발휘하고 있는 시대였다. 성 버나드의 질서 개념은 이원론적 사상이 아니다. 성 버나드에게 질서 있는 사랑은 하나님과 피조물 사이에 선택해야만 하는 것을 의미하지 않고 육신과 물질적 세상을 거부하지도 않는다. 오히려 그것은 우리의 모든 감정과 욕망을 적절한 관계에 배치할 필요가 있다는 것을 의미한다. 12세기 당시 헬라철학의 영향이 이미 존재하는 상황에서 물질과 육신에 대하여 부정적인 입장을 취하고 있는 이원론적 사상에 동조하지 않는 인상을 풍기는 이런 내용은 시대를 뛰어넘는 발상이라고 하겠다. 사랑의 질서 개념을 가지고 창조주와 피조물, 영의 세계와 물질의 세계를 하나로 통합하여 정리하려는 이상을 가지고 노력하는 성 버나드의 모습을 보면 그 가치를 인정하지 않을 수 없다.

성 버나드는 질서를 위하여 "신중"(愼重, discretion)이라는 도구를 매우 중요하게 여긴다. 사랑은 신중이라는 중요한 방법을 통하여 감정들을 통제하고 정리한다. 인간의 한 감정이 다른 감정을 소홀히 하거나 무시할 때 이것이 필요하다. 성 버나드는 사랑의 질서를 위한 기본 원칙을 말한다. "지식이 없는 열심은 참을 수 없다. 그러므로 맹렬한 투쟁이 있는 곳에 신중이 가장 필요하다. 이것이 사랑의 질서다." 지식을 포섭하고 변형시킨 사랑의 내용 중 가장 중요한 면은 우리 삶 가운데 모든 사랑의 질서를 어떻게 세울 것인가 하는 것이다. "신중은 덕이 아니고 덕들의 조정자이고 안내자이며 감정들의 운영자이며 올바른 삶의 교훈자이다. 신중을 없애면 덕이 악덕이 되고 자연적 감정이 자연을 혼란시키며 파괴하는 힘이 된다." 나아가서 신중이 없으면 그리스도의 몸인 교회에도 어떤 조화가 있을 수 없다. "한 사랑이 교회직분들을 하나로 묶고 그것들을 그리스도의 몸과 연합으로 조화시키는 것은 필수적이다. 만일 사랑이 질서가 잡혀있지 않다면 이것은 완전히 불가능할 것이다." 신중이 사랑을 통제하여 질서를 갖추게 하는 것이다.

어떻게 이러한 사랑의 질서를 가질 수 있는가? 신중은 어떻게 얻을 수 있는 것인가? 묵상과 기도를 통하여 가능하다. 묵상과 기도를 통해 하나님을 체험할 때, 심령이 뜨거워지고 인간의 여러 가지 감정과 요소에 영향을 준다. 이 체험은 인간의 지, 정, 의에 총체적인 영향을 주며 사랑과 거룩한 욕망으로 가득 차고 다양한 감정들은 이것에 입각하여 질서가 잡히고 제자리를 찾게 된다. 이와 같은 체험이 없이는 사랑이 질서가 잡히지 않는다. 질서가 잡히지 않은 사랑은 열정만 남아서 다른 질서를 파괴하게 된다.

사랑의 질서 회복 방법

어떻게 사랑의 질서를 세울 수 있으며, 어떻게 '신중'을 얻을 수 있는가? 성경 말씀을 묵상하고 하나님께 기도하며 하나님을 명상하는 것 등을 통해 하나님을 체험하고 심령이 뜨거워져야 한다. 이 체험은 인간 전체(지, 정, 의)에 총체적 영향을 준다. 사랑과 거룩한 욕망으로 가득 차게 한다. 이것을 통해 우리가 가지고 있는 여러 복잡한 감정들이 질서가 잡히고 제자리를 찾게 된다. 사랑에 질서가 잡히는 것이다.

질서가 잡히지 않은 사랑은 열정만 남아서 다른 질서를 파괴한다. 우리 속사람의 사랑의 질서 회복을 위해 필요한 것은 묵상과 기도이다.

1. 묵상

묵상이란 무엇인가? 묵상은 생각하는 것이다. 생각하고, 생각하고 또 생각하는 것이다. 깊이 생각하고 질문하고 답하고 또 생각하는 것이다. 그리고 내 상황과 삶에 적용하는 것이다. 무엇을 묵상하는가? 묵상의 대상은 하나님 말씀, 성경이다. 진리의 말씀이다. 하나님 말씀을 우리의 생각 속에 깊이 넣는 것이다. 그냥 읽고 지나가는 것이 아니고 깊이 생각하는 것이다. 동양의 묵상은 비우는 것이다. 그러나 성경적 묵상은 채우는 것이다. 하나님 말씀을 읽고 그것에 대해 생각하고 또 생각하여 내 마음 속에 채우는 것이다. 시편 기자는 이렇게 말한다. "복 있는 사람은… 오직 여호와의 율법을 즐거워하여 그의 율법을 주야로 묵상하는도다. 그는 시냇가에 심은 나무가 철을 따라 열매를 맺으며 그 잎사귀가 마르지 아니함 같으니 그가 하는 모든 일이 다 형통하리로다. 악인들은 그렇지 아니함이여 오직 바람에 나는 겨와 같도다. 그러므로 악인들은 심판을 견디지 못하며 죄인들이 의인들의 모임에 들지 못하리로다."(시 1:1-6)

묵상은 생각으로 시작하여 즐거워하는 것으로 연결된다. 시편 기자는 "여호와의 율법을 즐거워"한다고 했다(시 1:2). 여기서 즐거워한다는 것은 "풍성하게 느낀다는 것"을 의미한다. 이것은 말씀을 생각하고 생각한 것을 내 심령으로 가져오는 것을 말한다. 그러면 그것이 나에게 정적으로 심도 있게 다가온다. 내 심령이 풍성함을 느끼기 시작한다. 하나님에 대한 개념이나 영적진리를 내 심령 속에 가져오고, 그것이 내 심령을 움직이며, 내 감정을 즐겁게 하고, 내 영혼을 풍성하게 하는 것이다. 나의 깊은 곳에 즐거움을 가져다주는 것이다.

　　미래를 놓고 염려하는가? 말씀을 묵상해 보라. 예수 그리스도께서 말씀하셨다. "염려하여 이르기를 무엇을 먹을까 무엇을 마실까 무엇을 입을까 하지 말라… 너희 하늘 아버지께서는 이 모든 것이 너희에게 있어야 할 줄을 아시느니라. 그런즉 너희는 먼저 그의 나라와 그의 의를 구하라. 그리하면 이 모든 것을 너희에게 더하시리라. 그러므로 내일 일을 위하여 염려하지 말라. 내일 일은 내일이 염려할 것이요. 한 날의 괴로움은 그 날로 족하니라."(마 6:31-34) 내일 일을 염려하지 말라고 가르친다. 내일 일은 내일이 염려할 것이라고 말한다. 흥미롭다. "네가 내일 일을 염려하지 말라"고 하지 않았다. 내일 일은 내일이 염려한다고 했다. 어떻게 내일이 염려를 하는가? 내일은 염려를 할 수 있는 인격체가 아니다. 염려는 내가 하는 것 아닌가? 그런데 너는 염려의 주체도 되지 말라는 것이다. 내일이라는 것이 염려의 주체라는 것이다. 염려는 우리의 할 것이 아니라는 것이다. 내일이 어떻게 인격체처럼 느낄 수 있는가? 이것은 무슨 말이며 무슨 의미인가? 생각하며 또 생각해야 할 말씀이다. 내일이라는 것은 어떻게 오며 누가 오게 하는가? 하나님이시다. 하나님이 내일을 오게 하시고 주관하시며 운행하신다. 그러면 이 말씀은 내일에 대한 염려는 하나님께서 주관하신다는 말이 된다. 내가 내일 일을 염려할 것이 없다는 것이다. 그러면 생각하고 생가해 보이도 나는 염려할 필요가 없다는 것이다. 그러면 나는 무엇을 해야 하는가? 하나님의 나라와 그의 의를 구하면 된다. 아, 그렇구나! 하늘에 계신 아버지께서 나의 필요와 나의 모든 것을 다 알고 계시는구나! 우리가 하나님 나라와 그 의를 구하면, 하나님께서 먹고 마시고 입는 모든 것을 더해주시는구나! 생각하고 또 생각한다. 내 마음 속 깊이 들어가도록 생각한다. 그 생각의 내용이 나의 감정과 심령 속으로 깊이 들어가게 한다. 그러면 이것은 내 심령을 움직이며 내 속사람은 풍성함과 즐거움을 경험하게 된다. 염려하던 영이 안도감을 얻는다. 염려를 벗어나 평강을 경험하게 된다. 그리고 염려할 것이 아니고, 주님 나라와 의를 위해 무엇을 할 것인가를 생각하게 된다. 이것이 묵상이다.

죽음에 대해 묵상을 한다. 죽음이란 무엇인가? 죽음은 영육의 분리이다. 육은 땅에 묻히지만, 영은 즉시 하나님 품에 간다. 천국에 간다. 이 진리를 묵상하면 신비에 쌓인다. 죽음이라는 두렵고 비참한 것이 아름다워지기 시작한다. 예수님께서 십자가에서 돌아가시면서 말씀하셨다. "아버지 내 영혼을 아버지 손에 부탁하나이다." 스데반이 돌에 맞아 죽으며 말했다. "주 예수여 내 영혼을 받아주옵소서." 이러한 말씀을 묵상한다. 이분들도 숨을 거두며 바로 하나님께 갔구나! 숨을 거두면 믿는 자의 영혼은 바로 하나님 품으로 가는구나! 그렇구나. 나도 죽으면 바로 주님께 가는구나! 그래서 스데반이 죽으면서도 자신에게 돌을 던져 자기를 죽인 자들을 용서해 달라고 말할 수 있었던 것이구나. 그래서 내 죽음을 다시 생각하게 된다. 그리고 내 삶을 다시 생각하게 된다. 내 심령에 평강이 생기고 인생을 보는 관점에 변화가 생긴다. 그리고 그것은 나의 삶에 커다란 변화를 가져다준다.

신명기 29:29에 이런 말씀이 있다. "감추어진 일은 우리 하나님 여호와께 속하였거니와 나타난 일은 영원히 우리와 우리 자손에게 속하였나니 이는 우리에게 이 율법의 모든 말씀을 행하게 하심이니라." 본문을 묵상해 본다. 세상에는 감추어진 일과 나타난 일이 있다. 우리는 모든 것을 다 알 수는 없다는 생각을 한다. 우리에게는 알 수 있는 일이 있고 알 수 없는 일이 있다는 것이다. 하나님께서 그렇게 하셨다. 하나님께 속한 일이 있고 우리에게 속한 일이 있어서 그렇다. 인생에서

도저히 이해가 안 되고 소화가 되지 않는 일을 끌어안고 고민하고 괴로워하지 말아야 한다. 우리가 알 수 없는 일이라면, 또는 내가 어떻게 할 수 없는 일이라면, 하나님께 맡기고 지나가자. 하나님께서만 아실 일과 하나님이 하실 일이 따로 있구나! 나는 내가 알아야 할 것과 내가 해야 할 것에만 집중하면 되겠구나! 그렇다면 내가 알아야 할 것은 무엇이고, 내가 해야 할 일은 무엇인가? 하나님께서 말씀을 통해 주신 내용을 알아야 하겠고, 그것을 내 삶에 실천하여 순종하도록 해야 하겠다. 내게 알려져 있지 않은 일, 내가 할 일이 아닌 일을 가지고 고민하거나 내 책임으로 돌리거나 나를 비하하거나 비난하는 일은 없어야 하겠다.

우리는 언제 묵상을 하는가? 시편 기자의 말이다. "오직 여호와의 율법을 즐거워하여 그의 율법을 주야로 묵상하는도다."(시 1:2) 항상 하라는 것이다. 모든 상황에서, 늘 하나님을 생각하며, 말씀을 생각하며 즐거워하라는 것이다. 이것이 진정으로 신앙적으로 성숙해 가는 방법이다. 이것이 바로 신앙 인격을 바꿀 수 있는 길이고 거룩한 삶인 성화가 이루어지는 방법이다. 묵상은 두 가지 방법이 있다. 시간을 정해서 성경 말씀을 펴고 읽으며 묵상하는 것이다. 정상적인 방법이고 보편적인 방법이다. 그러나 평소에 시간과 장소에 상관없이 하는 묵상이 있다. 평상시에 일상적인 생활을 하면서 진리를 묵상하는 것이다. 누군가가 남을 위해 진정으로 배려하고 헌신적으로 희생하는 것을 보면 감동을 받는다. 그럴 때 묵상에 들어간다. 생각한다. 이것을 통해 주님의 희생을 보며 생각한다. 이 사람에게 비쳐진 주님의 그림자를 본다. 그 사람을 통해 주님을 묵상한다. 주님께서 나를 위해 낮아지시고 희생당하신 모습을 상기하고 묵상한다. 내가 무엇이기에 이토록 사랑하시는가 생각한다. 누군가가 열악한 환경에서도 굳건히 살아가는 모습을 본다. 많은 어려움과 주위의 따가운 시선에도 불구하고 아랑곳없이 자기 길을 간다. 묵묵히 해야 할 것을 하고 가야할 길을 간다. 세상적으로는 우둔하고 바보스럽게 보여도 나름대로 확신을 가지고 간다. 감동을 받는다. 그리고 그 사람에게 비쳐진 주님의 모습을 본다. 모든 역경과 반대와 조롱과 모함 가운데 꿋꿋이 자신의 길을 가신 주님의 모습을 보며 생각한다. 이 사람을 통해 주님을 묵상한다. 나를 위해 이렇게 하신 주님을 생각하며 감사와 찬송의 마음을 가진다.

항상 묵상을 하는 사람은 어떤 상황도 극복한다. 배신을 당했을 때에 힘들지만, 여호와의 율법을 묵상하는 자는 훌훌 털고 일어날 수 있다. 하는 일이 안 되고 사업이 어려워지면 힘들지만, 여호와의 율법을 묵상하는 자는 털고 일어날 수 있다.

이런 자는 시냇가에 심은 나무 같아서 철을 따라 열매를 맺으며 그 잎사귀가 마르지 않기 때문이다(시 1:3). 나무의 뿌리가 시냇가에 박혀 있어서 항상 시내의 물을 빨아드리고 있기 때문이다. 이런 자가 복 있는 자요, 의인이라고 시편 1편은 말하고 있다. 그에 반해 악인은 그렇지 않다. 그는 바람에 나는 겨와 같다(시 1:4). 뿌리에서 수분과 양분을 공급받지 못하고 있기 때문에 어려움이 닥치면 그대로 날라 간다. 상황에 영향을 받아서 스스로 망가지고 회복하지 못하며 남에게 피해를 준다. 왜 이렇게 되는가? 말씀을 항상 묵상하지 않아서 그렇다.

2. 기도

기도는 묵상과 다르다. 기도는 묵상을 토대로 자신의 마음과 심령을 하나님께 쏟아놓는 것이다. 시편의 기도들을 보라. 자신의 감정을 하나님께 그대로 다 쏟아 부어 놓는다. 그것은 고통, 두려움, 원망, 간청, 회복, 감사, 기쁨 등의 모든 인간의 감정이 포함되어 있다. 하나님께 솔직하게 다 털어 놓는 것이다. 시편을 읽는 것은 기도 생활에 도움을 준다. 시편 17:1-9에 나타난 다윗의 기도를 보자. 그것은 호소와 간청으로 가득 차 있다. "여호와여 의의 호소를 들으소서. 나의 울부짖음에 주의하소서. 거짓되지 아니한 입술에서 나오는 나의 기도에 귀를 기울이소서. 주께서 나를 판단하시며 주의 눈으로 공평함을 살피소서. 주께서 내 마음을 시험하시고 밤에 내게 오시어서 나를 감찰하셨으나 흠을 찾지 못하셨사오니 내가 결심하고 입으로 범죄하지 아니하리이다… 하나님이여 내게 응답하시겠으므로 내가 불렀사오니 내게 귀를 기울여 내 말을 들으소서. 주께 피하는 자들을 그 일어나 치는 자들에게서 오른손으로 구원하시는 주여 주의 기이한 사랑을 나타내소서. 나를 눈동자 같이 지키시고 주의 날개 그늘 아래에 감추사 내 앞에서 나를 압제하는 악인들과 나의 목숨을 노리는 원수들에게서 벗어나게 하소서."

또 시편 42:1-5을 보자. 시편 기자는 기도 가운데 영혼의 갈급증을 쏟아낸다. 그는 기도를 통해 불안과 고통을 토로하고 기도를 통해 치유를 얻는다. "하나님이여 사슴이 시냇물을 찾기에 갈급함 같이 내 영혼이 주를 찾기에 갈급하나이다. 내 영혼이 하나님 곧 살아계시는 하나님을 갈망하나니 내가 어느 때에 나아가서 하나님의 얼굴을 뵈올까. 사람들이 종일 내게 하는 말이 네 하나님이 어디 있느뇨 하오니 내 눈물이 주야로 내 음식이 되었도다. 내가 전에 성일을 지키는 무리와 동행하여 기쁨과 감사의 소리를 내며 그들을 하나님의 집으로 인도하였더니 이제 이 일을 기억하고 내 마음이 상하는도다. 내 영혼아 네가 어찌하여 낙심하며 어찌하여 내 속에서 불안해 하는가. 너는 하나님께 소망을 두라 그가 나타나 도우심으로 말미암아 내가 여전히 찬송하리로다."

기도는 말씀을 묵상한 후에 하는 것이 좋다. 충분한 묵상이 좋은 기도를 가져다준다. 묵상을 하여 내 생각과 감정이 하나님 말씀으로 채워져 있을 때, 하나님에 대한 반응으로 나오는 것이 기도이다. 묵상 없이 기도를 하는 경우 우리의 기도는 제대로 될 수 없다. 묵상 없이 그냥 기도할 때는 실제 하나님과 대면하지 못할 수 있기 때문이다. 자기가 만들어 놓은, 하나님이라고 생각하는 대상하고 대화할 가능성이 매우 높다. 우리가 원하는 하나님을 만들어 놓고 기도하게 되기 때문이다. 이럴 때 진정한 기도는 이루어지지 않는다.

기도를 위해 한 가지 좋은 방법은 시편을 읽고 묵상하고, 기도하는 것이다. 예수님은 당신의 말씀 가운데 많은 부분에 성경을 인용하셨다. 기도 가운데 시편을 많이 인용하셨다. 교회역사에서도 많은 신앙의 선배들이 시편을 사용했다. 6세기에 베네딕트 수도원을 창설한 성 베네딕트는 수도사들의 기도를 돕기 위해 매주 시편 150편 전체를 항상 읽게 했다. 종교개혁자 요한 칼빈은 성도들에게 시편을 찬송하게 했다. 시편에 가락을 붙여 1년에 두 번 시편 150편 전체를 찬송하게 했다. 시편은 우리의 기도를 도와준다. 시편을 읽고 묵상하면 실제의 하나님을 만난다. 초월적이며 동시에 내재적인 하나님을 만난다. 진짜 하나님을 만난다. 힘들고 어렵고 무섭고 괴로울 때 실제 하나님을 만난다. 너무도 큰 위로가 되고 즐거움을 얻을 수 있는 친구 같은 하나님을 만난다.

시편에는 인간의 모든 기도의 상황이 나온다. 시편은 인간의 모든 상황에서 우러나오는 모든 감정을 하나님께 토로한다. 좋은 일이 생기면 하나님께 기쁘고 감사하여 즐거움으로 말한다. 죄를 지으면 고민과 갈등을 그대로 내놓으며 목이 터지게 회개한다. 울분과 분노에 차게 되면 그 억울함을 하나님께 다 토해낸다. 시편은 진짜 하나님을 보여준다. 그리고 진짜 삶을 보여준다. 이것이 우리의 기도 모습이 되는 것이다.

예수 그리스도는 항상 말씀을 묵상하신 내용으로 기도하시고 말씀하시고 사셨다. 사람은 극단적인 고통 중에 진심이 나온다. 주님께서는 십자가에서 그 고통 중의 고통을 당하실 때에도 시편을 인용하셨다. 시편 22:1이다. "나의 하나님 나의 하나님 왜 나를 버리셨나이까?" 가장 고통스러울 때에 시편구절이 나온다. 늘 말씀을 묵상하시고 기도하셨기 때문이다. 시편 22편에도 주님의 인용구문이 있다. "나는 물 같이 쏟아졌으며 내 모든 뼈는 어그러졌으며 내 마음은 밀랍 같아서 내 속에서 녹았으며 내 힘이 말라 질그릇 조각 같고 내 혀가 입천장에 붙었나이다. 주께서 또 나를 죽음의 진토 속에 두셨나이다."(시 22:14-15) 예수님께서는 십자가에서 고통 가운데 시편을 생각하고 계셨다. 그분의 삶은 묵상으로 이루어진 삶이었고 그러기에 항상 말씀으로 충만한 삶을 사셨다. 십자가상에서 고통의 극치를 당하실 때에도 시편을 인용하시고 시편을 생각하고 계셨다. 예수님께서는 묵상과 기도의 표본을 보여주셨다.

이렇게 강조하는 것은 단순히 그리스도의 본을 따라가라는 말이 아니다. 우리는 주님처럼 그렇게 할 수가 없다. 내 힘으로 그렇게 할 수가 없다. 사실 우리는 스스로의 힘으로 묵상할 수 없다. 기도할 수도 없다. 그러면 어떻게 하라는 것인가? 우리 나무가 시냇가에 심겨져 있어야 된다는 말이다. 우리에게 그 시냇가는 예수 그리스도와 그분의 십자가이다. 그리스도의 십자가를 묵상하라는 말이다. 나를 위해 십자가에서 피를 흘리신 주 예수 그리스도를 묵상하라는 것이다. 예수 그리스도께서는 우리를 위해 대신 바람에 나는 겨가 되셨다. 악인이 되신 것이다. 우리 죄를 뒤집어쓰시고 우리 대신 그렇게 하셨다. 우리는 그렇게 되지 말라고 그렇게 하신 것이다. 우리는 의인이 되라고, 시냇가에 심은 나무처럼 되라고, 여호와의 율법을 즐거워하며 주야로 묵상하라고 하신 것이다. 우리는 그리스도의 십자가에 우리의 나무가 심겨져야 한다. 거기서 우리의 수분과 양분을 빨아올려서 그 힘으로 묵상할 수 있고 기도할 수 있다. 그리고 성장할 수 있다.

우리는 그리스도를 통해 하나님과의 인격적 교제를 추구한다. 묵상과 기도는 그것의 대상이 되시는 분과 긴밀한 교제로 인도한다. 세상의 그 누구보다 그 무엇보다 하나님과 가까워진다. 하나님과 친밀해지며 하나님의 아름다움을 나의 영혼 속에 체험한다. 다윗은 하나님의 아름다움을 바라보는 것을 갈망했고 그것을 경험하며 그 방식으로 하나님에 대한 사랑을 표현했다. "내가 여호와께 바라는 한 가지 일 그것을 구하리니 곧 내가 내 평생에 여호와의 집에 살면서 여호와의 아름다움을 바라보며 그의 성전에서 사모하는 그것이라."(시 27:4) 시편 84:1-7에서 시편 기자는 하나님과 사랑의 교제를 추구한다. 하나님에 대한 사랑이 하나님의 전을 강렬하게 사모하는 정적 표현으로 출렁인다. "만군의 여호와여 주의 장막이 어찌 그리 사랑스러운지요. 내 영혼이 여호와의 궁정을 사모하여 쇠약함이여 내 마음과 육체가 살아계시는 하나님께 부르짖나이다. 나의 왕, 나의 하나님, 만군의 여호와여 주의 제단에서 참새도 제 집을 얻고 제비도 새끼 둘 보금자리를 얻었나이다. 주의 집에 사는 자들은 복이 있나니 그들이 항상 주를 찬송하리이다. 주께 힘을 얻고 그 마음에 시온의 대로가 있는 자는 복이 있나이다. 그들이 눈물 골짜기로 지나갈 때에 그 곳에 많은 샘이 있을 것이며 이른 비가 복을 채워주나이다. 그들은 힘을 얻고 더 얻어 나아가 시온에서 하나님 앞에 각기 나타나리이다."

제 11 장

The truth of the Christian faith

복음의 함성

　　복음은 위대한 힘을 가지고 있다. 스스로는 자신을 구원할 수 없는 인간을 하나님께서 복음을 통하여 구원하신 것이다. 하나님은 복음으로 우리를 부르시고 구원하시며 거룩의 길로 인도하시고 영광의 도성에 이르게 하신다. 복음에는 하나님의 사랑, 지혜, 권능이 고스란히 들어가 있다. 우리는 복음으로 주 예수 그리스도를 만나게 되었고 복음으로 거룩한 삶을 살고 복음으로 하나님의 영광을 드러낸다. 우리는 복음으로 살며 복음에 비쳐진 하나님의 아름다운 속성을 반사한다.

로마 제국의 정복

예수님께서 부활 승천하신 후 오순절에 성령께서 임하시어 기독교회는 탄생했다. 기독교회는 처음에 유대교의 일부분으로 여겨졌다. 그래서 초기에는 로마 제국으로부터 박해와 천대를 피할 수 있었다. 그러나 유대교와의 마찰을 통해 기독교는 유대교와 다른 종교라는 사실이 드러났다. 이것은 기독교회에 대한 로마 제국의 박해를 야기했다. 로마 제국의 황제를 숭배하지 않는다는 것이 가장 큰 이유였다. 이미 1세기에 시작된 기독교회에 대한 박해는 2세기와 3세기를 통해 진행되었다. 그러나 박해 가운데에도 기독교회는 성장했다.

불법집단에 속해 있는 자들로 간주되었기에 로마정부의 혹독한 박해와 더불어 항상 열등 시민으로 취급하던 일반 사회인들에게서 부당한 대우를 받았다. 그럼에도 기독교인들은 예수를 믿음으로 받는 모든 박해와 조롱을 당연히 치러야 할 대가로 생각하고 살았다. 그러나 서기 313년 로마 제국의 황제 콘스탄티누스(Constantinus)가 그리스도에게 무릎을 꿇으면서부터 밀란 칙령을 공포하고 기독교회를 공식적으로 인정함으로써 박해가 중지되었다. 기독교회는 더 이상 불법 집단이 아닌 것이 되었다. 기독교회의 불굴의 신앙과 교인들의 삶의 모범은 로마 제국을 감동시켰던 것이다. 380년 황제 테오도시우스(Theodosius)는 기독교회를 로마 제국의 유일한 공식 종교로 공포했고, 391년 모든 이방신들의 숭배는 금지되었다. 기독교회가 복음으로 로마 제국을 정복한 것이다.

정치적 권력과 사회적 지위가 전혀 없던 기독교회가 어떻게 4세기에 로마 제국을 정복했는가? 다른 이유가 없다. 그리스도인들이 복음에 사로잡혀 살았기 때문이다. 2-3세기를 걸쳐 그리스도인들은 그리스도의 사랑에 이끌려 복음대로 가르치고 살았으며 자신의 권리를 내려놓고 이웃을 섬겼다. 정치적 권력이나 사회적 신분의 힘이 아니고 복음에서 우러나오는 사랑으로 이웃을 섬겼고 로마 제국을 섬겼다. 변화를 경험한 그들은 또한 제국을 변화시켰다. 많은 이교도들이 예수님을 영접하고 기독교로 전향했다.

당시 로마 제국에 극심한 남존여비 사상은 일반적으로 받아들여진 가치관이었다. 로마 제국 이교도들의 남녀 비율은 7:5이었다. 많은 부모들이 여자 아이가 태어나면 죽였기 때문이다. 이것은 합법적인 것이었다. 그러나 그리스도인들은 그렇게 생각하지 않았다. 복음은 남녀모두 하나님 앞에서 동등함을 가르쳤고 똑같은 죄인이며 구원의 도리에는 남녀 구별과 차등이 전혀 없는 것이었다. 이교국에서 여자는 철저한 성적 순결을 요구했다. 그러나 남자는 성적순결의 요구와는 전혀 상관이 없었다. 남자는 성적으로 문란해도 아무런 문제가 없었으나 여자는 심하게 처벌을 받았다. 기독교는 그것을 인정하지 않았다. 복음에서 우러나오는 윤리관은 남녀평등을 가르쳤기 때문이다. 그들은 복음을 가지고 당시의 가치관에 항거하며 약자들 편에 섰다. 이교국에서는 당시 남편이 죽으면 여자는 2년 내에 강제적으로 재혼을 하도록 했다. 여자는 남편이 없으면 존재 이유가 없다고 본 것이다. 그러나 기독교는 달랐다. 기독교는 과부를 돌보라고 가르쳤다. 약자들에 대한 사랑과 배려가 명확한 성경의 가르침이 있기 때문이다. 기독교는 여자의 뜻에 반하여 강제로 결혼시키지 않았고 오히려 과부들을 돌보았다. 그 결과 여자들은 구름처럼 기독교로 전향했다.

2세기 로마 제국에 여러 차례 전염병이 심하게 놀았고 많은 사람들이 죽었다. 사람들은 산으로 도망갔다. 그러나 많은 그리스도인들은 질병이 도는 도시에 남아서 병든 자들을 돌보았다. 위험을 무릎 쓰고 희생적으로 돌보다가 많은 그리스도인들이 목숨을 잃었다. 어떻게 그럴 수가 있었는가? 복음 때문이다. 복음은 그리스도의 희생을 보여주었으며, 남을 돌보다가 희생당하는 것은 자신을 위하여 목숨을 내놓으신 주 예수 그리스도를 따라가는 옳은 길이라고 생각했던 것이다. 기독교를 탄압하던 로마 제국의 황제 중에는 기독교인들의 이런 모습을 보며 크게 감동과 도전을 받았던 자들이 있었다.

1세기 예수님의 제자들과 아울러 2-3세기의 교회지도자들과 많은 성도들은 로마 제국의 핍박을 받았다. 로마 제국의 황제를 숭배하는 것이 법이었고 그 외에 다른 자를 경배하는 것은 법을 위반하는 것이었기 때문이다. 그러므로 그리스도인이라는 자체가 죄였고, 교회는 불법집단이었으며 자유롭게 예배드릴 수도 없었다. 사회적으로 그리스도인은 이등시민 취급을 받았고 정상적인 삶을 살 수 없었다. 그리스도인이라는 이유 때문에 고발되어 처형되기도 했다. 그러나 그들은 이것을 당연한 삶으로 여겼고 고통스러웠지만 그것을 충분히 감당해 나아갔다. 복음이 약속하는 영생과 천국 때문에 핍박을 감내했다. 또한 핍박당하시고 나를 위하여 십자가에 못 박혀 피 흘려 돌아가신 예수 그리스도의 사랑 때문에 능히 고난을 감당했다. 교회지도자가 처형장에 끌려갈 때에 주위 그리스도인 목격자들을 보며 오히려 그들을 격려했다. "슬퍼하지 말라, 나는 지금 그리스도께서 가신 영광의 길을 간다"고 말했다. 이런 분들 때문에 우리는 지금 신앙의 자유를 누리고 있다. 그들에게 머리가 숙여진다. 4세기에 로마 제국은 핍박하던 기독교에 의하여 정복되었다. 기독교의 놀라운 사랑과 희생이, 현세적으로는 부강과 풍요를 누리고 있었으나 정신적으로는 심각한 공백을 겪고 있던 로마 제국을 정복한 것이다.

기독교의 힘은 복음에서 나온다. 예수 그리스도께서 나를 위하여 우리를 위하여 십자가에 대신 못 박혀 피 흘려 돌아가셨다. 그러므로 그를 믿는 나는 구원받고 이제 복음의 정신으로 살기를 원한다. 내가 원하고 추구하는 삶을 사는 것이 아니고 복음이 제시하는 주님의 뜻을 이루며 살기를 원하는 것이다. 복음은 우리에게 커다란 변화를 가져다준다.

많은 사람들이 철저한 계산 하에 다른 사람과 관계를 맺는다. 그 사람이 나에게 현실적 유익을 주기 때문이다. 나에게 유익이 되지 않는 사람과는 가능한 관계를 맺으려 하지 않는다. 손해 볼 것 같으면 의도적으로 피한다. 대부분의 사람들이 그렇다. 또한 누구를 사랑한다고 할 때, 그 사람을 통하여 내가 얻어낼 수 있는 현실적인 이유 때문에 그를 사랑하는 경우가 많다. 그 사람 자체가 좋아서가 아니고 그가 가지고 있는 여건이 좋아서다. 그것을 상대가 안다면 어떻게 느끼겠는가? 많은 사람들이 직업을 통하여 나에게 현실적 유익을 얻어내는 것만 생각한다. 직업을 통하여 내가 다른 사람들에게 어떻게 도움을 줄 것인가는 중요하지 않고 내가 무엇을 챙길 것인가에 집중한다. 이 모든 예의 공통점은 이기주의다. 인간의 근본적인 문제인 이기심이 나의 생각과 행동을 주관하고 장악하고 있는 것이다. 모든 것을 자신을 위해서 하고 자신을 중심으로만 생각한다. 이런 식으로 주님과 관계를 맺고 신앙생활을 하는 경우들이 있다. 그러나 이것은 복음과 전혀 맞지 않는다.

마가복음 14:1-11을 보면 가룟 유다의 이야기와 함께 옥합을 깬 여인의 이야기가 나온다. "이틀이 지나면 유월절과 무교절이라. 대제사장들과 서기관들이 예수를 흉계로 잡아 죽일 방도를 구하며 이르되 민란이 날까 하노니 명절에는 하지 말자 하더라. 예수님께서 베다니 나병환자 시몬의 집에서 식사하실 때에 한 여자가 매우 값진 향유 곧 순전한 나드 한 옥합을 가지고 와서 그 옥합을 깨뜨려 예수의 머리에 부으니 어떤 사람들이 화를 내어 서로 말하되 어찌하여 이 향유를 허비하는가. 이 향유를 삼백 데나리온 이상에 팔아 가난한 자들에게 줄 수 있었겠도다 하며 그 여자를 책망하는지라. 예수님께서 이르시되 가만 두라. 너희가 어찌하여 그를 괴롭게 하느냐. 그가 내게 좋은 일을 하였느니라. 가난한 자들은 항상 너희와 함께 있으니 아무 때라도 원하는 대로 도울 수 있거니와 나는 너희와 항상 함께 있지 아니하리라. 그는 힘을 다하여 내 몸에 향유를 부어 내 장례를 미리 준비하였느니라. 내가 진실로 너희에게 이르노니 온 천하에 어디서든지 복음이 전파되는 곳에는 이 여자가 행한 일도 말하여 그를 기억하리라 하시니라. 열둘 중의 하나인 가룟 유다가 예수님을 넘겨주려고 대제사장들에게 가매 그들이 듣고 기뻐하여 돈을 주기로 약속하니 유다가 예수를 어떻게 넘겨줄까 하고 그 기회를 찾더라."

예수님이 제자들과 식사하실 때 한 여인이 매우 값진 향유를 가져왔다. 향유는 상당한 값이 나가는 것으로 당시 평범한 사람의 1년 봉급인 300데나리온이었다. 이 여인은 예수님께 나아와 그 비싼 옥합을 깨고 예수님의 머리에 부었다. 이 향유는 아마도 집의 가보로 내려오는 물건일 가능성이 높다. 대단한 값이 나가기 때문이다. 이 향유는 깨야만 열수 있는 것으로 보이며, 한 번 쓸 때에 전부를 다 써야만 하는 것으로 보인다. 이것을 깬다는 것은 쉬운 일이 아니다. 당연히 나오는 질문이 생긴다. 좀 지나친 행동이 아닌가?

이 광경을 보고 있던 사람들로부터 반응이 나왔다. 그 반응은 합리적이고 이성적이며 윤리적으로까지 보였다. 이 여인의 행동은 불필요하고 비합리적이라는 것이었다. 오히려 그것을 팔아서 가난한 자들에게 줄 수 있었다는 것이다. 일반적으로 이해가되는 것이고 매우 합리적인 것이며 윤리적으로 들린다. 그런데 예수님의 반응은 전혀 달랐다. 주님은 그들을 나무라셨고 그 여인을 칭찬하셨다. 앞으로 복음이 전해지는 모든 곳에 이 여인의 행실이 함께 전해지도록 하라는 놀라운 말씀을 하셨다. 어떻게 이런 말씀을 하시는 것인가? 그 여인의 행실이 왜 그렇게 대단하다는 것인가? 그 여인을 향해 비판적인 발언을 한 자들은 무엇이 문제인가?

이 이야기는 예수 그리스도에게 나오는 성도의 모습을 말하고 있다. 가룟 유다처럼 나올 것인가 아니면 옥합을 깬 여인처럼 나올 것인가? 이 두 사람이 함께 나오는 이유는 무엇인가? 비교와 대조의 효과가 있는 것이다. 가룟 유다는 예수님을 놓고 결국 철저하게 계산하며 나아왔지만, 옥합을 깬 여인에게는 전혀 계산이라는 것이 없었다. 그녀는 주님을 너무 사랑했기에 계산의 여지가 없었다. 그 결과 자신이 가지고 있는 가장 소중한 것을 그냥 주님께 드렸다. 그녀는 복음과 진리 자체의 아름다움에 매료된 것이다. 주님의 아름다움에 사로잡힌 것이다. 그녀에게는 주님을 사랑하는 것이 가장 앞서는 것이고 가장 소중한 것이었다. 내가 무엇을 잃고 얻는가는 주님의 사랑 앞에서 전혀 중요하지 않았던 것이다.

복음이 전해지는 모든 곳에 이 여인의 행실도 함께 전해지도록 하라는 주님의 말씀이 심오하게 들린다. 복음의 진리를 깨닫고 행한 이 여인의 행실이 복음만큼 중요하다는 말이다. 어떻게 그럴 수가 있는가? 무슨 말인가? 복음은 너무도 소중하다. 그 놀라운 그리스도의 십자가 희생사역은 너무도 귀하고 소중하다는 말이다. 그러나 그것이 나의 것이 되지 않는다면 나와는 아무런 상관이 없는 것이 되고 만다. 복음이 전해져도 그것을 받아들이는 자들의 반응이 옥합을 깬 여인과 같지 않으면 소용이 없다는 것이다. 예수 그리스도께서 아무리 귀하신 구주라 하더라도 내가 그분을 마음에 받아들이지 않고 영접하지 않는다면 나와는 아무런 상관이 없는 분이 된다. 주님을 영접하는 것은 그분이 나의 가장 중요한 곳에 오셔서 자리 잡으시는 것이다. 이것이 예수 그리스도를 믿는 것이다. 복음이 내 마음 가장 중요한 곳을 차지하지 않고, 그리스도께서 그 누구보다, 그 무엇보다 가장 아름다운 흠모의 대상이 되지 않는다면, 우리는 변화할 수 없고 열매를 맺을 수 없다. 1세기부터 4세기 초까지 300년 동안 우리 신앙의 선조들은 그렇게 살았다. 그것은 복음의 삶이었고 사랑의 삶이었다. 바로 그것이 로마 제국을 정복했다.

가룟 유다

기독교회가 로마 제국을 정복한 내용을 보면, 그 정복의 힘이 복음이었음을 알 수 있다. 그것은 복음에서 우러나오는 공의와 사랑의 힘이었다. 복음은 공의와 사랑의 정신을 가지고 있으며, 그것은 십자가에서 나타났다. 하나님의 공의로 말미암아 그리스도는 십자가에서 비명으로 돌아가셨고, 동시에 하나님의 사랑으로 말미암아 그리스도는 십자가에서 죄인들의 용서를 구하시며 돌아가셨다. 공의와 사랑은 하나님의 대표적인 두 속성이다. 복음은 그리스도를 믿는 자에게 공의를 만족시키고 사랑을 베풀어 준다. 복음으로 말미암아 하나님의 은혜와 인간의 믿음을 통해 죄 사함과 의 전가가 이루어진다. 죄인이 의인이 되며 하나님의 자녀가 되는 특권을 얻고 영생을 선물로 받는다. 구원을 받는 것이다. 복음을 통해 하나님의 공의와 사랑을 맛 본 그리스도인들은 이제 공의와 사랑의 삶을 살아간다.

박해를 받으며 살던 고대 그리스도인들과 고대 기독교회는 바로 이런 모습을 보여주었다. 복음의 공의는 사회악을 드러내어 억울한 자들의 해방을 가능케 했으며, 복음의 사랑은 희생을 통해 수많은 자들의 감동을 불러 일으켰다. 교회와 그리스도인들은 불이익을 당하면서도 사회의 잘못된 가치관을 따르지 않았을 뿐만 아니라, 자발적 희생을 통해 감동의 본을 보였다. 기독교회는 여인, 과부, 가난한 자, 소외된 자 등의 약자들에게 희망을 안겨주었고, 기득권층과 권력자들에게 인생을 다시 한 번 생각하게 하는 기회를 주었다. 교회지도자들은 순교를 통해 교인들에게 감동을 주었으며 복음의 위대함을 실감나게 했다. 그럼에도 변화는 쉽게 일어나지 않고 오랜 시간이 걸렸다. 그러나 결국 제국은 감동했고 복음 앞에 머리를 숙였다.

복음은 변화를 가져다준다. 복음이 심령에 오면 여러 가지 반응이 나타난다. 그 반응들이 성경에 소개된다. 마가복음 14:1-11을 보면 가롯 유다와 옥합을 깬 여인의 반응을 소개한다. 두 사람의 이야기가 이런 식으로 포개져서 나온 것은 비교를 위한 것이다. 옥합을 깬 여인의 소개는 앞에서 보았다. 자신의 가장 소중한 것을 깨서 예수 그리스도에게 부었다. 복음이 들어오면 자신의 가장 소중한 것이 깨진다. 즉, 자신의 가치관이 바뀐다는 것이다. 과거에 가장 소중하게 생각하던 것이 이제 더 이상 가장 소중한 것이 아니다. 밭에 보화를 발견한 자가 전 재산을 다 팔아 그 밭을 샀다는 비유가 그것을 말한다.

그러나 가롯 유다는 전혀 다른 반응을 보인 한 예이다. 마가복음 14장 1-11절을 보면 가롯 유다와 옥합을 깬 여인의 이야기가 함께 나온다. 가롯 유다의 이야기 사이에 옥합을 깬 여인의 이야기가 삽입되어 있다. 1-2절에 대제사장과 서기관들은 예수를 죽일 방법을 연구한다. 그러나 그들은 민요가 날까 우려되어서 명절은 피하려했다. 3-9

절까지 옥합을 깬 여인의 이야기 후에 가룟 유다의 이야기는 계속된다. 10-11절에, 예수를 죽일 방법을 찾던 중 마침 가룟 유다가 그들에게 접근한다. 유다가 돈으로 예수를 팔기로 한 것이다. 참 끔찍한 사건이다. 그는 다름 아닌 열두 제자 중의 한 사람으로서 주님과 3년을 함께했던 제자였다. 배신 가운데서도 인류 역사에 기리 남을만한 엄청난 배신이다. 가룟 유다는 인류의 구원자이신 주님을 은 30정도로 계산했다. 이것은 당시 노예 한 사람 값 정도다. 창조주 하나님이자 구원자이신 예수님을 은 30에 흥정하다니 그는 실로 어리석기 짝이 없다. 가룟 유다는 3년 동안 주님과 함께 다니며 배우고 동역했지만 결론적으로 주님을 자신의 현실적 유익을 챙기기 위한 하나의 수단으로 사용했다. 수없이 많은 희생적 사랑을 주님으로부터 받고, 수없이 많이 천상의 음성을 듣고, 수많은 기적을 체험했지만 그에게 주님은 단지 자신의 물질적 욕심을 채우기 위한 수단에 불과했다.

가룟 유다는 누구인가? 그는 예수님을 따라나서기 전에 정치적으로 나라와 민족을 구원해야겠다는 구국의 염원을 가진 열심당 당원이었다. 그러므로 우리는 다음을 추정할 수 있다. 그런 그가 예수님을 따라나선 것에는 유대 민족을 위한 나름대로의 선한 의도가 있었을 것이다. 예수님께서 자신의 생각과 기대에 부응하는 그러한 인물로 보고 따라다녔을 것이다. 그러나 시간이 가면서 그의 기대와 예측은 벗어났다. 예수라는 분이 세리장과 식사하고 그의 집에 유했으며 죄인들과 함께 교제했다. 나아가 유대 지도자들과 로마 정치세력의 모함으로 예수는 정치 사회적으로 매우 불리한 입장이 되었고, 예수에 대하여 세상적 기대를 걸고 환호했던 유대인들의 인기도 사라졌다. 가룟 유다가 나름대로 판단하고 기대하며 계산하던 예수의 모습은 그것이 아니었다. 유대 나라와 백성을 로마 제국의 식민지에서 구원할 자라고 생각했는데 상황은 점점 더 나빠지게 되자 그의 기대는 완전히 무너졌다. 이제 예수에 대한 기대를 포기하는 상황에서 그나마 예수를 조금이라도 자신의 유익을 위하여 사용할 수 있는 용도를 찾았다. 그것은 그를 팔아 재정적 도움을 챙기는 것이었다. 나중에 그가 자살을 했던 것도 진정한 회개는 아니었다. 진정한 회개는 자살을 가져오지 않기 때문이다. 그래도 고상한 의도를 가졌던 그 자신은 돈에 예수를 팔아넘긴 것에 대한 일말의 죄책감은 있었기에 그것을 이기지 못해 결국 자살하고 말았다.

그런데 가롯 유다의 사건을 아주 나쁜 한 인간의 특정한 예로만 생각할 것이 아니다. 우리에게도 가롯 유다와 같은 부분이 있지 않나 생각해야 한다. 그것은 주님의 현실적 가치만을 계산하는 것이다. 그가 나에게 얼마나 유익한가를 따져보는 것이다. 많은 사람들은 신앙과 믿음을 이런 식으로 계산한다. 나에게 현실적으로나 세상적으로 어떤 유익을 주는가 계산하는 것이다. 주님과 관계를 맺되 철저하게 나의 유익과 이득을 위한 관계를 생각하는 것을 말한다. 어떻게 이렇게 될 수 있는가? 다음과 같은 상황을 생각해 볼 수 있다.

사람들은 소문을 듣고 처음에 예수님을 자기 나름대로의 생각과 판단과 기대를 가지고 접근한다. 그러다가 예수님은 자신이 기대했던 자가 아니라는 사실에 직면하면서 결정을 해야 하는 상황에 이르게 된다. 그러면 두 가지 가능성이 생긴다. 첫째, 고민 끝에 주님을 알게 되어 그를 믿고 회개한다. 그리고 자신의 의도와 판단을 버리고 주님의 뜻을 따르며 살기 원한다. 둘째, 자신의 생각과 기대와는 전혀 다른 그를 결국 받아들이지 못한다. 그래서 그를 포기하고 떠난다. 후사는 결국 교회를 떠나고 그리스도인의 길을 포기하는 것이다. 그런데 여기에 또 하나의 상황이 있다. 예수님을 버리지 않고 계속 일종의 관계는 유지하지만, 자신이 가졌던 원래의 생각과 의도 및 기대도 버리지 않는 것이다. 신앙의 성장 과정에 이것을 겪는 것은 보편적일 것이다. 이러한 세 번째 부류의 사람들은 대체적으로 자신의 기대와 욕구로 눈이 가려져 예수님을 제대로 이해하지 못하게 된다. 그렇게 되면 그분의 실체와 그분의 뜻은 별로 관심이 없다. 계속하여 그를 통해 자신이 원하는 것을 이루려고 시도하며 추구한다.

예수 그리스도를 믿고 구원받았다고 해서 하나님께서 세상적 유익을 보장해 주시지는 않는다. 주님부터 시작해서 그의 제자들 모두가 세상적으로는 어려움과 고난을 겪으며 살았다. 그런데 혹자는 이렇게 생각한다. 주님과 제자들이 그렇게 고난을 겪은 것은 우리의 구원과 더불어 세상적 유익을 주시기 위해서라고 말이다. 이것의 문제는 복음이 마치 현세의 행복과 유익을 보장해 주는 것처럼 그려지고 있다는 것이다. 그러나 그렇지 않다. 주님께서 우리를 위하여 돌아가신 것은 우리의 죄 값을 치루시고 우리에게 영생이 있도록 하기 위함이다. 그리고 모든 상황 가운데 복음의 삶을 살아 하나님의 영광을 드러내고 복음을 전파하도록 하기 위함이다. 제자들이 고난을 겪은 것도 이처럼 주님의 복음이 온 세상에 전파되도록 하기 위해서였다. 이 세상에서 다른 사람들보다 우월하고 윤택하게 더 잘 살라는 목적을 가지고 그렇게 하신 것이 아니다.

그렇다고 복음으로 산다는 것이 세상에서 항상 어렵고 고통스러운 삶만을 산다는 것은 아니다. 하나님께서는 세상적으로도 많은 좋은 것을 주시고 필요를 채워주신다. 복음으로 사는 자들 가운데는 세상적으로 윤택한 자도 있고 그렇지 않은 자도 있다. 믿는 자 모두가 부자도 아니고 모두가 다 가난한 자도 아니다. 성경은 빈부나 지위의 고하에 대해 무조건 어느 한쪽 편을 들지는 않는다. 그것이 중요한 것이 아니기 때문이다. 중요한 것은 우리가 어느 위치에 있든지, 어느 상황에 있든지, 그 상황에서 복음적 삶을 사는가 하는 것이다. 그러므로 때에 따라 세상의 가치관과 맞서야 하고 세상에서 고난의 대가를 치루기도 한다. 성경은 주님의 의를 이루기 위한 고난과 역경을 가르친다. 즉, 주님을 따르면서 어려움의 대가를 치르고 손해 보고 남을 위하여 자신을 희생하며 핍박을 받는 내용들이다. 그리스도인은 이것이 뜻과 의미가 있고 주님께서 원하시는 것이기에 순종의 즐거움을 가지고 나아간다.

예수 믿고 복음을 받아들인 자들은 여러 과정을 거쳐 어린 아이의 신앙에서부터 장성한 신앙으로 자라간다. 성경 히브리서 5:14-6:2은 이렇게 말한다. "단단한 음식은 장성한 자의 것이니 그들은 지각을 사용함으로 연단을 받아 선악을 분별하는 자들이니라. 그러므로 우리가 그리스도의 도의 초보를 버리고 죽은 행실을 회개함과 하나님께 대한 신앙과 세례들과 안수와 죽은 자의 부활과 영원한 심판에 관한 교훈의 터를 다시 닦지 말고 완전한 데로 나아갈지니라." 우리는 초보 신앙일 때 주님이 우리에게 주시는 것들이 좋았다. 주님으로부터 얻는 것들이 행복했다. 그러던 우리는 이제 점점 주님만을 바라본다. 궁극적으로 우리는 주님 자체만으로 만족한다. 우리는 주님이 너무 아름답기 때문에 그 주님께 매료되어 주님 앞에 나아간다. 복음이 너무 아름다워서 단지 그 이유로 복음을 가지고 살려고 한다. 진리가 너무도 옳고 아름답기 때문에 오직 그 이유만으로 진리를 떠나서는 살 수가 없다고 생각한다.

이러한 자세로 말미암아 엄청난 복과 유익이 그 결과로 나타난다. 그것은 반드시 세상적 우월이나 물질적 복을 말하는 것은 아니다. 물론 그것도 포함 될 수 있다. 그러나 더욱 중요한 것은 심령에 기쁨과 평강이 있고 사랑이 넘치는 것이다. 우리가 주님을 믿게 되는 것은 나 자신에게는 소망이 없다는 자각과 자신의 죄에 대한 심각한 문제의식으로 말미암아 시작된다. 깊은 심령의 평강은 죄 사함과 주님을 만난 기쁨, 그리고 새롭게 얻은 하나님과의 평화에서 나온다. 복음 때문에 가능한 것이다. 옥합을 깬 여인은 이것을 붙잡았다. 복음을 붙잡은 것이다. 그러나 가룟 유다는 이것을 놓쳤다. 복음을 놓친 것이다. 그래서 그는 역사상 가장 불행한 인물이 되었다.

국교와 수도원

기독교회가 로마 제국의 국교가 된 후 교회에는 급격한 변화가 나타났다. 박해가 종식되었고 교회 시대가 열렸다. 제국은 교회를 후원했고 교회는 풍요로워졌다. 제국의 재정지원으로 큰 교회 건물이 지어졌고 예배의식은 화려해졌다. 과거에는 박해 하에 소외층과 평민들이 참여하던 교회가 이제는 제국의 지도층이 교회에 참여하며 주도적인 역할을 했다. 황제가 교회의 후원자가 되었고 적극적 참여자가 되었기 때문이다.

로마 제국의 사람들은 원래 이교도들이었다. 그들은 많은 신들과 우상들을 섬겼다. 서기 380년 기독교회가 로마 제국의 국교가 되고, 서기 391년 이방신들의 숭배가 금지되었지만, 그들의 구습은 쉽게 사라지지 않았다. 시간이 지나가면서 이교도들에게 인기가 있었던 여신 숭배 사상은 교회에 마리아 숭배 사상을 낳게 했다. 외부의 종교적 영향이 교회 내부로 침투해 들어온 것이다. 많은 사람들은 교회의 영적 아름다움보다는 교회와 예배의 시각적 아름다움에 더 많은 관심을 가졌고, 그것은 교회건물과 내부 장식의 화려함을 북돋았다. 하나님의 영적 임재보다는 하나님의 가시적 임재에 대한 갈망은 화체설이라는 비성경적 성찬교리를 생산했다. 예배 안에 기적의 요소를 포함시키는 것이 청중의 관심과 참여를 더 잘 불러일으키는 것으로 생각했다. 교회는 사람들의 요구를 들어주고 그들의 욕구를 충족시키기에 연연했다. 당시 사람들은 영적 심오함을 추구하기보다는 가시적이고 감각적인 만족을 추구했으며 예배는 심히 화려해졌다. 교회의 권위가 내면적이고 영적인 힘에서 우러나오기보다는 제국의 후원으로 말미암은 물질적이고 가시적인 힘에서 나왔다.

박해 시대의 고난과 어려움은 사라졌다. 그래서 자유를 얻어 편하고 좋아졌다. 그러나 세상의 위협과 근심이 사라지고 물질적인 풍요로움을 즐기게 된 교회는 영적 저하와 신앙적 고갈을 경험하게 되었다. 순교는 사라졌고 순교에서 우러나오는 영적 아름다움은 희미해졌으며 복음의 힘은 찾아보기 어려워졌다. 교회에 심령을 울리는 깊은 감동은 더 이상 없었다. 인생의 어려움에서 우러나오는 하나님을 향한 애절한 기도와 그것으로 말미암아 나오는 하나님만을 사모하고 추구하는 영적 집중력은 사라졌다. 복음의 중심이고 근원인 그리스도의 사랑과 희생은 더 이상 그리스도인의 사랑과 희생으로 이어지지 않았다. 교회에 복음의 능력은 점점 사라져 가고 있었다.

이전 박해 시대의 영적 아름다움을 인식하고 염원하던 소수의 사람들은 순교의 아름다움을 잊을 수 없었고 회복할 길을 모색했다. 박해 시대에 순교는 기독교 영성의 꽃이었다. 이제 순교는 찾아볼 수 없었고, 영성의 꽃은 피지 않았고 완전히 사라졌다. 어떻게 이런 영성을 회복할 수 있겠는가? 누가 와서 나를 죽이지 않는다면 순교는 불가능하다. 그렇다고 내가 나를 죽일 수는 없는 일이다. 대안이 대두되기 시작했다. 내가 실질적으로 내 육신을 죽일 수 없다면 내면에 도사리고 있는 나의 정욕과 욕심은 죽일 수 있지 않겠는가? 이것이 수도원 탄생의 배경이다. 수도원은 박해 시대 영성의 꽃이었던 순교 정신을 인위적으로 재활하는 방법이었다. 박해 시대의 순교가 국교 시대의 금욕이라는 모양을 갖추며 영성 회복을 위해 나타난 것이다. 제대로 된 모양을 갖춘 첫 수도원은 서기 529년 이태리 카시노(Cassino)라는 곳에 세워진 베네딕트(Benedict) 수도원이었다. 베네딕트 수도원은 성 베네딕트에 의해 세워졌고 베네딕트 수도규칙을 만들어 수도사들을 훈련시켰다. 베네딕트 수도원에는 3대 규칙이 있었다. 그것은 가난, 절제, 복종이었다. 수도사가 되려면 이 세 가지 원칙 준수를 서약해야 했다. 이것은 수도사들의 삶을 지배했다. 베네딕트 수도원은 그 후 나타나는 모든 수도원의 모체가 되었고 수도원의 3대 원칙은 천 년 이상 수도원의 정신을 지배했다.

오랜 기간을 지나며 수도원은 여러 가지 형태를 띠었고 그것에는 장단점이 나타났다. 먼저 장점을 소개한다. 수도원은 교회를 위해 큰 공헌을 했다. 수도원은 교회가 영적으로 피폐해지고 물질적으로 타락했을 때 기독교의 영성을 지켰다. 물질적 풍요로움과 세상적 권세 획득으로 말미암아 교회에 영적 타락과 함께 사치와 향락, 그리고 부패와 분열이 일어날 때 수도원은 가난, 절제, 복종으로 맞섰다. 성 버나드와 성 프란시스가 그 대표적인 예다. 교회가 9세기 중엽부터 11세기 중엽까지 200년 동안 세속 권력에 짓밟혀 기능을 발휘하지 못했을 때 회복의 길을 열어준 것도 수도원이었다. 수도원은 인물을 배출했다. 교회가 개혁이 필요할 때, 그리고 개혁의 가능성이 열리게 되어 인물이 필요할 때, 수도원은 그 인물들을 길러내고 있었다. 때가 되매 결국 그들은 교회로 들어가 교회를 소생시키는데 결정적인 역할을 했다. 교회는 수도원의 공헌을 잊지 말아야 한다.

그럼에도 수도원은 공헌과 더불어 교회에 문제점도 남겼다. 수도원은 시간이 지나면서 영적으로 신학적으로 오류에 빠지기 시작했다. 수도 과정에서 공로의식이 싹트게 된 것이다. 금욕을 위한 훈련과 수도원의 철저한 규칙 생활은 수도사들에게 점점 공로의식을 불어넣었다. 금욕의 생활을 통해 하나님에게 인정받으려는 분위기가 나타난 것이다. 다 그런 것은 아니었지만 많은 경우 금욕 생활이 형식을 갖추려는 노력으로 점점 변질되었고, 수도사의 노력은 하나님 앞에 잘 보여 인정받으려는 방법으로 전락했다. 수도원의 이런 정신은 교회에 영향을 주었고 교회에서도 인간의 공로가 하나님과의 관계에 중요한 역할을 하는 신학적 오류를 불러일으켰다. 복음의 힘을 회복하려는 노력이, 시간이 가면서 왜곡되어 복음 자체를 훼손하는 문제를 일으키게 되는 아이러니를 보게 된 것이다.

복음을 지킨다는 것은 쉬운 일이 아니다. 인간에게는 복음을 훼손하려는 요소를 가지고 있고 틈만 나면 그 힘을 발휘한다. 인간의 죄성 때문이다. 그 죄성은 인간중심주의이다. 풍요로움은 자신의 안락을 추구하며 자신에게 집중하게 만든다. 그것은 복음의 사랑과 희생을 잊게 한다. 영적 훈련도 자신에게 집중하게 만드는 문제를 일으킬 수 있고 그것은 공로의식을 낳을 수 있다.

사람이 사회에서 자신의 업적에 대하여 인정받고 대우받는 것은 당연하다. 공을 세운 사람의 업적을 찾아내고 그의 공로를 인정하며 그를 높여주는 것은 사회질서를 위하여 필요하다고 하겠다. 그런데 인간의 공로가 신앙의 세계에는 적용되지 않는다. 왜 그런가? 하나님과 우리 관계에서 내가 하나님 앞에 공로로 내세울 것이 과연 있는가 생각해 보라. 처음부터 우리는 하나님의 자녀가 될 자격이 없는 자들이었다. 죄성으로 말미암아 영원한 형벌을 받을 수밖에 없는 자들이었기 때문이다.

그런 우리가 의롭다고 인정받은 것은 추호도 나의 공로가 아니고 하나님의 은혜다. 우리가 예수 그리스도를 믿고 구원받은 것이 나의 공로가 될 수 없다. 내가 믿음을 가지게 된 것도 나를 긍휼히 여기신 하나님의 자비와 사랑 때문이다. 공로는 오직 주 예수 그리스도에게만 있다. 예수 그리스도께서 완전한 순종을 통하여 율법의 요구를 만족시키시고 죄인인 우리를 대신하여 십자가에서 죄 값을 치르셨기 때문이다. 우리가 그리스도를 믿은 것은 공로가 아니다. 도저히 회개하고 믿음을 가질 수 없는 완악한 심령에 성령님께서 역사하셔서 가능했던 것이다. 그래서 사도 바울은 이렇게 말한다. "너희가 그 은혜를 인하여 믿음으로 말미암아 구원을 얻었나니 이것이 너희에게서 난 것이 아니요 하나님의 선물이라. 행위에서 난 것이 아니니 이는 누구든지 자랑치 못하게 함이니라."(엡 2:8-9)

그런데 사람들은 은연중 하나님과의 관계에서 공로를 생각한다. 무언가 의로운 행동을 하면 하나님으로부터 그것에 대한 대가를 기대한다. 내 행위가 남보다 의롭다고 생각하고 나보다 못한 다른 사람과 비교한다. 비교는 우월의식을 낳는다. 그리고 그 우월의식 속에서 다른 사람들보다 하나님의 복을 더 받아야 한다고 생각한다. 물론 우리가 복음을 받아들이고 주님을 사랑하여 하나님의 뜻을 잘 따르면 하나님의 복을 받는다. 이것은 성경의 가르침이다. 그러나 내가 하나님의 복을 받기 위해, 그것이 동기가 되어서, 하나님을 순종한다면 이야기는 달라진다. 순종의 동기가 주님을 사랑해서가 아니고 나의 복을 위해서이기 때문이다. 또 한 가지 문제는, 복의 개념이 지나치게 현세적이고 세상적이며 물질적으로 되어 있다는 것이다. 그런 것들도 물론 하나님께서 복으로 주신 것에 포함될 수 있다. 그런데 이런 세상적인 것들이 항상 복이 되는 것은 아니다. 그것은 저주가 될 수도 있다.

마가복음 19:16-22에 나오는 부자 청년이 좋은 예다. 그는 윤리적인 삶을 살고 있고 많은 재물을 가지고 있었다. 어느 날 그는 예수께 질문을 한다. 어떻게 하면 영생을 얻을 수 있는가 하고 말이다. 예수님께서는 계명을 지키라고 말씀하신다. 부자 청년은 십계명에 나타나는 모든 계명들을 다 잘 지켰다고 답한다. 이 말을 하는 청년에게 하신 예수님의 대답은 허를 찔렀다. 가진 모든 재물을 팔고 당신을 따르라는 것이었다. 청년은 여기서 무너진다. 다른 윤리적인 행동을 다 해도 그것만은 못하겠는 것이다. 무슨 의미인가? 복음을 믿는 것은 예수님을 믿는 것인데, 그것은 주 예수 그리스도를 가장 소중하게 여기는 것이다. 예수님께서는 부자 청년의 심중을 꿰뚫어 보셨고 이것을 시험하셨다. 재물이 이 청년의 신앙에 걸림돌로 작용하고 있었기 때문이다. 가진 재물을 다 팔고 따르라는 예수님의 말씀은 모든 사람들에게 다 적용되는 것이 아니다. 예수님은 부자 청년의 핵심 문제를 지적한 것이다. 그는 재물보다 예수님을 더 소중하게 생각할 수 없었다. 무엇이 이 청년으로 하여금 주님을 따르지 못하게 했는가? 재물이다. 재물은 유용하게 사용될 수는 있으나, 그것이 하나님의 복을 보증해주지는 않는다. 변함없는 하나님의 영원한 복은 오직 "하늘에 속한 모든 신령한 복"이다(엡 1:3).

공로의식은 매우 위험하다. 공로의식은 사실상 자신을 주인으로 만들고 하나님을 움직이려고 하기 때문이다. 공로를 통하여 내가 내 삶을 장악하고 하나님을 장악하려고 하기 때문이다. 마땅히 나는 대접받을 권리가 있다고 생각하고 공로가 있기에 하나님도 나를 함부로 대할 수 없다고 생각하기 때문이다. 이것이 바리새인들의 신앙이다. 예수 그리스도께서 이 땅에 계실 때 가장 많은 책망을 하셨고 가장 많이 충돌을 했던 대상이 바로 바리새인들이다. 그들은 유대종교의 지도자로 이스라엘의 신앙을 지켜온 지도층 인사들이다. 그들은 유대주의의 기둥이었고 당시 이스라엘의 정신적, 정치적 지주 역할을 했다. 그런데 왜 예수 그리스도께서는 그들과 그렇게 많은 충돌을 하셨는가? 거기에는 심각한 신앙적 문제가 있었기 때문이다. 바로 그것은 그들의 공로의식과 그것에서 우러나오는 영적교만이었다.

복음의 삶

복음은 좋은 소식이다. 죄로 말미암아 정죄 받고 심판받을 수밖에 없는 죄인이 예수 그리스도를 믿어 죄 사함 받고 의인이 되어 영생을 얻은 것이다. 하나님과 원수 관계이었으나 이제는 하나님과 화평을 누리게 된 것이다. 하나님의 자녀가 되고 구원을 받은 것이다. 그런데 우리에게 구원의 선물을 가져다 준 복음은 단순히 그것으로 그 임무를 끝내지 않는다. 그 고귀한 복음은 이제 우리 삶의 모든 부분에 복음의 빛을 비추며 새로운 삶을 살게 한다.

복음은 인간의 공로를 배제하여 우리로 하여금 자랑할 것이 없게 한다. 그러므로 진정한 겸손이 무엇인지 알게 한다. 내가 하나님 앞에 공로로 내놓을 것이 없기 때문이다. 복음은 하나님의 은혜로 말미암은 사랑을 체험하게 한다. 우리 심령에 진정한 사랑이 무엇인지 알게 하는 것이다. 그리스도의 희생을 통해 보여준 사랑 때문에 희생이 없는 사랑은 진정한 사랑이 아니라는 것을 알게 한다. 복음은 우리를 영생과 천국으로 인도하는 이유만으로 좋은 것이 아니다. 복음은 우리의 심령을 바꾸고 우리의 삶을 바꾸어 놓는다. 복음은 이런 힘을 가지고 있다. 우리 인생의 모든 부분이 복음의 정신과 복음의 가르침과 연결이 되어 있음을 알아야 한다. 사실 복음은 그리스도인의 삶의 모든 것이다. 복음은 모든 신앙활동의 핵심이며 원동력이다. 삶의 모든 면이 복음과 연결되며 복음이 적용된다. 우리는 복음을 가지고 깊이 있게 들어가고 폭넓게 생각해야 한다. 삶의 모든 면이 복음과 연결되어 있다는 것을 알아야 한다.

1. 인간차별

바울은 안디옥에서 베드로(게바)의 잘못된 행실을 보고 지적한 적이 있었다. 그는 이렇게 말했다. "게바가 안디옥에 이르렀을 때에 책망 받을 일이 있기로 내가 그를 대면하여 책망하였노라. 야고보에게서 온 어떤 이들이 이르기 전에 게바가 이방인과 함께 먹다가 그들이 오매 그가 할례자를 두려워하여 떠나 물러가매 남은 유대인들도 그와 같이 외식하므로 바나바도 그들의 외식에 유혹되었느니라. 그러므로 나는 그들이 복음의 진리를 따라 바르게 행하지 아니함을 보고 모든 자 앞에서 게바에게 이르되 네가 유대인으로 이방인을 따르고 유대인답게 살지 아니하면서 어찌하여 억지로 이방인을 유대인답게 살게 하려느냐 하였노라."(갈 2:11-14)

베드로가 이방인들과 식사를 하다가 야고보에게서 온 자들 중 할례자들을 두려워하여 자리에서 물러났다. 남은 유대인들도 베드로와 같이 외식했다. 위선적 행동을 했다는 말이다. 바나바도 그들의 외식에 유혹되었다. 바울은 그것을 보고 "그들이 복음의 진리를 따라 바르게 행하지 않았다"고 비판했다. 베드로는 그리스도인이 되었고 대표적 사도였지만 옛 습성이 그대로 남아있었다. 복음에 입각하여 어떻게 행동해야 하는지 알면서도 막상 현실에서 부딪혔을 때 과거의 습관에서 벗어나지 못했던 것이다. 베드로가 행동을 통해 정리하지 못한 것은 유대주의 습성이었고, 그 습성은 민족 우월주의를 내포하고 있었다. 그래서 바울은 베드로를 나무랬다. 그것이 복음에 위배되기 때문이었다.

사람은 자기와 다르면 경계한다. 두려움이 있기 때문이다. 그러다가 알게 되고 이해가 되면 경계를 풀고 교제한다. 여러 가지 면에 유사한 사람들끼리 가까운 관계를 맺고 산다. 서로 소통이 잘 되고 이해가 잘 되면 그것이 편하기 때문이다. 여기까지는 문제가 없다. 그런데 문제가 생긴다. 집단 이기주의와 집단 우월주의가 나타나는 것이다. 그것은 신분차별을 낳고 인종차별을 낳게 된다. 이것은 잘못된 것이다. 복음은 모두가 죄인이라고 가르친다. 그러므로 모두가 똑같은 입장에서 같은 방식으로 죄 사함 받고 구원받는다. 인종차별은 복음에 위배되는 것이다. 그것은 복음의 원칙을 해치는 행위이기 때문이다. 복음은 사회 계층의 차별도 허용하지 않는다. 계층 간의 우월주의가 복음에 위배되기 때문이다. 과거에는 혈통에 의한 신분 차이가 있었다. 오늘날은 경제적으로 신분의 우열을 가른다. 사회적 신분으로도 우열을 가른다. 사람들은 로열 패밀리, 특권층, 사회지도층을 구별하고 우대한다. 반대로 서민이나 소시민 등은 경시한다. 이 모두가 복음에 위배되는 행위다. 그리스도인은 복음으로 구원받았고 구원의 정신을 알기 때문에 이런 사회의식을 따르지 않는다.

2. 부자와 가난한 자

야고보는 부자와 가난한 자에 대해 이렇게 말했다. "낮은 형제는 자기의 높음을 자랑하고 부한 자는 자기의 낮아짐을 자랑할지니 이는 그가 풀의 꽃과 같이 지나감이라."(약 1:9-10) 이것은 물질적으로 가난한 자와 부자와의 관계를 말한다. 가난한 자는 높아지고 부자는 낮아진다는 말이다. 무엇을 의미하는가? 복음은 부자나 가난한자를 평등하게 만든다는 것이다. 사회주의를 말하는 것이 아니다. 성경은 부자와 가난한 자의 존재를 인정하고 있다. 단, 성경은 어려운 형편에 있는 형제들을 서로 도우라고 가르친다. 그런데 세상적 현실은 어떠한가? 사회에는 경제적 우열을 가리는 눈에 보이지 않는 큰 장벽이 드리워져 있다. 일반 사람들의 의식이다. 부유층과 빈곤층은 사실상 격리되어 있고 교제는 이루어지지 않는다. 그런데 복음은 이 장벽을 무너뜨린다. 사회에서 실패하고 가난한 자들은 복음을 통해 높아진다. 죄인이 죽을 수밖에 없었는데 그리스도 때문에 구원받고 인정받게 된 것이다. 그래서 복음 때문에 가난한 자들은 높아지는 것이다. 사회에서 성공하고 부유하게 된 자들은 교만해진다. 그런데 복음은 그들을 겸손하게 한다. 그들도 똑같은 죄인이기 때문이다. 모두가 예수 믿고 구원받은 것이다. 복음은 부자와 가난한 자 사이에 사회적 편견과 세속적 평가를 허용하지 않는다. 교회는 세상적 장벽을 허물고 부자와 가난한 자들 사이에 세상이 허락하지 않는 교제를 가능하게 한다. 교회에서는 이들 모두가 한 자리에 모여서 예배를 드리며 한 가족으로 교제를 나눈다. 이 정신이 그리스도인으로부터 교회를 거쳐 사회로 파급될 때, 복음은 사회의 변화를 가져다주는 것이다.

3. 분열

고린도 교회에 분열이 있었다. 사도 바울은 그 교회의 분열에 대해 이렇게 말했다. "내 형제들아… 너희에 대한 말이 내게 들리니 곧 너희 가운데 분쟁이 있다는 것이라… 너희가 각각 이르되 나는 바울에게, 나는 아볼로에게, 나는 게바에게, 나는 그리스도에게 속한 자라 하는 것이니 그리스도께서 어찌 나뉘었느냐. 바울이 너희를 위하여 십자가에 못 박혔으며 바울의 이름으로 너희가 세례를 받았느냐… 그리스도께서 나를 보내심은 세례를 베풀게 하려 하심이 아니요. 오직 복음을 전하게 하려 하심이로되 말의 지혜로 하지 아니함은 그리스도의 십자가가 헛되지 않게 하려 함이라."(고전 1:10-17)

고린도 교회에 분열의 문제가 있었다. 바울파, 베드로파, 아볼로파, 그리스도파 등이 존재했다. 서로들 자신이 가장 존경하는 사람 중심으로 뭉쳐서 그를 지지하고 그를 따랐다. 사람들이 모인 곳에는 여러 가지 이유로 당을 형성하게 된다. 생각이 같은 사람들, 배경이 같은 사람들, 형편이 비슷한 사람들이 모이게 된다. 그 자체가 잘못된 것은 아니다. 특정 사람에 대한 존경과 선호도 문제가 아니다. 그런데 이것이 파당을 형성하여 다른 그룹과 경쟁하며 시기와 질투, 그리고 충돌이 생긴다면 문제다. 인간의 죄성이 표출되기 때문이다. 그것은 자기중심주의의 발로다. 자기가 속한 쪽이 우월해야만 흡족한 것이다. 자기가 속한 집단의 우월을 통해 자아만족을 누리는 것이다.

고린도 교회에서 분열의 문제가 있을 때 바울은 이렇게 말한다. "그리스도의 십자가를 헛되지 않게 하라." 주께서 돌아가신 것은 하나님과의 화평을 위하고 사랑과 섬김을 통한 이웃과의 화평을 위한 것이다. 복음의 정신은 파당과 분열을 허용하지 않는다. 믿음의 형제자매들 간의 하나 됨은 복음의 정신이다. 그렇다면 교회 내의 분쟁과 분열은 복음을 배신한 것이다.

4. 헌금과 구제

사도 바울은 고린도 교회에 구제의 필요성을 강조하며 이렇게 말했다. "우리 주 예수 그리스도의 은혜를 너희가 알거니와 부요하신 이로서 너희를 위하여 가난하게 되심은 그의 가난함으로 말미암아 너희를 부요하게 하려 하심이라. 이 일에 관하여 나의 뜻을 알리노니 이 일은 너희에게 유익함이라. 너희가 일 년 전에 행하기를 먼저 시작할 뿐 아니라 원하기도 하였은즉 이제는 하던 일을 성취할지니 마음에 원하는 것과 같이 완성하되 있는 대로 하라. 할 마음만 있으면 있는 대로 받으실 터이요, 없는 것은 받지 아니하시리라. 이는 다른 사람들은 평안하게 하고 너희는 곤고하게 하려는 것이 아니요. 균등하게 하려 함이니 이제 너희의 넉넉한 것으로 그들의 부족한 것을 보충함은 후에 그들의 넉넉한 것으로 너희의 부족한 것을 보충하여 균등하게 하려 함이라. 기록된 것 같이 많이 거둔 자도 남지 아니하였고 적게 거둔 자도 모자라지 아니하였느니라."(고후 8:9-15)

사도 바울이 헌금과 구제를 격려하는 것도 복음의 정신으로 이야기한다. "우리 주 예수 그리스도의 은혜를 너희가 알거니와 부요하신 이로서 너희를 위하여 가난하게 되심은 그의 가난으로 말미암아 너희를 부요하게 하심이라." "이제 너희의 넉넉한 것으로 그들의 부족한 것을 보충함은 후에 그들의 넉넉한 것으로 너희의 부족한 것을 보충하여 균등하게 하려 함이라." 그리스도께서 낮아지셨다. 하늘의 영광을 버리시고 낮은 인간의 모습으로 오신 것이다. 그것도 더 낮은 죄인의 모습으로 오셔서 십자가라는 형틀에 못 박혀 추악한 죄인의 모습으로 돌아가셨다. 그분이 낮아지신 것은, 죄인 되어 낮아진 우리를 의인으로 높이려고 하신 것이다. 그리스도를 믿는 우리에게 이것은 삶의 모형을 제시한다. 복음은 단순히 우리를 구원하는 것만이 아니고, 우리의 삶에 복음의 정신을 불어 넣는다. 높은 자는 낮아질 줄 알아야 한다. 가진 자는 가지지 못한 자들을 헤아릴 수 있어야 한다. 이것이 헌금과 구제에 적용되는 것이다. 바울의 가르침은 이것이다. 풍성한 자들은 부족한 자들을 보충하여 균등하게 하라는 것이다. 이 가르침은 헌금뿐만 아니라 교회가 구제 사역에 힘써야함을 가르친다.

5. 결혼

사도 바울은 남편과 아내의 관계에 대해 말한다. "아내들이여 자기 남편에게 복종하기를 주께 하듯 하라. 이는 남편이 아내의 머리됨이 그리스도께서 교회의 머리됨과 같음이니 그가 바로 몸의 구주시니라. 그러므로 교회가 그리스도에게 하듯 아내들도 범사에 자기 남편에게 복종할지니라. 남편들아 아내 사랑하기를 그리스도께서 교회를 사랑하시고 그 교회를 위하여 자신을 주심 같이 하라… 그러므로 사람이 부모를 떠나 그의 아내와 합하여 그 둘이 한 육체가 될지니 이 비밀이 크도다. 나는 그리스도와 교회에 대하여 말하노라."(엡 5:22-32)

바울은 남편과 아내의 관계도 복음으로 말한다. 일반인은 대개 어떤 자세로 결혼에 들어가는가? 사실상 일반적으로 자신의 행복과 자신의 즐거움을 위해 결혼을 생각한다. 사람은 이기적이기 때문에 결혼에서 자신의 유익을 우선적으로 생각한다. 결혼을 통해 자신이 원하는 것을 우선적으로 얻으려 하고 배우자의 관심과 필요는 그 다음이다. 그러므로 배우자 사이의 충돌은 불가피하다. 상대를 먼저 배려해주고 생각해 주는 것이 아니고 자신의 필요와 욕구, 그리고 원하는 것을 얻어내려고 하기 때문이다. 어떻게 해야 하는가? 결혼을 통해 공통적인 목표와 대상을 바라보고 그것을 향해 함께 나아갈 때에 이 문제는 해결된다. 그 목표와 대상은 우리 모두의 신랑 되시는 그리스도시다. 결혼관계를 정상화 시킬 수 있는 유일한 방법은 복음이다. 둘이 함께 주님을 바라보아야 한다. 둘이 함께 복음을 공유하고 복음의 정신을 따라야 한다. 그리스도께서 교회를 위해 목숨을 내놓으신 것 같이 남편은 아내를 사랑하라는 것이다. 그리고 교회가 그리스도를 복종하는 것 같이 아내는 남편을 복종하라는 것이다. 복음이 심령에 자리 잡지 않고는 불가능한 일이다. 결혼관계도 복음의 정신이 적용되어야 한다.

공로의식의 문제

복음을 지킨다는 것이 그리 쉽지 않다는 것을 우리는 교회역사에서 배운다. 박해 시대에 복음의 힘으로 로마 제국을 정복하였으나, 로마 제국의 지원으로 풍요로워지고 화려해진 기독교회는 복음의 힘을 잃게 되었다. 박해가 없어지고 순교의 정신은 사라지며 물질적 풍요와 세상적 안정으로 교회는 제도화되고 사치와 세상적 권세를 갖는 형국이 되었다. 영성의 꽃이었던 순교를 사모하고 박해를 통한 영적 활력을 회고하던 자들은 방법을 강구했다. 수도원이었다. 내가 물리적으로 나를 죽일 수는 없지만 나의 정욕과 욕심은 죽일 수 있다고 생각했다. 금욕주의 실천이었고 수도원의 탄생이었다. 수도원을 통해 인위적으로 어려움을 조성하는 강한 훈련을 통해 순교의 정신을 회복하고 복음의 힘을 재생하려고 시도했다.

수도원은 중세 시대를 거쳐 교회를 위해 많은 공을 세웠다. 교회가 세속적이 될 때에 영성을 지켰으며 교회가 부패 타락하여 암흑기를 거칠 때 영적으로 훈련된 인물을 배출했다. 그들은 요직에 들어가 교회를 개혁하고 회복시켰다. 그러나 수도원에도 문제가 생기기 시작했다. 여러 다른 문제들과 아울러 영적 훈련과정에서 공로개념이 들어오기 시작한 것이다. 수도원의 영적 훈련과 거룩한 삶을 통해 하나님 앞에 의로워지려는 것이었다. 복음을 훼손시킨 것이다. 우리가 의로워지는 것은 자신의 공로 없이 오직 예수 그리스도의 공로를 의지하여 그분을 믿음으로 의로워지는 것이다. "너희는 그 은혜에 의하여 믿음으로 말미암아 구원을 받았으니 이것은 너희에게서 난 것이 아니요 하나님의 선물이라. 행위에서 난 것이 아니니 이는 누구든지 자랑하지 못하게 함이라."(엡 2:8-9)

성경의 가르침은 분명하다. 우리의 행위라면 공로가 되지만 행위가 아니고 믿음이라 했다. 믿음은 공로가 되는 또 하나의 행위가 아닌 것이다. 은혜로 인해 믿음으로 말미암아 얻는 구원은 나에게서 난 것이 아니고 하나님의 선물이다. 선물은 그냥 주신 것이고 나는 그냥 받을 뿐이다. 받는 행위가 공로는 아닌 것이다. 그리스도의 공로로 내가 그 유익을 받았을 뿐이다. 이것이 은혜다. 만일 믿음을 내 믿음으로 생각하고 내 것이라고 생각하면 그것 또한 나의 행위가 될 수 있다. 그러면 믿음을 근거로 나의 의로움을 주장할 수 있다. 그것이 아니라는 것이다. 믿음은 하나님의 은혜를 받아들이는 수단일 뿐이다. 그 믿음도 엄밀히 말하면 내가 만들어낸 것이 아니고 성령님께서 역사하심으로 생성된 것이다.

수도원에서 공로의식이 나타났다. 애써 하나님 앞에 거룩한 삶을 살려고 한 행위들이 공로의식을 불러일으킨 것이다. 사람은 이렇게 되기 쉽다. 항상 "나"라는 존재가 인정받고 싶어 하기 때문이다. 존재 의미와 존재 가치를 나에게서 찾으려고 하는 성향이 강하기 때문이다. 사람은 자신이 하는 일을 통해 가치를 찾으려 한다. 우리의 존재 가치를 나와 관련된 것에서 찾으려 하는 인간의 속성은 어느 정도까지는 건전할 수 있다. 그러나 그것이 지나치면 자신에게 집중하게 되고 결국 공로의식을 생성한다. 그러면 하나님과의 은혜관계를 파탄으로 가게 한다. 공로의식은 결국 나를 자만하게 만들고 피곤하게 만들고 괴롭게 만든다. 나의 성공 여부에 따라 나의 가치가 결정되는 심히 불안한 상황이 되기 때문이다. 그런 나는 불행해 질 수밖에 없다. 나는 근본적으로 나를 지탱할 수 없기 때문이다. 나아가 공로의식은 하나님을 도전하는 매우 참람한 결과를 초래한다. 공로의식이 어떻게 심각한 문제가 되는지 살펴보기로 하자.

예수님께서는 제자들을 가르치시면서 서기관의 모습을 묘사하시며 조심하라고 말씀하셨다. 어떤 모습이었기에 그렇게 하셨는가? 그들은 "긴 옷 입고 다니고, 시장에서 문안을 받으며, 회당의 상좌를 원하고, 잔치의 상석을 원한다"는 것이다(막 12:38-39). 이런 자들을 조심하라고 주님은 말씀하셨다. 과연 이 모습은 어떤 모습이며, 무엇을 조심하라는 말인가? 서기관에 나타난 바리새인들의 모습은 내면의 진실보다는 외형을 중시하는 것이다. 구체적으로 어떤 것인가? 그들은 나의 진실한 면 보다는 다른 사람이 어떻게 나를 보는가에 더 관심을 갖는다. 남을 대접하기보다는 대접받기 원한다. 다른 사람들을 섬기기보다는 다른 사람들의 관심과 환호를 받기 원한다. 이것이 서기관의 모습이요 바리새인의 모습이다. 이들이 왜 이렇게 되는가?

이들에게는 복음이 없기 때문이다. 하나님의 은혜와 그것으로 말미암은 감사가 없다. 이들은 하나님의 이름으로 사실상 자신을 위하고 자신을 섬기며 살고 있다. 왜 이렇게 되었는가? 어떻게 이렇게 되었는가? 문제의 핵심은 이들의 의에 대한 개념과 그 의를 얻기 위한 방법에 있다. 그들에게 의의 개념은 죄인 된 우리를 예수 그리스도를 통하여 하나님께서 의롭게 해주시는 것이 아니다. 하나님께서 만들어 놓으신 율법을 얼마나 잘 지키는가에 달려있고 그 성취도에 따라서 의가 판결된다. 그들이 의로워지는 방법은 율법을 지키는 자신의 노력으로 되는 것이다. 그러므로 그것은 자신의 공로로 인정되는 것이다. 이것이 바리새인들의 근본적인 문제다. 이것을 예수님은 심각한 문제로 여기셨고 그들을 심하게 책망하셨다. 이것은 진정한 신앙이 아니다. 이들은 신앙의 모습만 있지 신앙의 내용은 없는 것이다.

우리의 신앙을 망치는 것이 바로 공로의식이다. 신앙에 공로의식이 조금이라도 들어가 있으면 그 신앙은 그만큼 변질되고 위험한 결과를 초래한다. 하나님이 나를 지배하고 계시고 장악하고 계셔야 하는데, 대신 내가 나와 내 인생을 장악하게 되기 때문이다. 이것이 공로의식의 핵심적 문제다. 공로의식은 거룩을 위한 변화를 불가능하게 한다. 변화란 내 힘으로 되는 것이 아니다. 인간은 근본적으로 변화를 거부한다. 예수 믿은 후에도 인간에게는 죄성이 남아있기 때문에 변화를 거부하는 습성이 완전히 사라지지 않는다. 가능하면 있는 그대로의 모습에 남아있으면서 신앙생활을 하기 원한다. 이것이 우리의 성화를 막는다. 거룩함으로 성장해야 하는 그리스도인들에게 심각한 방해가 된다. 나로부터 나를 놓아야 하는데, 놓지 않는다면 나는 더 이상 변화하지 않는다. 공로의식이 작용하고 있기 때문이다.

우리는 변화되어야 한다. 어떻게 변화될 수 있는가? 복음만이 우리를 구원하고 우리를 변화시킨다. 복음은 죄인의 모습에서 점점 성화된 모습으로 그리스도를 닮아가게 한다. 왜 변화하지 않는가? 내가 내 인생을 장악하고 있고 내가 내 신앙을 장악하고 있기 때문이다. 이것은 내가 가지고 있는 공로의식에서 나온다. 복음은 공로의식을 완전히 거부한다. 복음은 나를 나 중심에서 벗어나게 한다. 예수 믿고 거듭나기 전 나 중심으로 살던 모습을 버리게 한다. 이제 나를 사랑하는 주님이 나의 중심에 서 계시고 나를 은혜 가운데 지배하고 계시며 내 인생을 장악하고 계신다. 그런데 공로의식은 이것을 역행하는 것이다.

마가복음에 이런 기록이 있다. "예수님께서 가르치실 때에 이르시되 긴 옷을 입고 다니는 것과 시장에서 문안 받는 것과 회당의 높은 자리와 잔치의 윗자리를 원하는 서기관들을 삼가라. 그들은 과부의 가산을 삼키며 외식으로 길게 기도하는 자니 그 받는 판결이 더욱 중하리라. 예수님께서 헌금함을 대하여 앉으사 무리가 어떻게 헌금함에 돈 넣는가를 보실새 여러 부자가 많이 넣는데 한 가난한 과부는 와서 두 렙돈 곧 한 고드란트를 넣는지라. 예수님께서 제자들을 불러다가 이르시되 내가 진실로 너희에게 이르노니 이 가난한 과부는 헌금함에 넣는 모든 사람보다 많이 넣었도다. 그들은 다 풍족한 중에 넣었거니와 이 과부는 그 가난한 중에서 자기의 모든 소유 곧 생활비 전부를 넣었느니라."(막 12:38-44)

위 본문에는 서기관과 대조되는 가난한 과부의 모습이 나타난다. 예수님께서 무리가 연보궤에 돈 넣는 것을 보고 계셨다. 부자는 많은 헌금을 했다. 그러나 한 가난한 과부는 동전 몇 개를 헌금했다. 매우 작은 돈이다. 이것을 보시고 예수님께서는 과부가 가장 많은 헌금을 했다고 말씀하신다. 구차한 중에 자기 모든 소유, 즉, 생활비 전부를 넣었다는 것이었다. 이것은 헌금에 대한 교훈을 주시려는 것이 아니다. 주께서 믿음이 무엇인지 가르쳐 주시는 것이다. 왜냐하면 이것은 바리새인과는 전혀 반대의 모습이기 때문이다. 어떻게 그런 것인가?

대개 우리는 헌금 때문에 삶에 큰 지장을 받지는 않는다. 헌금 후에도 우리의 삶은 거의 그대로 진행되기 때문이다. 그러나 이 과부의 상황은 다르다. 작은 돈이지만 그의 모든 것을 다 넣었기에 삶이 큰 영향을 받을 수밖에 없기 때문이다. 그는 이제 자신의 삶을 장악할 수 없게 되었다. 자신의 삶을 자기가 어떻게 할 수 없게 된 것이다. 경제적으로 그렇게 할 수 있는 능력이 없어졌기 때문이다. 결국 과부는 자신의 삶의 모든 것을 주님께 맡기게 되었다. 이제 그가 할 수 있는 것 아무 것도 없다. 그러면 주님이 다 하시게 된다. 이것이 믿음의 정수다. 이것이 복음의 내용이다. 우리의 구원을 위하여 내가 공로적으로 할 수 있는 것은 하나도 없다. 우리의 삶도 내가 사는 것이 아니다. 내가 나의 삶을 장악하고 사는 것이 아니기 때문이다. 주님을 믿고 주님을 따라가는 것이다. 가난한 과부의 헌금 이야기는 헌금 그 자체의 교훈보다는 우리의 믿음이 무엇인가를 말해준다. 믿음은 나로부터 떠나는 것이다. 나를 위하여 목숨을 내놓으신 나의 믿음의 대상이신 주 예수 그리스도에게로 가는 것이다. 내가 나를 장악하지도 않고 주관하지도 않는다. 사실상 그렇게 할 수도 없다. 그러나 바리새인은 자신이 모든 것을 장악하고 있다. 그들은 자기중심적이고 철저하게 이기적이다. 구원도 자신의 능력과 자신의 노력으로 얻는 것이다. 하나님의 율법을 자신의 힘과 노력으로 열심히 지키며 자신의 삶을 꾸려나간다. 이 모든 것이 자신의 공로가 될 수밖에 없다. 그리고 그들은 당연히 하나님과 다른 사람들에게 인정받아야만 한다.

본문은 서기관과 가난한 과부를 대조하고 있다. 전자는 자신의 목적을 위하여 하나님을 이용한다. 이들은 하나님을 장악하려는 것이다. 세상은 그들을 인정했고 그들을 따랐다. 그들의 외형적 성공과 가시적 거룩함은 일반인들의 추종을 불러일으켰다. 물론 나중에는 하나님의 심판을 받지만 상당기간 동안 그들은 많은 것을 누린다. 후자는 자신의 것을 다 내놓고 하나님께 헌신한다. 하나님의 영광을 위하여 이웃을 위하여 자신을 드린다. 그것으로 인해 그는 생활에 어려움이 왔을 것이고 주님을 의지하지 않고는 살 수가 없었을 것이다. 그러나 주 예수 그리스도께서는 후자를 칭찬하셨다. 이것이 그리스도인의 길이다.

우리는 질문해야 한다. 어느 쪽을 택하겠는가? 다른 사람의 이목에 관심을 가지고 외형적인 것을 추구하겠는가? 아니면 진실한 복음을 추구하겠는가? 단순한 외형적 종교행위로 나가겠는가? 아니면 순수한 복음을 붙잡고 나가겠는가? 나를 섬기겠는가? 하나님을 섬기겠는가? 우리 주 예수 그리스도께서는 하늘의 모든 영광을 가지고 계셨다. 그러나 스스로 그 모든 것을 다 내려놓으시고 이 땅에 내려오셨다. 말구유에 오신 것이다. 우리를 너무도 사랑하시어 자신을 내 놓으셨고, 우리의 죄를 다 뒤집어쓰시고 피 흘려 희생당하셨다. 무엇을 바래서가 아니었다. 스스로를 위한 대가를 얻어내기 위해서도 아니었다. 단순히 우리를 사랑하셔서 그렇게 하셨다. 여러분과 나를 사랑하셔서 말이다. 이것이 복음이다.

신앙 훈련

복음은 하나님의 선물이다. 나의 공로 없이 오직 예수 그리스도를 믿어 의인이 되어 하나님의 자녀가 되는 특권을 가지게 되었다. 그리고 영생을 얻었고 천국을 소유하게 되었다. 놀라운 하나님의 은혜다. 그런데 복음은 이것으로 끝나는 것이 아니다. "그러므로"가 있다. 그 다음에 반드시 당연하게 나타나는 귀결이 있는 것이다. "그러므로 형제들아 내가 하나님의 모든 자비하심으로 너희를 권하노니 너희 몸을 하나님이 기뻐하시는 거룩한 산 제물로 드리라. 이는 너희가 드릴 영적 예배니라. 너희는 이 세대를 본받지 말고 오직 마음을 새롭게 함으로 변화를 받아 하나님의 선하시고 기뻐하시고 온전하신 뜻이 무엇인지 분별하도록 하라."(롬 12:1-2) 우리의 삶을 말하고 있다. 복음을 가진 우리에게 우리 자신을 하나님이 기뻐하시는 산 제물로 드리라는 권면의 말씀이 주어졌다. 이것이 영적예배라는 것이다.

구체적으로 어떻게 해야 하는가? "이 세대를 본받지 말라." 세상의 가치관을 따라가지 말라는 말이다. 복음을 가진 자는 세상 사람들과는 다르다. 어떤 면에서 다른가? 세상 사람들이 가치 있게 생각하는 것과는 다른 것을 가치 있다고 생각한다. 가치관이 다르다는 것이다. "마음을 새롭게 하여 변화를 받아라." 복음을 가지기 전과는 마음이 다르고 깊은 속에 변화가 일어났음을 말한다. 내 뜻보다 하나님의 뜻이 더욱 중요하게 된 것이다. "하나님의 뜻이 무엇인지 잘 알도록 하라." 더 중요한 하나님의 뜻이 무엇인지 알아야 한다. 복음을 가진 우리는 이제 하나님의 뜻대로 살기 원하기 때문이다.

그렇게 만만해 보이지 않는다. 그러나 우리는 이것을 하기 원한다. 이것이 옳은 것이고 하고 싶은 일이기 때문이다. 어떻게 할 수 있는가? 그냥 저절로 되면 얼마나 좋겠는가? 물론 우리는 성령의 역사로 새로운 영을 가지고 있기에 할 수 있다. 그러나 우리는 동시에 잔여 죄성을 가지고 있기에 훈련을 받아야 한다. 아직 남아 있는 죄성이 우리를 과거의 모습으로 끌어내리기 때문이다. 우리는 그리스도를 믿는 믿음 안에서 살아야 한다. 나는 죽고 내 안에 계신 그리스도께서 사시는 것이다. 이것이 복음을 가진 자가 사는 방법이다. "내가 그리스도와 함께 십자가에 못 박혔나니 그런즉 이제는 내가 사는 것이 아니요 오직 내 안에 그리스도께서 사시는 것이라. 이제 내가 육체 가운데 사는 것은 나를 사랑하사 나를 위하여 자기 자신을 버리신 하나님의 아들을 믿는 믿음 안에서 사는 것이라."(갈 2:20)

교회 역사를 돌아보면 수도원이 영적 훈련을 위한 중요한 장이었다는 것을 알 수 있다. 그러나 수도원에 문제점이 많이 있었기에 개신교 종교개혁자들은 중세 수도원에 대해 많은 경고를 했다. 가장 중요한 문제가 공로의식이었다. 수도원 훈련에 하나님 앞에 의로워지기 위한 공로로 생각하는 문제가 나타났던 것이다. 수도원 영성은 가난, 절제, 복종의 세 요소를 가지고 있었다. 이것을 통해 자신이 하나님 앞에 의로워지려고 한다면 그것은 심각한 문제를 초래한다. 그리스도의 공로가 아니고 내 공로로 하나님 앞에 인정받고 의로워져 천국에 간다는 말이 되기 때문이다. 이것은 복음에 위배되는 것이다. 바울은 말한다. "사람이 의롭게 되는 것은 율법의 행위로 말미암음이 아니요. 오직 예수 그리스도를 믿음으로 말미암는 줄 알므로 우리도 그리스도 예수를 믿나니 이는 우리가 율법의 행위로써가 아니고 그리스도를 믿음으로써 의롭다 함을 얻으려 함이라. 율법의 행위로써는 의롭다 함을 얻을 육체가 없느니라."(갈 2:16) 그러나 예수 믿고 의로워진 자가 가난, 절제, 복종의 정신을 성화된 삶을 사는 원칙으로 삼는다면 문제가 없다. 실제로 수도원에 이런 긍정적인 예들이 있었고, 그것은 수도원에 큰 장점으로 역할을 충실히 했다. 수도원은 교회가 부패 타락 했을 때 영성의 보루가 되었고 신앙 훈련을 통해 인물들을 키워 교회개혁을 위해 큰일을 했다. 수도원 훈련의 정신을 칭의가 아니고 성화를 위한 것으로 삼는다면 교회가 영적 윤리적 어려움을 겪고 있을 때 큰 도움이 될 것이다.

성경은 그리스도인들에게 육체의 욕심을 죽이라고 명한다. 이것이 성령의 역사에 빙해 요소가 되기 때문이다. 우리에게는 훈련이 필요하다는 말이다. 사도 바울은 이렇게 말한다. "내가 이르노니 너희는 성령을 따라 행하라. 그리하면 육체의 욕심을 이루지 아니하리라. 육체의 소욕은 성령을 거스르고 성령은 육체를 거스르나니 이 둘이 서로 대적함으로 너희가 원하는 것을 하지 못하게 하려 함이니라. 너희가 만일 성령의 인도하시는 바가 되면 율법 아래 있지 아니하리라. 육체의 일은 분명하니 곧 음행과 더러운 것과 호색과 우상 숭배와 주술과 원수 맺는 것과 분쟁과 시기와 분냄과 당 짓는 것과 분열함과 이단과 투기와 술 취함과 방탕함과 또 그와 같은 것들이라. 전에 너희에게 경계한 것 같이 경계하노니 이런 일을 하는 자들은 하나님의 나라를 유업으로 받지 못할 것이요. 오직 성령의 열매는 사랑과 희락과 화평과 오래 참음과 자비와 양선과 충성과 온유와 절제니 이같은 것을 금지할 법이 없느니라. 그리스도 예수의 사람들은 육체와 함께 그 정욕과 탐심을 십자가에 못 박았느니라."(갈 5:16-24)

수도원의 세 가지 정신을 적절히 적용하면 거룩한 삶에 큰 도움이 될 수 있다. 수도원의 영적 훈련이 하나님 앞에서 수도사들의 가치를 입증하려는 노력이 되면, 그 수도행위는 문제가 될 뿐만 아니라 매우 괴롭고 견딜 수 없는 훈련이 된다. 그러나 믿음으로 의로워진 자들이 귀한 선물을 주신 하나님과 더 가까워지기 원하여 주 앞에 나아오는 것이라면, 그것은 거룩을 위한 좋은 훈련이 될 수 있는 것이다. 시편 기자는 이렇게 말했다. "내가 여호와께 바라는 한 가지 일 그것을 구하리니 곧 내 평생에 여호와의 집에 살면서 여호와의 아름다움을 바라보며 그의 성전에서 사모하는 그것이라."(시 27:4) 여호와의 아름다움을 바라보며 여호와를 사모하는 일이 우리에게 지극히 소중함을 시편 기자는 말해주고 있다. 성 버나드와 같은 중세 수도원 영성의 대가는 수도원을 통해 바로 이런 영적 훈련을 시도했다. 이제 가난, 절제, 복종의 세 가지 수도원 정신을 보고 우리의 성화 훈련을 위한 적용 가능성을 살펴보도록 하자.

1. 가난

수도원의 첫 번째 정신은 가난이다. 물질적 가난을 말하는 것으로 이것은 개인소유를 금지하는 개념이다. 우리는 이것을 영적 훈련으로 생각해야 한다. 개인소유는 성경적이기 때문이다. 성경은 개인소유를 인정하고 있다. 그렇지 않다면 남의 것을 도둑질하지 말라는 계명이 아무런 의미가 없다. 여기서 우리에게 긍정적으로 적용해야 할 것은 이 세상에 궁극적으로 나의 소유는 없다는 것이다. 이 세상 모든 것이 다 하나님 것이고, 내가 열심히 노력하여 얻은 것도 내 것이 아니고 하나님 것이라는 개념이다. 수도원의 가난 개념은 우리에게 청지기 개념으로 적용된다. 이 세상을 사는 동안 우리는 주인이 아니라는 의식을 가져야 한다. 궁극적으로 우리가 주인이 되어 소유할 수 있는 것은 없다. 다 하나님이 주신 것이고 우리는 그것을 하나님의 영광을 위하여 관리할 뿐이다. 하나님이 오늘 내 영혼을 부르시면 내가 가지고 갈 수 있는 것은 아무 것도 없기 때문이다. 하나님이 주인이시고 우리는 청지기다. 내 인생의 주인도 내가 아니고 나를 지으신 하나님이시다. 우리는 모든 일에 청지기 직분을 이행하는 것이다. 어떤 일에도 우리는 소유주로서 행동하지 않는다. 우리가 가지고 있는 어떤 것도 내 것이 아니고 하나님 것이기 때문이다. 물질뿐만이 아니고 나의 시간, 에너지, 관심, 사랑 등, 나의 모든 것이 하나님 것이다. 아니, 나 자신 자체가 하나님 것이다. 하나님께서 귀한 값을 지부시고 사신 거룩한 존재이기 때문이다. 내가 가진 모든 것이 다 내 것이 아니고 하나님 것이기에 우리는 청지기로서 모든 것을 주인의 뜻에 따라 사용해야 한다. 내 인생도 내가 장악하려 하지 않는다. 내가 주인이 아니기 때문이다. 이것은 복음의 귀결이다. 이럴 때 우리는 헌금, 구제, 봉사 등에서 자유롭게 행할 수 있다. 내 것을 남에게 기쁜 마음으로 줄 수 있고 남을 위해 헌신할 수 있다. 나는 하나님의 청지기로서 행동하는 것이다. 하나님의 영광을 위하여 말이다.

2. 절제

절제란 모든 욕심을 다 제거하는 것이 아니다. 욕심이라는 자체가 다 나쁜 것은 아니기 때문이다. 좋은 욕심이 있다. 주님을 더 잘 섬기려는 욕심, 가족에게 잘해 주려는 욕심, 맡은 바 임무를 잘 수행하려는 욕심, 자녀와 남편이 잘 되기를 바라는 부모와 아내의 욕심, 이런 욕심들이 왜 나쁘겠는가? 욕심은 인간의 마음에서 우러나오는 사랑으로 설명할 수 있다. 여기서 사랑이란 행동을 유발시키는 동기의 힘을 말한다. 자식을 사랑하기 때문에 부모는 그토록 희생적인 행동을 한다. 배우자를 사랑하기 때문에 그토록 서로를 아끼고 섬긴다.

욕심은 사랑에서 우러나오는 것이다. 그런데 사랑이라는 것이 잘못될 수가 있다. 그것은 적절하지 않은 사랑을 말하는 것으로, 그 정체는 왜곡되고 지나친 사랑이다. 한 마디로 질서가 무너진 사랑이다. 낮은 것에 대한 지나친 사랑이고 우선순위가 뒤바뀐 사랑이다. 우리는 좋은 것을 사랑해야 하지만, 적절한 분량만큼만 사랑해야 한다. 그런데 그것이 좋다보니 지나치게 사랑하여 집착하게 되며 그것을 궁극적인 것으로 만든다. 그것을 얻지 못하면 너무 고통스럽고 견딜 수 없어 그것을 얻기 위해 수단과 방법을 가리지 않기도 한다. 그 과정에서 온갖 비윤리적 행위가 나타나고 심정적으로 무너지고 분노하며 괴로워한다. 자녀 사랑이 대표적인 예다. 배우자에 대한 사랑도 그렇다. 가족에 대한 사랑은 좋은 것이고 중요한 것이다. 그러나 그들은 하나님보다는 낮은 위치에 있다. 사랑은 높은 것에 더 많은 사랑을 해야 하고 낮은 것에는 낮은 정도만큼의 사랑을 해야 한다. 하나님은 최상의 위치에 계시기에 하나님에 대한 사랑은 가장 우선이 되어야 하고 최상의 사랑이 되어야 한다. 그럴 때 다른 사랑이 적절한 사랑이 되고 건강한 사랑이 된다. 낮은 것에 지나친 사랑이 부어지면 문제가 되는 것이다. 어떤 것이든지 하나님 이외의 것에 내 최상의 사랑과 소망을 둘 때에 그것은 죄가 된다. 그래서 사도 바울은 골로새서 3:5에서 이렇게 말한다. "그러므로 땅에 있는 지체를 죽이라. 곧 음란과 부정과 사욕과 악한 정욕과 탐심이니 탐심은 우상 숭배니라." 하나님보다 하나님이 주신 것들을 더 사랑할 때 죄가 된다. 하나님의 아름다움 그 자체보다 하나님이 주신 것들에 더 매료될 때 그것이 죄가 되는 것이다. 내 심령 속에 어떤 것도 하나님보다 위에 있으면 안 된다. 질서가 필요한 것이다. 적절한 분량만큼 사랑하고 적절한 분량의 욕심을 내야 한다.

어떻게 이것을 할 수 있는가? 우선적으로 하나님께 매료되어야 한다. 하나님의 아름다움을 무엇보다 가장 사모해야 한다. 아름다움이란 우리를 매료시키고 그것과의 깊은 심적 교제로 끌어 드린다. 하나님은 가장 아름다우시다. 시편 기자는 이것을 잘 표현하고 있다. "내가 여호와께 바라는 한 가지 일 그것을 구하리니 곧 내 평생에 여호와의 집에 살면서 여호와의 아름다움을 바라보며 그의 성전에서 사모하는 그것이라."(시 27:4) 왜 하나님이 아름다우신가? 하나님은 온 영광으로 찬란하시기 때문이다. 그 하나님이 우리에게 오셨다. 성자 예수 그리스도께서 인간의 연약함을 취하시고 가장 낮은 모습으로 오셔서 우리를 위해 목숨을 내놓으시며 희생을 치르셨다. 이것이 복음이다. 우리는 그 아름다운 복음의 하나님께 매료된다. 우리는 그런 하나님께 우리의 마음을 드린다. 그럴 때 그분은 우리 마음의 중심에 오신다. 하나님의 아름다움이 우리 심령의 중심에 자리 잡는 것이다. 하나님은 더 이상 유용한 분이 아니다. 곧 우리를 위해 쓸모 있는 분, 도움이 되는 분, 필요할 때 사용하는 분 정도가 아니라는 것이다. 하나님은 가장 아름다운 분이시다.

3. 복종

사도 바울은 복종에 대해 이렇게 말한다. "범사에 우리 주 예수 그리스도의 이름으로 항상 아버지 하나님께 감사하며 그리스도를 경외함으로 피차 복종하라."(엡 5:20-21) "아내들이여 자기 남편에게 복종하기를 주께 하듯 하라."(엡 5:22) 타락한 인간은 복종하는 것에 거부 반응을 나타낸다. 자아와 충돌하기 때문이다. 복종하면 내 존재 가치가 하락하는 것 같고 굴욕적으로 느껴진다. 아담의 후손으로 태어난 인간에게 원죄의 영향이 있기 때문이다. 아담은 처음부터 하나님 말씀에 복종하지 않았다. 그러나 우리에게 주어져 있는 권위자들에게 복종하는 것이 성경의 원리다. 부모, 나라의 권위자, 직장 상사, 교회의 권위자 등을 들 수 있다. 바울은 말한다. "각 사람은 위에 있는 권세들에게 복종하라. 권세는 하나님으로부터 나지 않음이 없나니 모든 권세는 다 하나님께서 정하신 바라."(롬 13:1) 물론 이것은 맹종을 가리키는 것은 아니다. 이 권위자들 위에 계신 최종 권위자의 뜻과 충돌한다면 우리는 세상에 있는 권위자에게 복종할 수 없다. 그 때에는 불복종의 의무가 있다. 우리가 하나님께 복종하는 것이 우리에게 주어져 있는 권위자에게 복종하는 근원이 되는 것이다. 그래서 수도원에서 수도사들은 수도원장에게 절대 복종을 통해 하나님께 복종하는 훈련을 받았다. 눈에 보이는 사람에게 복종하지 못하면 눈에 보이지 않는 하나님께 어떻게 복종하겠는가? 이렇게 생각했던 것이다. 깊이 생각해 볼 필요가 있다.

복음을 가진 우리는 하나님의 자녀가 되었고 영생의 선물을 받았다. 그러나 이것으로 끝나는 것이 아니다. 오히려 그것은 시작이다. 하나님께서는 무엇을 위해 우리에게 이런 복음의 선물을 우리에게 주셨는가? 거룩한 삶을 위해서다. 베드로는 말한다. "오직 너희를 부르신 거룩한 이처럼 너희도 모든 행실에 거룩한 자가 되라. 기록되었으되 내가 거룩하니 너희도 거룩할지어다 하셨느니라."(벧전 1:15-16) 왜 거룩한 삶을 살아야 하는가? 하나님의 영광을 위해서다. "이같이 너희 빛이 사람 앞에 비치게 하여 그들로 너희 착한 행실을 보고 하늘에 계신 너희 아버지께 영광을 돌리게 하라."(마 5:16)

"너희는 그 은혜에 의하여 믿음으로 말미암아 구원을 받았으니 이것은 너희에게서 난 것이 아니요 하나님의 선물이라. 행위에서 난 것이 아니니 이는 누구든지 자랑하지 못하게 함이라. 우리는 그가 만드신 바라. 그리스도 예수 안에서 선한 일을 위하여 지으심을 받은 자니 이 일은 하나님이 친히 예비하사 우리로 그 가운데서 행하게 하려 하심이니라."(엡 2:8-10) 부족하지만 복음을 가진 우리가 이런 목표를 가지고 그렇게 살려고 노력할 때 하나님을 영화롭게 하고 진정한 즐거움을 누리게 되는 것이다.

제12장 언약

하나님은 인간과 관계를 맺으셨다. 사랑의 관계다. 그래서 예수 믿고 구원받은 우리는 하나님의 지극한 사랑을 알고 하나님을 더욱 사랑하게 되었다. 우리는 왜 하나님을 이토록 사랑하는가? 우리가 받은 구원의 선물 때문이다. 구원을 통해 하나님의 사랑을 알게 된 것이다. 우리의 구원에는 하나님의 놀라우신 사랑이 있다. 이것이 어떤 사랑인지 우리는 알아야 한다. 하나님은 우리와의 관계를 통해 이 사랑을 표현하셨다. 이 관계를 은혜언약이라고 한다. 은혜언약은 바로 이런 하나님의 사랑을 깊이 있게 알게 해 준다. 은혜언약의 핵심은 하나님께서 아브라함과 맺으신 언약이다. 하나님과 인간 사이에는 기본적으로 두 가지 언약이 존재한다. 행위언약과 은혜언약이다.

행위언약

행위언약은 하나님께서 아담과 맺으신 언약이다. 선악과를 따먹어 하나님 말씀에 불순종하면 죽고 순종하면 영생을 얻는다는 내용이다. 창세기는 이렇게 기록한다. "여호와 하나님이 그 사람에게 명하여 이르시되 동산 각종 나무의 열매는 네가 임의로 먹되 선악을 알게 하는 나무의 열매는 먹지 말라 네가 먹는 날에는 반드시 죽으리라."(창 2:16-17) 하나님께서는 왜 이런 명령을 내리셨는가? 이 때 아담과 하와는 시험기간 중에 있었다. 중립의 상태에서 의인의 상태로 전환해야 하는 상황이었던 것이다. 이제 아담은 자신의 행위를 통해 의인이 되어야 하는 상황이었다. 아담은 얼마든지 그것을 행할 수 있는 상태였다. 하나님께서 완전하게 지으셨기 때문이다. 여기서 완전의 의미는 선과 악을 다 행할 수 있는 상태를 말한다. 결과는 아담에게 달려 있었다. 이것이 원래 만들어진 인간의 모습이었다. 아담은 로봇으로 만들어지지 않았다. 자유의지가 있었다. 죄를 짓지 않고 하나님 명령을 지켜 영생을 얻을 수 있었다. 하나님은 아담이 스스로의 의지로 하나님의 명령을 순종하여 언약이 체결되기를 원하셨다. 이것이 행위언약이다. 행위언약은 하나님을 향한 인간의 순종 여부에 따라 그 결과가 나타난다. 축복과 저주가 갈라지는 것이다. 여기서 우리는 하나님의 공의를 엿볼 수 있다. 순종하면 생명(영생)이고 불순종하면 죽음(영벌)이다. 언약의 성격이 나타난다. 둘로 갈라지는 것이다. 하나는 생명이요 다른 하나는 죽음이다.

하나님께서 언약을 체결하실 때는 항상 보증물을 남기신다. 징표를 남기시는 것이다. 하나님께서는 생명나무를 영생에 대한 보증물로 주셨다. 이 보증물은 그들이 하나님의 말씀에 순종하면 영생을 얻는다는 것을 보여주는 징표로써, 행위언약이 지켜지면 생명나무 열매를 먹고 영생을 얻는 것이다. 창세기에 이렇게 기록되었다. "여호와 하나님이 그 땅에서 보기에 아름답고 먹기에 좋은 나무가 나게 하시니 동산 가운데에는 생명나무와 선악을 알게 하는 나무도 있더라."(창 2:9) "여호와 하나님이 이르시되 보라 이 사람이 선악을 아는 일에 우리 중 하나같이 되었으니 그가 그의 손을 들어 생명나무 열매도 따먹고 영생할까 하노라 하시고 여호와 하나님이 에덴 동산에서 그를 내보내어 그의 근원이 된 땅을 갈게 하시니라. 이같이 하나님이 그 사람을 쫓아내시고 에덴 동산 동쪽에 그룹들과 두루 도는 불칼을 두어 생명나무의 길을 지키게 하시니라."(창 3:22-24) 범죄하여 행위언약을 깨뜨린 아담과 하와에게 생명나무 열매를 따먹지 못하도록 하신 것이다.

행위언약이 깨진 후 인간에게 더 이상 스스로의 행위로 영생을 얻을 수 있는 길은 없어졌다. 하나님과 인간 사이에 인간의 영생을 위한 행위언약은 폐지된 것이다. 이제는 하나님의 은혜만이 하나님과 인간의 관계를 정상화 시킬 수 있게 되었다. 하나님께서는 노아와 언약을 맺으셨다. 하나님의 은혜가 조금씩 나타나기 시작했다. "내가 너희와 언약을 세우리니 다시는 모든 생물을 홍수로 멸하지 아니할 것이라. 땅을 멸할 홍수가 다시 있지 아니하리라. 하나님이 이르시되 내가 너와 너희와 및 너희와 함께 하는 모든 생물 사이에 대대로 영원히 세우는 언약의 증거는 이것이니라. 내가 내 무지개를 구름 속에 누었나니 이것이 나와 세상 사이의 언약의 증거니라. 내가 구름으로 땅을 덮을 때에 무지개가 구름 속에 나타나면 내가 나와 너희와 및 육체를 가진 모든 생물 사이의 내 언약을 기억하리니 다시는 물이 모든 육체를 멸하는 홍수가 되지 아니할지라. 무지개가 구름 사이에 있으리니 내가 보고 나 하나님과 모든 육체를 가진 땅의 모든 생물 사이의 영원한 언약을 기억하리라. 하나님이 노아에게 또 이르시되 내가 나와 땅에 있는 모든 생물 사이에 세운 언약의 증거가 이것이라 하셨더라."(창 9:11-17)

노아와 그 후손들을 위하여 무지개를 세우셨는데, 이는 다시는 땅을 홍수로 멸하시지 않으시겠다는 하나님 약속을 위한 증거물이었다(창 9:13-16). 하나님의 은혜가 구름 사이를 가르고 인간에게 서광이 비추듯 다가오는 장면인 것이다. 행위언약이든 은혜언약이든 언약에는 표징이 있다. 생명나무와 무지개는 아담과 노아에게 표징으로 주어졌다. 언약에서 표징이란 성례를 의미한다. 신약 시대에 은혜언약의 표징은 세례와 성찬이다. 세례와 성찬을 성례라고 한다. 생명나무 자체가 신비한 능력으로 그들에게 영생을 가져다주는 것은 아니다. 무지개도 그 자체가 홍수를 막는 효과를 낼 수 있는 것은 아니다. 그것은 성례로써 하나님께서 말씀으로 그것에 표징을 새겨 놓은 것이다. 이 새겨진 표징이 하나님의 언약의 증거와 인(印)이 된 것이다. 나무도 항상 있었던 나무고 무지개도 역시 예전에 있던 무지개다. 그런데 하나님의 말씀으로 말미암아 그것들에 새로운 의미가 부여되었다. 그리하여 과거에는 없던 본질을 새롭게 지니게 된 것이다. 이런 방법으로 하나님께서 아담 및 노아와 언약을 맺으셨고, 그 언약의 표징으로 생명나무와 무지개를 세우셨으며, 그 표징의 성격 때문에 그것을 성례로 이해한다.

언약은 하나님의 약속과 그 약속에 대한 인간의 반응을 포함한다. 약속의 말씀에 대한 노아의 믿음을 확신시키기 위하여 하나님은 언약의 표징을 첨부하셨다. 이것이 하나님께서 당신의 백성들과 하시는 방법이다. 하나님은 인간의 확신을 도와주시기 위하여 언약에 보증을 첨부하셨다. 이것은 하나님의 자비와 친절의 표현으로 노아와 그의 가족들에게 믿음을 강하게 하시려는 의도가 있는 것이다. 은혜언약의 성격이 조금 나타난다. 언약과 더불어 아담과 노아에게 언약의 표징이 함께 주어진 것이다. 그러나 은혜언약은 아브라함과 그의 후손에게 그 진정한 의미를 드러낸다.

은혜언약

하나님은 인간과 어떻게 관계를 맺으시는가? 창조부터 하나님은 특별한 요구와 약속으로 인간과 관계를 맺으셨다. 이것을 언약이라고 한다. 언약은 하나님과 인간 사이에 하나님께서 제정하신 법적 동의로써 하나님과 인간의 관계를 위한 조건이 체결된 것이다. 언약은 법적이므로 준엄한 성격을 가지고 있다. 어길 수 없는 것이다. 꼭 그대로 되어야만 한다. 그렇지 않을 경우에는 혹독한 대가를 치르게 되어 있다. 언약은 쌍방 간의 동의를 전제로 한다. 여기서 그 쌍방은 하나님과 인간이다. 언약은 하나님이 제정하신 것이다. 인간은 하나님과 거래할 수 없고 언약의 조건을 변경할 수도 없다. 인간은 하나님께서 제정하신 언약을 단지 수용하거나 거부할 수밖에 없다. 언약에는 "조건"이 있다. 이것이 언약의 성격이다. 조건이 있고 조건 이행에 따른 결과가 있다. 그 결과는 축복과 저주이고 삶과 죽음이며 영생과 영벌이다. 언약의 내용은 하나님의 약속으로 축복과 영생을 말한다. 성경에 나타나는 언약의 공식적 표현이 있다. "나는 그들의 하나님이 되고, 그들은 나의 백성이 될 것이라." (렘 31:33; 고후 6:16)

행위언약은 에덴 동산에서 하나님이 아담과 맺으신 언약이다. 언약이라는 용어는 사용되지 않았다. 그러나 언약의 요소들이 다 존재한다. 쌍방이 있고 쌍방 사이에 관계의 조건을 규명하는 법적 규정이 있다. 순종에 대한 축복의 약속이 있고 축복을 얻기 위한 조건이 있다. 이것은 법적 구속력을 가진 규정이다. "여호와 하나님이 그 사람에게 명하여 이르시되 동산 각종 나무의 열매는 네가 임의로 먹되 선악을 알게 하는 나무의 열매는 먹지 말라. 네가 먹는 날에는 반드시 죽으리라 하시니라."(창 2:16-17)

언약에는 표징이 있다. 할례, 세례, 성찬 등이다. 하나님께서 아담과 맺은 언약의 표징은 생명나무다. 생명나무의 열매를 먹으면 영생의 약속에 참여할 수 있는 것이다. 생명나무 열매는 내적 실제(영생)를 보증하는 하나님의 외적 표징이다. 하나님과 인간 사이에 맺어진 언약 관계의 성격을 알아야 한다. 언약은 창조 후 자동적으로 생성된 것이 아니다. 언약은 인간을 향한 하나님의 특별한 관심과 의지의 표현이다. 하나님은 짐승과는 언약 관계를 맺지 않으셨다. 그렇다고 인간이 하나님에게 교제를 요구하거나 약속을 청하거나 행동 양식을 질문한 것도 아니다. 하나님께서 주권적으로 인간에게 하신 것이다. 왜 그렇게 하셨는가? 하나님이 언약을 맺으신 것은 인간을 사랑하셨기 때문이다. 그런데 하나님은 거룩하시고 공의로우시다. 공의와 거룩 가운데 하나님의 사랑이 언약으로 나타난 것이다. 행위언약이다.

아담이 범죄 한 이후 행위언약은 인간에게 영생을 가져다 줄 수 없었다. 아담 이후 모든 인간은 원죄의 영향으로 아담의 타락 전 상태로 돌아 갈 수 없게 되었기 때문이다. 아담 이후 인간에게 행위언약은 구원을 제공해 줄 수 없게 되었다. 그래서 하나님은 다른 방법을 강구하셨다. 창세기 3장에 나타난 아담의 타락 후, 하나님은 죄인들과 교제를 회복하기 위한 구원의 역사를 펼치셨다. 다시 한 번 하나님은 언약을 제정하셨다. 구약과 신약을 거치며 세밀한 부분에는 변화가 있지만 언약의 본질적 요소에는 변화가 없었다. 이 새로운 언약을 "은혜언약"이라고 한다. 은혜언약에도 쌍방이 있다. 바로 하나님과 당신이 구원하실 백성이다. 그러나 이 경우에는 그리스도께서 중재자로 특별한 역할을 하신다(히 8:6; 9:15; 12:24). 조건도 있고, 조건 이행에 따른 결과도 있다. 중요한 차이점은, 그리스도께서 언약의 중재자로서 언약의 조건들을 대신 만족시켜서 우리가 하나님과 화합할 수 있는 길을 터놓으신 것이다. 행위언약에는 중재자가 없었다.

은혜언약의 조건은 구세주 그리스도와 그의 사역을 믿는 믿음이다(롬 1:17; 5:1). 구약에서도 언약의 복을 얻는 조건은 동일했다. 아브라함의 경우에서 이것을 찾아볼 수 있다. 사도 바울은 이렇게 말한다. "그런즉 육신으로 우리 조상인 아브라함이 무엇을 얻었다 하리요. 만일 아브라함이 행위로써 의롭다 하심을 받았으면 자랑할 것이 있으려니와 하나님 앞에서는 없느니라. 성경이 무엇을 말하느냐 아브라함이 하나님을 믿으매 그것이 그에게 의로 여겨진 바 되었느니라… 아브라함이나 그 후손에게 세상의 상속자가 되리라고 하신 언약은 율법으로 말미암은 것이 아니요 오직 믿음의 의로 말미암은 것이니라… 그러므로 상속자가 되는 그것이 은혜에 속하기 위하여 믿음으로 되나니… 아브라함은 우리 모든 사람의 조상이라."(롬 4:1-16) 아브라함은 앞으로 오실 메시야를 바라보며 그분을 믿었던 것이다.

아브라함의 경우 은혜언약이 본격적으로 나타났다. 하나님께서 아브라함과 언약을 체결하시는 장면을 보자. 창세기 15:1-18이다. "아브람아 두려워하지 말라. 나는 네 방패요 너의 지극히 큰 상급이니라. 아브람이 이르되 주 여호와여 무엇을 내게 주시려 하나이까. 나는 자식이 없사오니 나의 상속자는 이 다메섹 사람 엘리에셀이니이다… 여호와의 말씀이 그에게 임하여 이르시되 그 사람이 네 상속자가 아니라 네 몸에서 날 자가 네 상속자가 되리라 하시고 그를 이끌고 밖으로 나가 이르시되 하늘을 우러러 뭇별을 셀 수 있나 보라. 또 그에게 이르시되 네 자손이 이와 같으리라. 아브람이 여호와를 믿으니 여호와께서 이를 그의 의로 여기시고, 또 그에게 이르시되 나는 이 땅을 네게 주어 소유를 삼게 하려고 너를 갈대아 우르에서 이끌어 낸 여호와니라. 그가 이르되 주 여호와여 내가 이 땅을 소유로 받을 것을 무엇으로 알리이까? 여호와께서 그에게 이르시되 나를 위하여 삼 년 된 암소와 삼 년 된 암염소와 삼 년 된 숫양과 산비둘기와 집비둘기 새끼를 가져올지니라. 아브람이 그 모든 것을 가져다가 그 중간을 쪼개고 그 쪼갠 것을 마주 대하여 놓고 그 새는 쪼개지 아니하였으며 솔개가 그 사체 위에 내릴 때에는 아브람이 쫓았더라. 해 질 때에 아브람에게 깊은 잠이 임하고 큰 흑암과 두려움이 그에게 임하였더니 여호와께서 아브람에게 이르시되 너는 반드시 알라. 네 자손이 이방에서 객이 되어 그들을 섬기겠고 그들은 사백년 동안 네 자손을 괴롭히리니 그들이 섬기는 나라를 내가 징벌하며 그 후에는 네 자손이 큰 재물을 이끌고 나오리라. 너는 장수하다 평안히 조상에게로 돌아가 장사될 것이요. 네 자손은 사대 만에 이 땅으로 돌아오리니 이는 아모리 족속의 죄악이 아직 가득차지 아니함이니라 하시더니 해가 져서 어두울 때에 연기 나는 화로가 보이며 타는 횃불이 쪼갠 고기 사이로 지나더라. 그날에 여호와께서 아브람과 더불어 언약을 세워 이르시되 내가 이 땅을 애굽 강에서부터 그 큰 강 유브라데까지 네 자손에게 주노"라(창 15:1-18).

위 본문은 하나님께서 아브람과 언약을 체결하시는 장면을 묘사하고 있다. 후손과 새 땅을 약속하셨을 때 아브람으로부터 확증해 달라는 질문을 받으신 후, 하나님께서는 이상한 명령을 하신다. 짐승들을 가져오라는 것이다. 그리고 그것을 둘로 쪼개라는 것이다. 우리에게는 이상하게 보이지만, 고대 근동의 상황에서는 이상할 것이 없었다. 이것은 당시 쌍방 간에 언약을 체결하고 그 언약의 보증을 세우는 관습이었다. 그 당시 쌍방 간에 계약을 체결하면 보증으로 짐승을 가져다가 둘로 쪼개고 쪼개진 짐승 사이를 걸어갔다. 쌍방이 파트너 관계이면 둘이 손을 잡고 함께 걸어갔다. 만일 누구든지 이 계약에 명시된 약속을 지키지 않으면 이 짐승과 같이 베라는 것이었다. 이 계약은 목숨을 담보로 체결이 되는 것이다. 만일 쌍방이 주종관계이면 주는 걸어가지 않고 종이 쪼개진 짐승 사이로 걸어갔다. 종이 목숨을 담보로 계약의 내용을 지키겠다고 맹세하는 것이다. 주는 걸어가지 않았다. 당시의 관습이었다. 그런데 여기서 좀 이상한 것을 발견한다. 하나님과 아브람은 언약의 쌍방으로 주종관계다. 하나님이 주이고, 아브람은 종이다. 그렇다면 당시의 관습에 의해 아브람이 쪼개진 짐승 사이로 걸어갔어야 했다. 그러나 실제로 어떻게 되었는가? 쪼개진 짐승 사이로 횃불이 지나간다. 무엇인가? 횃불은 하나님을 상징하는 것이다. 즉, 아브람이 지나가지 않고 하나님이 지나가신 것이다. 무엇을 의미하는가? 아브람이 믿음을 지키지 못하여 언약의 조건을 이행하지 못하면, 하나님이 대신 생명을 내놓겠다는 것이다. 이 언약이 체결될 수 있었던 것은 언약의 조건인 아브람의 믿음이 있었기에 가능했으나, 만일 아브람이 믿음을 유지하지 않고 배신한다면 그것은 언약을 깰 수 있는 조건이 되기 때문이다.

본문 바로 다음 장, 창세기 16장을 보면 아브람은 믿음을 지키지 못했다. 오랜 시간이 지나가고 후손의 약속을 믿기 어려웠기에 사라가 아닌 여종 하갈을 통해 후손을 보았기 때문이다. 당시 일상적인 계약체결 방법에 의하면 이것은 아브람이 목숨을 내놓아야 하는 상황이고 언약은 깨질 수밖에 없었다. 그러나 언약을 체결할 때 누가 쪼개진 짐승 사이로 걸어갔는가? 하나님이었다. 하나님이 목숨을 담보로 언약을 체결하신 것이다. 즉, 만일 아브람이 잘못을 하여 언약을 깨는 상황이 된다 하더라도 그 대가를 하나님이 치르시겠다는 것이다. 그렇게 대가를 지불하여 아브람의 잘못에도 불구하고 하나님은 언약을 유지하시겠다는 의지의 표명이었다. 무슨 말인가? 언제 하나님은 이런 대가를 치르셨는가? 무엇을 하신다는 말인가? 진정으로 하나님께서 대가를 치르시고 이 언약을 보호하셨는가? 그렇다! 십자가에서 하나님은 쪼개지셨다. 예수 그리스도께서 오셔서 그 대가를 치르시고 언약을 보호하셨다. 은혜언약이다. 하나님의 은혜로 이 언약은 지켜졌고 영원히 지켜질 것이다. 우리는 아브라함의 후손으로 이 은혜언약 하에 보호되어 있다. 은혜언약의 중보자이신 예수 그리스도께서 십자가에서 피를 흘리심으로 말미암아 우리의 죄로 인해 깨질 수밖에 없는 언약을 보호하셨다. 우리의 영생은 보장되었다. 예수 그리스도를 믿음으로 그렇게 된 것이다. 그를 믿음으로 우리는 은혜언약에 들어갔기 때문이다. 모든 것이 하나님 은혜이다. 할렐루야!

은혜언약과 할례

창세기 15장은 아브람과 맺으신 하나님의 언약이 나타난다. 은혜언약이다. 하나님이 아브람과 맺으신 은혜언약에는 축복의 약속이 있었다. 그것은 후손과 축복의 땅의 약속이다. 하나님께서는 일방적으로 주권을 가지고 약속하셨다. 아브람은 그 약속을 믿었고 하나님은 언약의 표징을 남기셨다. 짐승을 자르게 하시고 하나님께서 그 사이로 걸어가셨다. 근동지방의 언약체결 관습에 의하면 주와 종 사이에 계약이 체결될 때에는 종이 잘라진 짐승 사이로 걸어갔다. 그러나 아브람과의 언약에서는 하나님이 걸어가셨다. 언약에 문제가 생기면 하나님께서 값을 치루시겠다는 말씀이다. 그것도 하나님께서 자신의 목숨을 담보로 말이다. 우리로 말미암아 언약 관계에 문제가 생기면, 하나님께서 생명을 내 놓으시겠다는 말씀이다. 이것은 앞으로 오실 메시야, 주 예수 그리스도를 예표하는 것이었다. 하나님은 인간의 모습으로 오셔서 생명을 내놓으셨다. 십자가에서 언약의 피 값을 치루신 것이다.

창세기 16장은 아브람이 하나님의 약속을 믿지 못하고 아내 사라의 권고에 넘어가 여종 하갈을 통해 후손을 보는 장면을 보여준다. 이스마엘이 출생한 것이다. 후손이 없을 때 취하는 당시의 관습이지만 이것은 불신앙의 표현이었다. 아브람이 하나님과의 언약에서 실패한 것이다. 하나님의 약속을 믿지 못하여 언약을 지키지 못했다. 아담이 하와의 권유에 넘어간 것처럼, 아브람도 아내 사라의 권유에 넘어갔다. 하나님의 시간을 기다리지 못하고 아내의 권유를 따른 것이다. 믿음은 기다림을 요구한다. 그런데 아브람은 하나님을 믿고 기다리지 못했다. 믿음의 조상이란 말이 무색한 장면이다. 이스마엘이 출생했을 때 아브람의 나이 86세이다. 그리고 13년이 흘렀다. 이제 하나님의 약속은 어떻게 된 것인가? 하나님과 체결한 언약은 어떻게 되는 것인가? 하나님의 언약을 지키지 못한 아브람에게 과연 소망이 남아있는가?

창세기 17장은 이 질문에 긍정적으로 답하고 있다. 하나님의 언약은 여전히 살아 있다는 것이다. 아브람에게 미래와 소망이 있다는 말씀이다. 어떻게 그러한가? 우리 하나님은 당신 백성과의 언약을 지키시기 때문이다. 하갈을 통해 후손을 본 후 13년 동안 아브람은 자신의 불신앙과 실패에 대해 스스로를 돌아보며 많은 생각을 했다. 이제 하나님이 자신의 언약을 저버린 아브람에게 다시 나타나신다. 그리고 당신의 언약을 다시 한 번 확인하신다. 하나님의 약속은 인간의 실패로 무너지지 않는다는 것이다. 우리 하나님은 은혜가 풍성하신 하나님이시기 때문이다.

창세기 17장을 자세히 보자. 1절이다. "아브람이 구십구 세 때에 여호와께서 아브람에게 나타나서 그에게 이르시되 나는 전능한 하나님이라 너는 내 앞에서 행하여 완전하라." 하나님은 거룩함을 요구하신다. 은혜언약의 조건을 위해 하나님은 창세기 15장에서 믿음을 요구하셨다. 창세기 17장에서는 행위를 요구하신다. 그러면 은혜언약의 조건은 믿음과 행위라고 말할 수 있다. 믿음과 행위는 불가분의 관계임을 시사하는 것이다. 행위는 믿음에서 우러나오는 거룩한 삶이다. 이것을 성화라고 한다. 칭의와 성화는 불가분의 관계다. 하나님과의 언약의 관계는 믿음을 통해 거룩한 삶이 나타나는 인간의 변화를 요구한다.

창세기 17:2-5이다. "내가 내 언약을 나와 너 사이에 두어 너를 크게 번성하게 하리라 하시니 아브람이 엎드렸더니 하나님이 또 그에게 말씀하여 이르시되 보라 내 언약이 너와 함께 있으니 너는 여러 민족의 아버지가 될지라. 이제 후로는 네 이름을 아브람이라 하지 아니하고 아브라함이라 하리니 이는 내가 너를 여러 민족의 아버지가 되게 함이니라." 하나님은 아브람의 이름을 바꾸신다. 고대에 주가 종에게 새로운 이름을 주는 것은 일반적이다. 고대 근동에서 주와 종의 언약 관계는 보호와 충성으로 되어 있었다. 주는 종을 보호하겠다고 약속하고, 종은 주에게 충성을 맹세하는 것이다. 하나님과 은혜언약 관계 하에 있는 우리도 마찬가지다. 만일 우리가 하나님의 언약을 거부한다면, 그것은 무엇을 의미하겠는가? 하나님의 보호 없이 우리가 스스로 모든 것을 직면하겠다고 선언하는 것을 의미한다. 하나님의 보호를 거부하고 하나님께 충성도 하지 않겠다는 것이 된다. 하나님과 상관없이 내가 내 인생을 내 마음대로 살겠다는 말이 되는 것이다. 그러나 은혜언약 하에 있는 우리는 그렇게 할 수 없다. 우리는 우리 것이 아니고 주의 것이다. 주가 종에게 이름을 하사하는 것은 주가 종의 삶을 장악한다는 것을 말한다. 종은 자신이 인생의 주인이 아니라 주의 소유라는 것이다. 아브라함은 이제 자신의 것이 아니고 하나님의 소유라는 말이다.

창세기 17:6-11이다. "내가 너로 심히 번성하게 하리니 내가 네게서 민족들이 나게 하며 왕들이 네게로부터 나오리라. 내가 내 언약을 나와 너 및 네 대대 후손 사이에 세워서 영원한 언약을 삼고 너와 네 후손의 하나님이 되리라. 내가 너와 네 후손에게 네가 거류하는 이 땅 곧 가나안 온 땅을 주어 영원한 기업이 되게 하고 나는 그들의 하나님이 되리라. 하나님이 또 아브라함에게 이르시되 그런즉 너는 내 언약을 지키고 네 후손도 대대로 지키라. 너희 중 남자는 다 할례를 받으라. 이것이 나와 너희와 너희 후손 사이에 지킬 내 언약이니라. 너희는 포피를 베어라. 이것이 나와 너희 사이의 언약의 표징이니라."

할례는 언약의 표징이다. 언약에 대한 순종의 표징으로 아브라함과 그 후손은 할례를 받게 되었다. 하나님의 언약은 아브라함의 삶의 가장 개인적인 부분까지 가장 아픈 방법으로 뚫고 들어간다. "마음에 할례를 받으라." 육신의 할례는 마음의 할례를 상징한다. 우리가 하나님과 언약 관계에 있다면, 우리 삶의 가장 은밀하고 개인적인 부분까지 하나님의 통치가 이루어지고 있는가? 할례에는 자르는 것이 포함된다. 창세기 15장에서 짐승을 자르는 것처럼 말이다. 깨진 언약의 저주가 죽은(베어진) 짐승의 시체로 상징된다. 언약을 깨는 자에게 임하는 저주를 보여준다. 하나님이 자른 짐승 사이로 지나가셨다. 언약이 깨지면 하나님께서 값을 치르시겠다는 것을 상징한다. 그런데 창세기 17장에는 저주(심판)의 표징이 아브라함의 생식기에 적용되었다. 그것은 약속된 후손의 소망의 근원이고, 동시에 하갈과 관련된 아브라함의 실패의 근원이다. 언약의 표징을 실제로 강하게 행동에 옮기면 아브라함의 후손은 없어지는 것이다. 즉, 아브라함이 언약을 지키지 못하면 아브라함의 후손은 모두 끊어져 없어진다는 뜻이다. 약속의 축복은 없다는 것을 말하고 있는 것이다.

언약을 지키는 것은 "내 앞에서 행하여 완전하라"는 하나님의 명령을 지키는 것이다. 이것이 언약의 조건이다. 할례를 받으라는 것은 곧 마음의 할례를 받으라는 말이고 그것은 곧 거룩한 삶을 살라는 것이다. 하나님 앞에서 행하여 완전하라는 명령을 이행하라는 것이다. 아브라함과 그 후손들은 이 명령을 완벽히 지켰는가? 아니다. 그러면 어떻게 되는 것인가? 언약은 깨지고 하나님 축복의 약속은 없어지는가? 아니다. 이 언약은 여전히 은혜언약이다. 할례의 피는 예수 그리스도께서 십자가에서 흘리실 피를 예표한다. 그리스도께서 십자가에서 대신 언약의 저주를 받으시는 것이다. 그리고 언약은 보존되고 하나님 언약의 축복은 이루어진다. 온 이방에 믿음의 후손들이 생겼고 약속의 땅(천국)은 우리 것이 된다.

그러면 그리스도께서 값을 다 치르셨으니, 나는 전혀 하나님 앞에서 행하여 완전하지 않아도 된다는 말인가? 아니, 그렇게 될 수가 없다. 그런 마음을 가질 수가 없는 것이다. 믿음을 가지면(하나님과 언약 관계에 들어가면) 마음의 할례를 받는 것이기 때문이다. 그러면 삶에 변화가 나타나고 성화(거룩한 삶)의 과정을 가게 되는 것이다. 연약하여 때로 무너지면 어떻게 되는가? 예수 그리스도의 언약의 피가 있다. 창세기 17:12-14은 이렇게 말한다. "너희의 대대로 모든 남자는 집에서 난 자나 또는 너희 자손이 아니라 이방 사람에게서 돈으로 산 자를 막론하고 난 지 팔일 만에 할례를 받을 것이라. 너희 집에서 난 자든지 너희 돈으로 산 자든지 할례를 받아야 하리니 이에 내 언약이 너희 살에 있어 영원한 언약이 되려니와 할례를 받지 아니한 남자 곧 그 포피를 베지 아니한 자는 백성 중에서 끊어지리니 그가 내 언약을 배반하였음이니라."

할례는 신약에서 세례가 된다. 구약의 유아할례는 신약의 유아세례가 된다. 세례와 유아세례는 언약 공동체 안에 들어가는 것을 상징한다. 세례나 유아세례 자체가 구원을 가져다주는 것은 아니다. 신약 시대에 교회에서 세례를 받는 것은 신약의 언약공동체에 입문하는 것을 의미한다. 구약 시대에 할례를 통해 이스라엘 백성이 된 것처럼, 신약 시대에는 세례를 통해 교회의 일원이 되는 것이다. 구약 시대나 신약 시대나 언약의 표징을 통해 언약공동체의 일원이 공식적으로 된다. 구약에 유아할례가 있듯이 신약에는 유아세례가 있다. 아직 유아 본인의 신앙은 형성되지 않았지만, 부모의 신앙을 근거로 유아에게 세례를 베푸는 것이다. 언약 백성인 부모에게는 그 자녀가 언약 백성의 일원이 되는 특권이 주어졌다. 물론 유아는 성인이 되어 스스로 신앙을 고백해야 한다. 그러나 그 때까지 유아는 언약공동체 안에서 성장하면서 하나님의 축복을 누릴 수 있는 특권이 부여되었다. 세례가 언약에 입문하는 것이라면, 성찬은 또 하나의 언약의 표징으로 언약의 갱신을 의미한다. 언약에 들어 간 후에 지속적으로 그 언약을 갱신하는 것이다. 성찬을 통해 언약을 기억하고 다시 확인하며 우리의 신앙을 지켜나가는 것이다. 하나님께서 우리를 배려하사 이런 언약의 표징들을 통해 언약 안에서 우리를 보호하시고 돌보고 계신 것이다.

모세 언약과 새 언약

하나님은 창조 후 아담과 행위언약을 맺으셨다. 아담의 완전한 순종이 영생의 축복을, 불순종은 죽음을 가져다주는 것이었다. 아담은 불순종했고 하나님과의 언약은 깨졌으며 아담과 하와는 에덴의 동쪽으로 쫓겨났다. 더 이상 생명나무의 열매를 따먹고 영생을 얻을 수 없게 되었다. 그럼에도 하나님은 아브라함과 은혜언약을 맺으셔서 중보자 메시야를 통한 구원의 길을 열어주셨다. 하나님 자신이 생명을 담보로 언약을 세우셨기에 깨질 수 없는 언약이었다. 언약이 지켜지기 위해서는 인간 쪽에 믿음과 순종(거룩한 삶)이 요구되었으나, 사실상 언약의 요구조건을 인간은 완전하게 지킬 수 없었다. 그렇지만 중재자 메시야 예수 그리스도의 완전한 순종과 십자가의 보혈로 말미암아 언약은 깨지지 않았다. 언약에 나타난 하나님의 약속이 절대 무효화되지 않았던 것이다. 하나님께서는 갈라진 짐승 사이로 걸어가셨고 아브라함과 그 후손에게 할례를 행하게 하시어 언약의 표징을 보여주셨다.

하나님께서 아브라함과 체결하신 은혜언약은 우리에게도 적용된다. 이것은 행위언약처럼 인간의 행위가 아니라 중재자 예수 그리스도의 완전한 율법순종과 십자가 공로로 말미암아 이루어진 것이다. 우리에게 요구되는 것은 믿음과 거룩한 삶이다. 거룩한 삶에는 간절한 기도가 포함된다. "우리 죄를 사하여 주옵시고 우리를 시험에 들지 말게 하옵시며 다만 악에서 구하여 주옵소서." 우리의 거룩한 삶의 부분이 부족하고 문제가 있기에 우리는 항상 기도한다. 우리의 삶이 완전하지 못하고 부족하지만, 그럼에도 믿지 않는 자들에 비하면 당연히 더 거룩한 삶을 산다. 그리고 당연히 그래야 한다.

1. 모세 언약

하나님은 모세를 통해 이스라엘 백성과 언약을 맺으셨다. 이스라엘 백성이 애굽에서 나와 광야를 거쳐 시내 산에 이르렀을 때 십계명과 여러 가지 율법을 주셨다(출 19장-24장). 율법을 주시기 전에 하나님은 이렇게 말씀하셨다. "너희가 내 말을 잘 듣고 내 언약을 지키면 너희는 모든 민족 중에서 내 소유가 되겠고 너희가 내게 대하여 제사장 나라가 되며 거룩한 백성이 되리라."(출 19:5-6) 그리고 출애굽기 20-23장은 언약 하에 주신 십계명과 여러 율법들의 기록이다. 그리고 백성의 서약과 짐승의 피를 뿌리는 언약 표징의 제사를 지냈다. 출애굽기는 이렇게 기록한다. "모세가 와서 여호와의 모든 말씀과 그의 모든 율례를 백성에게 전하매 그들이 한 소리로 응답하여 이르되 여호와께서 말씀하신 모든 것을 우리가 준행하리이다. 모세가 여호와의 모든 말씀을 기록하고… 여호와께 소로 번제와 화목제를 드리게 하고 모세가 피를 가지고 반은 여러 양푼에 담고 반은 제단에 뿌리고 언약서를 가져다가 백성에게 낭독하여 듣게 하니 그들이 이르되 여호와의 모든 말씀을 우리가 준행하리이다. 모세가 그 피를 가지고 백성에게 뿌리며 이르되 이는 여호와께서 이 모든 말씀에 대하여 너희와 세우신 언약의 피니라."(출 24:3-8)

모세를 통해 하나님께서 이스라엘 백성과 맺은 언약을 "옛 언약"이라고 부른다(고후 3:14; 히 8.6,13). 옛 언약은 무엇인가? 옛 언약은 구약 전체를 말하는 것이 아니다. 하나님께서 모세를 통해 이스라엘 백성과 맺은 언약이다. 아브라함과의 언약은 옛 언약이 아니다. 하나님께서 아브라함과 맺으신 언약은 지금도 진행되고 있는 은혜언약이다. 그러나 은혜언약이 예고하던 메시야 예수 그리스도께서 오셔서 은혜언약은 새로워졌다. 이 새로워진 은혜언약을 "새 언약"이라고 부른다.

모세 언약은 무엇인가? 모세 언약은 사람들의 죄를 억제하기 위해 잠시 동안 주어진 기록된 율법의 집행이었다. 그것은 사람들을 그리스도에게로 인도하는 안내자 역할을 한 것이다. 사도 바울은 말한다. "그런즉 율법은 무엇이냐 범법함으로 더하여진 것이라. 천사들을 통하여 한 중보자의 손으로 베푸신 것인데 약속하신 자손이 오시기까지 있을 것이라."(갈 3:19) "이같이 율법이 우리를 그리스도께로 인도하는 초등교사가 되어 우리로 하여금 믿음으로 말미암아 의롭다 함을 얻게 하려 함이라."(갈 3:24)

모세로부터 그리스도까지 사람들에게 은혜가 주어지지 않았다고 생각하는 것은 잘못이다. 아브라함에게 하신 하나님의 약속은 여전히 효력을 발생하고 있었다. 바울은 말한다. "이 약속들은 아브라함과 그 자손에게 말씀하신 것인데 여럿을 가리켜 그 자손들이라 하지 아니하시고 오직 한 사람을 가리켜 네 자손이라 하셨으니 곧 그리스도라. 내가 이것을 말하노니 하나님께서 미리 정하신 언약을 사백삼십 년 후에 생긴 율법이 폐기하지 못하고 그 약속을 헛되게 하지 못하리라. 만일 그 유업이 율법에서 난 것이면 약속에서 난 것이 아니니라. 그러나 하나님이 약속으로 말미암아 아브라함에게 주신 것이라."(갈 3:16-18)

모세 언약으로 주어진 구약 율법은 무엇을 하였는가? 구약 율법은 당시 이스라엘 백성이 거룩한 선민으로 하나님의 영광을 드러내기 위한 역할을 했다. 그리고 앞으로 오실 메시야를 예표했다. 모세 언약의 제사제도 자체가 실제로 죄를 깨끗케 하지는 못하였지만(히 10:1-4), 그리스도께서 죄를 짊어지시는 것을 예시했던 것이다. 그리스도는 완전한 대제사장으로 완전한 희생제물이었다(히 9:11-28). 아브라함과의 언약에서는 짐승의 피와 할례의 피를 통해 언약의 표징을 남기셨고, 모세 언약에서는 제물의 피를 통해 앞으로 오실 메시야 그리스도의 피를 예표하며 언약의 표징을 남기셨다.

상세한 율법으로 되어 있는 모세 언약 자체는 사람을 구원할 수 없었다. 물론 율법 자체가 잘못 된 것은 아니다. 율법은 거룩한 것으로 하나님께서 주신 것이다. 그러나 율법은 새 생명을 줄 수 없었고, 사람들은 율법을 완전히 지킬 수도 없었다. "그러면 율법이 하나님의 약속들과 반대되는 것이냐. 결코 그럴 수 없느니라. 만일 능히 살게 하는 율법을 주셨더라면 의가 반드시 율법으로 말미암았으리라."(갈 3:21) 우리 안에서 역사하시는 성령께서 하나님께 순종하는 힘을 주는 것이지 모세율법이 힘을 주는 것은 아니었다. 바울은 말한다. "그가 또한 우리를 새 언약의 일꾼 되기에 만족하게 하셨으니 율법 조문으로 하지 아니하고 오직 영으로 함이니 율법 조문은 죽이는 것이요 영은 살리는 것이니라."(고후 3:6)

율법을 제대로 지키는 것은 성령의 감동으로 마음에서 우러나와 하나님을 사랑하는 마음으로 이루어지는 것이다. 성령의 감동은 복음을 통해 나온다. 즉, 예수 그리스도를 바라보며 그분의 희생을 통한 은혜에 감동하여 주님을 섬기고 싶은 마음에서 하나님 말씀을 따르며 순종하는 것이 율법을 제대로 지키는 것이다. 구약 이스라엘 백성이 하나님과의 언약을 배반하고 율법을 지키지 못하여 결국 열방의 포로로 끌려갔다. 그것은 하나님을 향한 사랑의 마음이 없었기 때문이다. 그들은 바알 신을 섬기고 이방 열국을 의손했으며, 그들을 애굽에서 이끌어 내시고 독수리 날개처럼 보호하사 인도하신 하나님을 저버리고 또 저버렸다. 그 와중에 그들은 율법을 지키기도 했다. 그러나 그들이 율법을 지킨 모습은 근본적으로 이기적인 성격을 띠고 있었다. 지키지 않으면 얻어맞을까 두려워서 했다. 지키면 어떤 이득이 생길 것이라고 기대하며 했다. 지키면 남들과 하나님에게 인정받을 것을 기대하고 자랑하며 교만해졌다. 이스라엘 백성은 이런 것들이 동기가 되어 율법을 지켰다.

이스라엘 백성들은 옛 언약(모세 언약) 하에서 이런 문제를 가지고 있었다. 아브라함과 맺은 은혜언약의 진행 중, 하나님께서는 이스라엘 백성을 열방 가운데 놓으시고 그들을 통해 하나님의 영광을 드러내고자 하셨다. 그러나 그들은 실패했다. 물론 아브라함과의 언약은 지속되었다. 이스라엘 백성 가운데, 진정으로 하나님을 사랑하고 은혜언약의 조건을 지킨 자들은 개인적으로 하나님의 축복을 받았다. 그러나 이스라엘 백성이 포로가 되어 이방나라로 끌려갈 때 그들도 함께 끌려갔다. 하나님의 징계를 함께 받은 것이다. 이것이 공동체 성격이다. 모세 언약은 공동체 성격을 가지고 있었다.

2. 새 언약

은혜언약의 결실로 메시야 그리스도께서 오신 후 은혜언약은 새로워진다. 이것을 옛 언약(모세 언약)과 대조하여 새 언약이라고 부른다. 메시야가 오시면 하나님 백성들의 모습이 구약 이스라엘 백성과는 사뭇 달라질 것을 예고하셨다. 예레미야 선지자는 이것을 예시했다. "여호와의 말씀이니라. 보라 날이 이르리니 내가 이스라엘 집과 유다 집에 새 언약을 맺으리라. 이 언약은 내가 그들의 조상들의 손을 잡고 애굽 땅에서 인도하여 내던 날에 맺은 것과 같지 아니할 것은 내가 그들의 남편이 되었어도 그들이 내 언약을 깨뜨렸음이라. 여호와의 말씀이니라. 그러나 그 날 후에 내가 이스라엘 집과 맺을 언약은 이러하니 곧 내가 나의 법을 그들의 속에 두며 그들의 마음에 기록하여 나는 그들의 하나님이 되고 그들은 내 백성이 될 것이라. 여호와의 말씀이니라. 그들이 다시는 각기 이웃과 형제를 가리켜 이르기를 너는 여호와를 알라 하지 아니하리니 이는 작은 자로부터 큰 자까지 다 나를 알기 때문이라. 내가 그들의 악행을 사하고 다시는 그 죄를 기억하지 아니하리라. 여호와의 말씀이니라."(렘 31:31-34)

옛 언약은 그리스도의 오심으로 새 언약으로 대치되었다. 성경은 이렇게 말한다. "저녁 먹은 후에 잔도 그와 같이 하여 이르시되 이 잔은 내 피로 세우는 새 언약이니 곧 너희를 위하여 붓는 것이라."(눅 22:20) "그가 또한 우리를 새 언약의 일꾼되기에 만족하게 하셨으니 율법 조문으로 하지 아니하고 오직 영으로 함이니 율법 조문은 죽이는 것이요 영은 살리는 것이니라."(고후 3:6)." 새 언약에는 더 많은 축복이 있다. 메시야 예수 그리스도께서 오셨기 때문이다. 그는 오셨고 죽으셨고 우리 가운데서 살아나셨으며 우리 죄를 단번에 속죄하셨다(히 9:24-28). 그분은 우리에게 하나님을 가장 완전하게 드러내셨다(요 1:14; 히 1:1-3). 그는 새 언약의 능력으로 당신의 백성에게 성령을 부어주셨다(행 1:8; 고전 12:13; 고후 3:4-18). 그분은 당신의 율법을 우리 심령에 기록하셨다(히 8:10). 이 새 언약은 그리스도 안에서 이루어진 "영원한 언약"이다(히 13:20). 이것을 통해 우리는 하나님과 영원한 교제를 가질 것이다. 그분은 우리의 하나님이 될 것이고 우리는 그의 백성이 될 것이다.

모세 언약과 율법

모세 언약은 율법으로 주어졌다. 출애굽기 19장-24장이 그 내용이다. 19장은 이스라엘 자손이 시내 산에 이른 장면을 묘사한다. 20장은 십계명과 제단에 관한 법을 기록하고 있다. 21장에는 종에 관한 법,

폭행에 관한 법, 임자의 책임 등이 있다. 22장은 배상에 관한 법, 도덕에 관한 법을 다룬다. 23장은 공평에 관한 법, 안식년과 안식일에 관한 법, 세 가지 절기에 관한 법, 명령과 약속을 기록하고 있다. 24장은 시내 산에서 언약을 세우는 장면을 묘사하고 있다. 모세 율법은 모세오경(창세기, 출애굽기, 레위기, 민수기, 신명기)에 걸쳐 확대되어 기록되었다. 그러므로 모세율법은 모세오경에 기록된 모든 율법을 일컫는다.

율법의 내용에는 십계명, 도덕법, 사회법, 음식법, 순결법, 절기법, 제사법, 제사장에게 주는 지시, 장막과 성전에 관한 지시 등이 있다. 모세 율법에는 십계명과 같이 신약 시대에도 지켜져야 하는 것이 있는 반면, 나머지 법들은 그 정신은 남아있지만 그 당시 상황에 적용되는 구체적인 율법의 지시내용은 신약 시대에 폐지되었다. 율법은 할 수 있는 것이 있고, 할 수 없는 것이 있다. 할 수 있는 것은 다음과 같다. 율법은 죄를 드러나게 하고 유죄를 선고한다. 그리하여 그리스도에게로 인도한다. 율법은 명령과 요구를 통해 하나님의 뜻이 무엇인지 알려준다. 그리하여 그리스도인들을 거룩한 삶으로 인도한다. 율법의 요구에 순응할 때에는 축복을 선언한다. 율법을 위반할 때에는 저주의 심판을 선언한다. 할 수 없는 것은 다음과 같다. 율법은 그것의 순결을 범하여 저주받은 자를 구원하지 못한다. 율법은 우리를 죄의 굴레에서 벗어나게 할 수 없고, 오히려 그 굴레를 확인시키고 강화한다.

십계명으로 대표되는 모세 율법은 신약 시대에도 지속되며 우리 그리스도인들은 지켜야 하는 것이다. 사도 바울은 이렇게 말한다. "피차 사랑의 빚 외에는 아무에게든지 아무 빚도 지지 말라. 남을 사랑하는 자는 율법을 다 이루었느니라. 간음하지 말라, 살인하지 말라, 도둑질 하지 말라, 탐내지 말라 한 것과 그 외에 다른 계명이 있을지라도 네 이웃을 네 자신과 같이 사랑하라 하신 그 말씀 가운데 다 들었느니

라. 사랑은 이웃에게 악을 행하지 아니하나니 그러므로 사랑은 율법의 완성이니라."(롬 13:8-10) 예수 그리스도는 율법을 폐지하러 오신 것이 아니고 완성하러 오셨다.

우리는 어떤 마음으로 율법을 지켜야 하는가? 하나님과 맺은 언약 관계를 마음에 깊이 새기며 율법을 지켜야 한다. 율법을 주신 하나님이 언약의 하나님이라는 사실을 마음에 새기고 지켜야 한다. 율법을 잘 이해하고 잘 지키기 위해 하나님과 맺은 언약을 생각해 보자. 하나님은 주님이시고 언약 관계의 머리이시다. 언약을 통해 하나님은 이스라엘 백성을 당신의 소유로 삼으셨다. 그들을 죽음에서 구원하시고, 그들에게 어떤 행위를 요구하시고 축복과 저주를 선포하신다. 순종하면 축복이고 불순종하면 저주다.

이런 성경적 언약의 형태는 고대 근동 문헌에서도 찾을 수 있다. 주(높은 자)가 종(낮은 자)에게 언약을 부과하고 다음과 같은 형태로 문서를 남긴다. 1. (주의 이름). 2. (역사적 서문): 주가 종에게 어떤 혜택을 베풀었는지 언급한다. 3. (계약 조건): 종과 그의 사람들이 어떻게 행동해야 하는지 말한다. 일반적으로는 주에게 전폭적인 충성을 요구한다. 때로는 이것을 사랑이라 부른다. 구체적으로는 주가 종에게 어떻게 행동하기 원하는지 보여주는 율법들이다. 4. (상벌): 축복은 계약 조건의 순종에 대한 상이고, 저주는 불순종에 대한 벌이다.

십계명이 기록된 문학적 형태는 이것과 동일하다. 1. (주의 이름) 하나님은 이스라엘에게 오셔서 당신의 이름을 주셨다. "나는… 네 하나님 여호와니라."(출 20:2) 당신이 언약의 주인이시고 언약문서의 저자이심을 선포하신 것이다. 2. (역사적 서문) 그들을 위해 그가 무엇을 하셨는지 말씀하셨다. "나는 너를 애굽 땅, 종 되었던 집에서 인도하여 낸 네 하나님 여호와니라."(출 20:2) 3. (계약조건) 십계명이 나온다. 4.

(상벌) 상벌이 일부 계명과 함께 있다. "네 하나님 여호와는 질투하는 하나님인즉 나를 미워하는 자의 죄를 갚되 아버지로부터 아들에게로 삼사 대까지 이르게 하거니와 나를 사랑하고 내 계명을 지키는 자에게는 천 대까지 은혜를 베푸느니라… 여호와는 그의 이름을 망령되게 부르는 자를 죄 없다 하지 아니하리라. 네 부모를 공경하라 그리하면 네 하나님 여호와가 네게 준 땅에서 네 생명이 길리라."(출 20:5-6, 7, 12)

십계명 중, 첫 계명은 전폭적인 언약적 충성을 요구한다. (1) "너는 나 외에는 다른 신들을 네게 두지 말라."(출 20:3) 나머지 계명들은 그 충성이 어떤 형태를 갖추어야 하는지 보여준다. (2) "너를 위하여 새긴 우상을 만들지 말고 또 위로 하늘에 있는 것이나 아래로 땅에 있는 것이나 땅 아래 물속에 있는 것의 어떤 형상도 만들지 말며 그것들에게 절하지 말며 그것들을 섬기지 말라."(출 20:4-5) (3) "너는 네 하나님 여호와의 이름을 망령되게 부르지 말라."(출 20:7) (4) "안식일을 기억하여 거룩하게 지키라."(출 20:8) (5) "네 부모를 공경하라."(출 20:12) (6) "살인하지 말라."(출 20:13) (7) "간음하지 말라."(출 20:14) (8) "도둑질 하지 말라."(출 20:15) (9) "네 이웃에 대하여 거짓 증거하지 말라."(출 20:16) (10) "네 이웃의 집을 탐내지 말라. 네 이웃의 아내나 그의 남종이나 그의 여종이나 그의 소나 그의 나귀나 무릇 네 이웃의 소유를 탐내지 말라."(출 20:17)

여호와 하나님은 언약의 주이시고 언약 관계의 머리이시다. 이 언약 관계의 핵심은 이것이다. "나는 너희의 하나님이 될 것이고 너희는 나의 백성이 되리라."(렘 7:23, 출 6:7, 레 26:12, 계 21:3) 놀라운 것은, 하나님은 거룩하심 때문에 우리와 분리되어 계심에도 불구하고, 동시에 우리에게 손을 내미셔서 우리를 당신의 거룩하심 안으로 들어오게 하신다. 우리를 당신의 거룩한 백성으로 만들기 원하시는 것이다.

언약 관계를 통해 하나님은 우리를 향한 헌신의 결단을 보여주신다. 그 헌신의 내용은 우리와 함께 하신다는 것이다. 언약의 핵심은 하나님의 약속이다. "나는 너희 하나님이 되겠고 너희는 내 백성이 되리라."(렘 7:23) 하나님은 이것을 아브라함에게도 말씀하셨고(창 17:7), 모세를 통해 이스라엘에게도 말씀하셨으며(출 6:7), 신약 백성에게도 말씀하셨다(계 21:3). 성경 전체를 통해 여러 번 말씀하셨다. 언약의 주께서 우리를 당신의 백성으로 삼으시겠다는 것을 의미한다.

하나님께서 우리를 당신의 백성으로 삼으시고, 우리의 대적과 싸우시며, 우리를 사랑하시고, 때로는 죄로 말미암아 우리를 훈련하신다. 그러나 가장 중요한 것은 주님이 우리와 함께 하신다는 것이다. 주님은 당신의 이름을 우리에게 주신다. 민수기는 이렇게 기록한다. "여호와는 네게 복을 주시고 너를 지키시기를 원하며 여호와는 그의 얼굴을 네게 비추사 은혜 베푸시기를 원하며 여호와는 그 얼굴을 네게로 향하여 드사 평강 주시기를 원하노라 할지니라 하라. 그들은 이같이 내 이름으로 이스라엘 자손에게 축복할지니 내가 그들에게 복을 주리라."(민 6:24-27)

주님은 우리를 당신의 것으로 소인 찍으신다. 우리는 주님의 자녀이기 때문에 그분은 우리와 함께 거하시고, 우리는 그분과 함께 거한다. 구약 시대에 하나님께서는 글자 그대로 이스라엘과 함께 거주하셨다. 당신의 현현이 장막과 성전에 계셨다. 신약 시대에 예수님께서는 "임마누엘"(하나님이 우리와 함께 하심)로 오셨다. 마태복음은 이렇게 말한다. "보라 처녀가 잉태하여 아들을 낳을 것이요 그의 이름은 임마누엘이라 하리라."(마 1:23) 주님은 육신을 취하시고 우리 안에 거하셨다. 사도 요한은 이렇게 말한다. "말씀이 육신이 되어 우리 가운데 거하시매 우리가 그의 영광을 보니 아버지의 독생자의 영광이요 은혜와 진리가 충만하더라."(요 1:14) 부활하신 후에 주님은 성령을 보내셔서 성전에서처럼 우리 안에 거주하도록 하셨다. 그래서 바울은 이렇게 말한다. "너희 몸은 너희가 하나님께로부터 받은 바 너희 가운데 계신 성령의 전인 줄을 알지 못하느냐. 너희는 너희 자신의 것이 아니라."(고전 6:19)

하나님은 우리를 당신의 특별한 소유로, 거룩한 백성으로 삼기 원하셨다. 그래서 언약 관계를 맺으셨다. 그리고 항상 함께 하시며 끝까지 함께 하신다고 약속하셨다. 거룩한 하나님께서 우리와 함께 하시려면 우리가 거룩해야 한다. 우리의 거룩을 위해서 그리스도께서 십자가에 못 박혀 돌아가셨다. 이제 그것을 근거로 우리는 실제로 거룩한 삶을 살아야 한다. 우리는 하나님의 언약 백성이기 때문이다. 하나님께서 말씀하셨다. "너희가 내 말을 잘 듣고 내 언약을 지키면 너희는 모든 민족 중에서 내 소유가 되겠고 너희가 내게 대하여 제사장 나라가 되며 거룩한 백성이 되리라."(출 19:5-6)

제13장 하나님에 대한 언약적 의무

　　　　　　　　　십계명은 독립적인 윤리강령이 아니다. 십계명은 모세 언약의 한 부분으로 하나님께서 모세를 통해 당신의 백성과 언약을 맺으시면서 주신 언약의 조건이다. 이스라엘 백성은 모세 율법의 핵심을 이루는 십계명을 통해 모세 언약(출 19장-24장)에서 주어진 하나님의 언약적 요구를 지켜야 했다. 언약의 요구 조건인 십계명은 두 부분으로 나누어진다. 앞부분은 1-4계명까지로 언약 백성의 하나님에 대한 의무이고, 뒷부분은 5-10계명까지 언약 백성의 이웃에 대한 의무로 구분된다. 그것은 예수님이 가르치신 하나님 사랑과 이웃 사랑과 맥락을 같이 하는 것이다. 예수님께서 말씀하셨다. "네 마음을 다하고 목숨을 다하고 뜻을 다하여 주 너의 하나님을 사랑하라 하셨으니 이것이 크고 첫째 되는 계명이요 둘째도 그와 같으니 네 이웃을 네 자신 같이 사랑하라 하셨으니 이 두 계명이 온 율법과 선지자의 강령이니라."(마 22:36-40) 십계명 가운데 먼저 하나님에 대한 우리의 의무를 살펴보고자 한다.

언약적 충성

"너는 나 외에는 다른 신들을 네게 두지 말라."(출 20:3) 제1계명은 하나님 외에는 다른 신을 섬기지 말 것을 명한다. 이것은 하나님께서 당신의 언약 백성에게 전적인 언약적 충성을 요구하는 것이다. 이 언약적 충성을 사랑이라고 부른다. 그래서 1계명을 사랑의 계명이라고도 부른다. 신명기 6:4-5에서 이렇게 말한다. "이스라엘아 들으라. 우리 하나님 여호와는 오직 유일한 여호와시니 너는 마음을 다하고 뜻을 다하고 힘을 다하여 네 하나님 여호와를 사랑하라." 이것은 또한 예수님의 첫 번째 계명이시다. 예수님께서는 "네 마음을 다하고 목숨을 다하고 뜻을 다하여 주 너의 하나님을 사랑하라 하셨으니 이것이 크고 첫째 되는 계명"이라고 말씀하셨다(마 22:36-38). 이 언약적 충성, 곧 사랑은 하나님과의 관계에 있어서 중심이다.

십계명의 문맥에서 1계명은 역사적 서언(출 20:2, "나는 너를 애굽 땅, 종 되었던 집에서 인도하여 낸 하나님 여호와니라.") 바로 다음에 나온다. 이것은 은혜가 순종에 앞서는 것을 보여준다. 하나님께서 은혜로 너희를 애굽에서 구원하셨으니 그 하나님을 사랑하라는 것이다. 사랑은 하나님으로부터 구원받은 사람에게서 나오는 첫 번째 반응이다. 하나님을 사랑하라는 계명은 다른 모든 계명에 앞선다. 사랑은 나머지 모든 계명을 지키기 위한 동기이기 때문이다. 하나님을 향한 우리의 모든 순종은 하나님을 사랑하는 동기로부터 나온다. 하나님과의 언약 관계에서 우리가 진심으로 그 언약의 조건을 지키기 원하는 이유가 바로 우리를 구원하신 하나님을 사랑하기 때문이다. 예수님께서도 십계명에서 요구하는 것과 동일한 전적인 언약적 충성을 요구하신다. 예수님께서는 하나님에 대한 충성이 우리 부모님에 대한 충성보다 더 높은 의무라고 말씀하신다. "아버지나 어머니를 나보다 더 사랑하는 자는 내게 합당하지 아니하고 아들이나 딸을 나보다 더 사랑하는 자도 내게 합당하지 아니하"다(마 10:37).

예수님은 심지어 우리 생명보다도 우리에게 더 소중하다. 예수님께서 제자들에게 이렇게 말씀하셨다. "누구든지 나를 따라오려거든 자기를 부인하고 자기 십자가를 지고 나를 따를 것이니라. 누구든지 제 목숨을 구원하고자 하면 잃을 것이요 누구든지 나를 위하여 제 목숨을 잃으면 찾으리라."(마 16:24-25) 사도 바울은 이렇게 말한다. "그러나 무엇이든지 내게 유익하던 것을 내가 그리스도를 위하여 다 해로 여길뿐더러 또한 모든 것을 해로 여김은 내 주 그리스도 예수를 아는 지식이 가장 고상하기 때문이라. 내가 그를 위하여 모든 것을 잃어버리고 배설물로 여김은 그리스도를 얻고 그 안에서 발견되려 함이니"라(빌 3:7-8). 사도 바울의 이런 말이 가능한 것은 예수님께서 하나님이시기 때문이다. 하나님께서 모세 언약을 통해 전적으로 언약충성을 요구했던 것처럼, 예수님께서는 새 언약을 통해 우리에게도 마찬가지로 언약충성을 요구하신다. 첫 계명은 가장 우선적으로 하나님에 대한 전적 충성을 요구한다. 이것이 곧 사랑의 계명이다.

1계명은 또한 예배에 대한 계명이다. 십계명 중 앞의 네 계명은 우리와 하나님과의 관계를 말한다. 그러나 하나님과의 모든 관계에 있어서 우리는 예배자로 하나님 앞에 선다. 성경에 보면 사람들이 하나님 앞에 서면 예의를 갖추고 예배를 드린다. 앞에 네 계명은 예배를 위한 규율의 역할을 한다. 1계명은 예배의 대상, 2계명은 예배의 방법, 3계명은 예배의 언어, 4계명은 예배의 시간을 말한다. 예배는 하나님을 향한 우리의 의무다.

성경에 보면 예배는 좁은 의미와 넓은 의미를 가지고 있다. 좁은 의미의 예배는 주어진 시간에 주어진 상황에서 하나님 앞에 예식을 통해 예배를 올려 드리는 것이다. 구약 시대에는 제사를 드렸다. 신구약 전체에서 예배는 기도, 찬양, 성경봉독과 가르침, 성례의 집행 등을 포함한다. 첫 계명은 이런 예배를 유일하신 참 하나님에게만 드리라고 한다. 예수님께서도 인간에게 예배를 받으셨다(마 28:9,17; 요 5:23).

성경에 예배는 넓은 의미도 가지고 있다. 바울은 말한다. "그러므로 형제들아 내가 하나님의 모든 자비하심으로 너희를 권하노니 너희 몸을 하나님이 기뻐하시는 거룩한 산 제물로 드리라. 이는 너희가 드릴 영적 예배니라."(롬 12:1-2) 여기서 "산 제물", "영적 예배"는 세상에서 하나님의 영에 의해 변화된 삶을 사는 것이다. 여기서 예배는 윤리적 삶이다. 구약에도 예배와 순결한 삶 사이에 긴밀한 관계가 있다. 우리는 "깨끗한 손과 청결한 마음"을 가지고서만 하나님 앞에 나아갈 수 있다. 시편 기자는 말한다. "여호와의 산에 오를 자가 누구며 그의 거룩한 산에 설 자가 누구인가. 곧 손이 깨끗하며 마음이 청결하며 뜻을 허탄한 데에 두지 아니하며 거짓 맹세하지 아니하는 자로다."(시 24:3-4) 우리가 하나님 앞에 나아갈 때, 하나님은 우리 죄를 다루신다. 그래서 구약 예배는 제사를 중시하고, 신약 예배는 그리스도의 완성된 희생제사를 기념한다.

1계명은 우리를 다른 사람들과 근본적으로 구별하는 역할을 한다. 아무나 하나님만 섬기는 것이 아니고, 모두가 다 언약 백성은 아닌 것이다. 1계명은 그것을 지키는 자들을 거룩하게 구별된 자임을 선포한다. 성별의 개념이다. 성별된 자들은 성별된 삶을 산다. 성별은 예배의 한 양상으로, 우리 자신과 우리의 소유를 하나님께서 사용하시라고 구별해 놓는 것을 말한다. 모든 예배는 성별이고 모든 성별은 예배다. 그러므로 성별은 첫 계명과 우리 삶 전체를 보는 또 하나의 관점이다. 하나님께서 당신의 백성을 다른 족속으로부터 성별하여 거룩한 백성으로 만들었다. 하나님께서 이렇게 말씀하셨다. "너희는 나에게 거룩할지어다. 이는 나 여호와가 거룩하고 내가 또 너희를 나의 소유로 삼으려고 너희를 만민 중에서 구별하였음이니라."(레 20:26) 우리는 세례를 받을 때 성부, 성자, 성령의 이름으로 받는다. 예수님께서 명하셨다. "그러므로 너희는 가서 모든 민족을 제자로 삼아 아버지와 아들과 성령의 이름으로 세례를 베풀고 내가 너희에게 분부한 모든 것을 가르쳐 지키게 하라."(마 28:19-20) 세례 받는 것도 마찬가지 개념이다. 성부, 성자, 성령의 이름으로 구별되었음을 선포하는 것이다. 우리는 하나님의 사람이 되는 것이고 모든 사람들로부터 구별되는 것이다. 하나님은 당신의 백성을 구별하여 확실하게 당신의 것으로 삼으신다. 언약 안에서 그분은 우리의 하나님이시고 우리는 그분의 백성이다.

1계명의 근거는 창조주 하나님이시다. 우리는 피조물로서 창조주 하나님을 사랑하고 섬기고 예배하게 되어 있다. 그러나 동시에 하나님은 구속주이시다. 하나님께서는 우리를 구원하셨다. 하나님은 "나는 너를 애굽 땅, 종 되었던 집에서 인도하여 낸 네 하나님 여호와니라"고 말씀하셨다(출 20:2). 그리고 우리를 당신의 백성으로 택하셨고, 우리를 다른 모든 사람과 족속으로부터 부르셔서 당신 안에서 거룩하게 하셨다. 그래서 우리는 하나님을 사랑하고 섬기고 예배한다. 하나님은 우리의 창조주이시고 구속주이시기 때문이다.

십계명은 왜 거의 부정적으로 표현되었는가? 전적인 언약충성은 그에 준할만한 어떤 다른 충성도 허락하지 않기 때문이다. 세상에는 하나님을 향한 우리의 언약충성을 유혹하는 많은 것들이 있다. 그것들은 우리를 유혹하여 하나님과의 언약을 포기하도록 유도한다. 하나님은 타락한 세상에서 우리와 언약을 맺으셨다. 부정적 표현은 이 타락한 세상에서 범람하고 있는 죄와 유혹의 현실을 반영하는 것이다. 타락한 세상에서 하나님께 순종하는 것은 항상 거절을 포함할 수밖에 없다. 사탄에 대한 거절, 세상에 대한 거절, 우리 자신의 정욕에 대한 거절이다. 사도 요한은 이렇게 말한다. "이 세상이나 세상에 있는 것들을 사랑하지 말라. 누구든지 세상을 사랑하면 아버지의 사랑이 그 안에 있지 아니하니 이는 세상에 있는 모든 것이 육신의 정욕과 안목의 정욕과 이생의 자랑이니 다 아버지께로부터 온 것이 아니요 세상으로부터 온 것이니라."(요일 2:15-16) 또한 사도 바울은 무기를 들고 악에 대항하여 싸울 것을 요구한다. "우리의 씨름은 혈과 육을 상대하는 것이 아니요 통치자와 권세들과 이 어둠의 세상 주관자들과 하늘에 있는 악의 영들을 상대함이라. 그러므로 하나님의 전신갑주를 취하라. 이는 악한 날에 너희가 능히 대적하고 모든 일을 행한 후에 서기 위함이라."(엡 6:10-20) 그러므로 거룩한 삶은 투쟁이요 전쟁이다. 성경은 우리에게 회개(죄의 삶에서 돌아서는 것), 자기부인(자기 십자가를 지고 그리스도를 따르는 것), 그리고 분리(하나님을 향한 우리의 충성을 약화시키는 것들을 단절하는 것)하도록 요구한다.

전적 언약적 충성인 사랑이 모든 의로움의 뿌리라면, 그 사랑을 다른 사람에게 주는 것은 모든 죄의 뿌리다. 참 하나님은 질투하시는 하나님이시다. 두 번째 계명이 이것을 말한다. 하나님은 당신의 영광을 다른 자에게 주지 않으신다. 선지자 이사야는 말한다. "나는 여호와이니 이는 내 이름이라. 나는 내 영광을 다른 자에게, 내 찬송을 우상에게 주지 아니하리라."(사 42:8) 간음과 같은 불충성이 결혼을 파탄시키는 것처럼, 거짓 예배는 언약의 중심을 파괴한다. 그러므로 성경은 간음과 우상 숭배 사이의 유사성을 말한다. 하나님께서 말씀하셨다. "내가 그 사람과 그의 권속에게 진노하여 그와 그를 본받아 몰렉을 음란하게 섬기는 모든 사람을 그들의 백성 중에서 끊으리라."(레 20:5) 그리고 결혼에서의 충성과 주님에 대한 충성 사이의 유사성에 관해 사도 바울은 이렇게 말한다. "이는 남편이 아내의 머리됨이 그리스도께서 교회의 머리됨과 같음이니… 교회가 그리스도에게 하듯 아내들도 범사에 자기 남편에게 복종할지니라… 남편들아 아내 사랑하기를 그리스도께서 교회를 사랑하시고 그 교회를 위하여 자신을 주심 같이 하라. 그러므로 사람이 부모를 떠나 그의 아내와 합하여 그 둘이 한 육체가 될지니 이 비밀이 크도다. 나는 그리스도와 교회에 대하여 말하노라."(엡 5:22-33)

바알과 같은 우상에 대한 예배는 좁은 의미에서 1계명을 범하는 것이다. 넓은 의미에서 1계명을 범하는 것은 다음과 같은 것들을 예배하는 것이다. 자신의 능력, 돈, 소유물, 쾌락, 놀이, 음식, 가족(배우자, 자녀, 부모), 자신 등 어떤 것이든 하나님보다 더 소중하게 여기는 것은 다 포함된다. 성전에서 바알에게 예배드리는 것은 전혀 꿈도 꾸지 않는 사람이, 자신이 삶에서 하나님보다 앞서 다른 것들을 우선의 자리에 놓는 경우들이 많다. 이런 것들은 우리를 교묘하게 유혹하며 자신을 쉽게 정당화한다. 의도적으로 하는 것이 아니다. 나도 모르는 사이에 서서히 빠져버린다. 그러므로 성경은 첫 계명을 통해 단호히 경고한다. 여호와 하나님 외에는 다른 신을 섬기지 말라고 말이다.

우상 금지

"너를 위하여 새긴 우상을 만들지 말고 또 위로 하늘에 있는 것이나 아래로 땅에 있는 것이나 땅 아래 물속에 있는 것의 어떤 형상도 만들지 말며 그것들에게 절하지 말며 그것들을 섬기지 말라. 나 네 하나님 여호와는 질투하는 하나님인즉 나를 미워하는 자의 죄를 갚되 아버지로부터 아들에게로 삼사 대까지 이르게 하거니와 나를 사랑하고 내 계명을 지키는 자에게는 천 대까지 은혜를 베푸느니라."(출 20:4-6) 2계명은 어떤 형상이라도 금하고 있는 것처럼 보인다. 그러나 성경을 전체적으로 잘 보면 꼭 그렇지 않다. 하나님께서는 스스로 예배 상황에서 형상을 만들도록 요구하신다. 출애굽기 25:18-20에서 하나님은 모세에게 장막 안의 속죄소 두 끝에 금으로 두 그룹을 만들라고 명령하셨다. 솔로몬의 성전은 더 화려했다. "성전 안에 입힌 백향목에는 박과 핀 꽃을 아로새겼고"(왕상 6:18), 내소 안에 감람나무로 두 그룹의 형상을 만들었다(왕상 6:23-28). "내 외소 사방 벽에는 모두 그룹들과 종려와 핀 꽃 형상을 아로새겼고… 감람나무로 만든 두 문짝에 그룹과 종려와 핀 꽃을 아로새기고 금으로 입히되 곧 그룹들과 종려에 금으로 입혔"다(왕상 6:29, 32). 이 장식들은 에덴 동산을 형상화 한 것이다. 동산의 아름다운 모습과 타락 후 인간이 돌아오지 못하도록 세운 그룹들이다(창 3:24). 장막과 성전은 에덴 동산의 형상으로, 에덴의 원형인 하늘나라의 형상이다. 히브리서 기자는 말한다. "그들이 섬기는 것은 하늘에 있는 것의 모형과 그림자라. 모세가 장막을 지으려 할 때에 지시하심을 얻음과 같으니 이르시되 삼가 모든 것을 산에서 네게 보이던 본을 따라 지으라 하셨느니라."(히 8:5)

2계명이 가르치는 것은, 그것에 절하고 그것을 섬기기 위한 목적을 가진 형상을 만들지 말라는 것이다. 4절의 "새긴 우상"은 우상 숭배의 목적을 가진 형상을 말한다. 하나님은 예술 그 자체를 금하는 것이 아니고 예배의 대상으로 만든 형상을 금하는 것이다. 하나님께서 말씀하셨다. "너희는 자기를 위하여 우상을 만들지 말지니 조각한 것이나 주상을 세우지 말며 너희 땅에 조각한 석상을 세우고 그에게 경배하지 말라 나는 너희 하나님 여호와임이니라."(레 26:1)

이방 종교에는 신의 거룩함이 형상 자체에 부착되어 있다. 형상과 신 사이의 연관은 너무 긴밀해서 예배자는 예배 대상인 물질 자체를 신성화한다. 이런 이유로 하나님께서는 자신을 나타내는 형상을 만들지 말라고 하신다(출 20:23). 다른 이방 종교는 형상을 신적 영향의 통로나 신의 표출로 생각하기도 한다. 그래서 형상 그 자체가 존경의 대상이 되는 것이다. 우상 숭배의 문제는 세상의 것들을 가지고 하나님을 나타내는 형상을 만들어 그것을 예배의 대상으로 삼는 것이다. 우상 숭배는 두 가지 의미를 가지고 있다. 첫째는 거짓 하나님을 예배하는 것이고, 둘째는 우상을 만들어서 하나님을 예배하려고 하는 것이다. 1계명은 첫 번째 우상 숭배의 문제를 다룬다. 2계명은 두 번째 문제를 다룬다. 두 가지는 서로 밀접한 관계를 맺고 있다. 거짓 하나님을 예배하는 것(1계명 위반)은 우리의 예배를 피조물로 향하게 하는 것(2계명 위반)이다. 우상을 예배하는 것(2계명 위반)은 하나님만이 받으셔야 하는 예배를 빼앗아가는 것(1계명 위반)이다. 두 계명은 서로를 함축하고 있으며 우리 예배의 두 가지 관점이다. 그러므로 2계명도 1계명처럼 삶의 모든 영역을 다 다루고 있다.

왜 하나님은 우상에 대한 예배를 거부하시고 나아가 형상의 방법으로 하나님을 예배하는 것을 반대하시는가? 하나님은 눈에 보이지 않으시고(롬 1:20), 누구도 하나님을 보지 못했기 때문에(요 1:18) 하나님을 형상화 할 수 없다. 그러나 성경에 보면 하나님은 때로 가시적인 방법으로 자신을 드러내셨다. 현현과 성육신이다. 야곱은 하나님을 보았다고 말한다(창 32:30). 하나님은 그리스도를 통해 자신을 계시하셨다(요 14:9). 인간은 하나님의 형상이다(창 1:26-27). 그리스도는 하나님 형상의 최고봉이다(고후 4:4). 그러면 하나님은 왜 형상의 방법을 거부하시는가?

하나님께서는 구약 이스라엘 역사에서 자신을 감추시기로 결정하셨다. 모세는 말한다. "여호와께서 호렙 산 불길 중에서 너희에게 말씀하시던 날에 너희가 어떤 형상도 보지 못하였은즉 너희는 깊이 삼가라. 그리하여 스스로 부패하여 자기를 위해 어떤 형상대로든지 우상을 새겨 만들지 말라."(신 4:15-16) 그래서 이스라엘은 형상을 예배하지 않게 되어 있었다. 하나님께서 자신을 눈에 보이지 않게 하시고 가시적 형태보다는 말씀으로 자신을 드러내시기로 선택하셨기 때문이다. 모세는 이렇게 말한다. "여호와께서 불길 중에서 너희에게 말씀하시되 음성뿐이므로 너희가 그 말소리만 듣고 형상은 보지 못하였느니라."(신 4:12)

그러나 새 언약 시대에는 달라졌다. 하나님께서 자신을 물질적으로 가시적인 형태로 드러내셨다. 그 예가 바로 성육신 하신 예수 그리스도시다. 예수님께서 말씀하셨다. "네가 나를 알지 못하느냐 나를 본 자는 아버지를 보았거늘 어찌하여 아버지를 보이라 하느냐."(요 14:9) 사도 요한은 말한다. "태초부터 있는 생명의 말씀에 관하여는 우리가 들은 바요 눈으로 본 바요 자세히 보고 우리의 손으로 만진 바라. 이 생명이 나타내신 바 된지라. 이 영원한 생명을 우리가 보았고 증언하여 너희에게 전하노"라(요일 1:1-3). 예수 그리스도께서 육신을 취하고 오신 것이다(요일 4:2).

하나님의 형태를 눈으로 보게 된 것은 종말론적 개념이다. 예수님께서 돌아오실 때 모든 눈이 그를 볼 것이다. "볼지어다. 그가 구름을 타고 오시리라 각 사람의 눈이 그를 보겠고 그를 찌른 자들도 볼 것이요. 땅에 있는 모든 족속이 그로 말미암아 애곡하리니 그러하리라. 아멘."(계 1:7) 예수님은 눈에 보이는 모습으로 다시 돌아오실 것이다. 예수 그리스도의 승천을 목격하던 제자들에게 천사들이 말했다. "갈릴리 사람들아 어찌하여 서서 하늘을 쳐다보느냐. 너희 가운데서 하늘로 올려지신 이 예수는 하늘로 가심을 본 그대로 오시리라 하였느니라."(행 1:11) 예수님의 성육신 영광은 종말의 시작이다.

그렇다면 신약 시대 예배에서 형상을 사용할 수 있다는 말인가? 그렇지 않다. 신약 성경도 이것을 반대한다. 그러나 우리는 하나님 형상의 최고봉을 예배하는 것이다. 우리 주 예수 그리스도시다. 우리는 사도처럼 우리 눈으로 예수님을 보지 못한다. 그러나 우리는 그분의 말씀과 성례를 통해 그분을 본다. 이런 점에서 우리의 예배도 구약 시대의 예배와 유사하다. 그러나 우리의 예배는 하나님께서 예수라는 인물을 통해 지상에 나타나신 그 모습을 회상한다. 신약은 예수님의 이야기를 생생하게 그린다. 그분의 가르침, 기적 행하심, 배고프심, 목마르심, 기도하심, 유혹을 물리치심, 죽음과 부활을 통해 우리를 상상할 수 없을 정도로 사랑하심, 육신을 입으신 채로 하늘의 영광으로 올라가심 등이다. 그리고 우리는 눈을 들이 하늘을 본다. 그곳에서 예수 그리스도는 여전히 가시적인 모습으로 하나님 우편에 앉아 계신다. 이것들은 우리 마음에 형상을 만든다. 이 형상은 우리를 눈에 보이는 예수님에게로 이끈다. 우리 예배의 대상으로 말이다. 물론 우리는 우리 마음에 떠오르는 형상을 예배하지는 않는다. 그 형상이 가리키고 있는 그분을 예배하는 것이다. 베드로는 말한다. "예수를 너희가 보지 못하였으나 사랑하는도다. 이제도 보지 못하나 믿고 말할 수 없는 영광스러운 즐거움으로 기뻐하니 믿음의 결국 곧 영혼의 구원을 받음이라."(벧전 1:8-9)

우상은 비인격적이다. 그러나 하나님은 인격이시다. 하나님은 살아계신다(신 5:26). 성경과 연관이 없는 모든 다른 종교나 철학은 존재의 근원을 비인격적으로 본다. 성경이 우상을 비판하는 이유 중 하나는, 그것은 보지도 못하고 듣지도 못하고 말하지도 못한다는 것이다. 우상을 숭배하는 자들은 그들과 같이 된다. "우상을 만드는 자들과 그것을 의지하는 자들이 다 그와 같으리로다"라고 시편 기자는 말한다(시 115:8). 우상은 거짓이다. 하나님께서 눈에 보이시지 않거나 그림으로 그려질 수 없기 때문이 아니고, 우상은 하나님의 가장 중요한 부분을 그릴 수 없기 때문이다. 그것은 그분의 인격이다. 볼 수 있고, 들을 수 있고, 말할 수 있고, 피조물과 대화하실 수 있는 인격 말이다.

예배는 창조주에게 드려야 한다. 어떤 종류의 피조물에게도 예배를 드려서는 안 된다. 이것은 하나님의 위엄을 보호하기 위함뿐만이 아니라, 인간의 위엄도 보호하기 위함이다. 우상에게 절하고 예배한다는 것은 하나님보다 낮은 것에 예배한다는 것이다. 우상(형상)을 만든 목수가 그 우상에게 절한다면 그것은 자신이 만든 것에 절하는 것으로써 자신을 평가절하 하는 것이다. 오직 예수 그리스도만이 인간이 절하고 예배하는 하나님 형상의 그 기준을 충족한다. 그분은 완전한 인격이시다. 보시고, 들으시고, 말하시고, 판단하시고, 사랑하신다. 그분은 우리의 창조주이시다. 그분에게 절하고 예배함으로 우리는 점점 그분처럼 되는 것이다.

2계명이 주어지는 중요한 이유는, 하나님은 질투하시는 하나님이라는 것이다(출 20:5-6). 우상 숭배와 간음은 성경적으로 동일한 성격을 가지고 있다. 결혼도 언약 관계고 하나님과의 관계도 언약 관계다. 언약으로 맺어진 관계는 충성을 요구한다. 우리가 충성하지 않는다면 당연히 질투가 나타난다. 언약에서 하나님의 이름은 질투다. 모세는 말한다. "너는 다른 신에게 절하지 말라. 여호와는 질투라 이름하는 질투의 하나님임이니라."(출 34:14) 우상 숭배는 간음으로 가장 강력한 형태의 언약 배신을 말하는 것이다. 모세는 더욱 강하게 말한다. "너희는 스스로 삼가 너희의 하나님 여호와께서 너희와 세우신 언약을 잊지 말고 네 하나님 여호와께서 금하신 어떤 형상의 우상도 조각하지 말라. 네 하나님 여호와는 소멸하시는 불이시요 질투하시는 하나님이시니라."(신 4:23-24)

하나님의 질투는 심판으로 이어진다. 언약을 깨는 것이 저주로 이어지기 때문이다. 부모의 죄가 삼사대까지 죄를 갚게 한다는 말이 2계명에 있다. 그러나 이것은 아버지가 지은 죄에 대한 저주와 심판의 값을 자녀가 치른다는 말은 아니다. 에스겔서가 이것을 증거 한다. "범죄하는 그 영혼은 죽을지라. 아들은 아버지의 죄악을 담당하지 아니할 것이요. 아버지는 아들의 죄악을 담당하지 아니하리니 의인의 공의도 자기에게 돌아가고 악인의 악도 자기에게 돌아가리라."(겔 18:20) 그렇지만 우상 숭배하는 부모는 그 자녀들에게 악영향을 끼쳐 그들까지도 그런 성향을 갖게 만든다. 현대인에게 우상 숭배는 탐심에서 비롯된다. 그러므로 비울은 권면한다. "땅에 있는 지체를 죽이라 곧 음란과 부정과 사욕과 악한 정욕과 탐심이니 탐심은 우상 숭배니라. 이것들로 말미암아 하나님의 진노가 임하느니라."(골 3:5) 탐심은 지나친 욕심이다. 지나친 욕심은 그 욕심의 대상을 결국 하나님 위에 올려놓게 된다. 그것은 우상 숭배이다. 하나님은 우상 숭배에 대한 죄를 벌하신다. 하나님이 우상을 숭배하는 부모에게 벌을 가하시면 그 자녀들은 함께 고통을 겪게 된다. 자녀에게 돌아오는 고통이 근본적으로 하나님의 저주는 아니지만 그렇게 되는 것이다. 이럴 때 자녀는 어떻게 해야 하는가? 부모의 잘못된 영향 하에 있는 자녀는 회개하여 돌아서면 된다(겔 18:14-18). 그러나 분명히 알 것은, 하나님은 당신을 사랑하고 당신 계명을 지키는 자에게는 천 대까지 은혜를 베푸신다. 하나님의 자비와 은혜는 진노보다 훨씬 더 크시다.

하나님 이름

"너는 네 하나님 여호와의 이름을 망령되게 부르지 말라. 여호와는 그의 이름을 망령되게 부르는 자를 죄 없다 하지 아니하리라."(출 20:7) 3계명이다. 하나님은 여러 이름을 가지고 계시지만, 그 중 가장 대표적으로 여호와(야웨, YAWEH)라는 이름을 가지고 계신다. 그 이름은 우리 언약 주의 이름으로 언약 백성이 가장 즐거이 사용하는 거룩하신 이름이다. 우리가 하나님의 이름을 사용할 때에는 그분의 거룩함을 깊이 인식하고 그 이름의 당사자이신 주님에 대한 공경과 경외를 표시한다. 십계명 중 첫 네 계명은 예배와 관련된 것으로, 1계명은 예배의 대상, 2계명은 예배의 규칙, 3계명은 예배의 태도를 말한다.

이름을 짓는 것은 주권을 행사하는 것이다. 부모는 자녀의 이름을 짓는다. 정복자는 정복한 도시의 이름을 짓고 주님은 그 백성의 이름을 짓는다. 나아가 여호와 하나님께서는 당신의 이름을 지으셨다. 자신보다 더 높은 존재가 없기 때문이다. 그런데 하나님은 당신의 이름을 그의 백성과 나누신다. 이것은 언약 백성인 우리와 언약의 주가 되시는 하나님과의 관계가 근본적으로 매우 친밀하며 지극히 개인적인 특성을 가지고 있음을 말해준다. 이것이 하나님과 우리 사이의 언약 관계다. 우리는 주 하나님의 이름을 알기 때문에 주의 백성으로 그분을 마음껏 부를 수 있고 그분의 힘을 얻을 수 있다. 시편 기자는 말한다. "환난 날에 여호와께서 네게 응답하시고 야곱의 하나님의 이름이 너를 높이" 드시리라(시 20:1).

성경에 이름은 의미를 가지고 있다. 아브라함은 "여러 민족의 아버지"라는 뜻을 가지고 있다(창 17:4-5). 여호와(야웨)는 고유명사이지만 유일하신 참 하나님을 표현한다. 동시에 야웨는 궁극적인 주를 표현하며 "스스로 존재하시는 분"을 의미한다. 그러므로 하나님은 모든 것을 지배하시고, 궁극적인 권위를 가지고 계시며, 어디에나 현존하신다. 하나님의 이름은 하나님의 속성을 표현한다. 하나님은 스스로 당신의 이름을 지으셔서 우리에게 당신이 누구시며 무엇을 하시는지 주권적인 선언을 하신다. 하나님은 여러 이름을 가지고 계시며 이 이름들을 통해 자신의 속성을 드러내신다. 야웨는 하나님의 주권을 말하고, 엘로힘은 하나님의 창조적 능력을 표현하며, 엘샤다이는 하나님의 힘을 나타낸다.

이름은 사람의 존재를 드러낸다. 이름이 대중 안에 한 사람의 위치를 파악하는 방법을 제공하는 것이다. 우리는 이름을 부르면서 사람을 찾는다. 이름이 다른 사람들로부터 그 사람을 구별할 수 있게 한다. 우리 이름은 우리를 인식시키는 역할을 한다. 이름을 존경한다는 것은 그 이름을 가진 사람을 존경한다는 것이다. 하나님은 당신의 이름으로 동일시된다. 그분의 이름을 찬양하는 것은 그분을 찬양하는 것이다. 그분의 이름을 경멸하는 것은 그분을 경멸하는 것이다. 우리는 그분의 이름에 영광을 돌린다. 시편 기자는 말한다. "여호와께 그의 이름에 합당한 영광을 돌리며 거룩한 옷을 입고 여호와께 예배할지어다."(시

29:2) 하나님의 이름에는 신적 속성이 들어있다. 하나님의 이름에는 영광을 돌리게 하고 두려움을 자아내는 속성이 있다. 모세는 이렇게 말한다. "네 하나님 여호와라 하는 영화롭고 두려운 이름을 경외"하라(신 28:58). 하나님의 이름에는 장엄함이 있다. 시편 기자의 찬양이다. "여호와 우리 주여 주의 이름이 온 땅에 어찌 그리 아름다운지요. 주의 영광이 하늘을 덮었나이다."(시 8:1,9) 하나님의 이름에는 거룩함이 있다(레 20:3). 하나님 말씀이 곧 하나님이신 것처럼, 하나님의 이름도 곧 하나님이시다.

하나님은 당신의 이름을 당신의 백성에게 부여하셨다. 하나님은 당신의 백성을 당신의 장막이라고 하신다(계 13:6). 그러나 가장 탁월한 하나님의 이름은 예수 그리스도시다. 예수 그리스도는 우리가 구원받을 수 있는 유일한 이름이시다. "다른 이로써는 구원을 받을 수 없나니 천하사람 중에 구원을 받을 만한 다른 이름을 우리에게 주신 일이 없음이라."(행 4:12) 그분 앞에 모든 자들이 무릎을 꿇을 것이다. 사도 바울은 빌립보서 2:9-11에서 이렇게 말한다. "이러므로 하나님이 그를 지극히 높여 모든 이름 위에 뛰어난 이름을 주사 하늘에 있는 자들과 땅에 있는 자들과 땅 아래 있는 자들로 모든 무릎을 예수의 이름에 꿇게 하시고 모든 입으로 예수 그리스도를 주라 시인하여 하나님 아버지께 영광을 돌리게 하셨느니라."

3계명은 예수 그리스도 안에서 성취되었다. 그러므로 그리스도는 우리의 전적인 예배의 대상이시며(1계명), 하나님의 참 형상이시다(2계명). 그리고 그리스도는 최상의 하나님의 이름이시다. 하나님의 이름을 경멸하는 것은 예수 그리스도를 경멸하는 것이다.

하나님의 이름은 그리스도의 복음에도 있다. 주께서 말씀하셨다. "가라 이 사람은 내 이름을 이방인과 임금들과 이스라엘 자손들에게 전하기 위하여 택한 나의 그릇이다."(행 9:15) "내 이름"은 예수 그리스도이며, 이 일을 위해 하나님께서 택하신 "그릇"은 사도 바울이다. "내 이름"을 전한다는 것은 복음을 전한다는 것이다.

모든 피조물도 하나님의 이름을 가지고 있다. 하늘과 땅이 하나님의 보좌요 발등상이다. "하늘은 나의 보좌요 땅은 나의 발등상이니 너희가 나를 위하여 무슨 집을 짓겠으며 나의 안식할 처소가 어디냐"고 주님은 말씀하셨다(행 7:49). 또한 "도무지 맹세하지 말라. 하늘로도 하지 말라. 이는 하나님의 보좌임이요. 땅으로도 하지 말라. 이는 하나님의 발등상이요. 예루살렘으로도 하지 말라. 이는 임금의 성이요. 네 머리로도 하지 말라. 이는 네가 한 터럭도 희고 검게 할 수 없음이라"고 하셨다(마 5:33-36). 하나님의 피조물로 맹세하는 것은 곧 하나님의 이름으로 맹세하는 것이다.

"하나님의 이름을 망령되게 부르지 말라"에서 "망령되게"라는 말은 히브리어 לשוא(in vain)라는 단어로 "거짓되고 무의미하게"라는 의미를 가지고 있다. 하나님의 이름을 무의미하게 한다는 것은 일종의 거짓이다. 하나님의 이름은 그 의미가 풍부하기 때문이다. 우리가 어떤 이름을 하찮게 취급한다면, 그 이름의 의미를 희석시키는 것으로 그것은 거짓되고 진실을 왜곡시키는 것이다. 그러므로 하나님의 이름을 망령되게 하는 것은 하나님 이름의 엄청난 의미와 권능을 축소시키는 것이다. 하나님의 이름을 희석시키고 왜곡시키며 하찮게 부르는 것은 하나님을 망령되게 하는 큰 죄이다.

"하나님의 이름을 망령되게 부르지 말라"라고 할 때 "부르다"는 히브리어로 נשא(take)라는 단어로 "가지다(지니다)"라는 의미로도 사용된다. 그러므로 계명은 단순히 하나님의 이름을 망령되게 말하지 말라는 것이 아니고, 하나님의 이름을 망령되게 "가지지 말라" 또는 "지니지 말라"는 의미가 된다. 하나님의 이름을 가지는(지니는) 것은 무엇을 의미하는가? 하나님은 당신의 이름을 당신의 백성에게 주셨다(수 6:27). 우리는 하나님의 이름으로 복을 받았다. 그러므로 우리는 하나님의 이름을 가지고 있고 하나님에게 속한다. 곧 우리는 하나님의 백성이다. 이것이 우리의 정체성이다. 우리가 언약을 위반할 때, 즉, 우리가 죄를 지을 때, 우리는 우리가 지니고 있는 하나님의 이름에 불명예를 가져오는 것이다. 하나님의 이름인 당신의 명예에 상처를 입히는 것이다. 그러므로 모든 죄가 3계명을 범하는 것이다.

3계명은 처벌 조항을 가지고 있다. "하나님의 이름을 망령되게 부르는 자는 죄 없다 하지 아니하리라." 하나님의 이름을 망령되게 부르는 것은 하나님을 모독하는 것이다. 구약 성경에 의하면 하나님 모독죄는 사형에 처한다. 레위기는 이렇게 기록한다. "너는 이스라엘 자손에게 말하여 이르기를 누구든지 그의 하나님을 저주하면 죄를 담당할 것이요. 여호와의 이름을 모독하면 그를 반드시 죽일지니 온 회중이 돌로 그를 칠 것이니라. 거류민이든지 본토인이든지 여호와의 이름을 모독하면 그를 죽일지니라."(레 24:15-16)

성경은, 주의 이름을 능욕하는 것(시 74:10), 하나님의 이름을 경멸하는 것(사 52:5-6), 하나님의 이름을 저주하는 것(계 16:9) 등을 죽임 받아야 마땅할 악한 죄로 여긴다. 유대인들이 예수님을 고발하여 십자가에 못 박히게 한 것도 하나님을 모독한 죄라고 주장했기 때문이다. 예수님께서는 자신을 하나님이라고 하셨다(마 26:65). 예수님께서는 최악의 죄를 "성령을 모독하는 죄"라고 말씀하셨다(마 12:32). 성령의 사역임이 분명하고 그렇게 인식함에도 불구하고 그것을 마귀의 짓이라고 하는 것은 용서받지 못한다는 것이다. 이런 죄를 짓는 자는 현실적으로 회개하지도 않으며 할 수도 없다.

안식일 준수

"일곱째 날은 네 하나님 여호와의 안식일인즉 너나 네 아들들이나 네 딸이나 네 남종이나 네 여종이나 네 가축이나 네 문안에 머무는 객이라도 아무 일도 하지 말라. 이는 엿새 동안 나 여호와가 하늘과 땅과 바다와 그 가운데 모든 것을 만들고 일곱째 날에 쉬었음이라. 그러므로 나 여호와가 안식일을 복되게 하여 그 날을 거룩하게 하였느니라."(출 20:10-11) 안식 계명인 4계명이다. 안식 계명은 하나님의 창조 사역에 입각한 의미와 구속 사역에 입각한 의미가 있다.

1. 창조적 의미

안식 계명은 하나님의 창조사역에 근거를 둔다. 출애굽기 20:11은 이렇게 말한다. "이는 엿새 동안 나 여호와가 하늘과 땅과 바다와 그 가운데 모든 것을 만들고 일곱째 날에 쉬었음이라. 그러므로 나 여호와가 안식일을 복되게 하여 그 날을 거룩하게 하였느니라." 하나님의 창조사역을 보자. "하나님이 그가 하시던 일을 일곱째 날에 마치시니 그가 하시던 모든 일을 그치고 일곱째 날에 안식하시니라"고 되어 있다(창 2:2-3). 창조사역 후 하나님께서 일곱째 날에 안식하셨다는 말에는 중요한 의미들이 담겨져 있다. 그 내용을 살펴보자.

하나님의 안식은 하나님 창조사역의 완성을 말한다. 세상을 만드시는 일을 마치신 것을 축하하면서, 안식은 창조주 이름을 완성자로 선포하시는 것이다. 하나님은 당신의 일을 완성하시는 분이다. 이것은 성경의 구속사에서 잘 나타나며 지금도 마찬가지다. 하나님은 이미 그분의 일을 완성하셨고, 동시에 나머지를 완성하실 것이다. 죄로 말미암은 이 세상의 모든 상황도 하나님은 완성하실 것이다. 성경에 처음으로 종말 개념이 소개되었다.

하나님은 하늘과 땅을 당신의 우주적 궁전으로 창조하셨고, 그분의 안식은 궁전을 점유하는 것으로 왕의 보좌에 오르시는 것을 의미한다. 하나님의 안식은 엘로힘(창조주 하나님)의 새로운 등극을 증언하는 것이다. 이것은 하나님의 영광의 보좌에 앉으시는 것으로 새로운 성전의 보좌에 오르시는 것을 말한다. 그러므로 안식은 보좌에 오르신 하나님의 주권을 선포하며 축하하는 것이다.

창세기 1장에 하나님은 첫 3일 동안은 영역을 만드셨다. 빛, 물/궁창, 그리고 땅이다. 나머지 3일 동안은 그 영역의 주관자들을 만드셨다. 광명체, 물고기/새, 땅 짐승이다. 그리고 마지막으로 인간을 만드셨다. 모든 피조물은 성별되었다. 성별은 무엇인가? 모든 피조물이 하나님의 주권을 인식하고 승인하고 영광을 돌리며 그에 따라 행동하는 것을 의미한다. 이 성별이 인간에게 의미하는 것은 무엇인가? 아담과 하와는 6일째 만들어졌고, 7일인 안식일의 첫 부분에 존재하고 있었다. 6일 동안 만들어진 모든 피조물이 인간에게 성별하여 바쳐진 것을 의미한다. 하나님께서 모든 피조물을 인간에게 주신 것이다. 창세기 1장은 하나님-인간-피조물의 상하관계로 이어지는 계급을 말하고 있다. 나아가 인간은 모든 것을 당신의 발아래 놓으시는 하나님께 자신을 성별하여 바치는 것을 말한다.

인간 창조는 하나님의 주권에서 나오는 거룩한 축제의 한 부분이다. 인간은 일곱째 날에 하나님께 성별하여 드린 모든 피조물 중 하나이며, 하나님의 언약 봉신(언약으로 맺어진 주-종 관계에서 종을 말함)이다. 그리고 그 인간에게 모든 다른 피조물이 성별되어 바쳐졌다. 인간은 봉신의 주권을 하나님의 선물로 감사하며 받아드린다. 그리하여 창세기 1:28("생육하고 번성하여 땅에 충만하라. 땅을 정복하라. 바다의 물고기와 하늘의 새와 땅에 움직이는 모든 생물을 다스리라.")의 문화대명령을 수행하는 책임을 갖게 된 것이다.

하나님은 이스라엘에게 안식일을 하나님과 그들 사이의 언약의 표징으로 주셨다. 출애굽기 31:12-13, 17은 이렇게 말한다. "여호와께서 모세에게 말씀하여 이르시되 너는 이스라엘 자손에게 말하여 이르기를 너희는 나의 안식일을 지키라. 이는 나와 너희 사이에 너희 대대의 표징이니 나는 너희를 거룩하게 하는 여호와인 줄 너희가 알게 함이라… 이는 나와 이스라엘 자손 사이에 영원한 표징이며 나 여호와가 엿새 동안에 천지를 창조하고 일곱째 날에 일을 마치고 쉬었음이라 하라." 안식일은 언약의 표징이다. 이것은 이스라엘 백성을 주님께 성별하여 바치는 것을 의미한다.

안식일 준수는 창조질서에 속한다. 타락 전에 하나님께서 아담과 하와에게 주신 결혼, 노동, 문화대명령처럼 말이다. 그러므로 이것은 모든 인류에게 적용된다. 이 안식일 준수는 세상 끝날까지 지속된다. 안식일을 준수한다는 것은 하나님의 창조질서 안에서 하나님의 뜻을 즐겁고 감사하게 받아들인다는 것을 의미한다. 창조를 완성하시고 보좌에 등극하신 하나님을 경배하며 우리 자신을 성별하여 하나님께 바치고 하나님의 봉신으로의 역할과 책임을 다하여 온 세상 만물을 다스리겠다는 것을 선언하는 것이다.

2. 구속적 의미

안식일 준수의 성경적 근거는 하나님의 창조만이 아니다. 하나님의 구속도 포함된다. 출애굽기 20장은 하나님의 창조를 안식일 준수의 근거로 말하고 있지만, 동시에 그의 구속 사역의 기억이라는 근거도 있다. 출애굽기 20:2은 이렇게 말한다. "나는 너를 애굽 땅 종 되었던 집에서 인도하여 낸 네 하나님 여호와니라." 신명기 5:15은 이것을 더 상세하게 말한다. "너는 기억하라 네가 애굽 땅에서 종이 되었더니 네 하나님 여호와가 강한 손과 편 팔로 거기서 너를 인도하여 내었나니 그러므로 네 하나님 여호와가 네게 명령하여 안식일을 지키라 하느니라."

인간이 타락한 후 안식일을 준수해야 하는 또 하나의 이유가 주어졌다. 그것은 하나님의 구속이다. 하나님께서 이스라엘을 애굽의 노예로부터 구속하신 것이다. 이것을 기념하기 위해 안식을 지키라는 것이다. 타락 전에 주어진 안식일 준수 개념이 이미 종말의 완성을 예고하고 있음을 말했다. 그것이 구속의 완성으로 이어진다. 우리에게 무엇을 의미하는가? 하나님께서 창조하시고 우리를 당신의 안식에 부르시어 하나님의 언약 봉신으로 성별하신 것에 대한 감사의 반응으로 하나님의 안식에 참여하는 것 외에, 하나님께서 우리를 구원하신 것을 기념하기 위해 안식일을 지키는 것이다.

구속적 의미의 안식 준수에는 또 다른 의미가 있다. 그것은 영원한 안식 개념이다. 하나님은 창조 후 당신의 안식을 시작하셨다. 하나님은 아담을 초청하여 주님의 안식에 참여하게 하셨다. 그러나 타락과 구속의 연기로 인간은 그 안식에 아직 들어가지 못했다. 광야에 있던 이스라엘에게, 그리고 신약 시대 그리스도인들에게 우리의 마지막 안식은 여전히 미래에 있다. 하나님은 여전히 당신의 백성에게 그 안식에 들어가라고 권면하신다(히 4:9, 11). 그래서 우리는 안식일을 준수하며 우리가 들어갈 영원한 안식을 기념하고 누리는 것이다.

3. 요일 변경

구약 시대와 마찬가지로, 신약 시대에도 믿는 자들은 매주 하루를 정하여 안식의 날로 지켜왔다. 사도 요한은 요한계시록 1:10에서 "주의 날에 내가 성령에 감동되어 내 뒤에서 나는 나팔 소리 같은 음성을 들으니"라고 했다. 주의 날은 주 중 첫 번째 날로 믿는 자들이 예수 그리스도의 부활을 축하하기 위해 모인 날이다. 첫 번째 날의 모임은 주께서 부활하셔서 제자들에게 나타나신 날로부터 시작되었다(마 28:1-10; 눅 24:13-49; 요 20:1, 19, 26). 이것은 예배의 시간이었다. 믿는 자들이 주님을 만나면 항상 예배를 드리는 것이다. 오순절 날 제자들은 약속된 성령을 기다리며 모였다(행 2:1). 이것도 주중 첫 번째 날이었다. 구약의 오순절은 안식일 다음 날이었다(레 23:11, 16). 사도행전 20:7은 그리스도인들이 드로아에서 주 중 첫째 날에 모여 떡을 떼었다고 말한다. 고린도전서 16:1-2을 보면 성도들이 주 중 첫째 날에 모여 헌금하고 예배를 드렸다. 구약에서는 일곱 번째 날에 모여 예배를 드렸는데, 신약 성도들은 첫 번째 날에 모여 예배를 드렸다. 초대교회 성도들은 주일을 안식일 개념으로 받아들였는가? 만일 그렇다면, 어떻게 그렇게 되었는가? 무슨 근거로 그렇게 했는가?

안식일을 말하는 구약의 여러 구절은 안식일을 주(여호와)의 날이라고 말한다. "일곱째 날은 네 하나님 여호와의 안식일"이니라(출 20:10). "여호와의 성일을 존귀하게 여기"라(사 58:13). 구약 배경을 가지고 있는 1세기 그리스도인들은 구약의 주의 날과 신약의 주의 날 사이의 동일성을 알고 있었다. 초대 유대 그리스도인들은 일곱째 날에 안식일을 지켰고, 다음날인 첫째 날에는 그리스도인들 예배에 참석했다. 일곱째 날은 안식일로 유대회당의 예배 날이었고, 첫째 날은 예수님의 부활을 축하하는 날이었다.

유대 그리스도인들은 율법의 일부를 준수해야 한다고 하며 바울과 마찰을 빚었다. 이에 유대인들을 전도하려 했던 바울은 실망할 수밖에 없었다. 대부분의 유대인들은 바울을 배척했고 더 이상 바울은 유대인들에 매달릴 수 없었다. 바울은 이제 복음을 이방인들에게 전하게 된다. 나아가 유대 그리스도인들은 유대회당에서 문제가 되었고, 그들은 축출되거나 스스로 회당을 떠났다. 이제 유대교의 한 부분으로 여겨지던 기독교는 점점 유대교와는 상관없는 독립적 신앙으로 되어갔다. 이에 따라 주의 날이 믿는 자들을 위한 예배의 중심 시간이 되었고, 그리스도인들 사이에 일곱째 날을 안식일로 지키는 행위는 점점 사라지게 되었다.

로마서 14:5, 갈라디아서 4:9-10, 골로새서 2:16-17 등은 유대 그리스도인들과 이방 그리스도인들 사이에 일곱 번째 날을 안식일로 지키는 것에 논란이 있었음을 보여준다. 바울은 이렇게 말한다. "어떤 사람은 이 날을 저 날보다 낫게 여기고 어떤 사람은 모든 날을 같게 여기나니 각각 자기 마음으로 확정할 지니라."(롬 14:5) 또한 "이제는 너희가 하나님을 알 뿐 아니라 더욱이 하나님이 아신 바 되었거늘 어찌하여 다시 약하고 천박한 초등학문으로 돌아가서 다시 그들에게 종노릇하려 하느냐 너희가 날과 달과 절기와 해를 삼가 지키니 내가 너희를 위하여 수고한 것이 헛될까 두려워하노라"고 매우 근심스럽게 말했다(갈 4:9-10). 그리고 결론적으로 말한다. "그러므로 먹고 마시는 것과 절기나 초하루나 안식일을 이유로 누구든지 너희를 비판하지 못하게 하라. 이것들은 장래 일의 그림자이나 몸은 그리스도의 것이니라."(골 2:16-17)

바울은 일곱 번째 날, 안식일 준수가 더 이상 요구되지 않는 것으로 말하고 있다. 주의 날이 결과적으로 안식일을 대치하는 것이 되었다. 안식일을 누가 일곱째 날로부터 첫째 날로 바꾸었는가? 예수 그리스도께서 하신 것이다. 그리스도께서 첫 번째 날에 죽음에서 살아나셨고 제자들에게 나타나셨다.

구약의 안식일 준수의 개념은 신약의 그리스도인들에게 주일성수로 이어졌다. 안식은 무엇을 하는 것인가? 우선 휴식을 취하는 것이다. 엿새 동안 하던 일을 멈추고 쉬는 것을 의미한다. 안식일만큼은 여호와 하나님의 것이니 주께 드린다. 엿새 동안 하던 세상일을 중단하고 안식일을 구별하여 하나님께 드리는 것이다. 집에서도, 힘들고 어려운 일은 삼가도록 한다. 타락 후, 일은 고통스럽고 어려운 것이 되었다. 안식은 이 저주로부터 잠시 휴식을 취하는 것이다. 신명기 5:15은 안식일 준수 계명이 애굽 노예생활의 고통을 기억하게 한다. "너는 기억하라 네가 애굽 땅에서 종이 되었더니 네 하나님 여호와가 강한 손과 편 팔로 거기서 너를 인도하여 내었나니 그러므로 네 하나님 여호와가 네게 명령하여 안식일을 지키라 하느니라." 하나님은 당신의 백성에게 이 어려움으로부터 안식을 주셨다. 예수님께서는 "수고하고 무거운 짐 진 자들아 다 내게로 오라 내가 너희를 쉬게 하리라"고 말씀하셨다 (마 11:28). 안식을 주시겠다는 말이다. 하나님께서는 주일 날 예배 참석에 어려움을 초래하는 힘든 일이나 활동을 좋아하실 리가 없다. 다른 사람들의 안식을 방해하는 일도 좋을 리 없다. 그러나 이 모든 금지사항들은 필수적인 일과 자비를 베푸는 일을 포함하지는 않는다.

4. 인간을 위한 안식일

마태복음 12:1은 예수님의 제자들이 안식일에 이삭을 잘라먹은 사건을 통해 안식일 준수에 불가피한 일은 예외로 할 수 있음을 비치셨다. 성경은, 안식일에 먹는 일이나 먹을 것을 준비하는 일을 금하지 않는다. 안식일은 인간을 위해 만들어졌지 인간이 안식일을 위해 만들어지지는 않았다(막 2:27). 제사장이 예배를 준비하기 위해 일하는 것도 불가피한 일이다(마 12:5-6). 사람이나 동물을 구하는 것도 불가피한 일이다(눅 14:5).

어떤 사업은 안식일에 일을 해야만 한다. 소는 우유를 짜고 매일 같이 먹여야 한다. 농사일이나 농장을 운영하는 자들은 안식일을 지키지 못하는 불가피한 상황이 있다. 병원도 마찬가지다. 의사, 간호사, 경찰, 소방관들은 안식일에 일을 해야 한다. 인간의 생명과 직결되는 일은 불가피한 일이다. 어떤 공장은 주일날 모든 기계작동을 다 정지하고 그 다음날 다시 돌릴 수 없는 상황이 될 수 있다. 전체 공정을 정지하는데 며칠이 걸리고, 다시 시동하는데 며칠이 걸리기 때문이다. 가족의 생계를 위해 불가피하게 주일날 일을 해야 하는 상황이 있다. 진정으로 불가피한 상황이라면 고려해야 할 것이다.

하나님은 안식일에 예배 외에 자비를 베푸는 일을 허락하신다. 자비를 베푸는 일이란, 우리 자신에게 안식을 주는 것뿐만이 아니라, 다른 자들에게 안식을 주는 것을 말한다. 신명기 5:14은 이것을 말한다. "일곱째 날은 네 하나님 여호와의 안식일인즉 너나 네 아들이나 네 딸이나 네 남종이나 네 여종이나 네 소나 네 나귀나 네 모든 가축이나 네 문안에 유하는 객이라도 아무 일도 하지 못하게 하고 네 남종이나 네 여종에게 너 같이 안식하게 할지니라."

예수님께서는 안식일을 병고치시는 날로 하셨다. 마태복음 12:9-13이 그 예다. "거기서 떠나 그들의 회당에 들어가시니 한쪽 손 마른 사람이 있는지라, 사람들이 예수를 고발하려 하여 물어 이르되 안식일에 병 고치는 것이 옳으니이까. 예수님께서 이르시되 너희 중에 어떤 사람이 양 한 마리가 있어 안식일에 구덩이에 빠졌으면 끌어내지 않겠느냐. 사람이 양보다 얼마나 더 귀하냐. 그러므로 안식일에 선을 행하는 것이 옳으니라 하시고 이에 그 사람에게 이르시되 손을 내밀라 하시니 그가 내밀어 다른 손과 같이 회복되어 성하더라."

안식일은 6일 동안의 일을 중단하고 안식을 취하며 하나님께 예배를 드린다. 4계명에서 하나님은 이스라엘에게 안식일을 "기억하라"고 하셨고 "거룩하게 지키라"고 하셨다. 기억하라는 말은 단순히 회고하라는 것이 아니고 능동적으로 기념화하라는 것이다. 안식일을 기억하고 거룩하게 지키라는 말씀은 곧 예배를 드리는 것을 의미한다. 안식일은 거룩한 날로 하나님과 특별한 관계를 가지고 있다. 성경은 안식일이 특별한 의미에서 하나님의 것이라고 말한다. 그래서 안식일은 "네 하나님 여호와의 안식일"이다(출 20:10)라고 했다. 안식일은 하나님의 날이라는 것이다.

안식은 주일의 휴식만 의미하는 것이 아니다. 시편 95:7-11은 안식이 하나님께서 아브라함에게 하신 약속의 성취인 약속의 땅에 들어가는 것을 의미함을 말한다. 이스라엘이 약속의 땅에 거할 때, 또 다른 안식이 그들을 기다리고 있었다. 히브리서 3:1-4:10은 이 안식이 최종의 종말론적 약속임을 말한다. 새 하늘과 새 땅이다. 우리가 들어갈 영원한 안식이다. 창조 시에 있었던 하나님의 안식과 믿는 자들이 미래에 가질 영원한 안식 사이에는 밀접한 관계가 있다. 안식일은 구속의 완성인 영원한 안식을 고대하는 것이다. 영원한 안식에 들어가면 우리는 하나님을 만날 것이고 항상 예배를 드릴 것이다. 주일은 영원한 안식인 천국을 영적으로 경험하는 날이다. 요한계시록 4장은 천국의 예배 모습을 보여준다. 요한은 하늘 문이 열리고 하늘의 보좌에 앉으신 분 앞에서 이십사 장로들과 네 생물들이 예배드리는 모습을 보았다. 그들은 "밤낮 쉬지 않고 이르기를 거룩하다 거룩하다 거룩하다 주 하나님 곧 전능하신 이여 전에도 계셨고 이제도 계시고 장차 오실이시라"고 하며 예배를 드린다(계 4:8). 또한 "우리 주 하나님이여 영광과 존귀와 권능을 받으시는 것이 합당하오니 주께서 만물을 지으신지

라. 만물이 주의 뜻대로 있었고 또 지으심을 받았나이다"라고 하나님을 높여 드린다(계 4:11). 우리는 주일에 천국 예배에 동참하는 것이다. 주일에 하나님 앞에 예배를 드리는 것은 당연하다. 그것이 우리가 천국에서 하는 일이기 때문이다. 교회는 천국의 모형이요, 주일 예배는 천국 예배의 모형이다. 주일에 하늘 문이 열리고 우리는 천국 예배에 동참하는 것이다.

제14장

The truth of the Christian faith

인간에 대한 언약적 의무

부모 공경

"네 부모를 공경하라. 그리하면 네 하나님 여호와가 네게 준 땅에서 네 생명이 길리라."(출 20:12) "너는 네 하나님 여호와께서 명령한 대로 네 부모를 공경하라. 그리하면 네 하나님 여호와가 네게 준 땅에서 네 생명이 길고 복을 누리리라."(신 5:16) 부모 공경은 5계명이다. 첫 네 계명은 하나님을 향한 의무, 나머지 여섯 계명은 인간을 향한 의무를 말한다. 이것은 온 마음을 다해 하나님을 사랑하고 네 이웃을 네 몸과 같이 사랑하라는 예수님의 가르침을 생각나게 한다. 예수님께서 이 두 계명이 모든 율법이라고 말씀하신 것은, 곧 십계명이 모든 율법을 총 망라한다는 의미가 된다. 십계명은 언약문서의 한 부분으로 하나님께서 당신의 백성과 언약 관계를 맺으시며 요구하시는 내용이다. 언약의 하나님께서 언약 백성에게 축복을 약속하시고 동시에 거룩한 제사장 백성으로의 모습을 요구하시며 하나님의 영광을 드러내고 그 분께 영광을 돌리라는 것이다.

5계명은 1계명과 매우 흡사하며 동시에 대조적인 모습을 가지고 있다. 1계명은 하나님만 예배하라고 가르친다. 5계명은 사람들을 공경하라고 요구한다. 1계명이 하나님 사랑을 위한 근본이라면, 5계명은 인간 사랑을 위한 근본이다. 하나님만을 공경하고 사랑하여 하나님을 섬기는 것처럼, 사람을 존중히 여기며 공경하는 마음을 가질 때 그들을 제대로 섬기게 되는 것이다.

5계명은 사람들 사이에 상하 관계가 있음을 의미한다. 사람들 사이에 상하의 위치는 사람의 존재 가치를 의미하지 않는다. 그것은 역할의 차이로 보아야 한다. 그럼에도 불구하고, 하나님께서는 사람들에게 서로 다른 은사를 주셨을 뿐 아니라, 어떤 사람들에게는 다른 사람들 위에 권위적 역할을 하도록 하셨다. 밑에 있는 자는 위에 있는 자에게 마음, 언어, 행동으로 존경을 표하고 그들의 덕과 좋은 행실을 따르며 그들의 명령과 권면에 순종한다. 자녀들에게는 부모님이 그 대표적인 인물이다.

공경은 존경과 순종의 개념을 포함한다. 공경하는 것은 존경하는 마음의 자세를 말하는 것으로, 원래 이 단어는 "두려워한다"는 근본적 의미를 내포하고 있다. 공포의 두려움을 가지라는 것이 아니고 윗사람으로 존경하며 섬기려는 마음을 가지라는 말이다. 사도 바울은 이렇게 말한다. "모든 자에게 줄 것을 주되 조세를 받을 자에게 조세를 바치고 관세를 받을 자에게 관세를 바치고 두려워할 자를 두려워하며 존경할 자를 존경하라."(롬 13:7) 사도 베드로도 윗사람 공경에 대해 말한다.

"사환들아 범사에 두려워함으로 주인들에게 순종하되 선하고 관용하는 자들에게만이 아니라 또한 까다로운 자들에게도 그리하라."(벧전 2:18)

두려워한다는 의미를 가지고 있는 "공경한다"라는 표현은 원래 하나님과의 관계 가운데 사용하는 말이다. 다음 성경구절들은 이것을 잘 보여준다. "네 재물과 네 소산물의 처음 익은 열매로 여호와를 공경하라."(잠 3:9) "예수님께서 대답하시되 나는 귀신 들린 것이 아니라 오직 내 아버지를 공경함이거늘 너희가 나를 무시하는도다."(요 8:49) "영원하신 왕 곧 썩지 아니하고 보이지 아니하고 홀로 하나이신 하나님께 존귀와 영광이 영원무궁하도록 있을지어다. 아멘."(딤전 1:17) 즉, 공경한다는 말은 예배의 의미를 가지고 있다. 5계명은 존경, 두려움, 예배의 의미를 가지고 있는 "공경하라"는 단어를 자녀가 부모를 향해 가져야 하는 태도로 말하고 있는 것이다.

성경은 하나님 공경과 부모 공경에 분명한 차이를 둔다. 하나님 공경과 부모 공경은 차원이 다르고 우선순위도 다르다. 예수님께서 말씀하신다. "내가 온 것은 사람이 그 아버지와, 딸이 며느리와, 며느리가 시어머니와 불화하게 하려 함이니 사람의 원수가 자기 집안 식구리라. 아버지나 어머니를 나보다 더 사랑하는 자는 내게 합당하지 아니하고 아들이나 딸을 나보다 더 사랑하는 자도 내게 합당하지 아니하며 또 자기 십자가를 지고 나를 따르지 않는 자도 내게 합당하시 아니하니라."(마 10:35-37) 그럼에도 부모를 공경하는 것은 하나님을 공경하는 것과 유사한 면이 있다. 곧 존경하고 두려워하는 것이다. 믿는 자들에게 부모 공경은 안 믿는 자들과는 다른 부분이 있다. 부모를 공경하는 마음은 근본적으로 하나님을 공경하는 마음에서 우러나온다는 것이다.

어떤 분을 존경하면, 존경심을 가지고 그분의 말을 듣게 된다. 존경하는 자는 나보다 더 많은 것을 안다고 생각하고 존경심을 가지고 그로부터 배우려고 하고 그를 따르려고 한다. 의견이 다를 경우에는 존경하는 언어로 예의를 갖추고 자신의 생각을 표현한다. 부모 집에 있는 자녀가 부모를 공경하는 것은 그분들을 순종하는 것을 의미한다. "자녀들아 주 안에서 너희 부모에게 순종하라 이것이 옳으니라."(엡 6:1) "자녀들아 모든 일에 부모에게 순종하라 이는 주 안에서 기쁘게 하는 것이니라."(골 3:20) 그런데 자녀가 성장하여 부모 집을 떠나 자신의 가정을 꾸리게 되면, 부모가 자녀의 삶에 끼치는 영향은 점점 사라져야 한다. "남자가 부모를 떠나 그의 아내와 합하여 둘이 한 몸을" 이루게 되었기 때문이다(창 2:24). 그럼에도 자녀에게 5계명은 여전히 살아 있다. 5계명이 자녀에게 명하는 부모를 향한 공경에는 변함이 없다. 그러나 자녀가 부모를 떠난 후, 부모가 연로해지면서, 부모를 향한 순종 개념은 점점 부모에 대한 책임 개념으로 대치된다. 부모의 건강과 경제 등 부모 삶의 모든 부분에 자녀로서 책임을 지고 그분들을 돌보아야 하는 의무가 생기는 것이다.

부모는 우선 생물학적 부모를 말한다. 자신을 낳아주신 부모를 공경하라는 것이다. 그런데 성경은 부모를 넓은 의미로 사용한다. 지배자의 의미로 사용했다. 요셉은 자신에게 어려움을 준 형들에게 이렇게 말한다. "그런즉 나를 이리로 보낸 이는 당신들이 아니요 하나님이시라. 하나님이 나를 바로에게 아버지로 삼으시고 그 온 집의 주로 삼으시며 애굽 온 땅의 통치자로 삼으셨나이다."(창 45:8) 주인이나 상관의 의미로 사용했다. "그 종들이 나아와서 말하여 이르되 내 아버지여 선지자가 당신에게 큰일을 행하라 말하였다면 행하지 아니하였으리이까(왕하 5:13)." 선지자의 의미로도 사용했다. "엘리사가 보고 소리지르되 내 아버지여 내 아버지여 이스라엘의 병거와 그 마병이여 하더니 다시 보이지 아니하는지라."(왕하 2:12) 그리고 교사의 의미도 있고(시 34:11), 교회지도자의 의미도 있으며(고전 4:15), 연장자의 의미로도 사용했다(레 19:32).

부모라는 용어의 비유적 표현은 5계명을 사회 여러 영역의 권위 체계에 적용하게 한다. 사회의 모든 권위 체계는 5계명이 제시하는 부모 자녀 간의 관계적 성격과 매우 유사한 내용을 가지고 있다. 왜 그런가? 가족은 사회 모든 다른 영역의 근원이기 때문이다. 인류의 조상, 아담은 나중에 사회에서 분류된 모든 영역의 권위를 가지고 있었다. 선지자, 제사장, 왕, 고용인, 교사, 등등의 모든 권위의 자리들이 나중에 여러 사람들에게 분배된 것이다. 홍수 후 하나님께서 인류를 다시 시작하셨을 때, 노아도 마찬가지였다. 나아가 언약공동체는 가족의 성격을 띠고 있다. 이스라엘은 아브라함의 후손으로 가족이었다. 신약 시대에 와서 그리스도 안에 있는 새 언약 공동체도 가족이다. 예수님께서 이렇게 말씀하셨다. "누가 내 어머니며 내 동생들이냐 하시고 손을 내밀어 제자들을 가리켜 이르시되 나의 어머니와 나의 동생들을 보라 누구든지 하늘에 계신 내 아버지의 뜻대로 하는 자가 내 형제요 자매요 어머니이니라 하시더라."(마 12:48-50)

모든 형태의 권위는 부모에 대한 공경과 유사한 공경을 받아야 한다. 인간에 대한 공경의 기본 개념이 5계명에서 출발하기 때문이다. 아내는 남편에게 순종해야 한다. 바울은 말한다. "아내들이여 자기 남편에게 복종하기를 주께 하듯 하라. 이는 남편이 아내의 머리됨이 그리스도께서 교회의 머리됨과 같음이니 그가 바로 몸의 구주시니라."(엡 5:22-24) 종은 상전을 공경해야 한다. "종들아 모든 일에 육신의 상전들에게 순종하되 사람을 기쁘게 하는 자와 같이 눈가림만 하지 말고 오직 주를 두려워하여 성실한 마음으로 하라. 무슨 일을 하든

지 마음을 다하여 주께 하듯 하고 사람에게 하듯 하지 말라."(골 3:22-23)

아울러 5계명은 모든 사람이 공경을 받아야 함을 함축한다. 베드로는 이렇게 말한다. "뭇 사람을 공경하며 형제를 사랑하며 하나님을 두려워하며 왕을 존대하라."(벧전 2:17) 또한 공경은 상호적이기에, 위에 있는 자도 아래에 있는 자를 공경해야 한다. "그리스도를 경외함으로 피차 복종하라"고 바울이 말하기 때문이다(엡 5:21). 인간은 하나님의 형상으로 만들어졌기에 지위고하를 막론하고 근본적으로 모든 자들을 공경해야 한다. 하나님께서 주신 인간의 근본적 존엄성을 훼손해서는 안 된다.

5계명은 약속을 가진 첫 계명이다. 에베소서 6:2은 이렇게 말한다. "네 아버지와 어머니를 공경하라. 이것은 약속이 있는 첫 계명이니 이로써 네가 잘되고 땅에서 장수하리라." 이것이 5계명의 특징이다. 그러나 성경에는 하나님 순종에 따른 일반적 축복의 원칙이 있다는 것을 신명기 5:33을 통해 말한다. "너희 하나님 여호와께서 너희에게 명령하신 모든 도를 행하라. 그리하면 너희가 살 것이요 복이 너희에게 있을 것이며 너희가 차지한 땅에서 너희의 날이 길리라." 신약에는 예수 그리스도를 따르는 자들에게 많은 핍박과 고난이 있을 것을 말한다. 그러나 축복의 약속도 있다. 핍박과 축복의 균형이 주어져 있는 것이다. 예수님께서 말씀하셨다. "내가 진실로 너희에게 이르노니 나와 복음을 위하여 집이나 형제나 자매나 어머니나 아버지나 자식이나 전토를 버린 자는 현세에 있어 집과 형제와 자매와 어머니와 자식과 전토를 백배나 받되 박해를 겸하여 받고 내세에 영생을 받지 못할 자가 없느니라. 그러나 먼저 된 자로 나중 되고 나중 된 자로서 먼저 될 자가 많으니라."(막 10:29-31)

백배의 보상은 무엇을 말하는가? 집, 형제, 자매, 어머니, 아버지를 백배나 받는다는 것은 그리스도의 몸을 말하는 것으로 믿음의 가족들을 말한다. 전토(땅)를 백배나 받는다는 것은 그리스도인들에게 지구 전체가 주어진다는 것으로, 수많은 나라와 족속이 복음으로 덮여진다는 것을 말한다. "네 아버지와 어머니를 공경하라. 이것은 약속이 있는 첫 계명이니 이로써 네가 잘되고 땅에서 장수하리라."(엡 6:2-3) 장수할 땅은 5계명에 있는 약속의 땅, 즉, 가나안 땅에서 나온 말인데, 신약에서는 그리스도인들에게 약속된 땅, 영원히 거할 천국을 말한다.

이 약속의 성취는 가시적인 증거와는 다른 경우가 많다. 악인이 번창하고 의인이 박해를 당하는 경우가 있기 때문이다. 욥의 경우가 그랬고, 시편 기자는 여러 곳에서 이 문제에 대해 의혹을 제기했다. "내가 악인의 형통함을 보고 오만한 자를 질투하였음이로다. 그들은 죽을 때에도 고통이 없고 그 힘이 강건하며 사람들이 당하는 고난이 그들에게는 없고 사람들이 당하는 재앙도 그들에게는 없나니 그러므로 교만이 그들의 목걸이요 강포가 그들의 옷이며 살찜으로 그들의 눈이 솟아나며 그들의 소득은 마음의 소원보다 많"다(시 73:3-7).

축복의 완성은 하늘나라에서 이루어진다. 현재에서는 축복이 고통과 함께 온다. 고통의 과정에서 가난하고 어려운 자는 주의 전을 사모하며 축복을 누린다. 시편 기자는 "주의 궁정에서의 한 날이 다른 곳에서의 천 날보다 나은즉 악인의 장막에 사는 것보다 내 하나님의 성전 문지기로 있는 것이 좋사오니"라고 말한다(시 84:10). 또 다른 시편 기자는 고통스러운 상황에서도 의인을 버리지 아니하시는 신실하신 하나님의 축복을 누린다. "내가 어려서부터 늙기까지 의인이 버림을 당하거나 그의 자손이 걸식함을 보지 못하였도다."(시 37:25) 무엇이 신약 시대를 살고 있는 우리들에게 참된 축복이고 번영인가? 하나님께서 우리와 끝까지 함께하시고, 우리와 끊임없이 교제하시며, 우리가 영원히 누릴 하늘나라의 축복을 주신 것이 참된 복의 핵심이다.

살인 금지

"살인하지 말라."(출 20:13) 6계명이다. "살인하지 말라"의 신학적 배경은 하나님이 생명의 주인이라는 것이다. 하나님께서는 모든 생물을 만드셨고 그것에 생명을 주셨다. 인간의 창조는 더욱 특이하고 고귀하다. "여호와 하나님이 땅의 흙으로 사람을 지으시고 생기를 그 코에 불어넣으시니 사람이 생령이" 되었다(창 2:7). 에덴 동산에서 생명나무로 상징된 생명은 오직 하나님과 함께 하는 인간만이 누리는 충만함을 말해준다. 그것은 육신적 생명만이 아니고 의와 거룩함을 본질로 가지고 있는 영적 생명도 말한다.

아담 타락의 결과는 죽음이었다. 죽음은 하나님의 저주였다. 하나님의 저주가 드리워진 후 사람이 사람을 죽이는 죽음이 나타나기 시작했다. 하와의 첫 번째 아들인 가인이 둘째 아들인 아벨을 죽인 것이다. 창세기 5장에 아담의 계보가 소개되면서 각 세대마다 누가 누구를 낳고 얼마를 "살다가 죽었더라"라는 말이 계속된다. 에녹만 예외였다. 창세기 6:3은 인간의 수명이 120세로 단축됨을 말하며, 지구상의 거의 모든 생명이 홍수로 죽임을 당하는 것으로 장을 마친다. 하나님을 향한 불충성은 생명을 빼앗아가고 죽음을 가져다주며, 타락 후 죽음은 인류의 역사를 뒤덮었다.

죽음도 생명처럼 육적이고 영적이다. 육적 죽음은 지구상에서의 삶이 끝나는 것이고 영적 죽음은 생명의 주가 되시는 하나님과의 교제를 영원히 상실하는 것이다. 영적 죽음은 영원한 죽음으로 하나님으로부터의 영원한 분리로 이어지며 모든 축복을 박탈한다. 영적으로 죽어있다는 것은 결국 영원한 죽음으로 간다는 것을 의미한다. 그러나 주 예수 그리스도와의 교제는 우리를 영원한 삶으로 인도한다. 사도 요한은 말한다. "이는 그를 믿는 자마다 영생을 얻게 하심이니라. 하나님이 세상을 이처럼 사랑하사 독생자를 주셨으니 이는 그를 믿는 자마다 멸망하지 않고 영생을 얻게 하려 하심이라."(요 3:15-16) 구원의 위대함은 그리스도 안에서 죽음이 생명에 의해 삼켜진 것이다(고후 5:4). 그러므로 성경은 생명과 죽음에 관한 책이다.

그렇다면 6계명이 근본적으로 가르치는 것은 무엇인가? 생명과 죽음은 하나님께서 관장하신다는 것이다. 하나님이 생명과 죽음의 주인이시라는 말이다. 그러므로 우리는 하나님의 허락 없이는 생명을 취할 수 없다. 우리는 특별히 인간의 생명을 존중해야 한다. 인간은 하나님의 형상으로 만들어졌기 때문이다. 창세기는 이렇게 기록한다. "내가 반드시 너희의 피 곧 너희의 생명의 피를 찾으리니 짐승이면 그 짐승에게서 사람이나 사람의 형제면 그에게서 그의 생명을 찾으리라. 다른 사람의 피를 흘리면 그 사람의 피도 흘릴 것이니 이는 하나님이 자기 형상대로 사람을 지으셨음이니라."(창 9:5-6) 인간의 피를 흘리지 말아야 할 이유가 바로 하나님의 형상으로 인간이 만들어졌기 때문이다.

하나님께서 인간의 생명을 얼마나 소중하게 다루시는지 흥미로운 예가 있다. 신명기 19:5이다. "가령 사람이 그 이웃과 함께 벌목하러 삼림에 들어가서 손에 도끼를 들고 벌목하려고 찍을 때에 도기가 자루에서 빠져 그의 이웃을 맞춰 그를 죽게 함과 같은 것이라. 이런 사람은 그 성읍 중 하나로 도피하여 생명을 보존할 것이라." 여기에 살인은 우발적 사고였다. 그런 경우 살인자의 생명을 보호하기 위해 하나님께서 준비해 놓으신 도피성으로 피할 수 있는 기회가 주어진다. 그가 도피성에 도착하면 그 곳의 장로들은 살인자와 피를 보복하는 자 사이에 판단을 한다(민 35:24). 만일 그 살인자가 우발적 사고로 죽인 것이 분명하다고 판명이 나면, 보복자는 도피성에 들어올 수 없게 된다. 만일 살인자가 도피성을 벗어난 상태에서 보복자가 그를 찾아 죽이면 보복자는 피 흘린 죄가 없게 된다(민 35:26-27). 살인자가 보호받기 위해서는 도피성에 머물러야 한다. 살인자는 도피성의 대제사장이 죽은 후에야 도피성을 벗어나 집으로 돌아갈 수 있게 된다. 그 후로 보복자는 살인자의 생명을 위협할 수 없게 된다.

이 내용은 생명의 중요성을 잘 표현하고 있다. 우발적 살인이라도 그것은 살인이기에 살인자는 보복자의 위협에 놓이게 된다. 그럼에도 살인자의 살인은 우발적 사고였기 때문에 그 살인자의 생명을 지켜주는 방법을 하나님은 마련하신다. 도피성이다. 그러나 도피성에 있다고 그의 죄 문제가 완전히 해결되는 것은 아니다. 살인자가 우발적 사고의 죄책으로부터 완전히 해방되려면 누군가가 생명을 대신 내어놓아야 한다. 그것은 도피성의 대제사장이었다. 무엇을 말하는가? 도피성의 대제사장은 살인자의 대속물이다. 즉, 그 대제사장은 앞으로 오실 예수 그리스도를 그림자처럼 보여주는 것이다. 대제사장이 죽어야만 살인자는 완전한 자유 가운데 살 수 있게 되는 것이다. 생명을 위해 생명을 내어놓아야 하는 원리다.

예수님께서는 6계명이 살인의 행위뿐만 아니고 분노와 언어폭력의 사용을 금하는 것이라고 가르치신다. "옛 사람에게 말한 바 살인하지 말라 누구든지 살인하면 심판을 받게 되리라 하였다는 것을 너희가 들었으나 나는 너희에게 이르노니 형제에게 노하는 자마다 심판을 받게 되고 형제를 대하여 라가라 하는 자는 공회에 들어가게 되고 미련한 놈이라 하는 자는 지옥 불에 들어가게 되리라. 그러므로 예물을 제단에 드리려다가 거기서 네 형제에게 원망들을 만한 일이 있는 것이 생각나거든 예물을 제단 앞에 두고 먼저 가서 형제와 화목하고 그 후에 와서 예물을 드려라. 너를 고발하는 자와 함께 길에 있을 때에 급히 사화하라. 그 고발하는 자가 너를 재판관에게 내어 주고 재판관이 우리에게 내어 주어 옥에 가둘까 염려하라. 진실로 네게 이르노니 네가 한 푼이라도 남김없이 다 갚기 전에는 결코 거기서 나오지 못하리라."(마 5:21-26) 가인이 아벨을 죽인 후부터, 살인은 마음으로부터 시작되는 것을 우리는 잘 알게 되었다. 살인은 증오와 분노로부터 시작된다. 사도 요한은 말한다. "그 형제를 미워하는 자마다 살인하는 자니 살인하는 자마다 영생이 그 속에 거하지 아니하는 것을 너희가 아는 바라."(요일 3:15)

마태복음 5장에서 본대로 예수님께서는 형제와 화해하는 것이 예배보다 우선한다고 말씀하셨다. 증오나 적대심을 극복하거나 해결하지 않고 방치하거나 양산하는 자는 6계명을 범하는 것이다. 화해를 하지 않는 것은 죽음으로 가는 길을 여는 것이다. 증오와 분노가 완전히 척결되었을 때 사랑이 시작될 수 있다. 그러므로 6계명은 결국 사랑의 율법과 같은 것이 된다. 증오와 적대심이 있으면 사랑할 수 없게 되기 때문이다. 사도 요한은 말한다. "우리는 형제를 사랑함으로 사망에서 옮겨 생명으로 들어간 줄을 알거니와 사랑하지 아니하는 자는 사망에 머물러 있느니라. 그 형제를 미워하는 자마다 살인하는 자니 살인하는 자마다 영생이 그 속에 거하지 아니하는 것을 너희가 아는 바라. 그가 우리를 위하여 목숨을 버리셨으니 우리가 이로써 사랑을 알고 우리도 형제들을 위하여 목숨을 버리는 것이 마땅하니라."(요일 3:14-16)

간음 금지

"간음하지 말라."(출 20:14) 7계명은 매우 단순하고 간결하다. 그 문장 그대로 "다른 사람의 배우자와 성관계를 맺지 말라"는 것이다. 이것은 7계명의 좁은 의미이다. 그러나 모든 계명이 그렇듯이 7계명도 좁은 의미와 넓은 의미를 가지고 있다. 6계명의 '살인하지 말라'는 말은, 다른 사람의 생명을 존중하라는 말이고 결국 다른 사람을 사랑하라는 말이 된다. 사랑하는 것은 모든 거룩함의 본질이다. 7계명도 마찬가지이다. 그것은 몸, 마음, 감정, 말, 행동 등의 모든 것에 7계명을 범할 수 있는 부분과 관련하여 깨끗함을 유지하고 절제를 하라는 말이다. 또한 모든 종류의 성적 불결함이나 그런 불결함을 유발할 수 있는 행위들을 삼가라는 말도 된다.

7계명은 특별히 결혼과 관련된 중요한 계명이다. 흥미로운 점은, 성경은 결혼을 우리가 하나님과 맺은 언약 관계의 반영으로 본다. 구약에서 하나님은 자신을 남편으로, 이스라엘 백성을 아내로 부르셨다. 신약은 주 예수 그리스도를 남편으로 그를 믿는 우리들을 아내로 표현한다. 하나님과 우리 사이는 결혼이라고 불리는 언약 관계가 맺어져 있는 것이다. 우리는 배우자와의 결혼을 통해 주님과의 결혼을 생각해야 한다. 이것을 생각할 때, 우리가 결혼관계를 범한다는 것은 하나님과의 언약을 위반하는 것이다. 그리고 하나님께 충성하지 않는 것을 성경은 간음이라고 말한다. 배우자와의 언약을 지키지 않는 자는 곧 하나님과의 언약을 지키지 않는 것이 되는 것이다. 사실상 모든 죄는 하나님과의 언약을 지키지 않는 것으로 영적 간음이 된다. 우리는 죄를 지을 때마다 우리의 남편 되시는 주 예수 그리스도와의 결혼관계에 불충성을 하고 있다고 생각해야 한다. 부부간의 결혼관계에 문제가 있다는 생각이 들 때에는 우리와 신랑 되시는 주님과의 결혼관계에 이상이 없는가를 살펴야 한다.

부부를 만드는 남녀의 성별은 매우 중요한 의미를 가지고 있다. 그것은 하나님 형상의 한 부분이다. 하나님은 인간을 창조하신 후 가장 먼저 남녀 성별의 차이를 두셨다. "하나님이 자기 형상 곧 하나님의 형상대로 사람을 창조하시되 남자와 여자를 창조"하셨다."(창 1:27) 남녀 성별은 인간의 삶에 근본적인 것이다. 남녀 성별의 차이는 어떤 다른 것보다 가장 근본적으로 우리의 관심을 집중시킨다. 우리가 처음 사람을 만날 때, 대개 성별이 가장 먼저 눈에 띈다. 성별의 차이는 이름, 옷, 음성, 머리 유형, 체형 등에 나타나고 멀리서도 금방 상대의 성별을 알아볼 수 있게 한다. 전화상으로 음성만 들어도 남녀가 구별이 된다. 상대의 성별을 알게 되면 우리는 그것에 맞추어 적절하게 행동한다. 이성과의 관계는 동성과의 관계와 확실하게 다른 성격을 가지고 있다. 그것에는 남녀 사이에 서로를 끌어당기는 부분이 있기 때문이다. 성(性)적인 부분이다.

성적 욕구는 매우 강렬한 것이다. 하나님께서는 결혼과 번식을 위해 이것을 인간에게 두셨고, 결혼관계를 통해 소중한 친밀감을 제공하시기 위해 배우자 사이에 성욕을 공유하게 하셨다. 그러나 타락 이후, 성적 욕구는 유혹과 죄로 떨어지게 하는 매우 중요한 요인 중 하나가 되었다. 현대에는 많은 사람들이 여러 매체를 통해 이것을 이용하여 상업적으로 이득을 챙기고 있다. 성경에 성과 관련된 많은 내용이 있고 그것은 매우 중요한 의미를 가지고 있다. 창세기에 보면 남녀의 성별 차이는 인류의 중요한 임무를 수행하게 한다. 문화대명령이다. 창세기 1:28에는 이렇게 말한다. "하나님이 그들에게 복을 주시며 하나님이 그들에게 이르시되 생육하고 번성하여 땅에 충만하라. 땅을 정복하라. 바다의 물고기와 하늘의 새와 땅에 움직이는 모든 생물을 다스리라 하시니라." 인간의 번식이 없으면 땅에 충만할 수도 없고 땅을 정복할 수도 없으며 생물을 다스릴 수도 없다. 그러므로 결혼은 창조질서와 관련된 중요한 명령이다.

하나님은 아담과 하와를 창조하시고 그들을 부부로 만드셨다. 인류의 첫 결혼이 이루어졌고 첫 가정이 생긴 것이다. 하나님께서 아담의 갈빗대를 취해 여자를 만드신 후 성경은 다음과 같이 기록한다. "아담이 이르되 이는 내 뼈 중의 뼈요 살 중의 살이라. 이것을 남자에게서 취했은즉 여자라 부르리라 하니라. 이러므로 남자가 부모를 떠나 그의 아내와 합하여 둘이 한 몸을 이룰지로다."(창 2:23-24) 부모를 떠나는 것은 새로운 가정을 시작하는 것이다. 그것은 새로운 권위의 체계가 만들어지는 것을 의미한다. 물론 5계명에서 본 것처럼 부모를 떠나는 것이 부모에 대한 우리의 의무가 끝난다는 것을 의미하지는 않는다. 그러나 우리가 취하던 부모에 대한 공경이 새로운 형태를 가지게 된다. 그것은 배우자에 대한 공경이 부모에 대한 공경에 우선한다는 것이다. 본문은 배우자에 대한 공경을 "한 몸을 이룰지로다"로 표현한다. 여기서 한 몸을 이룬다고 번역된 히브리어는 근본적으로 성적관계를 말하지는 않는다. 성적관계를 갖는다기보다는 친밀한 관계를 갖는다거나 상대에게 충성한다는 뜻을 가진다. 결국 아내와 남편은 서로 친밀한 관계를 갖고 서로에게 충성한다는 것을 의미한다. 그들은 모든 상황을 함께하고 인생을 공유하며 그 누구보다도 가까운 관계를 갖는다. 그 어떤 관계보다도 소중한 관계가 되는 것이다.

이렇게 소중한 관계가 결혼이다. 하나님은 이런 결혼을 "언약"이라고 부르신다. 하나님께서 이스라엘 백성에게 이렇게 말씀하셨다. "내가 네 곁으로 지나며 보니 네 때가 사랑을 할 만한 때라. 내 옷으로 너를 덮어 벌거벗은 것을 가리고 네게 맹세하고 언약하여 너를 내게 속하게 하였느니라."(겔 16:8) 선지자 말라기는 말한다. "이는 너와 네가 어려서 맞이한 아내 사이에 여호와께서 증인이 되시기 때문이라. 그는 네 짝이요 너와 서약한 아내로되 네가 그에게 거짓을 행하였도다."(말 2:14) 결혼은 언약이고, 언약은 서약(맹세)으로 이루어진 관계다. 그러므로 결혼은 예식을 통해 하나님과 만인 앞에서 엄숙하게 이루어진다. 그 엄숙한 자리에서 두 사람은 서약(맹세)을 하는 것이다. 그러므로 결혼에도 하나님과의 언약 관계에서 본 것처럼 약속과 의무가 있다. 부부간의 성관계는 이 약속과 의무의 기초 위에 이루어지는 것이다. 이 약속과 의무가 지켜지지 않는다면 부부관계는 아무런 의미가 없는 것이다. 간음을 하는 것은 바로 이 약속과 의무를 저버리는 것이고 언약을 깨는 것이다. 결혼의 언약 관계에서 약속과 의무를 지키며 오랫동안 부부의 관계를 지키는 것은 하나님과의 언약 관계를 성실하게 유지하는 것이다. 그렇게 할 때 부모는 자녀를 양육하는데 적합한 환경을 만들어 주면서 그들을 세상의 풍랑으로부터 보호해 줄 수 있는 것이다. 부부가 간음으로 언약을 깨는 것은 가정을 파괴하는 것이고 자녀에게 큰 상처와 고통을 안겨주는 것이다.

매춘, 동성애, 근친상간 등과 같은 행위도 간음으로 7계명을 범하는 것이다. 결혼의 서약을 범하기 때문이다. 동시에 혼전(婚前) 성(性)도 7계명을 범하는 것이다. 결혼 전에 있는 남녀 간의 성관계는 "음행"에 속한다. 바울은 말한다. "음행을 피하라 사람이 범하는 죄마다 몸 밖에 있거니와 음행하는 자는 자기 몸에 죄를 범하느니라."(고전 6:18) 음행은 결혼 밖에서 일어나는 모든 성관계를 말한다. 간혹 결혼 전 남녀간의 성관계에 대해 성경에서 정확하게 죄라고 말하지 않는다고 말하는 자들이 있다. 그러나 그것은 그렇지 않다. 출애굽기 22:16-17은 이렇게 말한다. "사람이 약혼하지 아니한 처녀를 꾀어 동침하였으면 납폐금을 주고 아내로 삼을 것이요. 만일 처녀의 아버지가 딸을 그에게 주기를 거절하면 그는 처녀에게 납폐금으로 돈을 낼지니라." 신명기 22:13-21은 여인이 결혼 전에 처녀가 아니라는 것이 밝혀지면 매춘부로 여기고 돌로 쳐 죽이라고 말한다. 남자나 여자 모두에게 혼전(婚前)성(性)은 잘못된 것이다.

예수님께서는 7계명에 대해 다음과 같은 해석을 하셨다. "또 간음하지 말라 하였다는 것을 너희가 들었으나 나는 너희에게 이르노니 음욕을 품고 여자를 보는 자마다 마음에 이미 간음하였느니라."(마 5:27-28) 여기서도 예수님은 행동 전에 그 행동을 유발하는 심령 속 동기를 말씀하신다. 살인이 분노로부터 나오듯이, 간음도 음욕으로부터 나온다. 하나님은 단순히 살인과 간음이라는 행동만이 아니고 그 행동을 유발하는 동기를 지적하시는 것이다. 하나님을 기쁘게 하려는 자들은 자신의 행동뿐만이 아니고 자신의 심령 속의 상태를 점검해야 한다.

도둑질 금지

"도둑질하지 말라."(출 20:15) 8계명은 남에게 속한 것을 여러 가지 방법을 통하여 빼앗는 것을 금하는 계명이다. 타락한 인간은 자신의 경제적 이익을 위해 남에게 손해를 끼치는 일을 한다. 남의 입장은 고려하지 않고 자신만 이득을 보면 된다는 지극히 이기적인 입장에서 사회에 악을 끼치는 나쁜 행위를 저지르는 것이다. 그 방법은 절도, 강도, 갈취 등 쉽게 눈에 띠는 방법도 있지만, 교묘하게 남의 눈을 속이며 도둑질하는 경우도 많다. 상행위의 부정, 계약의 불공정, 고리대금, 뇌물, 불공정거래, 세금포탈 등등이 있다. 8계명은 이런 모든 것을 금한다. 언약 백성으로 살면서 우리 그리스도인들은 거룩한 백성, 제사장 나라로 율법을 지키며 하나님과의 언약 관계를 지키기 위해 최선을 다하길 원한다. 언약 백성으로 언약의 하나님을 사랑하기 때문이다.

8계명은 하나님께서 인간에게 물질의 소유권을 주신 것을 전제로 한다. 물론 모든 물질은 궁극적으로 하나님에게 속한다. 그런 하나님은 인간이 당신의 이름으로 땅을 정복하라고 부르셨다. 우리는 하나님의 피조물을 돌보아야할 책임이 주어진 하나님의 청지기이다. 그 청지기에게 하나님께서는 그것들을 즐길 수 있는 권한을 주셨다. 우리는 하나님의 영광을 위해, 그리고 우리의 유익을 위해 그것을 운영하는 것이다. 하나님은 특정한 사람에게 특정 물질을 주셨다. 이스라엘에게 가나안 땅을 주셨고, 이스라엘의 각 족속에게 땅의 특정 부분을 주셨다. 그러나 이스라엘에게 주어진 땅은 하나님의 거룩한 땅이었고 하나님의 특별한 현존이 함께 하는 곳이었다. 그러므로 이스라엘 가족은 그들의 땅을 영구적으로 팔지 못하도록 되어 있었다. 땅은 궁극적으로 하나님의 것이고 하나님께서 그 사용의 용도를 가지고 계시기 때문이다. 레위기 25:10-35은 이것을 잘 말해준다. "너희는 오십년 해를 거룩하게 하여 그 땅에 있는 모든 주민을 위하여 자유를 공포하라. 이 해는 너희에게 희년이니 너희는 각각 사기의 소유지로 돌아가며 각각 자기의 가족에게로 돌아갈지며 그 오십 년째 해는 너희의 희년이니 너희는 파종하지 말며 스스로 난 것을 거두지 말며 가꾸지 아니한 포도를 거두지 말라… 토지를 영구히 팔지 말 것은 토지는 다 내 것임이니라. 너희는 거류민이요 동거하는 자로서 나와 함께 있느니라." 또한 하나님은 매 7년마다 땅을 놀게 하셨다(레 25:4). 땅은 이스라엘 것이지만 궁극적으로 하나님의 것이다. 우리의 물질은 우리의 소유권 하에 있기는 하지만, 궁극적으로 우리가 가지고 있는 모든 물질은 하나님 것이고 우리는 하나님의 것을 운영하는 청지기에 불과하다.

8계명은 노동 윤리를 전제로 하고 있다. 타락 후 노동(일)은 고통을 동반하게 되었다. 그럼에도 노동은 우리에게 필요한 것이고 유익한 것이다. 그러므로 우리는 게을러서는 안 된다. "게으른 자여 개미에게 가서 그가 하는 것을 보고 지혜를 얻으라… 게으른 자여 네가 어느 때까지 누워 있겠느냐. 내가 어느 때까지 잠이 깨어 일어나겠느냐. 좀 더 자자, 좀 더 졸자, 손을 모으고 좀 더 누워 있자 하면 네 빈궁이 강도같이 오며 네 곤핍이 군사같이 이르리라."(잠 6:6-11) 사도 바울은 노동의 중요성을 강조하며 일하지 않는 사람은 먹을 자격이 없다고 말한다. 이런 사람은 살 가치가 없다는 것이다. "누구든지 일하기 싫어하거든 먹지도 말게 하라"고 말한다."(살후 3:10) 인간은 노동을 통해 스스로 책임지고 자신의 삶을 영위해야 할 의무가 있다. 일을 할 수 있는 사람이 일을 하지 않을 경우에는 동료 믿는 자들의 도움을 받아서는 안 된다는 의미가 된다.

노동은 도둑질의 반대이다. 바울은 이렇게 말한다. "도둑질하는 자는 다시 도둑질하지 말고 돌이켜 가난한 자에게 구제할 수 있도록 자기 손으로 수고하여 선한 일을 하라."(엡 4:28) 생계의 방법으로 노동이 도둑질을 대치하는 것이다. 도둑질하는 자를 오히려 남을 돕는 자로 만들라는 말이다. 남의 것을 취하기보다는 자신의 것을 남에게 주라는 것이다. 그러므로 8계명은 베푸는 삶을 말하는 것이 된다. 즉, 8계명은 모든 사람에게 자기의 것을 정당하게 소유하도록 해주고, 나아가 다른 사람을 위해 사랑을 베풀어 자신의 것을 희생하도록 하라는 말이다. 이런 의미에서 8계명은 공의와 자비를 명하고 있다.

성경은 부에 대해 부정적으로 말하지 않는다. 부자가 되는 것이 죄는 아니다. 하나님의 물질적 축복을 즐기는 것도 죄는 아니다. 언약의 축복도 물질적 축복을 말하고 있다. (물론 구약의 물질적 축복은 신약의 영적 축복의 그림자였다는 것을 잊지 말라.) 그럼에도 성경은 부를 유혹과 연결시킨다. 죄인 된 인간은 다른 무엇보다도 부를 최상의 것으로 여기고 그것을 얻는데 모든 관심을 기울인다. 그래서 예수님께서는 우리에게 부를 땅에 쌓지 말고 하늘에 쌓으라고 말씀하신다(마 6:19-20). 하나님과 재물을 동시에 섬기려 하는 것을 경고하신다(마 6:24). 자신의 영혼을 고려하지 않고 곡간을 늘리는 일에만 관심을 가지고 있는 어리석은 부자에 대해 말씀하신다(눅 12:13-21). 지옥에서 고통을 당하고 있으면서 자신의 가족에게 도움을 요청하고 있는 부자에 대해 말한다(눅 16:19-31). 그리고 부자가 천국에 들어가는 것이 낙타가 바늘구멍에 들어가는 것보다 어렵다고 말씀하신다(마 19:24).

물질은 필요한 것이고 생계를 위해 중요한 수단이다. 그런데 물질이 삶을 위한 수단 정도의 경지를 초월하여 가장 신뢰할 수 있는 존재가 되어버릴 수 있다. 사실 많은 사람들이 그런 말을 한다. 돈 만 있으면 다 된다. 돈 밖에는 믿을 것이 없다. 그래서 돈의 가치가 상승하여 의존의 대상이 되고 즐거움을 가져다주는 원동력이 되면서 결국은 인생의 목표가 되어 버린다. 이렇게 되면 심각한 문제가 발생한다. 우리 그리스도인의 마음에 가장 소중한 것이 더 이상 하나님이 아니고 물질이 되기 때문이다. 그리스도인은 물질에 대해 분명한 입장을 가지고 있어야 한다. 사도 바울은 그리스도인의 물질관을 다음과 같이 말한다. "우리가 세상에 아무것도 가지고 온 것이 없으매 또한 아무 것도 가지고 가지 못하리니 우리가 먹을 것과 입을 것이 있은즉 족한 줄로 알 것이니라. 부하려 하는 자들은 시험과 올무와 여러 가지 어리석고 해로운 욕심에 떨어지나니 곧 사람으로 파멸과 멸망에 빠지게 하는 것이라. 돈을 사랑함이 일만 악의 뿌리가 되나니 이것을 탐내는 자들은 미혹을 받아 믿음에서 떠나 많은 근심으로써 자기를 찔렀도다."(딤전 6:6-10) 돈 자체가 문제는 아니다. 돈이 많으면 좋은 일을 할 수 있다. 돈은 꼭 필요하다. 문제는 돈을 사랑하는 것에 있다. 돈이 좋아보이니까 너무도 좋아하여 사랑의 대상이 되어 버리는 것이 문제다. 거기서 수많은 문제가 나온다. 돈을 사랑하는 것이 일만 악의 뿌리가 된다는 것이 그 말이다. 돈이 문제가 아니고 하나님보다 돈을 더 좋아하는 것이 문제다. 즉, 부를 가지고 있는 것이 문제가 아니고, 하나님보다 부에 소망을 더 가지고 있는 것이 문제다. 바울은 말한다. "네가 이 세대에서 부한 자들을 명하여 마음을 높이 두지 말고 정함이 없는 재물에 소망을 두지 말고 오직 우리에게 모든 것을 후히 주사 누리게 하시는 하나님께 두며 선을 행하고 선한 사업을 많이 하고 나누어 주기를 좋아하며 너그러운 자가 되게 하라."(딤전 6:17-18)

성경에 가장 많이 나타나 있는 가르침 중 하나는 가난한 자를 돌보라는 것이다. 돈이 사랑의 대상이고 인생의 소망이라면 가난한 자를 돌볼 수 없다. 남에게 내가 소유한 물질과 돈을 나누어 줄 수 없기 때문이다. 그러나 돈이 하나의 수단이라면 좋은 일을 위해 사용할 수 있다. 가난한 자를 돌보는 것은 하나님께서 명하시는 것이고 기뻐받으시는 일이다. 신명기 15:7-8은 이렇게 말한다. "네 하나님 여호와께서 네게 주신 땅 어느 성읍에서든지 가난한 형제가 너와 함께 거주하거든 그 가난한 형제에게 네 마음을 완악하게 하지 말며 네 손을 움켜쥐지 말고 반드시 네 손을 그에게 펴서 그에게 필요한 대로 쓸 것을 넉넉히 꾸어주라." 잠언 14:31에서도 이렇게 말한다. "가난한 사람을 학대하는 자는 그를 지으신 이를 멸시하는 자요 궁핍한 사람을 불쌍히 여기는 자는 주를 공경하는 자니라."

누가복음 16장에 부자가 음부에서 고통을 받는 이유는 그가 부자라서가 아니고 거지 나사로에게 전혀 동정심을 가지지 않았기 때문이다. 제자들이 바울과 바나바를 이방 선교사로 세울 때 그들에게 한 가지 조건을 주었다. 가난한 자들을 돌보는 것이었다. "다만 우리에게 가난한 자들을 기억하도록 부탁하였으니 이것은 나도 본래부터 힘써 행하여 왔노라."(갈 2:10) 야고보 사도는 말한다. "보라 너희 밭에서 추수한 품꾼에게 주지 아니한 삯이 소리 지르며 그 추수한 자의 우는 소리가 만군의 주의 귀에 들렸느니라."(약 5:4) 그들의 죄는 부자가 되어서가 아니고 가난한 자를 학대하여 부를 얻었기 때문이다.

경건한 자의 면모 중 빼놓을 수 없는 것 한 가지는 가난한 자를 돌보는 것이다. 야고보서는 이런 말을 한다. "하나님 아버지 앞에서 정결하고 더러움이 없는 경건은 곧 고아와 과부를 그 환난 중에 돌보고 또 자기를 지켜 세속에 물들지 아니하는 그것이니라."(약 1:27) 고아와 과부를 돌보라는 말과 세속에서 자신을 물들지 않게 지키라는 말이 동급으로 표현되어 있다. 마태복음 25:31-46을 보면, '형제 중 지극히 작은 자 하나에게 주릴 때 음식을 대접하고 목마를 때 마실 것을 주며 나그네를 영접하고 헐벗은 자에게 옷을 준 것이 곧 자신에게 한 것'이라고 예수님은 가르치신다. 이런 행위로 참 믿는 자의 여부를 가릴 수 있다는 말이다. 가난한 그리스도인을 섬기는 것은 곧 그리스도를 섬기는 것이다. 그리고 진정으로 예수 믿는 자들은 가난한 자들을 그냥 지나치지 않는다.

누가 가난한 자인가? 게으르기 때문에 물질적으로 어려움이 있는 자는 진정으로 가난한 자가 아니다. 성경에서 가난한 자란 자신의 주변 여건으로 말미암아 어쩔 수 없이 가난한 상황에 처하게 된 자들을 말한다. 성경에는 고아와 과부가 대표적인 예로 나온다. 그들은 돌봄을 받아야 한다는 것이다. 장애인들도 마찬가지이다. 불가항력적인 상황으로 말미암아 가난하게 되었고 스스로의 힘으로 그 가난에서 벗어날 수 없는 자들을 말한다. 부자와 권력자에게 억압을 받아 가난하게 되어 그 가난에서 풀려나오지 못하는 자들도 그렇다. 이런 자들을 우리는 돌보아야 한다. 8계명은 단순히 남의 물건을 훔치지 말라는 말이 아니다. 공의를 지키고 자비를 베풀라는 말이다.

거짓 증언 금지

"네 이웃에 대하여 거짓 증거하지 말라."(출 20:16) 9계명은 법적 성격을 띠고 있다. 누구에 대하여 거짓 증거한다는 말은 법정에서 위증하지 말라는 의미이기 때문이다. 위증은 사실을 왜곡하여 이웃에게 심각한 피해를 주는 결과를 초래한다. 법적 증언은 주어진 상황에 대해 진위 여부를 가릴 수 있는 결정적인 자료를 제공하며, 증인의 진술은 피고인에게 막대한 영향을 끼친다. 구약 성경은 법적 증언이 삶과 죽음을 가른 예를 소개한다. "때에 불량자 두 사람이 들어와 그의 앞에 앉고 백성 앞에서 나봇에게 대하여 증언을 하여 이르기를 나봇이 하나님과 왕을 저주하였다 하매 무리가 그를 성읍 밖으로 끌고 나가서 돌로 쳐죽"였다(왕상 21:13). 예수님 때에도 거짓 증언이 있었다. "대제사장들과 온 공회가 예수를 죽이려고 그를 칠 거짓 증거를 찾으매 거짓 증인이 많이 왔으나 얻지 못하더니 후에 두 사람이 와서 이르되 이 사람의 말이 내가 하나님의 성전을 헐고 사흘 동안에 지을 수 있다"고 말했다(마 26:59-61). 신명기 17:4-7은 이렇게 말한다. "어떤 남자나 여자가 네 하나님 여호와의 목전에 악을 행하여 그 언약을 어기고 가서 다른 신들을 섬겨 그것에게 절하여 내가 명령하지 아니한 일월성신에게 절한다 하자. 그것이 네게 알려지므로 네가 듣거든 자세히 조사해 볼지니 만일 그 일과 말이 확실하여 이스라엘 중에 이런 가증한 일을 행함이 있으면 너는 그 악을 행한 남자나 여자를 네 성문으로 끌어내고 그 남자나 여자를 돌로 쳐 죽이되 죽일 자를 두 사람이나 세 사람의 증언으로 죽일 것이요 한 사람의 증언으로는 죽이지 말 것이며 이런 자를 죽이기 위하여는 증인이 먼저 그에게 손을 댄 후에 뭇 백성이 손을 댈지니라. 너는 이와 같이 하여 너희 중에서 악을 제할지니라."

만일 위증을 했을 경우에는 위증자를 다음과 같이 처결한다. "사람의 모든 악에 관하여 또한 모든 죄에 관하여는 한 증인으로만 정할 것이 아니요 두 증인의 입으로나 또는 세 증인의 입으로 그 사건을 확정할 것이며 만일 위증하는 자가 있어 어떤 사람이 악을 행하였다고 말하면 그 논쟁하는 쌍방이 같이 하나님 앞에 나아가 그 당시의 제사장과 재판장 앞에 설 것이요 재판장은 자세히 조사하여 그 증인이 거짓 증거하여 그 형제를 거짓으로 모함한 것이 판명되면 그가 그의 형제에게 행하려고 꾀한 그대로 그에게 행하여 너희 중에서 악을 제하라."(신 19:15-19) 9계명은 8계명(도둑질하지 말라)과 더불어 이스라엘의 정의 체제를 강조하는 중요한 역할을 한다.

9계명은 언약공동체 안에서 진실에 대한 일반적 관심을 고양시키고 있다. 호세아 4:1-2은 이스라엘의 죄들을 열거하고 있다. "이스라엘 자손들아 여호와의 말씀을 들으라. 여호와께서 이 땅 주민과 논쟁하시나니 이 땅에는 진실도 없고 인애도 없고 하나님을 아는 지식도 없고 오직 저주와 속임과 살인과 도둑질과 간음뿐이요. 포악하여 피가 피를 뒤이음이라." 여기에 "속임"이라는 말은 9계명을 염두에 둔 표현이다. 그러므로 우리는 9계명을 일반적 죄인 "거짓말(속임)"에 대한 계명으로 본다. "그들이 이웃에게 각기 거짓을 말함이여 아첨하는 입술과 두 마음으로 말하는도다."(시 12:2) 사탄은 거짓말쟁이요 거짓의 아비이며(요 8:44), 거짓은 비신자들의 일반적인 특성이다. 그래서 거짓 선지자는 돌로 쳐 죽이도록 했다(신 13:1-5).

거짓말은 여러 가지 모양으로 사람에게 피해를 준다. 험담과 비방이 있다. "그들이 마음에 하나님을 두기를 싫어하매 하나님께서 그들을 그 상실한 마음대로 내버려 두사 합당하지 못한 일을 하게 하셨으니, 곧 모든 불의, 추악, 탐욕, 악의가 가득한 자요. 시기, 살인, 분쟁, 사기, 악독이 가득한 자요. 수군수군하는 자요. 비방하는 자요. 하나님께서 미워하시는 자요. 능욕하는 자요. 교만한 자요. 자랑하는 자요. 악을 도모하는 자요. 부모를 거역하는 자요. 우매한 자요. 배약하는 자요. 무정한 자요. 무자비한 자라."(롬 1:28-31) 경솔한 판단과 비판이 있다. "비판을 받지 아니하려거든 비판하지 말라. 너희가 비판하는 그 비판으로 너희가 비판을 받을 것이요. 너희가 헤아리는 그 헤아림으로 너희가 헤아림을 받을 것이니라. 어찌하여 형제의 눈 속에 있는 티는 보고 네 눈 속에 있는 들보는 깨닫지 못하느냐."(마 7:1-3) 말의 왜곡이 있다. "대제사장들과 온 공회가 예수를 죽이려고 그를 칠 거짓 증거를 찾으매 거짓 증인이 많이 왔으나 얻지 못하더니 후에 두 사람이 와서 이르되 이 사람의 말이 내가 하나님의 성전을 헐고 사흘 동안에 지을 수 있다 하더라"고 말했다(마 26:59-61).

혀는 악을 행할 수 있는 큰 힘을 가지고 있다. 그러므로 매우 조심해야 한다. "우리가 다 실수가 많으나 만일 말에 실수가 없는 자라면 곧 온전한 사람이라 능히 온 몸도 굴레 씌우리라. 우리가 말들의 입에 재갈 물리는 것은 우리에게 순종하게 하려고 그 온 몸을 제어하는 것이라. 또 배를 보라 그렇게 크고 광풍에 밀려가는 것들을 지극히 작은 키로써 사공의 뜻대로 운행하나니 이와 같이 혀도 작은 지체로되 큰 것을 자랑하도다. 보라 얼마나 작은 불이 얼마나 많은 나무를 태우는가. 혀는 곧 불이요 불의의 세계라. 혀는 우리 지체 중에서 온 몸을 더럽히고 삶의 수레바퀴를 불사르나니 그 사르는 것이 지옥 불에서 나느니라. 여러 종류의 짐승과 새와 벌레와 바다의 생물은 다 사람이 길들일 수 있고 길들여 왔거니와 혀는 능히 길들일 사람이 없나니 쉬지 아니하는 악이요 죽이는 독이 가득한 것이라. 이것으로 우리가 주 아버지를 찬송하고 또 이것으로 하나님의 형상대로 지음을 받은 사람을 저주하나니 한 입에서 찬송과 저주가 나오는도다. 내 형제들아 이것이 마땅하지 아니하니라."(약 3:2-10)

증거는 말로만 하는 것은 아니다. 이스라엘은 하나님의 성품과 위대한 행동을 이방에 증거 해야 했다. 하나님께서 말씀하셨다. "너희는 나의 증인, 나의 종으로 택함을 입었나니 이는 너희가 나를 알고 믿으며 내가 그인 줄 깨닫게 하려 함이라. 나의 전에 지음을 받은 신이 없었느니라. 나의 후에도 없으리라. 나 곧 나는 여호와라. 나 외에 구원자가 없느니라. 내가 알려 주었으며 구원하였으며 보였고 너희 중에 다른 신이 없었나니 그러므로 너희는 나의 증인이요 나는 하나님이니라. 여호와의 말씀이니라."(사 43:10-12) 그리스도인들은 예수님을 증거하는 자들이다. "오직 성령이 너희에게 임하시면 너희가 권능을 받고 예루살렘과 온 유대와 사마리아와 땅 끝까지 이르러 내 증인이 되리라 하시니라."(행 1:8) 예수님 자신은 하나님의 참 증인이시고 진리의 증인이시다. "예수님께서 대답하시되 네 말과 같이 내가 왕이니라. 내가 이를 위하여 태어났으며 이를 위하여 세상에 왔나니 곧 진리에 대하여 증언하려 함이로라. 무릇 진리에 속한 자는 내 음성을 듣느니라 하신대…"(요. 18:37).

우리 그리스도인들은 우리의 존재 자체로 하나님을 증거 한다. 우리는 하나님을 증거 하라고 명령을 받아서 행하는 것이 아니다. 우리는 이미 증인이다. 하나님께서 우리 믿는 자들을 하나님의 증인으로 만드셨다. 우리에게는 선택의 여지가 없다. 하나님은 우리를 증인이 되라고 명령하지 않으셨다. 주를 믿는 자가 되면 우리는 이미 하나님의 증인이기 때문이다. 문제는 우리가 하나님을 어떻게 증거하고 있는가이다. 진실되게 증거하고 있는지 거짓되게 증거하고 있는지가 관건이 되는 것이다. 말로만이 아니고 자연스럽게 나타나는 우리의 존재 자체로 말이다.

9계명은 믿는 자와 그 이웃 사이의 구체적인 관계 가운데 일어나는 일을 다룬다. 9계명을 지킨다는 것은 사람과 사람 사이의 진실을 증진시켜 아름다운 인간관계를 도모하는 것이다. 거짓말을 한다는 것은 단순히 사실이 아닌 진술을 한다는 것이 아니다. 실수는 거짓말이 아니다. 강조를 위한 과장이나 약간 지나친 칭찬도 거짓 증거가 아니다. "너무 아름답다.", "너무 젊어 보인다.", "너무 잘한다." 이런 과장은 의사소통을 위한 방법이고 그런 칭찬은 상대방에게 격려를 해주기 위함이다. 어떤 사람을 보호하기 위해 사실이 아닌 말을 하는 것도 거짓말이 아니다. 과거에 공산당에게 또는 일본 순경에게 가족의 생명을 보호하기 위해 부모는 거짓을 했다. 자식을 광 속에 숨겨놓고 없다고 말했다. 이런 말의 의도가 상대방에게 해를 끼치기 위한 것이 아니고, 생명을 살리고 남을 도우며 유익을 가져다주기 위한 것이다. 그것은 거짓말이 아니다. 그러면 거짓말(거짓 증거)이 무엇인가? 거짓말은 상대방에게 해를 주기 위해 의도적으로 남을 속이는 말이나 행동을 하는 것이다.

9계명은 이웃 사랑의 한 중요한 방법이다. 이웃을 해하려는 의도를 가지고 거짓을 말하지 말고, 그의 명예를 위해 사랑으로 진실을 말하여 사람과 사람 사이에 정의를 세우고 거룩한 나라와 제사장 백성으로 살라는 것이다. 언약공동체가 서로 돕고 서로를 세워야지, 해를 끼치고 무너뜨려 인간관계를 파괴해서는 안 된다는 의미를 담고 있다. 나아가 언약공동체를 초월하여 그리스도인은 모든 사람과 관계를 맺고 살 때 진실을 말하며 정의를 세워 하나님을 증거 해야 한다.

탐심 금지

"네 이웃의 집을 탐내지 말라. 네 이웃의 아내와 그의 남종이나 그의 여종이나 그의 소나 그의 나귀나 무릇 네 이웃의 소유를 탐내지 말라."(출 20:17) 신약에는 열 번째 계명이 간단히 표현되고 있다. "탐내지 말라."(롬 7:7) "간음하지 말라, 살인하지 말라, 도둑질 하지 말라, 탐내지 말라."(롬 13:9) 간단히 탐내지 말라고 하면 될 것 같은데, 열 번째 계명은 구체적으로 여러 항목들을 나열하며 이러 이런 것들을 탐내지 말라고 한다. 이것은 4계명과 매우 흡사한 양상을 가지고 있다. 4계명은 안식일 준수 명령인데, 너와 네 아들, 네 딸, 네 남종, 네 여종, 네 가축, 네 문안에 머무는 객 등 모두에게 안식을 주라고 구체적으로 나열하고 있다. 안식을 해야 하는 모두를 이렇게 구체적으로 열거하는 이유는 무엇인가? "무엇이든지 탐내지 말라"라는 일반적인 표현보다는, 탐낼 수 있는 대상을 이렇게까지 확실하게 지목하여 구체적으로 나열하는 이유는 무엇인가? 일반적 표현보다는 구체적 열거가 말씀을 듣는 자들의 심령에 더 깊이 새겨지기 때문이다. 상세한 나열을 통해 남의 것을 탐내는 인간의 죄성을 더 적나라하게 밝혀 마음에 확실히 와 닿게 하는 것이다. 아울러 열 번째 계명은 믿는 자와 그의 이웃 사이의 관계가 탐심으로 말미암아 얼마나 쉽게 손상이 갈 수 있는지를 생각하게 한다.

열 번째 계명은 인간의 심령을 말하고 있다. 물론 모든 다른 계명도 마찬가지다. 예수님께서 그렇게 가르치셨다. 살인의 행위는 살인의 욕망으로부터 나온다. 살인의 욕망은 불의한 분노로부터 나온다. 간음의 행위는 다른 사람의 아내에 대한 욕망으로부터 나온다. 도둑질의 행위는 남의 물건에 대한 탐심으로부터 나온다. 예수님은 바로 그 욕망이 문제의 근원이라고 말씀하셨다. 열 번째 계명은 죄를 향한 모든 욕망 그 자체가 죄가 된다는 것을 말하고 있다. 예수님께서 십계명을 전체적으로 이해하신 것이 곧 열 번째 계명에 의해 입증되는 것이다. 심령에 대한 관심은 신약에만 있는 것이 아니다. 구약에도 마찬가지다. 처음부터 하나님은 이스라엘이 당신의 말씀을 그들의 심령에 새기기를 원하셨다. "너는 마음을 다하고 뜻을 다하고 힘을 다하여 네 하나님 여호와를 사랑하라. 오늘 내가 네게 명하는 이 말씀을 너는 마음에 새기"도록 하라고 하셨다(신 6:5-6). 열 번째 계명은 모든 죄가 심령 속의 동기에서 우러나오는 것으로 결론을 내리며 십계명의 절정에 도달한다.

열 번째 계명이 우리에게 요구하는 것은 무엇인가? 우리가 처해 있는 자신의 형편에 만족해야 하는 것이다. 하나님께서 우리에게 주신 것이 충분하다고 느끼며 그것에 감사해야 한다. 하나님께서 나에게 주신 것에 진정으로 만족한다면, 나는 이웃의 것을 탐내지 않을 것이다. 하나님의 무한한 지혜와 그리스도 안에서 우리를 향한 사랑을 안다면, 하나님께서 우리에게 주시는 것에 어떻게 만족하지 않을 수 있겠는가? 우리는 하나님께서 주신 것에 대한 만족으로 말미암아 흡족한 심령을 가지고 이웃을 대한다. 이웃의 것을 탐하는 것은 우리 내면에 만족이 없기 때문이다. 우리 영혼에 넘쳐흐르는 충만이 없기 때문이다. 충만에서 우러나오는 우리 내면의 모든 선한 동기와 넘치는 애정이 이웃을 향하고 이웃을 만져주고 베풀어주는 것이다.

열 번째 계명에서 금하는 죄는 무엇인가? 우리 형편에 대해 만족하지 못하고 불만에 차는 것이다. 그렇게 되면 우리 이웃이 가지고 있는 좋은 것을 시기하고 그들이 가진 좋은 것을 생각하며 속이 상하는 것이다. 그리하여 모든 잘못된 동기와 그릇된 심정으로 그것을 가지고 있는 이웃에 돌을 던지게 된다. 하나님께서 주신 것에 만족하지 못하는 것은 나쁜 것이다. 나아가 남의 물질을 보고 내 마음이 상하게 된다면 그것은 더 나쁜 것이다. 우리는 하나님이 우리에게 주신 축복에 감사할 뿐 아니라 남에게 주신 것에 대해서도 감사해야 한다. 남이 나보다 더 많이 번성하고 더 많은 것을 가진 것 때문에 그를 시기하다 못해 미워하고 증오한다면, 그것은 더욱 나쁜 것이다. 남의 성공에 대한 증오는 좋지 않은 것이고 위험한 것이다. 이것은 현대 정치에 큰 영향력을 행사했고, 부분적으로 사회주의와 공산주의라는 그릇된 정치형태로 나타났으며 인류에 큰 악영향을 미쳤다.

탐한다(욕망한다)는 것은 무엇인가? 성경은 불교처럼 모든 욕망을 다 정죄하지 않는다. 성경은 우리의 순종을 불러일으키기 위해 보상을 약속하며, 하나님의 복에 대한 욕망을 성낭화 한다. 하나님 자신이 믿는 자들의 마음에 있는 가장 강렬한 욕망의 대상이다. 시편 기자는 이렇게 한탄했다. "하나님이여 사슴이 시냇물을 찾기에 갈급함 같이 내 영혼이 주를 찾기에 갈급하나이다. 내 영혼이 하나님 곧 살아 계시는 하나님을 갈망하나니 내가 어느 때에 나아가서 하나님의 얼굴을 뵈올까. 사람들이 종일 내게 하는 말이 네 하나님이 어디 있느뇨 하오니 내

눈물이 주야로 내 음식이 되었도다."(시 42:1-2)

하나님은 언약을 지키는 자에게 복을 약속하신다. 그래서 우리는 그 복을 욕망한다. 그러면 어떤 경우에 탐심이 문제가 되는가? 어떤 사람이 남의 집에 있는 좋은 물건을 보고 좋아하거나 감탄하며 흠모하는 자체는 잘못이라 할 수 없다. 그러나 그것이 자기 것이 되기를 원하는 마음이 생기고 훔치고자 하는 욕망이 생기면 그것은 잘못이다. 욕망이 실현되는 데는 4단계가 있다. 첫째, 즉흥적 욕망이 생기고, 둘째, 그 욕망을 키우며, 셋째, 커진 그 욕망을 달성하기 위한 계획을 세우고, 넷째, 행동을 통해 그 욕망을 완성한다. 우리는 이런 욕망의 단계가 진행되는 것을 주시하며, 혹 첫 번째 단계가 시작되어도 그것 자체가 인간의 죄성에서 나오는 것으로 알고 조심하고 바로 회개하여 더 이상 진행되지 않도록 해야 한다.

하나님께서 주신 좋은 것에 대한 욕망은 나쁜 것이 될 수 없다. 사업의 성공, 자식의 성공, 남편의 잘 됨, 좋은 건강 등이 왜 나쁜 것이겠는가? 그러나 그 욕망이 지나치면 문제가 된다. 하나님을 바라는 욕망보다 더 큰 욕망이 된다면 그것은 우상 숭배가 되기 때문이다. "그러므로 땅에 있는 지체를 죽이라. 곧 음란과 부정과 사욕과 악한 정욕과 탐심이니 탐심은 우상 숭배니라. 이것들로 말미암아 하나님의 진노가 임하느니라."(골 3:5-6) 우리는 세상 모든 것들을 소유하거나 사용할 때 적절하게 해야 한다. 그것들이 마치 영원한 가치를 가지고 있는 것처럼 행동해서는 안 된다. 세상의 어떤 것들도 영원한 것이 없고, 영원한 가치를 가지고 있는 것도 없다. 모든 것은 지나가는 것이기 때문이다. 지나가는 것을 가지고 마치 영원한 것처럼, 영원한 가치를 가지고 있는 것처럼 생각하고 마음을 빼앗기고 바라보고 추구한다면 그것은 탐심이고 우상 숭배가 되는 것이다. 우리가 인생을 걸고 바라보며 추구할 수 있는 존재는 하나 밖에 없다. 영원하신 하나님이시다. 그 외의 모든 것들은 하나님 아래에 존재한다. 사도 바울은 이렇게 말한다. "형제들아 내가 이 말을 하노니 그 때가 단축하여진 고로 이 후부터 아내가 있는 자들은 없는 자 같이 하며, 우는 자들은 울지 않는 자 같이 하며, 기쁜 자들은 기쁘지 않은 자 같이 하며, 매매하는 자들은 없는 자 같이 하며, 세상 물건을 쓰는 자들은 다 쓰지 못하는 자 같이 하라. 이 세상의 외형은 지나감이라."(고전 7:29-31)

제15장

The truth of the Christian faith

인간

　　인간은 바벨탑을 쌓으며 스스로 하늘에 도달하려 했다. 이에 하나님은 진노하셨고 그것에 대한 벌로 언어를 흩으셨다. 인간이 한 언어로 소통하던 상황이 사라진 것이다. 이에 대해 창세기 11:1-9은 이렇게 말한다. "온 땅의 언어가 하나요 말이 하나였더라… 서로 말하되, 자 벽돌을 만들어 견고히 굽자하고… 또 말하되, 자 성읍과 탑을 건설하여 그 탑 꼭대기를 하늘에 닿게 하여 우리 이름을 내고 온 지면에 흩어짐을 면하자 하였더니… 여호와께서 이르시되 이 무리가 한 족속이요 언어도 하나이므로 이같이 시작하였으니… 자, 우리가 내려가서 거기서 그들의 언어를 혼잡하게 하여 그들이 서로 알아듣지 못하게 하자 하시고 여호와께서 거기서 그들을 온 지면에 흩으셨으므로 그들이 그 도시를 건설하기를 그쳤더라."

무엇이 문제인가? 무엇이 인간을 그렇게 하도록 했고 하나님은 왜 그렇게 진노하셨는가? 인간에게는 업적을 통해 스스로에 대한 만족을 얻고자 하는 마음이 있다. 그것은 어떤 일을 통해 성취감을 얻고 자신에 대한 자존감과 자아실현이라는 만족감을 누리는 것이다. 이것은 전체가 다 나쁜 것은 아니다. 내가 하나님의 사역에 동참함으로 얻는 즐거움이 있다. 그것이 어떤 일이든 주신 은사를 사용하여 하나님께 감사하고 하나님께 영광을 돌리면 하나님을 기쁘게 해드리고 나도 기쁜 것이다. 주 안에서 나의 존재감을 느낄 수 있고 내 존재 가치를 발견하기 때문이다. 그러나 바벨탑 사건의 문제는 인간이 하나님을 도외시하고 스스로의 힘으로 하늘에 도달하려는데 있었다. 하나님에 대한 신뢰와 의존을 저버리고 내가 내 능력으로 무엇을 성취하여 내 이름을 내고 그것으로 자아만족을 얻으려 하는 것이 문제였다. 하나님은 없고 나만이 있는 것이다. 그것은 마치 내가 나를 구원하는 자력구원과 같은 원리를 가지고 있기 때문이다.

인간의 문제

자연인의 근본적인 문제는 자기가 누구인지, 지금 어떤 상태에 있는지 모르는데 있다. 이것은 인생에 모든 착각을 일으킨다. 특히 현대인은 인간의 존엄성과 자존심만큼은 매우 소중하다는 것을 배웠다. 과학문명의 발전과 이성적 사고의 확장은 현대인들로 하여금 자신에 대해 매우 높은 평가를 하며 살게 만들었다. 물론 인간에게 대단한 부분이 있다. 인간이 이루어 놓은 과학기술, 문화, 문명의 발전을 보라. 놀라운 것이 사실이다. 타락한 인간에게 어떻게 그런 부분이 있는가? 타락에도 불구하고 하나님의 형상이 부분적으로 남아있기 때문이다. 인간의 위대함은 인간 스스로에게서 나온 것이 아니고, 창조주 하나님께 근본적인 원인이 있다는 말이다.

동시에 인간의 발전이 가능한 이유에는 하나님의 은혜가 있다. 타락의 영향이 들어온 이후에도 하나님께서는 당신의 문화대명령이 지속되도록 하셨기 때문이다. 창세기는 문화대명령을 이렇게 기록한다. "하나님이 그들에게 복을 주시며 하나님이 그들에게 이르시되 생육하고 번성하여 땅에 충만하라, 땅을 정복하라, 바다의 물고기와 하늘의 새와 땅에 움직이는 모든 생물을 다스리라 하시니라."(창 1:2) 이 명령은 중단된 적이 없다. 타락 이후에도 지속된다. 그러므로 인간은 땅을 지배하고 다스리는 일을 하게 된 것이다. 문화가 발달하고 기계와 과학문명이 발전한 것이다. 가인의 후예들도 가축을 치며, 음악을 하고, 구리와 쇠로 여러 가지 기구를 만들었다(창 4:20-22). 아벨을 죽이고 하나님을 버린 자의 후손들도 인간 문명을 발전시킨 것이다. 인간이 타락했지만 하나님께서 일반은총을 주셔서 타락한 인간이라도 문화대명령은 여전히 수행하도록 하신 것이다. 이것을 자연인은 이해하지 못한다. 단순히 인간이 위대하기 때문에 이런 일을 다 할 수 있다고 생각한다. 이것을 인본주의라고 한다. 타락은 신본주의로 가야할 인간을 인본주의로 전락시켰다. 그래서 인간은 하나님을 바라보지 않고 자기만 바라보고 살게 되었다.

복음이 예루살렘과 유다와 사마리아와 땅 끝으로 전해지며, 기독교가 가장 먼저 번성했던 서양에는 이미 고대 문명이 존재하고 있었다. 서양 문명은 고대 희랍 철학에 그 기초를 두고 있다. 기원전 그리스를 중심으로 형성된 희랍사상과 문명은 유럽의 문화를 지배했다. 희랍 철학자들은 상당한 수준의 지혜와 사상을 가지고 있었다. 플라톤, 아리스토텔레스, 소크라테스 등 많은 철학자들은 대단한 능력을 발휘했고 희랍 문명은 로마 제국을 통해 유럽을 지배했다. 교회역사를 돌아보면 2세기부터 시작하여 중세를 거쳐 16세기 종교개혁 전까지 1400년 기간 동안 희랍 철학은 교회의 가르침에도 영향을 주었다. 희랍 철학자들의 가르침이 교회에 침투되었고 그것은 교회 가르침에 많은 부정적 영향을 주었다.

그중에서 가장 문제가 되는 것이 인간에 대한 가르침이었다. 희랍 철학은 인간의 죄성을 다루지 않는다. 인간을 심각한 문제가 있는 죄인으로 보지 않기 때문이다. 희랍 철학자들은 스스로를 대단하다고 생각했고 인간 중심으로 모든 것을 보고 평가했다. 신에 대한 개념도 신의 계시보다는 인간의 합리적 사고로 추리해 나아갔다. 교회는 이것을 부분적으로 받아들이면서 성경의 가르침에 접목하기 시작했다. 그 결과 인간의 타락을 애매하게 만들어 놓았다. 즉, 초자연적 은사(영생, 하나님을 그대로 알 수 있는 능력, 영적 기쁨 등)는 타락으로 상실되었지만, 자연적 은사는 타락의 영향을 받지 않았다는 것이었다. 자연적 은사는 인간의 이성을 말하는 것이었다. 인간의 이성은 창조 그대로이기 때문에 타락의 영향이 없고 여전히 진리를 꿰뚫어 볼 수 있다는 것이다. 인간의 이성은 영적 진리까지도 꿰뚫어 볼 수 있는 힘을 가지고 있다고 가르쳤다. 이런 식으로 중세 시대 오랜 기간 동안 교회는 성경의 가르침과 희랍 철학에 입각한 가르침을 종합하여 교리적 결론을 내렸다. 그 결과 많은 오류가 나타났다. 인간의 구원을 놓고 신인협력설로 귀결시켰고, 하나님의 은혜도 있지만 동시에 인간의 공로도 있다고 가르치게 되었다.

중세 말 1300년대와 1400년대 2세기 동안 르네상스(문예부흥)가 일어났다. 고대 희랍과 로마 문화의 영향이었다. 일반역사는 르네상스를 인간의 문화적 업적이 대단하게 꽃피웠던 사건이라고 기록하고 있다. 드디어 인간이 교회의 사슬에서 벗어나 자유롭게 문화적 능력을 펼칠 수 있게 되었다는 것이다. 이것은 교회에 타격을 주었다. 그전까지 그나마 교회 중심적으로 생각하던 사고방식마저 도전받고 이제는 교회 중심이 아닌 인간 중심의 사고방식을 주장했다. 그전에는 문화와 사상을 교회가 주도했지만, 이제는 교회를 탈피하여 인간 스스로 자유롭게 사상을 펼치고 문화를 펼쳐나가야 한다고 주장했다. 르네상스는 사람들의 관심을 저 세상에서 이 세상으로 바꾸었다. 하나님보다는 인간의 아름다움을 더 귀하게 생각했다. 인본주의는 더욱 강화되었다.

16세기 종교개혁은 인간을 바르게 알기 원했다. 요한 칼빈은 인간이 스스로를 제대로 알 때 하나님을 알 수 있다고 했다. 또한 하나님을 알면 우리 자신을 제대로 알 수 있다고 했다. 그러므로 인간을 아는 지식과 하나님을 아는 지식은 상호적이라고 말했다. 의미심장하다. 인간이 스스로를 속이고 자신이 누구인지를 직면하지 않는다면 그는 절대로 하나님을 만날 수 없다. 그러나 상황과 경로를 통해 자신의 적나라한 모습을 알게 되고 깨닫게 될 때, 그에게는 하나님을 아는 문이 열리기 시작한다. 우리 속에는 하나님을 알만한 것이 있기 때문이다. 하나님의 형상으로 지어졌기 때문이다. 우리는 하나님을 부인할 수 없다. 우리는 자연인일 때 이것을 감추고 억누르고 회피하며 살고 있었다. 그러나 어떤 사건과 계기로 나 자신의 본연의 모습을 직면할 때, 인간의 껍질은 벗겨지고 위장의 막은 내려지며 하나님을 찾으려는 인간 본연의 울부짖음은 시작된다. 철저한 죄인인 나를 발견하고 예수 그리스도의 복음을 통해 나의 근원이신 하나님을 알게 되는 것이다.

현대인의 문제

1. 종교개혁

16세기 종교개혁은 중세의 잘못된 인간에 대한 인식을 성경적으로 수정하려 했다. 종교개혁자들은 성경을 통해, 인간에게 위대한 면은 있지만 그것은 타락에도 불구하고 하나님의 형상이 남아있기 때문이고, 하나님의 문화명령이 여전히 존재하기 때문이라는 것을 알았다. 이것은 하나님의 일반은총이라는 개념으로 정리된다. 타락에도 불구하고 하나님께서는 인류를 파멸하지 않으시고 일반은총을 내려주셔서 타락이 인간에게 마땅한 결과를 가져오지 않도록 막으신 것이다. 아울러 타락에도 불구하고 하나님께서는 일반은총을 내려주셔서 여전히 문화명령을 수행할 수 있도록 하시고 땅을 정복하고 땅에 충만하도록 하셨다. 하나님을 믿지 않는 자들에게도 하나님은 은혜를 주셔서 이 세상에서 행복이라는 것을 느끼며 살게 하셨다. 예수를 믿지 아니함으로 하나님과는 원수 관계임에도 불구하고 하나님께서는 그들에게도 은혜를 주신다는 것이다. 물론 이 은혜는 영생을 얻도록 하는 구원에 이르는 은혜는 아니다. 그렇지만 하나님은 이들에게 기회를 주시고 시간을 주시며 기다리시는 것이다. 이 은혜를 일반은총이라고 한다.

2. 일반은총

일반은총은 우리 그리스도인들에게 높은 윤리수준을 요구하는 근거가 된다. 성경은 이렇게 말한다. "하나님이 그 해를 악인과 선인에게 비추시며 비를 의로운 자와 불의한 자에게 내려주심이라."(마 5:45) 이 말씀은 하나님의 자녀들이 원수를 사랑하고 박해하는 자들을 위해 기도하라는 주님 명령의 근거로 나온다. 예수님께서 이렇게 말씀하셨다. "이같이 한즉 하늘에 계신 너희 아버지의 아들이 되리니 이는 하나님이 그 해를 악인과 선인에게 비추시며 비를 의로운 자와 불의한 자에게 내려주심이라. 너희가 너희를 사랑하는 자를 사랑하면 무슨 상이 있으리요. 세리도 이같이 아니하느냐. 또 너희가 형제에게만 문안하면 남보다 더하는 것이 무엇이냐 이방인들도 이같이 아니하느냐. 그러므로 하늘에 계신 너희 아버지의 온전하심과 같이 너희도 온전하라."(마 5:45-48)." 믿는 자들은 믿지 않는 자들과는 달라야 하고 윤리수준이 더 높아야 한다는 주님의 말씀이시다. 원수까지도 사랑하라는 말씀이다. 그런데 그 근거가 하나님께서 당신을 배척하고 불신하는 당신의 원수 같은 자들에게도 친절을 베푸셔서 이 세상에서 행복을 누리며 살 수 있게 하셨다는 것이다. 이것은 일반은총이 베푸는 자의 입장에서는 얼마나 힘든 것인지 알게 한다. 인간(자연인)의 문제는, 이토록 하나님의 은총을 받으면서도 그것을 주신 분에게 감사하기는커녕 그분을 인정하지 않고 배척하며 살고 있다는데 있다.

3. 계몽주의(啓蒙主義, Enlightenment)

16세기 종교개혁 시기 후, 기독교 유럽은 17세기 이성주의 시대를 거치며 18세기 계몽주의 시대에 도달했다. 17세기에 만유인력의 법칙이 발견되며(1687년 뉴턴) 과학만능 시대의 초석을 다졌고, 18세기 현대과학이 급속도로 발전되면서 계몽주의 시대가 열린 것이다. 계몽주의 시대에 꽃을 피운 과학문명의 발전은 인류를 놀라게 했다. 수학과 물리는 최고 학문의 위치에 올랐고 문학이나 예술 등은 열등한 학문으로 여겨졌다. 학문의 모든 분야를 수학적, 과학적으로 이해하고 해석하려 했다. 인간의 합리적 사고와 과학적 방법이 모든 분야를 지배하는 모습이었다. 이것은 교회에도 지대한 영향을 미쳤다. 전통적인 기독교 믿음의 내용이 도전을 받고 기적이나 초자연적 사건 등은 비과학적이고 비합리적인 내용이라고 거부되기 시작했다. 1700년 이상을 내려오던 서양의 전통적 기독교 가르침이 흔들리기 시작한 것이다. 세상은 계몽주의를 위대한 인류의 업적으로 평가한다. 그러나 계몽주의는 현대인들에게 신앙적으로 결정적인 타격을 준 사건이었다. 많은 성직자들이 성경을 현대 과학적으로 이해하려 노력했고, 많은 신학자들은 성경적 기독교의 가르침을 거부하고 인본주의에 입각한 합리적이고 이성적인 기독교를 만들어내기 시작했다. 그것을 이신론이라고 한다.

4. 이신론(理神論, Deism)

이신론은 창조주 하나님은 믿는데, 하나님의 섭리는 믿지 않았다. 하나님이 천지를 만드시기는 했는데, 우주 법칙을 만드시고 그 법칙에 의해 우주가 그냥 돌아가도록 그대로 놓아두셨다는 것이다. 18세기 과학적 모델이다. 태엽시계를 생각하면 된다. 이신론자들은, 원죄가 합리적이 아니기에 받아들일 수 없다고 했다. 아담이 진 죄를 내가 왜 책임져야 하며 그 대가를 왜 내가 받아야 하는가 라는 것이었다. 동시에 속죄도 받아들일 수가 없었다. 내가 진 죄 값은 내가 받아야지 왜 내가 아닌 남(그리스도)이 받아서 내가 그 혜택을 누릴 수 있는가 하는 도전이었다. 그것은 비합리적일 뿐만이 아니라, 비윤리적이라는 판단이었다. 성경적 기독교를 무너뜨리는 것이었다. 그러나 이들은 그것이 원래의 기독교라고 주장했다. 그들은 원시적 기독교의 잘못된 부분을 고치고 제대로 된, 합리적이고 이성적인 기독교를 회복시켜야 한다고 주장했다. 하나님의 섭리를 부정하고, 원죄와 속죄를 거부하면 기독교에 남는 것이 무엇인가? 윤리뿐이다. 이신론은 기독교를 단순 윤리 종교로 만드는 결과를 초래했다. 이것은 이성과 과학으로 말미암은 인간의 교만이 극치에 달하는 모습을 보게 만든다. 기독교 유럽의 교회가 언제부터 몰락하기 시작했는가? 바로 계몽주의 시대부터이다.

5. 낭만주의(浪漫主義, Romanticism)

시간이 가면서 계몽주의는 그 힘을 점점 잃어가기 시작했다. 사람들은 계몽주의가 제창하는 이성만능주의와 과학제일주의에 대해 반감을 가지기 시작했다. 인간은 이성의 산물만은 아니라는 것이었다. 그들은 인간에게 과학과 수학만이 중요한 것이 아니라고 주장했다. 인간에게는 감정이 있고 감정을 중시하는 문학과 예술도 얼마든지 고귀한 수준의 학문이라는 것이었다. 종교도 과학으로는 설명할 수 없지만 인정해 주어야 하는 인간의 중요한 부분이라고 강조했다. 인간에게는 이성과 과학으로 설명되지 않는 부분이 얼마든지 있다고 역설했다. 초자연과 기적을 무조건 배제할 수 없다는 주장이었다. 이것은 낭만주의의 출현이었다. 계몽주의자들은 자연을 바라보면서 과학공식을 발견하려고 노력했다면, 낭만주의자들은 자연을 보면서 시를 읊고 노래를 하려고 했다. 18세기 계몽주의가 지나면서 19세기에 들어서 낭만주의가 힘을 얻기 시작했다. 과학문명이 멸시를 받은 것은 아니지만, 낭만주의가 추구하는 인간의 감성적이고 초자연직인 면, 그리고 종교적인 면도 절대로 무시할 수 없다는 인식이 팽배해진 것이다.

6. 기독교 유럽의 몰락

계몽주의 여파로, 기독교가 먼저 전파되어 교회의 종주국 역할을 하던 서양 유럽의 기독교회는 이제 더 이상 그 위치를 유지할 수 없게 되었다. 천 년 이상의 역사를 가진 교회건물들은 관광명소로 전락했고 교인들은 찾아보기 힘들게 되었다. 유럽인들은 자신의 종교가 기독교라고 말하지만, 그것은 주를 그리스도로 고백하는 신앙과는 거리가 멀다. 인본주의적인 합리적 사고와 과학적 사고가 신앙의 자리를 대체했다. 그렇다고 낭만주의가 성경적 기독교의 신앙을 회복시켜 주었는가? 그것도 아니다. 심각하게 한 번 무너진 신앙은 회복되기 어렵다. 낭만주의는, 종교라는 영역은 인정을 해주었지만, 그것은 성경의 가르침을 근거로 한 전통적 기독교는 회복시켜주지 못했다. 그 후 촛대는 옮겨졌다. 기독교를 지켜오던 유럽은 이제 그 촛대를 미국이나 한국과 같은 신흥국가들에 넘겨주어야 했다. 하나님의 역사인 것이다.

7. 인간의 소망

인간은 그대로 놓아두면 자신의 업적으로 말미암아 교만해진다. 그리고 그것은 언젠가 파멸의 길로 인도한다. 겸손을 유지하는 것이 매우 힘들다는 것을 우리는 성경을 통해 배운다. 그리고 역사를 통해 배운다. 우리에게는 소망이 없다고… 우리의 소망은 하나님에게만 있다고… 나를 바라보지 말고 주님을 바라보라고… 나를 바라보고 만족하고 즐거워하는 순간 우리는 파멸의 길로 들어선다. 궁극적인 인생의 목적을 잃어버렸기 때문이다. 우리 인생의 궁극적 목적은 나를 영화롭게 하고 나를 즐거워하는 것이 아니다. 그러면 무엇인가? 웨스트민스터 소요리문답 1항은 이렇게 말한다. "(질문) 인생의 궁극적 목적은 무엇입니까? (답) 인생의 궁극적 목적인 하나님을 영화롭게 하고 그분을 영원히 즐거워하는 것입니다."

존재의 목적

나는 왜 존재하는가? 나는 무엇을 위해 존재하는가? 그러므로 나는 어떻게 살아야 하는가? 인간은 궁극적인 질문을 가지고 산다. 그리고 그 답을 찾기 위해 인간은 열심히 노력하며 무언가를 추구하며 산다. 유명한 운동선수는 인생의 목표가 올림픽 금메달이라고 말한다. 자신의 운동 능력을 발휘하여 세계 최정상에 오르는 것이 그들이 존재하는 목적이다. 그들은 최정상의 자리를 위해 온 삶을 바친다. 그것을 이루기 위해 질주한다. 인생에서 무언가를 이루기 원하는 자들의 모습이다. 그런데 그것을 이루는 과정은 쉬운 일이 아니다. 이루지 못할 경우를 생각하면 초조하고 불안하다. 실패하면 불행해진다. 이루지 못했음을 아쉬워하며 만족스러운 삶을 살지 못하지만 그래도 어쩔 수 없이 살아야 하기 때문에 산다. 더 이상의 이유를 모르고 산다. 스스로를 그 상태에 적응하며 그냥 만족하며 살려고 한다. 또는 목적과 이유를 변경하여 대안을 찾으려고 노력한다. 또한 목적을 이루는 경우도 있다. 그것을 다 이루고 나면 뿌듯하다. 나중에 과거를 돌아보며 자신의 업적을 즐기며 위로로 삼는다. 자신의 가치를 확인하며 산다. 인간은 이런 저런 동기와 목적을 만들며 살아가고 있다.

그런데 이 모든 것이 죽음 앞에 서면 할 말을 잃는다. 그것이 전부라면 궁극적으로 우리는 허무할 수밖에 없다. 죽음은 모든 말을 중단시킨다. 더 이상 답이 없다. 그러기에 인간은 나름대로 죽음을 극복하기 위한 대안을 만들었다. 불로장생을 추구했고 사후세계를 말했으며 윤회설을 생각해냈다. 자신의 인생이 마감할 수밖에 없음을 아쉬워하고 한탄하는 인간은 자손에 대해 집착하게 되었다. 집안과 가문을 중시하고 이런 것을 통해 자신의 존재가 조상으로부터 후손에까지 영구히 존속하는 것으로 생각한다. 부귀와 권세를 가진 자들은 세습을 추구하고 부모는 자녀에게 자신을 투영하며 사후의 허망함을 조금이라도 달래려 한다. 인간은 왜 이런 노력을 하는가? 죽음의 이유를 알지 못하고 죽어갈 수밖에 없는 허무함을 달래기 위한 방법이다. 해결책을 알지 못하기 때문에 나름대로 발버둥치는 모습이다. 어떻게 하든 인간은 자신의 존재를 지속시키기 위한 방법을 찾고 있는 것이다. 죽음을 이겨보려는 노력 말이다.

1. 인간 창조의 목적

인간은 자신의 가치를 찾으려고 이 세상에서 발버둥친다. 오랜 역사를 거쳐 타락한 인간은 자신 스스로에게서 답을 찾으려 했다. 그러나 그것은 실패였다. 우리 존재의 궁극적 가치는 우리 안에서 찾을 수 없다. 그 가치가 우리 안에 없기 때문이다. 그 가치는 그것을 우리에게 부여하신 분 안에서만 찾을 수 있다. 그 분은 우리를 만드신 분이다. 창조주 하나님이시다. 하나님은 왜 인간을 창조하셨는가? 혹자는 하나님은 인간이 필요해서 만드셨다고 말한다. 하나님이 외로우셔서 또는 사람들과 교제가 필요해서 우리를 만드셨다는 것이다. 그러나 그것은 하나님의 속성과 맞지 않는다. 하나님은 자존성을 가지고 계신다. 하나님께서는 삼위로 계시어 성부, 성자, 성령 사이에 완전한 사랑과 교제가 있으시다.

그러면 왜, 무슨 목적으로 하나님은 우리를 만드셨는가? 하나님께서는 당신의 영광을 위해 인간을 만드셨다. 하나님께서 말씀하신다. "내 이름으로 불려지는 모든 자 곧 내가 내 영광을 위하여 창조한 자를 오게 하라. 그를 내가 지었고 그를 내가 만들었느니라."(사 43:7) 사도 바울은 말한다. "모든 일을 그의 뜻의 결정대로 일하시는 이의 계획을 따라 우리가 예정을 입어 그 안에서 기업이 되었으니 이는 우리가 그리스도 안에서 전부터 바라던 그의 영광의 찬송이 되게 하려 하심이라."(엡 1:11-12) 우리와 모든 다른 피조물은 하나님을 영화롭게 하여 그분에게 즐거움을 드린다. 그러므로 우리는 어떻게 살아야 하는가? 우리는 "먹든지 마시든지 무엇을 하든지 다 하나님의 영광을 위하여" 살아야 한다(고전 10:31). 내 존재 목적은 나에게 있는 것이 아니고, 하나님에게 있다. 내 존재 이유는 나에게 있는 것이 아니라, 나를 만드신 하나님에게 있는 것이다. 하나님의 영광이 드러나고 하나님의 영광이 더 밝게 비치도록 하기 위해 내가 존재한다.

예수님께서 말씀하셨다 "너희 빛이 사람 앞에 비치게 하여 그들로 너희 착한 행실을 보고 하늘에 계신 너희 아버지께 영광을 돌리게 하라."(마 5:16) 하나님께 영광을 돌리게 할 수 있는 우리의 빛은 무엇인가? 착한 행실이다. 예수님께서는 산상수훈에서 착한 행실에 대해 말씀하셨다(마 5-7장). 노하지 말라. 간음하지 말라. 맹세하지 말라. 악한 자를 대적하지 말라. 원수를 사랑하라. 은밀하게 구제하라. 주기도문의 방법으로 기도하라. 외식으로 기도하지 말라. 보물을 하늘에 쌓아 두라. 비판하지 말라. 구하라, 찾으라, 두드리라. 이 모든 내용은 거룩한 삶을 통해 하나님의 영광을 나타내라는 것이다. 그러나 인간은 타락하여 이것을 전혀 할 수 없게 되었다. 이렇게 된 인간의 모습을 예수님께서는 알려주셨다. 그럼 어떻게 해야 하는가? 먼저 예수 그리스도를 구주로 믿어 의로워지고 하나님의 자녀가 되는 것이다. 그리고 그를 믿어 구원받은 자들이 이것을 할 수 있는 능력을 부여받았기에 그런 삶을 살아가는 것이다. 완전하지는 않지만 주님 곁에 갈 때까지 그 길을 향해 계속 나아가는 것이다.

2. 인생의 의미

이 진리는 우리의 인생을 매우 중요하고 의미 있는 것으로 만든다. 내 존재는 하나님과 연결되어 있다. 인생에 사명이 생긴 것이다. 하나님께서 나에게 주신 사명이다. 삶에 목표가 생겼다. 방향이 설정되었다. 그것은 착한 행실이다. 거룩함이다. "하늘에 계신 너희 아버지의 온전하심과 같이 너희도 온전하라"고 예수님께서 말씀하셨다(마 5:48). 하나님의 성품을 드러내고 하나님의 속성을 나타내라는 것이다. 내 행실의 하나하나가 의미가 있다. "먹든지 마시든지 무엇을 하든지 하나님의 영광을 위해 하라"는 것은 하찮아 보이는 하나하나의 행실이 매우 중요한 의미를 가지고 있음을 의미한다. 물론 우리는 부족하기 때문에 완전하게 다 이루지는 못할 것이다. 그러기에 주 예수 그리스도의 보혈이 필요하다. 그 보혈의 힘으로 우리는 이것을 이루기 위해 기쁨으로 소명을 가지고 열심히 노력한다. 이것이 사람들에게 비치는 것이다. 하나님의 영광이 우리의 행실을 통해 드러나는 것이다. 내가 인정받기 위함이 아니다. 나의 착함과 거룩함으로 다른 사람들에게 칭찬받으려는 것이 아니다. 그것은 나의 영광을 추구하는 것이다. 착한 행실은 나를 향하고 있지 않다. 오직 하나님을 향하고 있다.

하나님께서 당신의 영광을 위해 우리를 만드셨다면, 인생에서 우리의 목적은 무엇인가라는 질문에 대한 답이 나온다. 우리 인생의 목적은 하나님께서 우리를 창조하신 이유를 충족시키는데서 찾을 수 있다. 하나님 자신과 관련하여 답한다면, 그것은 하나님을 영화롭게 하는 것이다. 같은 내용을 우리와 관련하여 답한다면, 그것은 하나님 및 하나님과의 관계를 즐거워하는 것이다. 예수님께서 말씀하셨다. "내가 온 것은 양으로 생명을 얻게 하고 더 풍성히 얻게 하려는 것이라."(요 10:10) 다윗은 이렇게 말했다. "주께서 생명의 길을 내게 보이시리니 주의 앞에는 충만한 기쁨이 있고 주의 오른쪽에는 영원한 즐거움이 있나이다."(시 16:11) "내가 여호와께 바라는 한 가지 일 그것을 구하리니 곧 내가 내 평생에 여호와의 집에 살면서 여호와의 아름다움을 바라보며 그의 성전에서 사모하는 그것이라."(시 27:4) "하늘에서는 주 외에 누가 내게 있으리요. 땅에서는 주 밖에 내가 사모할 이 없나이다. 내 육체와 마음은 쇠약하나 하나님은 내 마음의 반석이시오, 영원한 분깃이시라."(시 73:25-26)

즐거움의 충만함은 하나님을 아는데 있고, 하나님 속성의 위대함을 즐거워하는데 있다. 하나님의 존전에서 그분과의 교제를 즐기는 것이 그 어떤 것보다 더 위대한 축복인 것이다. 시편 기자는 말한다. "만군의 여호와여 주의 장막이 어찌 그리 사랑스러운지요. 내 영혼이 여호와의 궁정을 사모하여 쇠약함이여 내 마음과 육체가 살아계시는 하나님께 부르짖나이다… 주의 궁정에서의 한 날이 다른 곳에서의 천 날보다 나은즉 악인의 장막에 사는 것보다 내 하나님의 성전 문지기로 있는 것이 좋사오니"라고 한다(시 84:1-2, 10). 그러므로 우리의 정상적인 심령의 태도는 주님을 즐거워하는 것이고 그분께서 우리에게 주신 삶의 교훈을 즐거워하는 것이다. 심지어 고난을 겪을 때에도 그 안에 있는 하나님의 뜻을 생각하며 즐거워한다. 사도 바울은 이렇게 말한다. "또한 그로 말미암아 우리가 믿음으로 서 있는 이 은혜에 들어감을 얻었으며 하나님의 영광을 바라고 즐거워하느니라. 다만 이뿐 아니라 우리가 환난 중에도 즐거워하나니 이는 환난은 인내를, 인내는 연단을, 연단은 소망을 이루는 줄 앎이로다."(롬 5:2-4) 하나님을 향한 우리의 반응은 하나님을 즐겁게 한다. 우리가 하나님을 영화롭게 하고 즐거워하면 하나님은 우리를 즐거워하신다. 우리의 즐거움은 하나님의 즐거움을 촉발하기 때문이다. 선지자 스바냐의 말이다. "너의 하나님 여호와가 너의 가운데에 계시니 그는 구원을 베푸실 전능자이시라. 그가 너로 말미암아 기쁨을 이기지 못하시며 너를 잠잠히 사랑하시며 너로 말미암아 즐거이 부르며 기뻐하시리라 하리라."(습 3:17)

인간 창조에서 하나님께서 당신의 영광을 추구하는 것이 옳은 것인가? 인간이 스스로의 영광을 추구한다면 잘못된 것임에는 틀림이 없다. 헤롯 왕이 스스로의 영광을 추구하다가 벌레에 먹혀 죽었다(행 12:23). 헤롯이 이렇게 된 것은 하나님께 돌아가야 할 영광을 도둑질 했기 때문이다. 하나님께서 영광을 가져가신다면 누구의 영광을 도둑질하는 것은 아닌가? 그렇지 않다. 하나님보다 영광을 더 받아야할 존재가 없기 때문이다. 하나님은 창조주이시다. 모든 것을 만드셨고 모든 영광을 받으시기에 마땅하다. 그분은 영광을 받으시기에 합당하시며 당연히 그럴만한 가치가 있으시다. 요한계시록은 이렇게 말한다. "우리 주 하나님이여 영광과 존귀와 권능을 받으시는 것이 합당하오니 주께서 만물을 지으신지라. 만물이 주의 뜻대로 있었고 또 지으심을 받았나이다."(계 4:11)

하나님의 형상

모든 하나님의 창조물 가운데 인간만 하나님의 형상으로 만들어졌다. 창세기 1:26은 이렇게 말한다. "하나님이 이르시되 우리의 형상을 따라 우리의 모양대로 우리가 사람을 만들고 그들로 바다의 물고기와 하늘의 새와 가축과 온 땅과 땅에 기는 모든 것을 다스리게 하자." 인간을 하나님의 형상과 모양대로 만들었다는 것은 무슨 말인가? 그것은 인간이 하나님과 유사하고 하나님을 나타낸다는 것을 의미한다. 하나님께서 인간을 자신과 비슷하게 만드시겠다는 것이다. "형상(צלם)"과 "모양(דמות)"이라는 단어는 어떤 것과 동일하지는 않으나 유사한 것을 지칭하는 히브리어 병행어법이다. 아울러 형상과 모양의 또 다른 의미는 다른 것을 대신하여 나타내주는 어떤 것을 지칭한다. 즉, 인간이 하나님의 형상과 모양으로 만들어졌다는 것은 인간이 하나님과 유사한 존재이고 여러 가지 방법으로 하나님을 대신 보여주는 존재임을 의미한다. 하나님의 형상으로 지어진 인간을 제대로 이해하려면 우리는 하나님이 누구신지 알아야 한다. 하나님은 어떤 성품(품격)을 가지고 계신지, 하나님은 어떻게 행동하시는지 등 말이다. 물론 성경을 통해서 알게 된다. 하나님과 인간을 더 잘 알게 될 때 인간과 하나님 사이의 유사성을 더 잘 알게 될 것이다. 그 유사성을 통해 하나님에 대해, 그리고 인간에 대해 우리는 더욱 깊이 있는 이해를 할 수 있다.

인간은 윤리적인 면에서 하나님과 닮은 면이 있다. 우리는 윤리적 존재로서 우리의 행동에 대해 하나님 앞에 책임을 지게 만들어졌다. 이 책임에 입각해서 우리는 동물과는 달리 옳고 그름에 대한 내적 감각을 가지고 있다. 짐승은 윤리의식이나 정의감 없이 징벌의 두려움과 포상의 기대로 움직인다. 그러나 인간의 위대함은 하나님의 형상으로 말미암은 윤리의식에서 나오는 옳고 그름의 순수한 판단에 의해 움직인다. 우리가 하나님의 윤리적 기준에 따라 행동할 때에 하나님의 형상이 우리에게 보이는 것이다. 우리의 거룩하고 의로운 행실은 하나님과의 유사함이 표출되는 것이다. 하나님 형상의 산물이다. 반대로 우리가 죄를 지을 때마다 우리는 하나님과 유사하지 않은 면이 나타난다.

우리는 하나님을 보고 싶어 한다. 그러나 이 세상에 있는 한 하나님을 볼 수 없다. 그러나 하나님과 유사한 것은 볼 수 있다. 사람들의 거룩하고 의로운 행실이다. 왜 그렇게 행하는 분들을 보고 접하고 경험하면 즐거운 것인가? 감동이 되고 흐뭇한 것인가? 하나님의 형상을 보기 때문이다. 하나님의 성품(속성)과 비슷한 면을 통해 간접적으로 하나님을 보고 경험하기 때문이다. 교회는 그런 곳이 되어야 한다. 성도의 교제에는 이런 부분이 있다. 아름다운 성도들에게 나타나는 하나님의 모습을 보고 접하며 즐거워하는 것 말이다.

인간은 영적인 면에서 하나님과 닮은 면이 있다. 우리는 눈에 보이는 육체만 가지고 있는 것이 아니고 눈에 보이지 않는 영을 가지고 있다. 그러므로 우리는 영적인 차원에서 의미 있는 행동을 한다. 하나님은 영이시다. 인간은 하나님의 형상으로 단순히 물질적 존재가 아니고 영적 존재다. 그러므로 우리에게는 하나님과 인격적으로 관계를 맺을 수 있는 영적 삶이 있다. 하나님께 기도하고, 하나님을 찬미하고, 하나님의 말씀을 통해 우리에게 하시는 말씀을 듣고 깨달으며 감동하는 것을 말한다. 영적인 면의 또 하나의 중요한 점은 영혼불멸이다. 인간은 영원부터 존재하지는 않았지만, 한 번 만들어진 후 그 존재는 없어지지 않고 영원히 산다. 하나님이 영원히 존재하시는 분이기 때문이다.

인간에게는 정신적인 면에서 하나님의 형상을 가지고 있다. 인간은 이성적이고 논리적으로 생각 할 수 있는 능력이 있다. 이것도 하나님 형상의 한 부분이다. 짐승에게도 일부 이런 면을 찾아볼 수 있다. 그러나 그들은 추상적 논리 추구를 하거나 윤리나 철학적 문제를 이해하고 발전시킬 수 있는 능력은 가지고 있지 않다. 그들은 삼위일체 하나님이나 칼빈주의 등과 같은 신학적 개념을 이해하지 못한다. 동물들도 집을 짓거나 댐을 만드는 일을 한다. 그러나 인간이 발전시킨 과학기술과는 비교가 되지 않는다. 또한 인간은 복잡하고 추상적인 언어를 사용할 수 있다. 언어와 사물, 그리고 언어와 복잡한 개념을 연결시키고 서로의 생각과 의사를 간편한 방법으로 효과적으로 전달한다. 인간만이 가지고 있는 능력이다. 인간에게는 미래에 대한 의식이 있다. 인간은 사후에도 존재가 지속되기를 원하는 강력한 내적 의식이 있다. 전도서 기자는 이렇게 말한다. "하나님께서 모든 것을 지으시되 때를 따라 아름답게 하셨고 또 사람들에게는 영원을 사모하는 마음을 주셨느니라."(전 3:11) 인간에게는 창의성이 주어졌다. 미술, 음악, 문학, 과학기술적 창조력 등을 예로 들 수 있다. 인간은 하나님의 형상으로 복잡하고 미묘한 감정이 있다.

하나님의 형상에 관계적인 측면이 있다. 짐승들도 서로의 관계와 사회성을 가지고 있다. 그러나 결혼에서 경험할 수 있는 인격적 결합, 교회에서 주님과의 교제와 성도들 간의 친교 등은 짐승에서는 찾아볼 수 없는 수준이다. 하나님께서는 삼위일체로 성부, 성자, 성령 간의 관계를 통해 교제권을 가지고 계신다. 삼위 간에는 사랑의 교제와 질서가 있다. 성 삼위 간에는 깊은 사랑이 있다. 동시에 삼위 간에는 질서가 있고 역할 분담이 있다. 성부가 구원을 계획하시고 성자는 구원을 이루기 위해 십자가 사역을 담당하시고 성령은 성자의 사역이 우리 것이 되도록 우리의 심령에 역사하신다. 세 분은 하나님으로서 하나이시며 동일본질하시나 역할은 서로 다르다. 결혼관계에서 우리는 하나님의 본질을 나타낸다. 부부는 남편과 아내로 둘이지만 합하여 하나가 된다. 하나이기에 그 가치와 중요성에서는 동일하나 서로 역할이 다르고 질서가 있다. 남편은 아내를 사랑하고 아내는 남편에게 순종한다. 남편은 아내의 머리가 된다. 하나님은 삼위의 하나님이시다.

우리가 하나님의 형상으로 만들어졌다는 것을 자주 묵상하는 것이 좋다. 그것은 내 자신에 대한 올바른 존엄성을 의식하도록 도와주기 때문이다. 이것은 나의 거룩한 삶에 큰 도움이 된다. 동시에 다른 사람의 존엄성도 생각하게 한다. 우리는 기본적으로 다른 사람들을 존중히 여길 줄 알아야 한다. 신분, 배경, 학력, 인종, 환경의 차이가 인간의 존엄성을 훼손해서는 안 된다. 모든 인간이 하나님 형상으로 만들어졌기 때문이다. 인간은 모든 다른 피조물에 비해 가장 우수하고 가장 아름다우며 가장 탁월하게 만들어졌다. 우리는 다른 어떤 존재보다 하나님과 가장 비슷하기 때문이다. 우리는 하나님의 무한하신 지혜와 위대한 창조 사역의 결정판이다. 타락으로 말미암아 하나님의 형상이 크게 훼손되었다. 그럼에도 여전히 하나님 형상의 많은 부분이 남아 있다. 그러므로 믿는 자들은 그리스도를 더욱 닮아가면서 성장해야 할 것이다.

남자와 여자

하나님은 인간을 창조하시되 남자와 여자를 만드셨다(창 1:27). 남자와 여자의 창조도 하나님의 모양을 따라 이루어진 것이다. 창세기 5:1-2은 다음과 같이 말한다. "하나님이 사람을 창조하실 때에 하나님의 모양대로 지으시되 남자와 여자를 창조하셨고 그들이 창조되던 날에 하나님이 그들에게 복을 주시고 그들의 이름을 사람(אדם)이라 일컬으셨더라." 하나님께서 인간을 당신의 형상과 모양으로 만드셨을 때 인간 한 개인의 성품과 요소만을 그렇게 만드신 것이 아니다. 인간을 만드실 때, 남자와 여자라는 두 개체를 만드셨다. 인간이라는 단수를 만드셨지만, 동시에 남자와 여자라는 복수를 만드셨다는 말이다. 그리고 이 두 개체가 긴밀한 교제 관계로 들어가게 하셨다. 이것은 하나님께서 인간에게 주신 대단한 축복이다. 하나님은 단수지만 동시에 복수다. 하나님은 한 분이시지만 동시에 세 분이라는 것이다. 삼위일체를 말한다. 그리고 세 분 사이에 긴밀한 교제 관계가 있다. 하나님에게 복수적 요소가 있고 그 요소 사이에 교제 관계가 있듯이, 인간에게도 복수적 요소가 있고 그 요소 사이에 긴밀한 교제 관계가 있다. 이 복수적 측면과 교제 관계가 하나님의 형상이다. 인간이 남자와 여자의 복수적 존재인 것과 그들 간의 상호관계는 하나님의 삼위존재와 세 분간의 관계를 닮은 것이다. 여기서 우리는 남자와 여자의 관계에서 하나님 형상으로 말미암아 나타나는 요소들을 볼 수 있다. 어떤 요소들인가?

1. 남자와 여자의 인격적 관계

하나님이 인간을 만드셨을 때 분리 독립된 한 인간으로만 만들지 않으셨다. 하나님은 우리로 하여금 다양한 인간관계를 맺도록 만드셨다. 하나님의 형상에 "관계"라는 요소가 있기 때문이다. 하나님의 형상과 관련된 인간관계는 인간적 가족관계(가정)와 영적 가족관계(교회)에서 그 의미가 드러난다. 그리고 남자와 여자 사이에 하나님 형상으로 말미암은 관계는 "결혼"에서 그 인격적 관계가 가장 풍성하게 나타난다. 남자와 여자가 두 사람이지만 남편과 아내로서 하나가 되기 때문이다. "남자가 부모를 떠나 그의 아내와 합하여 둘이 한 몸을" 이룬다(창 2:24) 이것은 육적으로만이 아니고 영적, 정서적으로 심오한 차원의 하나 됨을 의미한다. 남편과 아내는 하나님께서 하나로 만드셨다. 예수님께서 말씀하셨디. "그런즉 이제 둘이 아니요 한 몸이니 그러므로 하나님이 짝지어주신 것을 사람이 나누지 못할지니라."(마 19:6) 그러므로 자신의 아내 말고 다른 사람과 성적 관계를 맺는 것은 자신의 몸에 죄를 짓는 것이라고 사도 바울은 말한다. "창녀와 합하는 자는 그와 한 몸인 줄을 알지 못하느냐… 음행하는 자는 자기 몸에 죄를 범하느니라."(고전 6:16, 18-20) "남편도 자기 아내 사랑하기를 자기 자신과 같이 할지니 자기 아내를 사랑하는 자는 자기를 사랑하는 것이라"고 했다(엡 5:28). 남편과 아내와의 관계는 일시적 관계가 아니고 평생 관계다. 그래서 "남편 있는 여인이 그 남편 생전에는 법으로 그에게 매인바 되나 만일 그 남편이 죽으면 남편의 법에서 벗어나"게 된다(롬 7:2). 남편과 아내와의 관계는 또한 하나님께서 그리스도와 교회와의 관계를 보여주시기 위해 만드셨다. 사도 바울은 남편과 아내의 관계를 그리스도와 교회의 관계로 빗대어 말하면서 결국 그리스도와 교회의 관계를 말하기 위함이라고 다음과 같이 진술한다. "아내들이여 자기 남편에게 복종하기를 주께 하듯 하라. 이는 남편이 아내의 머리됨이 그리스도께서 교회의 머리됨과 같음이니 그가 바로 몸의 구주시니라… 남편들아 아내 사랑하기를 그리스도께서 교회를 사랑하시고 그 교회를 위하여 자신을 주심과 같이 하라… 그러므로 사람이 부모를 떠나 그의 아내와 합하여 그 둘이 한 육체가 될지니 이 비밀이 크도다. 나는 그리스도와 교회에 대하여 말하노라."(엡 5:23-32)

하나님이 인간을 하나가 아니고 남자와 여자, 둘로 만드신 것은 하나님의 형상으로 만드셨기 때문이다. 이것은 삼위일체이신 하나님을 생각하게 한다. 하나님은 한 분이지만 세 위격을 가지고 계신다. 그 하나님은 사람을 만드실 때 당신의 형상과 모양에 따라 만드셨다(창 1:26). 여기에 유사성이 있다. 부부간의 관계에 하나님의 삼위 사이에 있는 것과 유사한 교제가 있고 상호간에 영광을 공유하는 유사한 부분이 있다. 성자 하나님, 예수 그리스도께서 성부 하나님께 이렇게 말씀하셨다. "아버지여 창세 전에 내가 아버지와 함께 가졌던 영화로써 지금도 아버지와 함께 나를 영화롭게 하옵소서… 아버지여 내게 주신 자도 나 있는 곳에 나와 함께 있어 아버지께서 창세 전부터 나를 사랑하시므로 내게 주신 나의 영광을 그들로 보게 하시기를 원하옵나이다."(요 17:5,24) 삼위 간의 관계가 인간의 가족관계와 동일하지는 않지만, 가정에서 남편, 아내, 자녀의 관계는 삼위 간의 관계와 어느 정도 유사한 면을 반영한다. 결혼만이 하나님의 삼위 관계가 우리 삶에 반영되는 것은 아니다. 결혼하지 않은 자들도 삼위에 나타나는 하나님의 특성을 반영할 수 있다. 성도의 교제를 통해서이다.

2. 남자와 여자의 동등한 가치

삼위 구성원(성부, 성자, 성령)이 존재의 본질과 가치에 있어서 동등한 것처럼, 하나님의 형상으로 만들어진 남자와 여자도 그 존재 가치와 중요성에 있어서 동등하다. 남자와 여자가 동일하게 하나님의 형상으로 만들어졌기 때문이다. 남자와 여자 모두 그들의 삶에서 하나님의 성품을 드러낸다. 이것은 남자와 여자가 서로 상대방의 삶에 반영된 하나님의 성품을 보아야 한다는 점을 시사한다. 우리가 남자 그리스도인들만 있는 공동체에 산다거나, 여자 그리스도인들만 있는 공동체에 산다면, 우리는 하나님 속성의 전체 그림을 볼 수가 없다. 경건한 남자들과 경건한 여자들의 다른 면들이 서로를 보완하여 하나님 성품의 아름다움을 전체적으로 보여주는 것이다.

남자와 여자가 하나님 형상으로 동등하게 만들어졌다면, 남자와 여자는 하나님 앞에 그 존재 가치도 동등하다. 남자와 여자 사이에 우월감이나 열등감이나 또는 힌 쪽은 좋고 다른 쪽은 나쁘다는 개념은 옳지 않다. 남녀 간의 동등한 존재 가치는 비기독교 문화권에서 볼 수 있는 남녀 간의 존재론적 차별을 허락할 수 없다. 하나님 삼위 간의 동등성을 반영하는 남녀 간의 존재론적 동등성은 남자와 여자 사이에 마땅히 주어야 하는 상호 존경을 정당화 한다. 구약에서도 여인의 가치를 높이는 부분이 있다. 잠언서는 이렇게 기록하고 있다. "누가 현숙한 여인을 찾아 얻겠느냐. 그의 값은 진주보다 더 하니라… 그의 자식들은 일어나 감사하며 그의 남편은 칭찬하기를 덕행 있는 여자가 많으나 그대는 모든 여자보다 뛰어나다 하느니라."(잠 31:10, 28-30) 신약에서는 더욱 명백하게 하나님 앞에서 남자와 여자의 동등성을 강조한다. 바울은 이렇게 말한다. "주 안에는 남자 없이 여자만 있지 않고 여자 없이 남자만 있지 아니하니라. 이는 여자가 남자에게서 난 것 같이 남자도 여자로 말미암아 났음이라. 그리고 모든 것은 하나님에게서 났느니라."(고전 11:11-12) 남자와 여자는 동등하게 중요하다. 둘 다 서로에게 의존하고 있고 둘 다 존중받을 가치가 있다.

남자와 여자는 성령님의 새 언약적 능력을 받는데 동등하다. 남자와 여자는 동등하게 기도의 능력자가 될 수 있고 그리스도의 권위로 세상 공중 권세 잡은 자들과 싸울 수 있는 영적 힘을 가질 수 있다. 나아가 그리스도 안에서는 모두가 동등하다. 사도 바울은 말한다. "누구든지 그리스도와 합하기 위하여 세례를 받은 자는 그리스도로 옷 입었느니라. 너희는 유대인이나 헬라인이나 종이나 자유인이나 남자나 여자나 다 그리스도 예수 안에서 하나이니라."(갈 3:27-29) 교회 안에는 2등 시민이란 없다. 남자든 여자든, 고용주든 고용인이든, 유대인이든 헬라인이든, 부자든 가난한 자든, 강한 자든 약한 자든, 사회적 위치가 어떠하든, 교육수준이 어떠하든 상관없이 모두가 하나님께 똑같이 소중하다. 그러므로 모두가 서로에게 소중하기에 존중해야 한다. 이 동등성은 기독교 신앙의 놀라운 부분이고 모든 다른 종교, 사회, 문화와 구별된다.

3. 남자와 여자의 역할 차이

하나님의 삼위는 신성, 품격, 가치에 있어서 동등하시다. 그러나 삼위에는 역할의 차이가 있다. 성부는 성자에게 아버지이시다. 비록 삼위가 모두 능력과 속성에 있어서 동등하지만, 성부는 더 큰 권위를 가지고 계신다. 성부께는 성자와 성령이 가지고 있지 않은 리더십 역할이 있으시다. 창조하실 때, 성부는 말씀을 하시어 창조를 시작하셨다. 그러나 창조사역은 성자를 통하여 수행되고 성령의 지속적 현존에 의해 유지된다. 창세기 1:1-2은 이렇게 말한다. "태초에 하나님이 천지를 창조하시니라. 땅이 혼돈하고 공허하며 흑암이 깊음 위에 있고 하나님의 영은 수면 위에 운행하시니라." 요한복음 1:1-3도 이렇게 증언한다. "태초에 말씀이 계시니라. 이 말씀이 하나님과 함께 계셨으니 이 말씀은 곧 하나님이시니라. 그가 태초에 하나님과 함께 계셨고 만물이 그로 말미암아 지은 바 되었으니 지은 것이 하나도 그가 없이는 된 것이 없느니라." 구속사역을 위해 성부는 성자를 이 세상에 보내셨고, 성자는 성부에게 복종하여 우리 죄를 위하여 돌아가셨다(눅 22:42; 빌 2:6-8). 성자께서 승천하신 후, 성령께서 오셔서 교회를 준비시키고 능력을 부어주셨다(요 16:7; 행 1:8; 2:1-36). 삼위께서는 뚜렷하게 구별된 역할과 분할된 기능을 가지고 계셨다. 그러나 이러한 역할과 권위의 차이가 삼위의 가치의 중요성이나 신성의 동등성을 위반하는 것이 아니다.

인간은 하나님의 형상으로 하나님의 성품을 반영하고 있다. 그러기에 인간 사이에도 삼위의 유사한 차이짐을 발견할 수 있다. 인간의 차이 가운데 가장 기본적인 차이는 남자와 여자다. 남자와 여자의 차이에서 바로 이 하나님의 형상을 별견한다. 사도 바울은 말한다. "나는 너희가 알기를 원하노니 각 남자의 머리는 그리스도요, 여자의 머리는 남자요, 그리스도의 머리는 하나님이시라."(고전 11:3) 성부와 성자는 품격과 신성에 있어서 동등하지만 성부가 성자 위에 권위를 가지고 계신다. 결혼에 있어서도 마찬가지다. 남편과 아내가 인격에서 동등하지만 남편이 아내 위에 권위를 가지고 있다. 권위는 존재 가치의 차이를 말하는 것이 아니고 역할의 차이를 말한다. 남편의 역할은 성부의 역할과 같고 아내의 역할은 성자의 역할과 같다. 그들의 가치는 동등하지만 역할이 다르다는 것이다.

창세기 3:16은 이렇게 말한다. "또 여자에게 이르시되 내가 네게 임신하는 고통을 크게 더하리니 네가 수고하고 자식을 낳을 것이며 너는 남편을 원하고 남편은 너를 다스릴 것이니라." 이 구절은 남자와 여자 역할의 차이가 타락의 결과가 아닌가 하는 의혹을 낳게 한다. 그러나 그렇지 않다. 남자와 여자의 역할의 차이는 창조 때부터 주어진 것이다. 아담이 하와보다 먼저 창조되었다. 이것은 아담에게 리더십 역할을 주셨다는 것을 암시한다. 짐승의 창조에는 이런 순서가 없다. 구약에는 출산의 순서가 중요한 의미를 가지고 있다. 장자는 가족 안에서 리더십 역할을 행사하였다. 특별한 사정이 없는 한 장자는 장자권을 가지게 되어 있었다.

하와는 아담의 돕는 배필로 만들어졌다. 성경은 하나님께서 하와를 아담을 위해 만들었다고 말한다. "여호와 하나님이 이르시되 사람이 혼자 사는 것이 좋지 아니하니 내가 그를 위하여 돕는 배필을 지으리라"고 말씀하기 때문이다(창 2:18). 이 말씀을 받아서 사도 바울은 남자가 여자를 위하여 만들어진 것이 아니고 여자가 남자를 위하여 만들어졌다고 말한다(고전 11:9). 그러나 이것은 여자가 남자보다 존재 가치가 부족하다는 것을 말하려는 것이 아니다. 돕는 역할은 더 큰 자가 작은 자에게 해줄 수 있다. 형이 동생을 돕는다. 부모가 자녀를 돕는다. 하나님이 우리를 도우신다. 아래에 있는 자가 위에 있는 자를 도울 수 있고, 위에 있는 자도 아래에 있는 자를 도울 수 있다. 돕는 역할이 존재 가치의 우열을 가리는 것이 아니다. 역할에 차이가 있음을 말하는 것이다. 이것은 타락과는 상관없이 창조부터 남자와 여자 사이에 역할의 차이가 있음을 보여준다.

아담은 하와를 이름 지었다. 아담이 모든 동물에게 이름을 지었다는 것은 아담이 자신의 권위를 동물에게 행사했다는 것을 의미한다. 구약에는 이름을 지어주는 것이 권위를 행사하는 것을 의미한다. 하나님은 아브라함과 사라에게 이름을 지어주셨고 부모는 자녀들의 이름을 지었다. 아담이 하와의 이름을 지었다는 것은 아담에게 리더십 역할이 있음을 말하는 것이다.

4. 가정의 상처와 그리스도의 치유

사탄은 하와에게 먼저 접근했다. 왜 그런가? 그것은 하와를 유혹하여 하나님의 뜻에 불순종하도록 하여 리더십 역할을 바꾸려고 했기 때문이다. 이것은 하나님께서 그들에게 접근하시는 것과 대조적이다. 하나님께서는 그들에게 말씀하실 때 아담에게 먼저 하셨다. 창세기 2:15-17은 이렇게 말한다. "여호와 하나님이 그 사람을 이끌어 에덴 동산에 두어 그것을 경작하며 지키게 하시고 여호와 하나님이 그 사람에게 명하여 이르시되 동산 각종 나무의 열매는 네가 임의로 먹되 선악을 알게 하는 나무의 열매는 먹지 말라. 네가 먹는 날에는 반드시 죽으리라 하시니라." 하나님이 죄를 문책하시기 위해 그들을 부르실 때에도 하와를 부르지 아니하시고 아담을 부르셨다(창 3:9). 사탄은 하와에게 먼저 접근하여 하나님께서 결혼을 통해 세워놓으신 남자의 리더십 역할을 무너뜨리려고 했던 것이다.

타락으로 말미암아 하나님께서 남자와 여자의 역할을 바꾼 것이 아니고 원래 역할에 왜곡이 생긴 것이다. 아담은 여전히 땅을 경작하고 곡식을 키우는 책임을 가지고 있었다. 단, 그 과정에 땅이 가시덤불과 엉겅퀴를 내게 된 것이고, 땀을 흘려야만 먹을 것을 얻을 수 있게 되었다(창 3:18-19). 마찬가지로 하와도 여전히 아기를 낳는 책임을 가지고 있었다. 그러나 고통 중에 아기를 낳게 되었다. 그리고 하나님께서는 원래 있었던 아담과 하와 사이의 조화로운 관계에 마찰과 고통이 있게 하셨다. 창세기 3:16은 말한다. "너는 남편을 원하고 남편은 너를 다스릴 것이니라." 무엇을 원한다는 말인가? "원한다"라고 번역된 이 히브리 단어는 정복하기를 원한다는 말로 이해할 수 있다. 그렇다면, 여자가 남자의 리더십 역할에 도전하여 투쟁이 생기는 것을 의미한다. "남편은 너를 다스릴 것"이라는 말에서 "다스린다"는 히브리 단어는 일상적으로 가족적 분위기에서 돌보며 친절하게 이끌어가는 것을 말하는 것이 아니고 군주가 절대 권력을 휘두르며 폭군으로 행세하는 것을 의미한다. 남편이 아내를 권위를 가지고 혹독하게 다스리는 것을 뜻하는 것이다. 이것은 죄의 결과이다.

 그러나 그리스도 안에서의 구속은 창조질서를 회복시킨다. 죄로 말미암은 왜곡된 남자와 여자의 역할을 회복시키는 것이다. 예수 믿고 구원받은 아내는 남편의 권위(리더십 역할)에 반기를 들지 않는다. 그리고 남편이 자신의 권위를 거칠게 사용하지 않도록 돕는다. 바울은 말한다. "아내들아 남편에게 복종하라 이는 주 안에서 마땅하니라. 남편들아 아내를 사랑하며 괴롭게 하지 말라."(골 3:18-19) 남편은 아내를 위해 자신을 희생하며 사랑한다. 남편들을 향해 사도 바울은 이렇게 권면한다. "남편들아 아내 사랑하기를 그리스도께서 교회를 사랑하시고 그 교회를 위하여 자신을 주심 같이 하라."(엡 5:25) 구원은 남편과 아내의 관계에서 죄의 결과를 제거하는 목표를 가지고 있다. 창조질서를 회복하는 것이다.

죄의 정의

인간은 하나님 앞에 설 때 비로소 자신을 알 수 있다. 완전하시고 거룩하신 하나님 앞에 섰을 때 우리가 얼마나 부족하고 연약하고 죄악스러운 존재인지를 알 수 있다는 말이다. 동시에 인간은 스스로를 알 때 하나님을 알 수 있다. 인간은 자신이 얼마나 추악한 죄인인지를 알 때에 비로소 하나님의 사랑과 은혜를 제대로 알 수 있다. 어느 쪽이든 우리는 하나님과의 관계에서 죄라는 매우 중요한 개념을 만나게 된다. 인간의 근본 문제는 죄이고, 죄 때문에 온갖 문제가 다 터져 나왔다. 태초부터 인간은 죄 때문에 문제가 시작되었고 죄로 말미암아 죽음이 왔다. 문제의 핵심은 죄로 말미암아 인간이 하나님과 단절되었고, 죽음이라는 이상한 것이 우리를 찾아왔다는 것이다. 그리고 죄와 사망으로부터 우리를 구원하시기 위해 예수 그리스도께서 오셨다. 그러므로 우리는 죄가 무엇인지 제대로 알아야 한다. 여기서 우리가 관심 있는 죄의 개념은 하나님 앞에서의 죄를 말한다. 근본적으로 하나님으로부터 우리를 단절시키고 죽음을 가져온 죄 말이다. 사람들 사이의 죄나 세상에서 말하는 죄를 말하는 것이 아니다. 그것보다 훨씬 깊은 차원의 죄를 말한다. 역으로 말하면 우리 그리스도인들의 윤리적 수준은 세상적 윤리적 수준보다 훨씬 높아야 한다. 더 심오한 차원의 죄를 우리는 다루고 있기 때문이다.

1. 죄의 정의

죄란 무엇인가? 죄는 인간의 행위, 마음, 본질에 있어서 하나님의 윤리법을 지키지 못하는 것이다. 죄는 하나님 및 하나님의 윤리법과의 관계로 정의된다. 죄는 살인, 도둑질, 거짓말 등의 개인적 행위뿐만이 아니고 하나님께서 우리에게 요구하시는 마음을 갖추지 못하는 것도 포함한다. 열 번째 계명은 이렇게 말한다. "네 이웃의 집을 탐내지 말라. 네 이웃의 아내나 그의 남종이나 그의 여종이나 그의 소나 그의 나귀나 무릇 네 이웃의 소유를 탐내지 말라."(출 20:17) 탐심이 죄다. 남의 물건을 탐내는 것과 간음을 마음에 품는 등의 욕망을 죄로 말한다. 산상수훈은 분노(마 5:22) 또는 음욕(마 5:28)과 같은 죄스러운 마음을 금하고 있다. 바울은 시기, 분냄, 이기심 등과 같은 마음을 성령의 열매와 반대되는 육체의 열매로 말한다(갈 5:20). 그러므로 하나님 앞에 의롭고 하나님이 기뻐하시는 삶은 우리 행위뿐만이 아니라 우리 마음도 윤리적 순결을 지키는 것이다. 모든 계명 중 가장 중요한 계명은 우리 마음을 하나님을 향한 사랑으로 채우는 것이다. 예수님께서 명하셨다. "네 마음을 다하고 목숨을 다하고 뜻을 다하고 힘을 다하여 주 너의 하나님을 사랑하라."(막 12:30)

얼마나 수준 높은 윤리를 하나님은 우리에게 요구하시는가? 하나님은 인간의 깊은 속에서 우러나오는 하나님을 향한 진정한 사랑을 요구하신다. 하나님께 마음과 열정이 향하면 우리의 마음은 아름답고 거룩한 것으로 채워진다. 그것은 시기, 분냄, 이기심, 탐욕과 같은 인간의 죄성에서 우러나오는 마음의 죄를 몰아낸다. 행위는 마음에서 우러나온다. 그러므로 심령이 하나님의 아름다운 것으로 채워지면 마음과 행위는 죄로부터 멀어진다. 우리의 심령이 하나님의 사랑과 은혜, 그리고 하나님의 속성과 사역에 대한 아름다운 내용으로 채워지지 않는다면, 그 빈 공간에는 우리의 죄성에서 우러나오는 오염과 부패가 잠입한다. 인간은 죄성이라는 바이러스에 감염되어 있다. 그 바이러스는 우리 모두가 가지고 있다. 그러나 건강하고 튼튼하면 바이러스가 활동을 하지 못한다. 그런데 연약하고 면역이 떨어지면 바이러스는 쉽게 활동하고 힘을 발휘하여 몸에 해를 끼친다. 우리는 예수 믿고 구원받아 근본적으로 치유를 받았다. 죽은 영이 소생한 것이다. 그러나 바이러스가 완전히 죽지는 않았다. 우리 마음은 항상 건강해야 하고 건강을 통해 충분한 면역을 가지고 있어야 한다. 몸이 음식을 통해 양분을 섭취하고 운동을 통해 건강을 유지하듯, 말씀묵상과 기도, 그리고 예배와 교제를 통해 우리는 영적 건강을 유지해야 한다. 우리 죄성이 우리를 해치지 못하도록 하기 위함이다.

죄의 정의는 행위와 마음뿐만 아니라 인간의 윤리적 본질을 포함한다. 인간의 본성이 하나님의 윤리법에 비추어 보았을 때 이미 바르게 되어 있지 못하다는 것이다. 우리의 본질, 즉, 인간의 내적 본성이 죄악스럽다는 것이다. 우리가 그리스도로 말미암아 구원받기 전에 우리는 행위와 마음뿐만 아니라 본질상 죄인이었다. "전에는 우리도 다 그 가운데서 우리 육체의 욕심을 따라 지내며 육체와 마음의 원하는 것을 하여 다른 이들과 같이 본질상 진노의 자녀이었"다(엡 2:3). 비신자들은 잠들어 있을 때에도 죄인이라는 것이다. 죄의 행위를 하거나 죄스러운 마음을 가지고 있는 상태가 아니라도, 하나님의 눈에는 죄인이라는 것이다. 그들의 본질이 하나님의 윤리법에 순응하지 않는 죄의 본질(죄성)을 가지고 있기 때문이다. 도대체 우리는 왜 이런 바이러스를 가지고 있는 것인가? 성경은 원죄를 가르친다. 아담과 하와의 첫 번째 죄인 원죄로 말미암아 인류는 원죄의 죄책과 원죄의 죄성을 가지고 있다. 즉, 아담의 죄로 말미암아 아담의 후손인 우리가 죄인으로 판명되고, 아담의 죄를 물려받아 우리가 죄성을 갖게 되었다는 것이다.

2. 죄의 시작

아담과 하와가 죄를 범하기 전에 죄는 사탄의 타락과 함께 이미 천사의 세계에 들어왔다. 인류에게는 첫 죄가 아담과 하와에 의해 에덴동산에서 범해졌다(창 3:1-19). 선악을 알게 하는 나무의 열매를 따 먹은 것이다. 그것은 하나님의 명령에 불순종 한 것이고 인간 최초의 죄가 되었으며 온 인류에게 큰 타격을 주고 죽음이라는 끔찍한 결과를 초래했다. 이것을 원죄라고 한다. 이 원죄는 모든 죄의 전형을 이룬다. 우리가 범하는 죄를 이해하기 위해 원죄의 내용을 살펴보자.

(1) 하나님 말씀에 대한 도전. 하나님께서는 선악을 알게 하는 나무의 열매를 먹으면 죽으리라고 말씀하셨다(창 2:17). 그런데 뱀은 죽지 않을 것이라고 하와를 유혹했다. 하와는 하나님 말씀의 진실성을 의심하기 시작했고, 그 의심에 입각하여 하나님께서 진실을 말씀하신 것인지 시험해보는 행동을 과감히 시도했다. 열매를 따 먹은 행위는 하나님 말씀의 진실성에 대한 의심이 도전적 행동으로 진행된 것이다. 사람들이 복음을 거부할 때 마찬가지 상황이 벌어진다. 하나님 말씀인 복음을 의심하고 시험해 보다가 결국 받아들이지 않는 행동을 범하는 것이다.

(2) 옳고 그름에 대한 자의적 판단. 선악을 알게 하는 나무 실과를 따먹지 말라는 하나님의 명령에는 따먹는 것이 옳지 않은 것이라는 의미가 포함되어 있다. 그것이 하나님 뜻이기 때문이다. 그런데 뱀은 열매를 따먹는 것이 옳은 것이라고 유혹했다. 그렇게 하면 그들이 눈이 밝아져 심지어 하나님 같이 될 것이라고 말했다(창 3:5). 이 유혹에 넘어가 하와는 옳고 그름에 대한 자신의 판단을 믿었고 자신에게 무엇이 좋은 것인지 스스로 결정했다. 하나님이 윤리적 판단의 기준이 된다는 사실을 거부한 것이다. 창세기는 이렇게 기록한다. "여자가 그 나무를 본즉 먹음직도 하고 보암직도 하고 지혜롭게 할 만큼 탐스럽기도 한 나무인지라. 여자가 그 열매를 따먹고 자기와 함께 있는 남편

에게도 주매 그도 먹은지라."(창 3:6) 많은 사람들이 자신의 판단 기준을 믿고 하나님의 뜻을 무시한다. 예를 들어, 주께서는 먼저 그 나라와 의를 구하라고 말씀하셨다. 그러면 먹고 마시는 현실적인 문제들을 해결해 주시리라고 약속하셨다. 그런데 사람들은 그렇게 생각하지 않는다. 현실적인 문제들의 해결이 먼저고 하나님 나라와 그 의를 구하는 일은 나중이라고 생각한다.

(3) 하나님 자리에 대한 도전. 아담과 하와는 피조물이다. 하나님은 그들을 창조하신 창조주이시다. 피조물은 창조주를 향한 정상적인 태도를 항상 지니고 있어야 한다. 자신을 만드신 하나님께 의존하고 그분을 주님으로 섬기고 순종해야 한다. 그러나 아담과 하와는 "너희가 하나님과 같이 되리라(창 3:5)"는 유혹에 넘어가서 자신을 하나님 자리에 올려놓으려는 시도를 했다. 교만이 싹트기 시작한 것이다. 피조물의 위치를 망각하고 하나님 자리를 차지할 가능성을 엿본 것이다. 하나님 말씀을 거부하고, 하나님의 판단을 불신하며, 하나님 자리를 탐낸 원죄에 나타나는 이 세 가지 요소는 하나의 공통점을 가지고 있다. 그것은 하나님의 영광을 가로채려는 것이다. 하나님을 하나님으로 모시지 않고 자신을 하나님의 위치에 올려놓으려는 시도였다. 추후 아담의 후손들은 바벨탑을 쌓고 스스로 하늘에 도달하여 자신의 이름을 높이고자 하는 사건을 일으킨다(창 11:4). 같은 맥락에서 "너는 나 외에는 다른 신들을 네게 두지 말라."(출 20:3)는 첫 번째 계명은 인간이 스스로 하나님이 되어 살려고 하는 인간 죄성의 정곡을 찌르는 하나님의 경고다. 그러므로 우리는 자신이 누군지를 바로 알아야 한다. 인간은 하나님의 피조물이다.

죄책과 죄성

아담의 첫 죄는 그의 후손인 인류에 치명적인 영향을 끼쳤다. 우리는 모두 아담의 죄로 말미암아 죄인이 되었고 죄에 오염된 상태로 태어나게 되었다. 아담의 원죄로 말미암아 죄책과 죄성을 가지고 태어나게 된 것이다.

1. 인간의 죄책

사도 바울은 아담의 죄가 심각한 영향을 인류에게 미친 것으로 설명한다. 아담의 죄로 말미암아 우리가 죄인으로 여겨지게 되었다는 것이다. 사도 바울은 말한다. "그러므로 한 사람으로 말미암아 죄가 세상에 들어오고 죄로 말미암아 사망이 들어왔나니 이와 같이 모든 사람이 죄를 지었으므로 사망이 모든 사람에게 이르렀느니라."(롬 5:12) 여기서 모든 사람이 실제로 다 죄를 지었기 때문에 사망이 모든 사람에게 이르렀다는 말은 아니다. "이와 같이"라는 말 때문이다. "이와 같이"라는 말은 "한 사람(아담)의 죄로 말미암아"라는 말을 이어받는 것이고, 결국 "아담의 죄로 말미암아 모든 사람이 죄를 지었고 사망이 모든 사람에게 이르렀다"는 말이 된다.

"모든 사람이 죄를 지었다"는 말은, 아담이 불순종했을 때 하나님은 우리 모두가 죄를 지은 것으로 생각했다는 것을 의미한다. 어떻게 이렇게 되는가? 로마서 5:13-14이 이렇게 말한다. "죄가 율법 있기 전에도 세상에 있었으나 율법이 없었을 때에는 죄를 죄로 여기지 아니하였느니라. 그러나 아담으로부터 모세까지 아담의 범죄와 같은 죄를 짓지 아니한 자들까지도 사망이 왕 노릇 하였나니 아담은 오실 자의 모형이라." 이 말씀은 아담으로부터 모세까지 사람들은 하나님의 기록된 율법을 가지고 있지 않았다는 것이다. 그러므로 그 때에 지은 죄를 죄로 여기지 않았지만 그들은 여전히 죽었다는 것이다. 그들이 죽은 것은 그들의 행위가 율법을 범했기 때문이 아니고, 하나님께서 아담의 죄로 말미암아 사람들을 죄인으로 여겼기 때문이다. "그런즉 한 범죄로 많은 사람이 정죄에 이른 것 같이 한 의로운 행위로 말미암아 많은 사람이 의롭다 하심을 받아 생명에 이르렀느니라. 한 사람이 순종하지 아니함으로 많은 사람이 죄인 된 것 같이 한 사람이 순종하심으로 많은 사람이 의인이 되리라."(롬 5:18-19) 아담이 죄를 지었을 때, 하나님은 아담으로부터 나온 모두를 죄인으로 생각했다는 말이다.

우리가 아직 존재하지 않고 있을 때, 하나님은 미래를 바라보시며 앞으로 나올 우리도 아담과 같은 죄인으로 생각하신 것이다. 이 말은 다음의 구절과도 부합한다. "우리가 아직 죄인 되었을 때에 그리스도께서 우리를 위하여 죽으"셨다(롬 5:8). 그리스도가 죽으실 때에 우리는 존재하지 않았다. 그런데 어떻게 그리스도께서 죄인 된 우리를 위하여 돌아가시는가? 우리가 태어나지도 않았지만, 하나님은 앞으로 나올 우리를 죄인으로 여기셨기 때문에 우리는 이미 죄인이었던 것이고, 그리스도는 죄인 된 우리를 위하여 돌아가신 것이다. 그렇다면, 결론은 에덴 동산에서 하나님이 아담을 시험하실 때 온 인류가 아담에 의해 대표되었던 것이다. 아담은 우리의 대표자로서 죄를 지었고, 그렇기 때문에 하나님은 아담뿐 아니라 우리도 죄인으로 여기신 것이다. 하나님은 아담의 죄책을 우리에게 속한 것으로 여기셨다는 말이다. 이것이 좀 이상한가? 하나님은 절대자이시고 우주의 재판장이시다. 하나님의 생각과 판단은 옳은 것이다. 하나님께서 아담의 죄를 우리의 죄로 여기신 것은, 금방 수용하기 어려울 수 있지만, 옳은 것이다.

아담으로부터 물려받은 죄를 "원죄"라고 한다. 이 용어는 단순히 아담이 지은 죄만을 말하지 않는다. 우리가 태어날 때 가지고 태어나는 죄책과 죄성을 함께 말한다. 그것이 아담에게서 온 것이기 때문에 원죄라고 한다. 그러나 우리가 그 죄를 인간으로서의 존재 시작부터 가지고 있기 때문에 원죄라고 한다. 원죄는 아담의 죄만이 아니고 우리의 죄이기도 하다. 원죄는 두 가지 요소를 가지고 있다. 하나는 "원죄책"이고 또 하나는 "원죄성"이다. 지금 우리는 "원죄책"을 말하고 있다. 우리는 원죄책의 개념에 대해 의구심을 갖기 쉽다. 내가 지은 죄가 아닌데 어떻게 나에게 죄책이 있다는 말인가? 그런 질문에 대해 성경이 답하는 부분이 있다. "하나님께서 각 사람에게 그 행한 대로 보응" 하신다(롬 2:6). "불의를 행하는 자는 불의의 보응을" 받는다(골 3:25). 우리가 짓지 않은 죄에 대한 값을 왜 우리가 치르는지 항의하는 자들은 예외 없이 실제로 많은 죄를 짓는다. 그리고 그들은 실제로 지은 죄에 대해 심판을 받을 것이다.

그 질문에 대한 가장 적절한 답은 우리가 그리스도에 의해 대표되었다는 사실이다. 우리가 아담에 의해 대표된 것이 부당하다면, 우리가 그리스도에 의해 대표되고 그분의 의로움이 우리의 것으로 여겨진 것도 부당하다. 사도 바울은 이렇게 말한다. "한 사람이 순종하지 아니함으로 많은 사람이 죄인 된 것 같이 한 사람이 순종하심으로 많은 사람이 의인이 되리라."(롬 5:19) 우리의 첫 대표인 아담이 죄를 짓자 하나님이 우리를 죄인으로 여기셨다. 그러나 그분을 믿는 우리 모두의 대표가 되시는 그리스도께서 하나님의 뜻에 완전히 순종하셨다. 그래서 하나님은 우리를 의롭다고 여기셨다. 이것이 하나님께서 인류를 다루시는 방법이다. 하나님은 인류를 아담을 머리로 하는 하나의 유기적 공동체로 보셨다. 하나님은 그리스도인이라는 새 인류를 마찬가지 방법으로 보셨다. 모든 그리스도인들을 그리스도를 머리로 하여 그리스도에 의해 대표되는 하나의 유기적 공동체로 보시는 것이다.

2. 인간의 죄성

하나님께서 아담의 죄로 말미암아 그의 후손인 우리를 죄인으로 여기시는 것(죄책) 외에, 원죄로 말미암은 또 하나의 문제가 있다. 우리는 아담의 죄로 말미암아 죄의 오염(죄성)을 물려받은 것이다. 원죄는 죄책과 죄성 두 가지를 가지고 있다. 자신의 죄성에 대해 다윗은 이렇게 말했다. "내가 죄악 중에서 출생하였음이여 어머니가 죄 중에서 나를 잉태하였나이다."(시 51:5) 이 구절은 다윗이 어머니의 죄로 말미암아 죄악 중에 출생하였음을 말하는 것이 아니다. 다윗은 자신의 죄에 대해 말하고 있다. 다윗은 자신의 죄에 대해 너무도 낙망하여 자신은 처음부터 죄악을 가지고 있었음을 고백하고 있는 것이다. 그래서 "하나님이여 주의 인자를 따라 내게 은혜를 베푸시며 주의 많은 긍휼을 따라 내 죄악을 지워 주소서 나의 죄악을 말갛게 씻으시며 나의 죄를 깨끗이 제하소서. 무릇 나는 내 죄과를 아오니 내 죄가 항상 내 앞에 있나이다. 내가 주께만 범죄하여 주의 목전에 악을 행하였"나이다(시 51:1-4) 라고 고백했다. 다윗은 밧세바를 취하여 동침한 후, 선지자 나단이 그를 찾아와 죄에 대해 책망했을 때, 자신의 죄에 대해 새로운 의식을 가지며 너무도 큰 충격을 받았다. 그리고 자신의 인생을 돌아보면서 자신이 처음부터 죄인이었다는 것을 깨달았다. 스스로 과거를 기억할 수 있는 한, 자신은 근본적으로 죄성을 가지고 있음을 알게 된 것이다. 심지어 태어나기 전부터 죄의 성향을 가지고 있었다고 말한다. "내가 죄악 중에 출생하였음이여 어머니가 죄 중에서 나를 잉태하였나이다."(시 51:5) "악인은 모태에서부터 멀어졌음이여 나면서부터 곁길로 나아가 거짓을 말하는도다."(시 58:3)

사도 바울도 우리의 본성이 죄의 성향을 가지고 있음을 말한다. 우리가 그리스도인이 되기 전에 우리는 죄의 본성을 가지고 있었고 하나님의 진노의 대상이었다는 것이다. "전에는 우리도 다 그 가운데서 우리 육체의 욕심을 따라 지내며 육체와 마음이 원하는 것을 하여 다른 이들과 같이 본질상 진노의 자녀이었"다(엡 2:3). 여기서 본질은 죄성으로 육체의 욕심을 말한다. 육체란 단순히 몸을 말하는 것이 아니고 인간이 가지고 있는 죄성을 의미한다. 어린 아이들을 키워보면 잘 알 수 있다. 아이들이 그릇된 방향으로 가는 것에는 가르침을 받을 필요가 없다. 내버려 두면 그들은 자연스럽게 잘못한다. 부모로서 우리가 해야 할 일은 아이들이 잘하도록 가르치는 것이다. 사도 바울은 말한다. "아비들아 너희 자녀를 노엽게 하지 말고 오직 주의 교훈과 훈계로 양육하라."(엡 6:4) 사회에도 법이 필요하다. 부모의 기대와 사회의 압력, 그리고 양심의 찔림 등이 작용하여 사람들을 얽어매기에 그나마 죄성에서 우러나오는 심각한 결과를 통제하고 있다. 또한 하나님의 일반은총으로 사람들은 여러 분야에서 많은 좋은 일들을 하고 있다. 그러나 자연인이 본성적 부패와 본성적 무능을 가지고 있는 것은 엄연한 사실이다.

(1) 본성적 부패. 자연인은 물려받은 죄성으로 말미암아 모든 부분이 죄의 영향을 받고 있다. 인간의 3대 요소로 대표되는 지, 정, 의에 총체적인 죄의 오염이 들어왔고 그 영향으로 인간이 갖게 되는 삶의 동기, 인생의 목표, 욕망, 열정, 건강 등과 같은 모든 부분들까지 타락이 온 것이다. 사도 바울은 이렇게 말한다. "내 속 곧 내 육신에 선한 것이 거하지 아니하는 줄을 아노니 원함은 내게 있으나 선을 행하는 것은 없도다."(롬 7:18). 안 믿는 자들은 사회에서 일반적 선을 행할 수 있다. 그러나 그들은 영적인 선은 행할 수 없다. 영적 선은 하나님과의 관

계에서 선을 말하는 것으로, 하나님을 전적으로 사랑하고 경외하는 마음에서 우러나오는 모든 행위를 말하는 것이다. 그런 행위는 결국 내 영광을 위한 것이 아니고 하나님의 영광을 위해서 해야 하는 것을 의미한다. 선지자 예레미야는 말한다. "만물보다 거짓되고 심히 부패한 것은 마음이라. 누가 능히 이를 알리요."(렘 17:9) 그리스도의 사역과 상관이 없는 자는 물려받은 죄성으로 말미암아 본성적 부패를 피할 길이 없다. 그래서 사도 바울은 그들이 하나님의 생명을 가지고 있지 않다고 말한다. "그들의 총명이 어두워지고 그들 가운데 있는 무지함과 그들의 마음이 굳어짐으로 말미암아 하나님의 생명에서 떠나 있도다."(엡 4:18)

(2) 본성적 무능. 본성적으로 부패한 자연인은 하나님 앞에서 추호도 영적 선을 행할 수 없다. 자연인은 죄인으로 자신 안에 영적 선이 없을 뿐 아니라 스스로 하나님을 즐겁게 할 수도 없고 자신의 힘으로 하나님에게 갈 수도 없다. 사도 요한은 기록했다. "나[예수 그리스도]를 떠나서는 너희가 아무 것도 할 수 없음이라."(요 15:5) 행동이 믿음에서 우러나오는 것이 아니라면, 또는 하나님을 사랑하는 마음에서 나오는 것이 아니라면, 그것은 하나님을 기쁘시게 할 수 없다(히 11:6). 왜 이렇게까지 되었는가? 자연인에게는 생명이 없기 때문이다. 영적으로 죽어있다는 것이다. 그런 우리를 주님께서 살리셨다(엡 2:1-2).

죄의 특성

우리는 원죄의 죄책과 죄성에 대해서 공부했다. 원죄란 아담의 죄만이 아니고 우리의 죄도 말한다. 우리가 처음부터 가지고 있는 죄를 말하기 때문이다. 이제 우리는 원죄의 죄성으로부터 우러나오는 실제적 죄의 성격과 모양에 대해 공부하고자 한다.

1. 죄의 보편성(普遍性)

한 사람의 예외도 없이 인간 모두는 죄인이다. 이것은 시간과 공간을 초월하여 온 인류 전체의 상황이다. 이것을 죄의 보편성이라고 한다. 시편 기자는 말한다. "여호와께서 하늘에서 인생을 굽어살피사 지각이 있어 하나님을 찾는 자가 있는가 보려 하신즉 다 치우쳐 함께 더러운 자가 되고 선을 행하는 자가 없으니 하나도 없도다."(시 14:2-3) 사도 바울은 죄의 보편성에 대해 더욱 강하게 말한다. "유대인이나 헬라인이나 다 죄 아래 있다고 우리가 이미 선언하였느니라. 기록된 바 의인은 없나니 하나도 없으며 깨닫는 자도 없고 하나님을 찾는 자도 없고 다 치우쳐 함께 무익하게 되고 선을 행하는 자는 없나니 하나도 없도다."(롬 3:9-10) 결국 모든 사람은 죄를 범하게 되었고 그것은 하나님의 영광을 가리어 그 분과의 관계가 파손되었다(롬 3:23). 모두가 죄인이라면 그리스도인이 비그리스도인과 다른 점은 무엇인가? 인식의 차이가 있다. 그리스도인은 자신이 죄인이라는 것을 알고 진심으로 그 문제의 해결을 위해 하나님 앞에 나와 죄를 고백하고 사함을 받는다. 그러나 비그리스도인은 자신이 그렇게 심각한 문제가 있는 죄인이라는 것을 인식하지 못한다. 그러므로 문제 해결을 위해 하나님 앞에 나오지 않는다. 사도 요한은 이렇게 말한다. "만일 우리가 죄가 없다고 말하면 스스로를 속이고 또 진리가 우리 속에 있지 아니할 것이요. 만일 우리가 죄를 자백하면 그는 미쁘시고 의로우사 우리 죄를 사하시며 우리를 모든 불의에서 깨끗하게 하실 것이요. 만일 우리가 범죄하지 아니하였다 하면 하나님을 거짓말하는 이로 만드는 것이니 또

한 그의 말씀이 우리 속에 있지 아니하니라."(요일 1:8-10)

하나님 앞에 서 있는 인간은 작은 하나의 죄만 범해도 영원한 심판을 받게 되어 있다. 아담과 하와가 에덴 동산에서 이것을 배웠다. 사도 바울도 심판은 한 사람으로 말미암아 정죄에 이르렀다고 말한다(롬 5:16). 여기서 한 사람이란 한 사람의 하나의 행위를 말한다. 아담과 하와는 하나의 죄로 말미암아 하나님 앞에 죄인이 되었고 더 이상 거룩한 곳에 있을 수 없게 되었다. 사도 바울은 단호하게 말한다. "누구든지 율법 책에 기록된 대로 모든 일을 항상 행하지 아니하는 자는 저주 아래에 있는 자라 하였음이라."(갈 3:10) 우리는 항상 모든 일에 율법을 지켜야 한다. 어느 한 순간 한 가지라도 지키지 못한다면 우리는 저주 아래 들어간다는 것이다. "네 마음을 다하고 목숨을 다하고 뜻을 다하여 주 너의 하나님을 사랑하라."(마 22:37)는 계명이 있다. 우리는 이 계명을 한 순간도 놓치지 않고 지켜야 한다. 누가 이것을 할 수 있겠는가? 우리 모두는 죄인이다. 우리는 스스로 이 문제를 해결할 수 없다. 해결 방법은 자신의 죄를 통렬하게 인식하고 고백하며 예수 그리스도를 믿어 죄 사함 받고 의로워지는 것 외에는 없다.

2. 죄의 정도(程道, degree)

죄에 대해 일괄적으로 정리를 해버리면 현실의 삶에서 죄의 종류별 심각성에 대해 인식을 못하게 된다. 작은 죄나 큰 죄나 나 같이 영원한 형벌을 받는 것이고, 다 같이 사함 받는 것이라면 그 차이는 전혀 없는 것인가? 혹은 죄는 종류에 따라 정도의 차이가 있는가? 같은 영원한 형벌이라도 죄에는 정도의 차이가 있다. 일반 법정에도 죄질에 대해 언급을 한다. 나쁜 죄질에 더 많은 형벌이 가해진다. 우리는 죄의 종류에 대해 좀 더 세밀하게 생각해야 한다. 어떤 죄는 다른 죄보다 더 나쁘다. 사람들의 삶에 더 해로운 결과를 가져다주기 때문이다. 이것은 하나님과의 관계에도 적용된다. 그것이 하나님을 더 불쾌하게 만들고 하나님과의 관계에 더 심각한 문제를 일으키기 때문이다. 성경은 죄의 심각성에 대해 정도(程道)의 차이를 말한다. 예수님께서 빌라도 앞에 섰을 때 "나를 네게 넘겨준 자의 죄는 더 크다"고 말씀하셨다(요 19:11). 그 자는 가룟 유다를 말한다. 유다는 예수님을 3년 동안 가까이 따랐으나 자의적으로 예수님을 배신하여 그분을 죽게 했다. 비록 빌라도가 예수님 처형에 공적으로 일조를 했지만 유다의 죄는 빌라도의 죄보다 더 크다는 말이다. 왜 그러한가? 그는 예수를 훨씬 더 잘 알고 있었고 이 범죄와 관련하여 더 심한 악의를 가지고 있었기 때문이다.

예수님께서는 율법에 정도의 차이가 있음을 말씀하셨다. 산상수훈에서 예수님께서는 이렇게 말씀하셨다. "그러므로 누구든지 이 계명 중의 지극히 작은 것 하나라도 버리고 또 그같이 사람을 가르치는 자는 천국에서 지극히 작다 일컬음을 받을 것이요. 누구든지 이를 행하며 가르치는 자는 천국에서 크다 일컬음을 받으리라."(마 5:19) 이 말씀은 계명 중에 정도의 차이가 있음을 암시한다. 예수님께서는 외식하는 바리새인들과 서기관들에게 화가 있으리라 말씀하시며 또한 이렇게 말씀하셨다. "너희가 박하와 회향과 근채의 십일조는 드리되 율법의 더 중한 바 정의와 긍휼과 믿음은 버렸도다. 그러나 이것도 행하고 저것도 버리지 말아야 할지니라."(마 23:23) 율법에 더 중요한 부분이 있음을 말씀하신 것이다. 십일조라는 외형적이고 의식적인 행위보다는 정의, 긍휼, 믿음이 율법에서 더 중요하다는 말이다.

어떤 죄는 다른 죄보다 더 큰 악영향을 끼친다. 하나님에게 더 큰 불명예를 초래하거나 사람들과 교회에 더 큰 해를 끼친다면, 그것은 더 큰 죄가 되는 것이다. 의도적으로, 계속적으로, 뻔히 알면서, 악한 마음을 먹고 짓는 죄는 죄의 정도가 더 심한 죄가 된다. 그러나 무지로 범한 죄, 연속적이 아닌 죄, 의도에 순수함과 불순함이 섞여 있는 죄, 참회나 회개가 뒤따르는 죄 등은 그 죄의 정도가 심하지 않은 것이다. 물론 비의도적으로 지은 죄도 죄다. 레위기 5:17은 "만일 누구든지 여호와의 계명 중 하나를 부지중에 범하여도 허물이라 벌을 당할 것"이라고 말하기 때문이다. 그럼에도 그런 죄에 대한 형벌은 의도적인 죄보다는 가볍다. 그러나 교만하여 하나님의 계명을 알면서도 무시하고 지은 죄는 매우 심각한 것이다. 민수기는 이렇게 기록하고 있다. "본토인이든지 타국인이든지 고의로 무엇을 범하면 누구나 여호와를 비방하는 자니 그의 백성 중에서 끊어질 것이라."(민 15:30) 죄를 마음에 품고만 있는 것보다 그것을 행동에 옮기는 것이 더 큰 죄가 된다. 같은 행동이라 하더라도 초신자보다는 교회 지도급의 위치에 있는 자가 저지른 죄는 더 큰 죄가 된다. 복음에 더 큰 훼손을 가져다주었기 때문이다.

3. 우상 숭배

하나님께서는 우상 숭배에 대해 가장 크게 진노하신다. 선지자 에스겔에게 하나님께서는 우상 숭배에 대해 극심한 분노를 노출하셨다. 하나님께서 에스겔 선지자에게 우상이 사방 벽에 그려져 있는 방에서 향로를 들고 있는 이스라엘 장로들을 보여주셨다. 그들은 이런 말을 했다. "여호와께서 우리를 보지 아니하시며 여호와께서 이 땅을 버리셨다."(겔 8:12) 이런 이스라엘의 장로들에 대해 하나님은 에스겔에게 더 가증한 것을 보여주신다. 에스겔은 이렇게 말한다. "그가 또 나를 데리고 여호와의 성전 안뜰에 들어가시니라. 보라 여호와의 성전 문 곧 현관과 제단 사이에서 약 스물다섯 명이 여호와의 성전을 등지고 낯을 동쪽으로 향하여 동쪽 태양에게 예배하더라. 또 내게 이르시되 인자야 네가 보았느냐. 유다 족속이 여기에서 행한 가증한 일을 적다 하겠느냐… 그러므로 나도 분노로 갚아 불쌍히 여기지 아니하며 긍휼을 베풀지도 아니하리니 그들이 큰 소리로 내 귀에 부르짖을지라도 내가 듣지 아니하리라."(겔 8:16-18)

하나님에게 우상 숭배는 무엇보다 더 큰 분노를 일으킨다. 하나님은 왜 우상 숭배에 대해 그토록 진노하셨는가? 그럼에도 구약 이스라엘은 왜 이토록 우상 숭배를 하였는가? 하나님이 그렇게 싫어하시는데 도대체 무슨 좋은 것이 있다고 그들은 그렇게 했는가? 당시 사람들이 숭배하던 이방신들은 세상의 복을 사람들에게 가져다주는 것으로 이해되었다. 당시 우상을 섬기는 종교에는 어렵게 지켜야할 정의도 없고 힘들게 준수해야할 윤리도 없으며 고고한 사랑을 표현하기 위한 희생의 요구도 없었다. 각종의 이방신은 잘 받들어주고 섬겨주기만 하면 그 대가로 그들을 보호해주고 세상에서 좋은 것만을 공급해주는 너무도 편한 신들로 인식되어 있었다. 그러기에 사람들은 우상을 섬기며 오직 세상에서 잘 살 수 있도록 빌었다. 얼마나 편한가? 그러나 여호와 하나님을 섬기는 신앙은 달랐다. 유일하신 하나님을 믿고 그분의 가치관을 따르는 것이었다. 공의와 사랑을 실천하며 그것에 가치를 부여하고 그 가치를 실현하기 위해 고난과 희생을 감내하는 것이었다. 그것이 여호와 하나님의 성품이다. 그래서 하나님의 백성들은 그런 하나님의 가치관을 따르며 살도록 되어 있었다. 이스라엘이 여호와를 버리고 이방신을 섬기는 이유는 이방신들을 섬기는 자들이 강국으로 잘 살고 세상에서 잘 나가고 있었기 때문이다. 그러나 그들에게는 악이 성행하고 그들은 패역했으며 지극히 비윤리적이었다. 그럼에도 이스라엘 백성은 하나님께서 보여주시는 고귀한 가치관보다는 세상에서 잘 먹고 잘 사는 것이 더 좋아보였기에 항상 이방신은 유혹의 근원이었다.

이것은 우리에게 시사하는 바가 크다. 사도 바울은 이렇게 말한다. "그러므로 땅에 있는 지체를 죽이라. 곧 음란과 부정과 사욕과 악한 정욕과 탐심이니 탐심은 우상 숭배니라. 이것들로 말미암아 하나님의 진노가 임하느니라."(골 3:5-6) 탐심이 우상 숭배라고 말하고 있다. 탐심은 이기적 정욕과 욕심에서 우러나와 자기만을 바라보며 자기가 원하고 바라는 것만을 추구한다. 그것을 가장 소중한 것으로 여기며 그것을 염원하고 추구하며 그것을 자신의 마음 속 가장 높은 위치에 올려 놓는다. 그것만 있으면 모든 문제가 해결될 것 같고 그것으로 가장 큰 힘을 얻고 가장 큰 위로를 얻으며 가장 큰 즐거움을 얻을 것으로 생각한다. 하나님 자리를 대체하는 것이다. 이것이 우상 숭배다. 우상 숭배는 하나님을 극심하게 분노케 하는 심각한 죄이다.

제16장

그리스도인의 삶

우리는 예수 그리스도를 믿고 죄 사함을 받았다. 그러므로 죄로 말미암은 정죄에서 벗어났다. 그럼에도 불구하고 우리가 짓는 죄는 사람들에게 해를 끼치고 복음을 훼손하며 성령님을 슬프게 만든다. 죄의 속성에는 변함이 없기 때문이다. 우리는 죄 사함을 남용해서는 안 된다. 그리스도인으로서 더욱 책임을 느끼고 죄에서 멀어지도록 해야 한다. 죄에 승리하는 삶을 살아야 하다. 거룩하고 아름다운 삶을 살아야한다. 어떻게 해야 하는가?

주님 바라봄

우리는 주님을 바라본다. 우리의 구주되시는 주님의 은혜에 감격하여 주님을 바라보고, 우리의 예배의 대상이시기에 주님을 바라보며, 우리 삶의 모범이시기에 주님을 바라본다. 의인이 되었기에 주님을 바라볼 수 있는 능력이 생겼다. 그럼에도 여전히 죄인으로서 주님을 바라보아야만 하는 필요가 생겼기에 주님을 바라본다. 그리고 주님 바라봄을 통해 거룩한 삶을 살 수 있기에 주님을 바라본다.

1. 의인

인간의 진정한 모습은 성경을 통해서만 제대로 알 수 있다. 우리는 그동안 성경을 통해 인간의 참 모습을 보았다. 인간은 하나님의 형상으로 만들어진 고귀한 존재다. 그러나 아담의 죄로 말미암아 그 안에서 죄인이 되었고 죄성을 가지고 태어난다. 그래서 인간은 죄로 말미암아 죽음과 영원한 형벌을 받을 수밖에 없는 존재였다. 그러나 우리는 그리스도 안에서 의인이 되었다. 아담으로 말미암아 죄인 된 우리가 그리스도로 말미암아 의인이 된 것이다. 차이점은 있다. 우리는 아담 안에서 자동적으로 죄인이 되었고 또한 실제로 죄를 짓게 되었다. 그가 모든 인류를 대표하기 때문이다. 그러나 우리가 그리스도 안에서 의인이 되려면, 우리는 그리스도를 구주로 믿어야 한다. 그리스도를 믿음으로 말미암아 그분과 하나 되었을 때, 그분께서 하신 위대한 구원사역이 내 것이 되기 때문이다. 무엇이 내 것이 되는가? 죄 사함과 의 전가이다. 그리스도께서 내 죄를 대신 짊어지시고 죄 값을 치르셨기에 나에게 죄 사함이 있고, 그리스도께서 이루신 의를 내 의로 하나님께서 여겨주시어 의 전가가 이루어졌다. 그런 우리에게 이제 정죄는 없다. 사도 바울은 단호히 말한다. "그러므로 이제 그리스도 안에 있는 자에게는 결코 정죄함이 없나니 이는 그리스도 안에 있는 생명의 성령의 법이 죄와 사망의 법에서 너를 해방하였음이라."(롬 8:1-2) 이런 의미에서 구원은 내 공로가 아니고 하나님께서 주시는 은혜의 선물이다. 정말 놀라운 것이다. 그리스도께서 우리의 모든 죄 값을 지불하셨다. 과거, 현재, 미래의 모든 죄 말이다. 그리고 당신의 의를 우리에게 전가하셨다. 그러므로 우리는 의인이다. 그 신분은 절대로 변할 수 없다. 우리를 향한 하나님의 사랑과 호의는 변할 수 없기 때문이다. 사도 바울은 외친다. "내가 확신하노니 사망이나 생명이나 천사들이나 권세자들이나 현재 일이나 장래 일이나 능력이나 높음이나 깊음이나 다른 어떤 피조물이라도 우리를 우리 주 그리스도 예수 안에 있는 하나님의 사랑에서 끊을 수 없느니라."(롬 8:38-39)

2. 죄인

그럼에도 불구하고 우리 안에는 여전히 죄가 남아 있다. 사도 요한은 말한다. "만일 우리가 죄가 없다고 말하면 스스로를 속이고 또 진리가 우리 속에 있지 아니할 것이요."(요일 1:8) 죄를 지을 때마다 불편한 마음이 생긴다. 후회가 되기도 한다. 물론 그것이 하나님의 자녀라는 우리의 신분을 절대 빼앗아 갈 수는 없다. 그럼에도 죄 때문에 자신을 바라보면 실망이 되고 힘들어진다. 우리 그리스도인이 죄를 짓게 되면, 정죄함은 없지만 하나님과의 교제에 문제가 생긴다. 우리가 죄를 지었다고 하나님께서 우리를 사랑하시지 않는 것은 아니지만, 하나님은 우리에 대해 편치 않으시게 된다. 부모의 심정을 생각하면 이해가 된다. 자녀가 잘못한다고 부모가 자녀를 더 이상 사랑하지 않게 되는 것은 아니다. 마음이 아프고 근심하게 되는 것이다. 죄를 짓게 되면 우리도 마음에 불편함과 괴로움이 생기고 하나님도 힘들어지신다. 사도 바울은 말한다. "하나님의 성령을 근심하게 하지 말라."(엡 4:30) 우리가 죄를 지을 때 하나님은 우리를 정죄하시지는 않지만 근심하시고 슬퍼하신다. 우리를 기뻐하시지 않는다.

죄는 주님과의 교제에 문제를 일으킬 뿐 아니라, 실제로 문제를 일으키어 우리의 삶과 사역에 부정적 영향을 끼친다. 죄에는 결과가 따르게 되어 있기 때문이다. 그것이 죄의 속성이다. 죄는 상처를 주고 분노를 일으키며 관계를 깨뜨리게 되어 있다. 개인의 삶과 사회의 질서를 무너뜨리고 혼란을 일으킨다. 주님께서 말씀하셨다. "내 안에 거하라. 나도 너희 안에 거하리라. 가지가 포도나무에 붙어 있지 아니하면 스스로 열매를 맺을 수 없음 같이 너희도 내 안에 있지 아니하면 그러하리라."(요 15:4) 죄는 우리로 하여금 주님 안에 거하기 어렵게 만든다. 주님과의 교제에 문제가 생기기 때문이다. 죄로 말미암아 그리스도와의 교제로부터 멀어지게 되면, 그리스도 안에 거하기가 어려워진다. 그러면 열매를 맺지 못한다. 풍성해야 하는 그리스도인의 삶이 메말라지는 것이다. 그러면 우리는 어떻게 해야 하는가? 회개하고 주님을 바라보아야 한다. 지속적으로 그분을 바라보아야 한다.

3. 주님 바라봄

인간은 무언가를 바라보게 되어 있다. 바라는 것이 있고, 되고 싶은 것이 있고, 열망하는 것이 있다는 말이다. 우리는 무엇을 바라보는가? 우리는 그리스도를 바라본다. 그리스도를 바라고, 그리스도와 함께 하고 싶고, 그리스도와 같이 되고 싶고, 그리스도와 진정으로 하나 되기를 열망한다. 그분이 계신 곳에 우리도 가고 싶고 그 곳에 있고 싶다. 그분이 계시는 곳이기 때문이다. 주님은 우리를 위해 그 곳에 가셨다.

그 곳에서 우리를 위해 자리를 마련해 놓으셨다. 그래서 우리는 그 곳에 가고 싶다. 예수 그리스도만큼 소중한 존재가 우리에게는 없다. 우리에게는 그분만큼 위대한 존재가 없기 때문이다. 인간은 자신이 바라보고 또 바라보는 그 대상에 점점 가까워진다. 그러므로 우리는 누구를 예배할 것인가를 분명히 알아야 한다. 예배의 대상이 곧 우리가 갈망하고, 가까이 가고 싶어 하고, 되고 싶어 하는 대상이기 때문이다. 세상의 어떤 것이나 어떤 다른 존재가 우리의 예배의 대상이 되어서는 안 된다. 잘못된 대상은 우리를 잘못되게 만들기 때문이다. 죄의 길로 인도하기 때문이다.

우리 안에 여전히 죄가 있고 우리 주변은 죄 투성이인데 우리는 어떻게 살아야 하는가? 결국 나와의 싸움이다. 어떻게 싸워야 하는가? 나를 내려놓는 것이다. 나를 비우는 것이다. 그리고 그리스도로 채우는 것이다. 이제는 내가 중요한 것이 아니고 그리스도가 중요하다. 내 생각보다 그리스도의 생각이 중요하다. 내 감정보다 그리스도의 감정이 중요하다. 내가 원하는 것보다 그리스도께서 원하시는 것이 중요하다. 성경 말씀을 읽고 묵상하고 그 말씀에 나타난 주님의 생각과 뜻을 헤아리고 새기고 실천할 때에 나는 점점 사라지고 주님께서 나타나신다. 우리가 사는 것은 우리가 사는 것이 아니고 우리 안에 계신 그리스도께서 사시는 것이다. 내가 살려고 할 때 힘들어진다. 그러나 내 안에 계신 그리스도께서 사시도록 하면 쉬워진다. 주께서 말씀하셨다. "수고하고 무거운 짐 진 자들아 다 내게로 오라. 내가 너희를 쉬게 하리라."(마 11:28) 다윗도 이 비밀을 알았다. 자신을 바라볼 때에 답이 없다는 것을 말이다. 그는 하나님을 바라본다. 그리고 말한다. "내가 여호와께 바라는 한 가지 일 그것을 구하리니 곧 내가 내 평생에 여호와의 집에 살면서 여호와의 아름다움을 바라보며 그의 성전에서 사모하

는 그것이라."(시 27:4)

4. 거룩한 삶

우리가 그리스도를 믿음으로 말미암아 그분과 하나 되어 죄 사함과의 전가가 일어났다. 의인이 된 것이다. 그리고 어떻게 되는 것인가? 실제로 우리의 삶에서 그분과 하나 되는 삶이 나타난다. 주님을 바라보고, 주님을 사모하며, 주님을 닮아가는 것이다. 그것이 우리의 삶에 현실적으로 나타난다. 우리를 의인으로 부르신 자와 하나 되었다는 것이 표출되는 것이다. 그분과 가까워져 긴밀한 교제를 하고 그분과 동행하며 우리의 삶이 거룩함으로 변화되는 것이다. 이 거룩함이 하나님과 하나 되는 연결고리다. 우리의 거룩한 삶 때문에 하나님과 하나 되는 것은 아니다. 하나님의 부르심 때문에 하나 되는 것이다. 우리의 심령과 삶에 거룩함이 나타날 때, 우리는 부르신 자의 목표를 향해 질주한다. 이럴 때 우리는 진정한 영적 기쁨과 충만을 누릴 수 있다. 이것이 진정한 하나님의 축복이다. 이것을 위해 하나님께서는 우리와 긴밀한 교제로 부르신 것이다. 우리를 의인으로 부르신 자가 또한 우리를 거룩함으로 부르시는 것이다. 그리고 그 목표에 도달하도록 우리를 사랑으로 권유하신다. 그분을 바라보며 그분처럼 되라는 것이다. 사도 베드로는 이렇게 말한다. "오직 너희를 부르신 거룩한 이처럼 너희도 모든 행실에 거룩한 자가 되라. 기록되었으되 내가 거룩하니 너희도 거룩할지어다 하셨느니라."(벧전 1:15-16)

하나님은 의를 사랑하시지만, 인간은 본성적으로 의를 사랑할 수 없다. 그러나 이제 그리스도로 말미암아 의인이 된 우리는, 아직 죄성이 남아있음에도 불구하고, 의를 사랑하는 마음을 우리 심령에 새길 수 있다. 그것이 내 힘으로 되는 것은 아니다. 성령께 간구하며 그분의 역사하심으로 가능한 것이다. 그 힘으로 우리는 하나님께 달라붙어야 한다. 주님을 바라보고 그분을 사모하는 마음으로 그분에게 가야 한다. 그래서 그분의 거룩함을 부여받으며 그분의 부르심을 따라가야 한다. 그 길은 거룩한 길이다. 천성을 향한 길이다. 우리는 하나님이 부르신 그 거룩한 길을 가야 한다. 선지자 이사야는 이렇게 말한다. "거기에 대로가 있어 그 길을 거룩한 길이라 일컫는 바 되리니 깨끗하지 못한 자는 지나가지 못하겠고 오직 구속함을 입은 자들을 위하여 있게 될 것이라… 거기에는 사자가 없고 사나운 짐승이 그리로 올라가지 아니하므로 그것을 만나지 못하겠고 오직 구속함을 받은 자만 그리로 행할 것이며 여호와의 속량함을 받은 자들이 돌아오되 노래하며 시온에 이르러 그들의 머리 위에 영영한 희락을 띠고 기쁨과 즐거움을 얻으리니 슬픔과 탄식이 사라지리로다."(사 35:8-10)

청지기

그리스도인은 죄로 말미암아 다시 정죄(定罪, condemn)받는 일은 없다. 그러나 죄는 하나님과의 교제에 문제를 일으킨다. 인간은 교제를 통해 즐거움을 얻는다. 교제가 부실해지면 그만큼 즐거움은 사라진다. 하나님과의 교제에 문제가 생기면 우리의 영적 즐거움이 점점 사라진다. 기도가 잘 안 된다. 말씀에도 흥미가 감소된다. 주님을 향한 열심 또한 약화된다. 영적으로 무기력해진다. 이 때 우리는 신속히 회개해야 한다. 아픈 마음으로 참회하고 주님께 다 내놓고 자백해야 한다. 그리고 그리스도를 바라보아야 한다. 죄에서 돌아서야 한다. 돌이키지 않고 지속하면 우리 아버지께서는 당신의 사랑하는 자녀를 훈련하신다. 징계하시는 것이다. 돌아오도록 하나님께서 채찍질을 하신다(히 12:5-10). 그러나 그리스도인은 거룩한 삶을 살기 위해 죄만 짓지 않으려는 소극적인 태도로 일관할 수는 없다. 우리는 거룩한 삶을 위해 긍정적이고 적극적인 방법을 추구해야 한다.

1. 우리는 하나님의 것

그리스도인의 주인은 자신이 아니다. 그리스도인의 주인은 하나님이시다. 우리는 우리에게 속한 자가 아니고 하나님께 속한 자라는 말이다. 하나님께서 우리를 지으셨을 뿐만 아니라 비싼 값을 치르시고 우리를 사셨기 때문이다. 그리고 하나님께서는 우리 안에 오셔서 거주하신다. 이제 나는 더 이상 내 것이 아니다. 나는 하나님 것이다. 하나님의 고귀한 소유물이다. 그러므로 나의 삶에는 뚜렷한 목표가 정해졌다. 궁극적으로 나를 위해 사는 것이 아니고 나를 사신 하나님을 위해 사는 것이다. 하나님의 영광을 위해서 말이다. 이것이 그리스도인이 삶을 살아가는 궁극적인 목적이다. 사도 바울은 말한다. "너희 몸은 너희가 하나님께로부터 받은 바 너희 가운데 계신 성령의 전 인줄을 알지 못하느냐. 너희는 너희 자신의 것이 아니라. 값으로 산 것이 되었으니 그런즉 너희 몸으로 하나님께 영광을 돌리라."(고전 6:19-20) 그러므로 그리스도인의 삶은 근본적으로 다르다. 우리는 아무렇게나 살 수가 없다. 예수 그리스도의 소중한 피로 말미암아 고귀한 가치를 가지고 있기 때문이다. 그리고 성령께서 우리 안에 와 계시기 때문이다. 우리는 그 가치에 걸맞은 삶을 살아야 한다.

우리가 우리 것이 아니라면 우리는 다음을 생각해야 한다. 우리의 생각과 의지가 우리의 계획과 행동을 장악해서는 안 된다. 우리의 욕심에 따라 좋은 것을 찾는 것을 목표로 세워서는 안 된다는 말이다. 우리가 하나님의 것이라면, 우리는 다음을 생각해야 한다. 우리는 하나님을 위해 살고 하나님을 위해 죽는다. 그래서 하나님의 지혜와 하나님의 의지가 우리의 모든 행동을 장악하게 해야 한다. 사도 바울의 고백이다. "우리가 살아도 주를 위하여 살고 죽어도 주를 위하여 죽나니 그러므로 사나 죽으나 우리가 주의 것이로다."(롬 14:8) 우리의 이기적인 관심사에만 몰두하는 것은 우리의 삶을 파멸의 길로 인도한다. 우리는 심령이 새롭게 되어야 한다(엡 4:23). 그리고 자신으로부터 떠나서 주님을 섬기는데 총력을 기울여야 한다. 주님을 섬긴다는 것은 하나님 말씀에 순종하는 것뿐만 아니라, 마음을 비우고 성령의 인도하심을 받아야 함을 의미한다. 그리하여 내가 사는 것이 아니고 그리스도께서 사시는 것이고 그분이 내 인생을 다스리는 것이다. 십자가에 못 박은 나의 삶은 내가 죽고 그리스도께서 사시는 삶이다. 사도 바울은 이렇게 고백한다. "내가 그리스도와 함께 십자가에 못 박혔나니 그런즉 이제는 내가 사는 것이 아니요 오직 내 안에 그리스도께서 사시는 것이라."(갈 2:20)

2. 영적 예배의 삶

내가 내 것이 아니고 하나님의 것임을 아는 그리스도인은 영적 예배의 삶을 산다. 바울은 이렇게 말한다. "그러므로 형제들아 내가 하나님이 모든 자비하심으로 너희를 권하노니 너희 몸을 하나님이 기뻐하시는 거룩한 산 제물로 드리라. 이는 너희가 드릴 영적 예배니라. 너희는 이 세대를 본받지 말고 오직 마음을 새롭게 함으로 변화를 받아 하나님의 선하시고 기뻐하시고 온전하신 뜻이 무엇인지 분별하도록 하라."(롬 12:1-2) 영적 예배란 무엇인가? 우리 몸을 하나님께 거룩한 산 제물로 드리는 것이다. 이것은 나를 세상으로부터 구별하여 하나님께 거룩하게 드리는 것으로, 그것은 곧 이 세대를 본받지 않는 것이다. 어떻게 하는 것이 이 세대를 본받지 않는 것인가? 우리가 살고 있는 세상의 가치관을 본받지 않는 것이다. 세상이 가장 가치 있고 중요하게 여기는 것과 우리가 가장 가치 있고 중요하게 여기는 것 사이에는 근본적인 차이가 있음을 의미한다.

세상은 경제적으로 사회적으로 학력 배경으로 남보다 우수하고 탁월하면 더 가치 있게 생각한다. 물론 그런 것들이 잘못된 것은 아니다. 그런 것들이 중요하게 사용될 수 있다. 그러나 우리에게는 그런 것들보다 더 가치 있는 것들이 있다. 성경은 특정의 직종이나 많은 학력을 더 가치 있다고 말하지 않는다. 사도 바울은 자신의 가문과 학문적 배경을 배설물로 여겼다. 물론 그것들이 필요하고 의미 있게 사용될 수 있다. 그러나 그 자체는 하나님께서 보시는 가치와는 다르다. 성경이 가치 있다고 보는 것은, 얼마나 하나님을 신실하게 믿고 따르며 하나님을 사랑하고 그분을 즐거워하며 순종하는가이다.

그것이 우리 행동으로 나타날 때 성경은 하나님 나라와 하나님의 의를 세우는 일이라고 한다. 주께서 말씀하셨다. "그러므로 염려하여 이르기를 무엇을 먹을까 무엇을 마실까 무엇을 입을까 하지 말라. 이는 다 이방인들이 구하는 것이라. 너희 하늘 아버지께서 이 모든 것이 너희에게 있어야 할 줄을 아시느니라. 그런즉 너희는 먼저 그의 나라와 그의 의를 구하라. 그리하면 이 모든 것을 너희에게 더하시리라."(마 6:31-33) 하나님 나라는 하나님의 통치를 말한다. 하나님의 의는 하나님의 선하신 의로움을 말한다. 결국 이것은 하나님의 뜻이 이루어지는 것을 말하며, 그 일을 통해 하나님께 영광을 돌리는 것을 말한다. 내가 무엇을 하든, 내가 하고 있는 일에 하나님의 통치가 이루어지게 하고 하나님의 선하신 의로움이 세워지게 하는 것이다. 우리는 하나님을 기쁘게 할 수 있는 일을 하기 원한다. 하나님 보시기에 옳은 일을 하고 싶어 한다. 그러므로 바른 일과 거룩한 일을 행하려고 노력한다. 하나님의 속성이 드러나는 일을 추구하며 공의와 사랑을 드러내는 일이 되기를 사모하고 신실함과 인내를 가지고 임한다.

우리 그리스도인에게는 내가 무엇을 하는가 보다 어떻게 하고 있는가가 더 중요하다. 가정주부, 경비원, 점원 등의 평범한 일이라고 여겨지는 것들이 하나님 보시기에 가치가 적은 것이 아니다. 일의 종류가 가치판단의 기준이 아니라는 것이다. 가치판단의 기준은 일의 종류가 아니고 주어진 일을 어떻게 하고 있는가에 있다. 그 일을 통해 하나님께 영광을 돌리고 있는가? 아니면 하나님의 영광을 가리고 있는가? 그것이 중요한 것이다. 사회나 정부의 요직에 있다는 것이 세상적으로 중요하게 여겨질 수 있고 실제로 그렇기도 하다. 그런데 하나님께서 보실 때, 그 요직 자체보다는 그 자리에서 과연 내가 하나님의 영광을 드러내고 있는가가 중요한 것이다.

하나님께 영광을 돌린다는 것은 하나님을 영화롭게 한다는 것이다. 그것은 하나님의 영광이 나를 통해 반사되어 비쳐진다는 것이다. 즉, 하나님의 속성이 나를 통해 드러난다는 것이다. 그러면 사람들이 나를 보고 나의 주인 되시는 하나님께 영광을 돌리는 것이다. 그렇게 되려면 내가 하고 있는 일에 하나님의 속성이 드러나야 한다. 하나님의 속성인 공의, 사랑, 지혜, 신실 등이 나의 삶 가운데 나타나야 하는 것이다. "이같이 너희 빛이 사람 앞에 비치게 하여 그들로 너희 착한 행실을 보고 하늘에 계신 너희 아버지께 영광을 돌리게 하라"고 주께서 말씀하신다(마 5:16).

3. 자기 부인

내가 내 것이 아니고 하나님 것이라는 내용에는 우리가 우리 자신을 부인해야 한다는 의미가 들어 있다. 예수님께서 제자들에게 "누구든지 나를 따라오려거든 자기를 부인하고 자기 십자가를 지고 나를 따를 것이니라"고 말씀하셨다(마 16:24). 내가 나를 부인한다는 것은 무슨 말인가? 내 뜻을 추구하지 말고 주님 뜻을 추구하고 그분의 영광을 드러내도록 최선을 다하라는 것이다. 자신을 잊어버리고 자신에 대한 관심을 죽이고 하나님과 그분의 계명을 쫓는데 우리의 열심을 다하라는 것이다. 성경은 우리에게 이기적 관심에서 떠나라고 가르친다. 무엇을 떠나라는 것인가? 소유욕, 권력욕, 사람들로부터 인정받고 싶은 욕심, 야망, 명예욕 등이다. 우리는 평생 하나님과 부딪히며 산다. 우리에게 자신을 향하고 있는 죄성이 남아있기 때문이다. 그러므로 우리의 마음과 뜻을 하나님의 것에 맞추도록 열심히 노력해야 한다. 이것이 우리 자신을 부인하는 것이다. 이렇게 되면 자만, 교만, 과시, 탐욕, 호색 등과 같은 것이 들어갈 자리가 없다. 자기를 부인하지 못하고 자기 사랑으로 가득 차게 되면 비그리스도인들과 다를 바 없는 모습이 나타날 수밖에 없다. 사도 바울은 말세에 사람들이 이런 모습으로 나타날 것이니 조심하라고 이렇게 권면한다. "사람들이 자기를 사랑하며 돈을 사랑하며 자랑하며 교만하며 비방하며 부모를 거역하며 감사하지 아니하며 거룩하지 아니하며 무정하며 원통함을 풀지 아니하며 모함하며 절제하지 못하며 사나우며 선한 것을 좋아하지 아니하며 배신하며 조급하며 자만하며 쾌락을 사랑하기를 하나님 사랑하는 것보다 더하며 경건의 모양은 있으나 경건의 능력은 부인하니 이같은 자들에게서 네가 돌아서라."(딤후 3:2-5)

십자가

십자가는 예수 그리스도께서 우리의 구원을 위해 지신 것이다. 그러나 십자가 개념은 그리스도인의 신앙생활에도 중요한 역할을 한다. 우리도 십자가를 져야할 부분이 있기 때문이다. 예수님께서 지신 십자가는 우리를 위해 죄 값을 치르시기 위해서 지셨다. 즉, 우리 죄가 사함받고 의인이 될 수 있도록 예수님께서 고난을 당하신 것이다. 반면 우리가 져야 하는 십자가는 남의 죄 값을 위해 지는 것은 아니다. 의인된 우리가 거룩한 삶을 위해 져야 하는 것이다. 주님은 십자가 고난을 받으셨다. 우리의 십자가도 고난을 의미한다. 고난의 훈련과 과정 없이는 성화의 삶이 불가능하기 때문이다.

1. 자기를 부인하라

예수님께서는 당신의 제자들이 더 높은 수준의 거룩한 삶을 살기 원하셨다. 어떻게 살아야 하는가? 주님은 이렇게 말씀하셨다. "이에 예수님께서 제자들에게 이르시되 누구든지 나를 따라오려거든 자기를 부인하고 자기 십자가를 지고 나를 따를 것이니라."(마 16:24) 어떻게 사는 것이 더 높은 수준의 거룩한 삶을 사는 것인가? 먼저 자기를 부인하는 것이다. 그것은 내 뜻보다 주님의 뜻을 추구하고 내 영광보다 주님의 영광을 위해 살라는 의미다. 나에 대한 관심보다 주님에 대한 관심을 갖는 것이다. 주님을 따르는데 더 열심을 내는 것이다. 그것은 나를 떠나 주님에게로 가는 것이다. 나보다 주님을 바라보며, 내 관심보다 주님의 관심을 소중하게 여기는 것이다. 우리는 우리에게서 떠나야 한다. 내 속에 갇혀 살지 말고 나를 떠나 주님의 세상을 보며 주님의 안목과 관심으로 이 세상을 보아야 한다. 내 안에는 소유욕, 권력

욕, 사람들로부터 인정받고 싶은 욕심, 야망, 명예욕 등이 있다. 그러나 주님에게는 아름다움과 경이가 있다. 공의와 사랑이 있다. 신실과 지혜가 있다. 그분 안에는 소망이 있고 영생이 있다. 자기를 부인하라는 말은 자신의 이런 내적 욕망을 내려놓고 주님을 바라보라는 것이다.

2. 자기 십자가를 지라

더 높은 수준의 거룩한 삶을 사는 두 번째 요소는 자기 십자가를 지는 것이다. 예수님의 제자 또는 그리스도인에게는 자기가 져야할 십자가가 있다. 자기가 감당해야 할 인생의 어려움이 있다는 말이다. 십자가는 원래 예수님께서 지신 것이다. 주님은 우리를 위해, 우리 대신 죄 값을 치르시기 위해, 십자가를 지셨다. 십자가를 지는 것은 어렵고 고통스러운 것이다. 사람은 당연히 십자가를 지기 원하지 않는다. 우리도 마찬가지다. 그런데 왜 우리는 이런 십자가를 져야하는가? 주께서 우리를 대신해 십자가를 지신 것은 우리가 그 십자가를 지지 않도록 하기 위함이 아닌가? 그렇다. 주님이 지신 십자가는 주님만이 지실 수 있는 것이었다. 그분만이 우리 모두의 죄를 대신해 십자가를 지시고 죄 값을 치르실 수 있었다. 우리는 결코 그런 십자가는 질 수 없다. 그럴 자격도 없다. 그러기에 "자기 십자가"를 지라는 말이다. 주님은 주님이 지실 십자가를 지셨다. 다만 우리는 우리 각자가 짊어져야할 십자가를 져야 한다. 예외 없이 우리 인생에는 어려움이 찾아온다. 고난이 찾아오는 것이다.

우리 인생에는 여러 가지 종류의 고난이 있다. 내가 지은 죄로 말미암아 자연스럽게 나타나는 고난이 있다. 죄의 자연스러운 결과다. 이것은 별 가치가 없는 고난이다. 이런 고난은 가능하면 최소화해야 한다. 사도 베드로는 말한다. "죄가 있어 매를 맞고 참으면 무슨 칭찬이 있으리요."(벧전 2:20a) 또한 나의 죄와는 무관하게 내가 피해를 입고 어려움을 당하는 경우가 있다. 나아가 복음을 위해, 의를 위해, 하나님을 위해 일하다가 고난을 겪는 경우가 있다. 적극적으로 주님의 뜻을 이루려고 하다가 오히려 핍박을 받고 어려움을 겪는 수가 있다. 이 경우는 특별한 가치가 있다. 하나님께서 아름답게 보신다. 그래서 베드로는 이렇게 말했다. "부당하게 고난을 받아도 하나님을 생각함으로 슬픔을 참으면 이는 아름다우나 죄가 있어 매를 맞고 참으면 무슨 칭찬이 있으리요. 그러나 선을 행함으로 고난을 받고 참으면 이는 하나님 앞에 아름다우니라."(벧전 2:19-21)

누구의 죄도 아닌데 고난이 찾아오는 경우가 있다. 욥의 경우가 그것이다. 이것은 무엇인가? 자신의 죄나 다른 사람들의 죄와는 무관하게 욥이 엄청난 고난을 겪은 것이다. 여기에도 의미가 있는가? 그렇다. 하나님의 적극적인 의도가 있으셨다. 하나님께서 사탄의 간계를 무너뜨리고 믿는 자의 신실함을 온 세상에 보여주시려고 그렇게 했던 것이다. 이것은 믿음의 정체성을 규명하는 일이었다. 도대체 믿음이란 무엇인가? 욥기는 하나님과 사탄의 대화를 이렇게 기록한다. "여호와께서 사탄에게 이르시되 네가 내 종 욥을 주의하여 보았느냐. 그와 같이 온전하고 정직하여 하나님을 경외하며 악에서 떠난 자는 없느니라. 사탄이 여호와께 대답하여 이르되 욥이 어찌 까닭 없이 하나님을 경외하리이까. 주께서 그와 그의 집과 그의 모든 소유물을 울타리로 두르심 때문이 아니니이까. 주께서 그의 손으로 하는 바를 복되게 하사 그의 소유물이 땅에 넘치게 하셨음이니이다. 이제 주의 손을 펴서 그의 모든 소유물을 치소서. 그리하시면 틀림없이 주를 향하여 욕하지 않겠나이까."(욥 1:8-11)

이 사탄의 도전에 하나님은 욥의 믿음의 순수성을 보여주시려 했다. 이것은 믿음이라는 것이 무엇인지를 보여주는 것이다. 순식간에 욥은 모든 재산을 잃고 모든 자식들을 잃었다. 그 후 그는 이렇게 말했다. "욥이 일어나 겉옷을 찢고 머리털을 밀고 땅에 엎드려 예배하며 이르되 내가 모태에서 알몸으로 나왔은즉 또한 알몸이 그리로 돌아갈지라. 주신 이도 여호와시요 거두신 이도 여호와시오니 여호와의 이름이 찬송을 받으실지니이다 하고 이 모든 일에 욥이 범죄하지 아니하고 하나님을 향하여 원망하지 아니하니라."(욥 1:20-22) 이는 우리 믿음이 단지 하나님께서 우리에게 잘 해주시니까 그분에게 드리는 반응일 뿐이라는 사탄의 도전에 대한 답을 보여주는 것이었다. 이 경우에 우리는 고난을 통해 순수한 믿음이 무엇인지를 배운다.

3. 자기 십자가를 지고 주님과 교제하라

고난에 여러 종류가 있으나 고난은 고난이다. 이것은 모두 다 하나님의 주권적 의지 가운데 존재한다. 고난을 통해 하나님께서 이루시려는 당신의 뜻이 있는 것이다. 하나님께서는 당신과 교제를 원하시는 자들에게 어려움을 주신다. 하나님께서 당신의 자녀들을 훈련하시는 것이다. 당신께서 가장 사랑하시는 독생자부터 그렇게 하셨다. 하나님은 이어서 우리에게도 그렇게 하신다. 우리의 몫으로 우리가 져야 할 십자가를 마련해 두신 것이다. 우리의 삶은 그리스도를 닮아가는 삶이다. 사도 바울은 이렇게 말한다. "하나님께서 미리 아신 자들을 또한 그의 아들의 형상을 본받게 하기 위하여 미리 정하셨으니 이는 그로 많은 형제 중에서 맏아들이 되게 하려 하심이니라."(롬 8:29) 주께서 우리를 위해 대신 십자가를 지셨기 때문에, 우리는 더 이상 십자가를 지지 않는다는 것은 옳지 않다. 물론 우리의 십자가는 그리스도의 십자가와 근본적으로 성격이 다르다. 우리의 십자가가 우리의 죄 값을 치루는 것은 아니기 때문이다. 그러나 그리스도께서 십자가를 지셨기 때문에 그를 닮아가는 우리도 우리의 십자가를 진다. 유사성은 고난을 겪는다는 것에 있다. 왜? 이것이 그분을 닮아가는 방법이기 때문이다.

고난에 대한 말만 계속 들으면 참 힘들 수 있다. 그런데 위로가 되는 것이 있다. 그것은 그리스도께서 단지 십자가만 지시고 끝난 것이 아니라는 것이다. 주님의 십자가는 주께서 영광으로 가시는 길목에서 거쳐 가는 것이었다. 영광을 위해 반드시 거쳐야 하는 것이었다. 십자가 종착역은 아니라는 말이다. 사도 바울은 핍박을 받으면서도 제자들을 권면했다. "제자들의 마음을 굳게 하여 이 믿음에 머물러 있으라 권하고 또 우리가 하나님의 나라에 들어가려면 많은 환난을 겪어야 할 것이라."(행 14:22) 주님에게는 십자가의 고난 후에 영광의 부활이 있었다. 그리스도의 고난에 동참하여 그분의 고난을 알게 될 때 우리는 그분의 부활의 능력을 얻게 된다. 그래서 바울은 "내가 그리스도와 그 부활의 권능과 그 고난에 참여함을 알고자 하여 그의 죽으심을 본받아 어떻게 해서든지 죽은 자 가운데서 부활에 이르려"한다고 말한다(빌 3:10-11).

4. 주님을 따라가라

그리스도의 십자가 고난은 상상할 수 없을 정도로 고통스러운 것이었다. 전혀 죄가 없는 성자 하나님이 피조물인 인간의 상태로 낮아지시고 나아가 죄인으로 판단되어 인간에게 치욕을 당하고 성부로부터 버림받은 것이다. 몸이 십자가에 못 박히고 피가 흘러내리며 진액이 빠져나가고 서서히 죽어가는 극심한 고동과 아울러 죄에 대한 저주를 퍼부으시는 하나님의 진노와 함께 아버지에게 버림받는 극심한 영적 정신적인 고통이 함께 존재하는 것이었다. 십자가의 쓴 잔이다.

이 쓴 잔을 상상하시며 주께서는 인간적 측면의 기도를 이렇게 하셨다. "내 아버지여 만일 할 만하시거든 이 잔을 내게서 지나가게 하옵소서."(마 26:39) 그러나 주께서는 그것으로 기도를 끝내지 않으셨다. "그러나 나의 원대로 마옵시고 아버지의 원대로 하옵소서"라고 기도하셨다. 우리는 이런 고통은 겪지 않는다. 주께서 대신 겪으셨기 때문이다. 우리는 이런 기도를 할 수가 없다. 우리는 이런 궁극적 차원의 고통을 알지 못하기 때문이다. 그러나 고통이 정말 심할 때 우리에게는 나를 위해 십자가를 지신 주님이 계시다는 사실을 기억한다. 그분이야말로 고통의 극치를 경험하셨다는 것을 상기한다. 그것도 나를 위해 말이다. 그분은 나의 극심한 고통을 아실 것이다. 그보다 더 심한 고통을 겪으셨기 때문이다. 여기에 고난을 통한 유익이 있다. 고난은 우리를 주님과 함께 더 깊은 교제로 들어가게 한다. 자기 십자가를 지고 나를 따르라고 하신 주님은 바로 이것을 말씀하신 것이다. 나에게 주어져 있는 고난을 겪을 때, 그 때가 바로 내가 주님과 진정으로 교제할 수 있을 때이다. 그때야 말로 진정으로 그분과 함께 할 수 있을 때라는 말이다. 그 때야 말로 주님을 진정으로 따라갈 수 있는 최적의 상황이 되는 것이다. 그를 따라갈 수 있는 준비가 되는 것이다.

묵상

우리는 인생을 살며 많은 것을 깊이 있게 생각한다. 생각하고 또 생각한다. 이것을 묵상이라고 한다. 왜 묵상을 하는가? 그리스도인은 놀라운 진리의 비밀을 가지고 있기 때문이다. 성경에 기록된 하나님의 진리이다. 묵상을 통해 이 진리가 우리의 마음과 심령 속에 깊이 자리

잡는다. 진리가 묵상을 통해 내 심령을 사로잡아 거룩한 삶으로 인도한다. 거룩한 삶은 묵상 없이는 되지 않는다. 우리는 이 세상을 어떤 자세로 살아야 하는가? 언젠가 다가올 죽음은 어떻게 대하여야 하는가?

1. 이 세상의 허망함

어려움이 다가올 때 우리는 꼭 한 가지를 해야 한다. 이 세상 삶에 대한 집착을 벗어버리고 미래의 삶에 대한 묵상을 시작하는 것이다. 하나님께서는 우리가 이 세상에 대한 관심과 애착이 얼마나 큰지 알고 계신다. 나에게 심각한 어려움이 발생될 때에 우리는 하나님이 주시는 메시지를 읽을 수 있어야 한다. 이 세상에 너무 집착하지 말라는 하나님의 음성이다. 우리가 천국과 영생에 대한 소망과 그리움을 가지고 사는 것은 당연하며 그렇게 해야 한다. 사후 영생에 대한 관심과 바람과 소망 없이 산다는 것은 짐승들이나 마찬가지다. 그럼에도 불구하고 많은 사람들이 그렇게 살고 있다. 이 세상에서 좋은 것만 추구하며 사는 그런 모습 말이다. 인간의 문제가 여기 있다. 이 세상에서 가치를 부여하고 추구하며 바라보는 부, 명예, 권력 등에 매료되어 더 이상 소중한 것을 보지 못하는 것이다. 하나님을 모르는 사람들은 당연하다고 말할 수밖에 없다. 그런데 우리 그리스도인들도 그런 유혹에 빠진다. 하나님은 어려운 사건들을 통해 당신의 자녀들에게 메시지를 전달하신다. 실망과 좌절, 그리고 고난을 통해 이 세상의 허망함을 깨닫도록 하시는 것이다.

이 세상에서 기대하고 고대했던 것들이 이루어지지 않고 또는 이루었던 것들이 무너지는 경우가 있다. 이 때 하나님의 메시지를 읽고 자신을 돌아보아야 한다. 혹, 우리가 그것들에 너무 지나치게 나 자신을 의탁하지는 않았는지? 혹 그런 것들에 너무 많은 소망을 걸지는 않았는지? 지나가는 것들에 너무 지나친 열심을 품지는 않았는지? 내가 소유하고 있는 것들로 말미암아 평강을 유지하고 있었던 것은 아닌지? 이 세상의 그 어떤 것들도 그 자체로 안전을 약속해 줄 수 없다는 것을 말씀하시기 위해 하나님께서는 재난, 재앙, 사고, 위험 등을 허락하신다. 심지어 결혼을 통해 지나친 평강과 희락에 휩싸이지 않도록 결혼에 어려움이 생기는 것을 허락하신다. 사랑하는 아내, 남편, 또는 자녀들이 어려움이 생길 때에 우리는 이 점을 생각해야 한다. 영원하지 않은 것, 지나가는 것, 그러기에 결국 허망할 수밖에 없는 것에 대한 우리의 착각이 심화되지 않도록 하나님께서는 이 세상에서 행복을 주는 것처럼 보이는 모든 것에 대해 메시지를 전하신다. 그 모든 것들은 지나가는 것이고, 허망한 것이며, 문제와 악으로 오염되어 있다는 것이다.

사도 바울은 환난을 겪고 있는 초대 그리스도인들에게 이렇게 말했다. "형제들아 내가 이 말을 하노니 그 때가 단축하여진 고로 이 후부터 아내 있는 자들은 없는 자 같이 하며, 우는 자들은 울지 않는 자 같이 하며, 기쁜 자들은 기쁘지 않은 자 같이 하며, 매매하는 자들은 없는 자 같이 하며, 세상 물건을 쓰는 자들은 다 쓰지 못하는 자 같이 하라. 이 세상의 외형은 지나감이라."(고전 7:29-31) 인간의 마음은 현세에 대한 어느 정도의 혐오가 있지 않으면 앞으로 올 세상에 대해 생각하거나 심각하게 묵상할 동기부여가 되지 않는다. 이 세상에서 우리는 갈등과 투쟁을 겪을 수밖에 없다. 이럴 때 우리는 이 세상에 대한 지나친 애착을 갖지 말라는 하나님의 말씀을 들어야 한다. 그리고 갈등의 과정 속에 내가 나의 영광을 추구하는 것이 발견된다면 우리는 즉시 눈을 들어 하늘을 보아야 한다.

2. 이 세상 삶에 대한 감사

그럼에도 불구하고 우리는 이 세상의 허망함 때문에 이 세상을 미워하거나 이 세상에 나를 보내주신 하나님을 원망하지 않는다. 이 세상이 비록 많은 고난과 슬픔으로 얼룩져 있지만, 하나님께서 이 세상을 통해 우리에게 주신 많은 복이 있다. 이 땅에서 하나님께서 우리에게 주신 복을 우리가 헤아리지 못한다면, 우리는 하나님 앞에 죄를 짓는 것이다. 하나님의 복은 천국과 영생만이 아니다. 이 세상에서 누릴 수 있는 수많은 기쁨과 즐거움이 있다. 우리에게는 사랑하는 자들이 있다. 서로 아끼고, 만나면 즐겁고, 헤어지면 또 다시 보고 싶다. 하는 일이 재미있고 보람되고 즐겁다. 남을 섬기고 위해주고 사랑하며 사랑받는다. 필요한 것으로 채워주시고 필요 이상으로 우리에게 많은 것을 공급해 주신다. 하나님께서 우리에게 내려주시는 이 땅에서의 복이다. 예수 그리스도를 통해 성령님의 역사로 우리는 이 땅에서 우리 존재의 목적을 알게 되었고 주님을 섬기면서 순종의 즐거움을 경험할 수 있게 되었다. 이것은 우리 그리스도인의 복이다. 이 모든 것에 대해 우리는 하나님께 감사를 드린다.

우리는 이 땅에서 천국의 맛을 보며 살고 있다. 맛을 본다는 것은 그 맛의 실체를 조금 알게 된다는 것이다. 실체는 우리가 영원히 누리게 될 천국의 영광이다. 주께서는 언젠가 하늘에서 영광을 누릴 자들이 먼저 이 땅에서 고난을 치르게 하셨다. 그들의 최종의 승리가 이 땅에서가 아니고 하늘나라라는 것을 알게 하시기 위함이다. 우리는 그 미래를 바라보며 준비하는 삶을 산다. 이 땅에서 작은 일에 기쁨과 즐거움을 얻게 될 때, 우리는 천국에서의 영원한 궁극적인 기쁨과 즐거움을 조금 맛보는 것임을 알아야 한다. 고난을 겪을 때는 이 땅에 소망을 두지 말라는 교훈을 얻는다. 이 세상에 집착하지 말며 앞으로 올 영원한 세상을 바라보라는 것이다. 즐거움을 누릴 때는 하늘나라에서 영원히 누릴 천국의 충만한 즐거움을 상기한다. 그곳에서 누릴 궁극적인 기쁨과 즐거움을 생각하고 더욱 큰 소망을 가지라는 것이다. 이 세상에 대한 잘못된 사랑으로 말미암아 고통 받고 빼앗겨져 허무해진 심령에 우리는 더 나은 것으로 채워야 하는 것이다.

3. 영생에 대한 바른 묵상

우리는 이 땅에 살면서 항상 영생을 그리며 살아야 한다. 우리가 몸에 사로잡혀 사는 동안 우리는 늘 몸에서 자유로워지는 날을 고대한다. 그렇다고 그 날만을 생각하며 현재를 소홀히 해야 한다는 것은 아니다. 그 날이 올 때까지 우리는 주께서 나에게 주신 일을 열심히 해야 한다. 바울은 자신의 몸에 너무 오래 잡혀 살고 있다고 탄식했다. 그는 이렇게 말했다. "오호라 나는 곤고한 사람이로다. 이 사망의 몸에서 누가 나를 건져내랴."(롬 7:24) 그럼에도 바울은 몸에 잡혀 있는 것이나 몸을 떠나는 것이나 어느 것도 괜찮다고 말한다. 중요한 것은 어느 쪽이든 주님께 순종하는 마음으로 살겠다는 것이다. 바울은 말한다. "이는 내게 사는 것이 그리스도니 죽는 것도 유익함이라. 그러나 만일 육신으로 사는 이것이 내 일의 열매일진대 무엇을 택해야 할는지 나는 알지 못하노라. 내가 그 둘 사이에 끼었으니 차라리 세상을 떠나서 그리스도와 함께 있는 것이 훨씬 더 좋은 일이라. 그렇게 하고 싶으나 내가 육신으로 있는 것이 너희를 위하여 더 유익하리라."(빌 1:21-24) 죽음을 통해서든 삶을 통해서든 중요한 것은 그것을 통해 하나님의 이름이 영광을 받으시는 것이다. 어떤 방식으로 하나님께서 영광을 받으실 지는 하나님께서 결정하실 일이다. 그리고 우리의 삶과 죽음도 주께서 정하시는 것이다. 우리는 이것을 하나님께 맡기고 삶과 죽음을 초월한 삶을 살아야 한다. 다가올 죽음 때문에 염려하지 말자. 임박한 죽음 때문에 초조하지도 말자. 우리는 죽음 이후에 즉시로 누리게 될 영생을 묵상한다. 그 찬란한 천국의 삶에 비하면, 이 땅의 삶은 그렇게 아끼고 집착하고 떠나기 안타까워할 필요는 없다.

4. 죽음의 두려움을 극복하며

그리스도인이 죽음의 두려움 가운데 살고 있다는 것은 근본적으로 잘못된 것이다. 우리는 죽음을 그리워하며 사는 것이 정상이다. 물론 끔찍한 죽음이나 사고로 인한 갑작스러운 죽음은 감당하기 힘들다. 그러나 죽음이란 그 자체에 대해 그리스도인이 심한 어려움을 가지고 있다면 다시 생각해야 한다. 우리 몸은 불안정하고, 결함이 있으며, 부패하게 되어 있고, 지나가는 것이며, 허망한 것이다. 썩을 수밖에 없는 장막이다. 이것은 없어져야 한다. 그러면 이후에 완전하고, 썩지 않으며, 하늘의 영광으로 빛날 장막으로 변화 될 것이다. 믿는 자들은 옷을 벗기 위해 죽음을 고대하는 것이 아니다. 더 완벽하게 입기 위해 죽음을 기다리는 것이다. 바울은 말한다. "참으로 우리가 여기 있어 탄식하며 하늘로부터 오는 우리 처소로 덧입기를 간절히 사모하노라. 이렇게 입음은 우리가 벗은 자들로 발견되지 않으려 함이라. 참으로 이 장막에 있는 우리가 짐 진 것같이 탄식하는 것은 벗고자 함이 아니요. 오히려 덧입고자 함이니 죽을 것이 생명에 삼킨 바 되게 하려 함이라."(고후 5:2-4) 심지어 세상의 만물도 우리와 함께 그날을 고대하고 있다. "생각하건대 현재의 고난은 장차 우리에게 나타날 영광과 비교할 수 없도다. 피조물이 고대하는 바는 하나님의 아들들이 나타나는 것이니 피조물이 허무한 데 굴복하는 것은 자기 뜻이 아니요 오직 굴복하게 하시는 이로 말미암음이라. 그 바라는 것은 피조물도 썩어짐의 종노릇

한 데서 해방되어 하나님의 자녀들의 영광의 자유에 이르는 것이니라."(롬 8:18-21)

그 날은 온다. 주께서 당신의 충성스러운 자녀들을 당신의 나라로 받아들이는 날 말이다. 평강의 날 말이다. "그들이 하나님의 보좌 앞에 있고 또 그의 성전에서 밤낮 하나님을 섬기매 보좌에 앉으신 이가 그들 위에 장막을 치시리니 그들이 다시는 주리지도 아니하며 목마르지도 아니하고 해나 아무 뜨거운 기운에 상하지도 아니하리니 이는 보좌 가운데에 계신 어린 양이 그들의 목자가 되사 생명수 샘으로 인도하시고 하나님께서 그들의 눈에서 모든 눈물을 씻어 주실 것임이라."(계 7:15-17) 우리는 이 땅에 산다. 그러나 이 땅이 우리의 본향은 아니다. 우리의 본향은 천국이며, 우리는 그곳에 속한 자들이다. 우리는 하나님의 부르심으로 이 땅에 왔다. 하나님의 영광을 드러내고 그분을 영화롭게 해드리기 위해서이다. 이 땅에서 연약함으로 탄식하게 되지만, 우리는 영광의 미래를 묵상한다. 하늘나라에서 영원히 거할 주님의 품을 묵상한다. 그래서 본향을 묵상하며 주님의 영광을 위해 미래의 그날까지 이 땅에서 힘차게 살아간다.

중용

어떻게 사는 것이 그리스도인의 삶을 사는 것인가? 거룩하게 산다는 것이 세상과 단절하고 수도사처럼 절제만하고 사는 것인가? 그렇지 않다. 우리는 이 세상에서 살아야 한다. 그런데 잘 살아야 한다. 죄 짓지 않는 범위 내에서 최대한 자기 뜻대로 사는 것인가? 그것은 아니다. 모든 상황에서 적극적으로 하나님의 영광을 위해 살고 열심히 하나님을 영화롭게 해드리며 살아야 한다. 어떻게 사는 것이 그렇게 사는 것인가?

1. 집착하지 말고 묵상하며 살라

우리는 영원한 미래를 묵상하며 살아야 한다. 이 세상에 집착하지 말아야 한다. 마치 이 세상이 우리에게 있는 유일한 것인 양 살아서는 안 된다는 말이다. 우리는 항상 우리의 본향을 그리며 살아야 한다. 다른 말로 우리의 삶은 종말이 현재에 침투된 삶을 사는 것이다. 그렇다면 우리 삶의 모습은 바쁜 가운데도 여유가 있고, 염려가 되어도 불안하지 않으며, 힘들어도 그렇게 고통스럽지는 않을 것이다. 우리의 삶은 남을 의식하여 비교하거나 자랑하며 과시하지 않을 것이다. 우월감을 위해 사치하지 않을 것이며 욕심을 챙기는데 급급하지 않을 것이다. 우리의 삶은 검소하고 온건하며 차분하고 겸손할 것이다. 모든 상황에 절제하는 삶을 살 것이고 내 욕심이 나를 지배하던 과거와 같은 그런 삶을 살지는 않을 것이다. 영원한 미래를 묵상하며 사는 자는 이 세상 것들을 사용하되 마치 그것을 사용하지 않는 것처럼 할 것이다. 그래서 사도 바울은 이렇게 말했다. "형제들아 내가 이 말을 하노니 그 때가 단축하여진 고로 이 후부터 아내 있는 자들은 없는 자 같이 하며, 우는 자들은 울지 않는 자 같이 하며, 기쁜 자들은 기쁘지 않은 자 같이 하며, 매매히는 자들은 없는 자 같이 하며, 세상 물건을 쓰는 자들은 다 쓰지 못하는 자 같이 하라. 이 세상의 외형은 지나감이라."(고전 7:29-31)

"아내 있는 자들은 없는 자 같이하라." 무슨 말인가? 아내는 좋은 것이다. 그러나 아무리 아내가 좋아도 적당하게 좋아하라는 것이다. 아내는 좋은 것이나 아내에게 집착하지 말라는 것이다. 이 세상에서 아무리 좋은 것도 지나가기 때문이다. "우는 자들은 울지 않는 자 같이 하며…." 세상에 억울하고 원통하고 슬프고 괴로운 일들이 얼마나 많은가? 이런 일을 당하면 왜 억울하지 않고 원통하지 않고 슬프지 않고 괴롭지 않겠는가? 그러나 그것도 적당히 그렇게 하라는 것이다. 어떻게 그럴 수 있는가? 그 억울한 것도 이 세상 것이고, 그러므로 그것도 금새 지나가는 것이기 때문이다. "기쁜 자들은 기쁘지 않은 자 같이 하며…." 이 세상에서 살다보면 정말 기쁜 일이 생긴다. 좋고 감사한 일이다. 그러나 마치 온 세상을 다 얻은 것처럼 지나치게 기뻐하지 말라는 것이다. 그것에 내 마음이 다 빼앗겨지도록 그렇게 기뻐하지 말라는 것이다. 시간이 지나가고 나면 그것도 별게 아니라는 것을 알게 되고 허탈해 질 것이다. 그러므로 그것도 적당하게 기뻐하라는 것이라. 이 세상의 어떤 기쁜 일도 다 지나가는 것이기 때문이다.

"매매하는 자들은 없는 자 같이 하며…." 물건을 사는 자들은 마치 자기가 그것을 영원히 가지고 있을 것처럼 생각하지 말라는 것이다. 이 세상 그 어떤 것도 영원한 자기 소유가 없고 다 지나가는 것이기 때문이다. "세상 물건을 쓰는 자들은 다 쓰지 못하는 자 같이 하라." 이 세상 물건을 사용할 때 그것에 빠져 남용하지 말라는 것이다. 그 물건 자체가 너무 좋아서 그것 사용에 정신을 빼앗기지 말고 적절하게 사용하라는 것이다. 그것도 이 세상 것으로 지나가기 때문이다. 이 모든 것들은 세상의 외형이고, 외형을 갖춘 이 세상의 모든 것들은 그 어떤 것이라도 영원한 것이 없다는 말이다. 그런 것들을 가지고 인간은 마치 영원한 것을 소유한 것처럼, 영원히 소유할 것처럼, 영원한 가치를 가진 것처럼 착각하며 살지 말라는 것이다.

2. 좋은 것을 즐길 줄 알라

하나님께서는 우리에게 이 땅에서 사용하라고 주신 것을 사용하지 않고 항상 절제만 하라고 하시지는 않는다. 꼭 필요한 데까지만 사용하고, 절대로 필요 이상으로 사용해서는 안 된다고 말씀하시지 않는다. 하나님께서는 우리에게 꼭 필요한 것 외에 우리로 하여금 즐기라고 주신 것이 있다. 우리는 이것들을 깨끗하고 편안한 양심을 가지고 사용해야 한다. 현세의 삶은 순례자의 길이다. 우리 그리스도인들은 하늘나라를 향해 순례자의 길을 가고 있는 것이다. 그 길에는 평탄한 길도 있지만 험한 돌길도 있다. 평지도 있지만 높고 험악한 산도 있다. 안전하게 지나갈 수 있는 땅도 있지만 빠지면 죽을 수밖에 없는 깊은 바다도 있다. 따뜻한 햇살이 비칠 수도 있지만 혹한 비바람이 몰아칠 수도 있다. 이 모든 상황에 하나님께서는 우리에게 도움이 되라고 많은 좋은 것을 주셨다. 사랑하는 가족을 주셨고, 쉴 수 있는 거처도 주셨으며, 좋은 교회도 주셨고, 마음을 털어놓고 이야기 할 수 있는 친구와 믿음의 형제자매도 허락하셨다. 즐기라고 주신 것도 있고, 편리를 위해 사용할 수 있는 것도 주셨다.

먹을 것도 주셨다. 그런데 단순히 먹고 살기만 하라고 주신 것이 아니고, '맛'이라는 것을 주셔서 맛있게 먹는 즐거움을 주셨다. 옷의 목적도 알몸을 가리고 추위로부터 보호하는 것이기에 그 목적을 위해 아무것이나 걸치기만 하라고 옷을 주신 것이 아니다. 즐거움을 위해 옷에 맵시라는 것과 품위라는 것을 주셨다. 꽃과 나무, 열매와 과일은 단순히 식물의 역할만 하라고 주신 것이 아니고, 우리의 눈을 즐겁게 하고 우리의 코를 상쾌하게 하도록 아름다운 자태와 기분 좋은 향내를 주셨다. 그렇다면 우리의 눈이 그 꽃을 즐기면 잘못된 것인가? 우리의 코가 그 향내를 맡으면 죄를 짓는 것인가? 그렇지 않다. 하나님이 주신 것을 하나님이 주신 그 목적대로 사용할 때 그것은 옳은 것이고 그것은 좋은 것이며 그것은 거룩한 것이다. 하나님께서는 당신의 자녀들이 험한 순례자의 길을 가는 과정에 이 모든 것들을 즐기며 힘을 얻으라고 주신 것이다. 이 얼마나 감사한가!

3. 좋은 것에 탐닉하지 말라

우리가 하나님이 주신 좋은 것들을 편한 양심으로 사용하는 것은 옳은 것이고 좋은 것이다. 그러나 하나님이 주신 그 좋은 것들에 너무 빠져서는 안 된다. 우리는 하나님께서 부르신 소명을 위해 그것들을 충성스럽게 사용해야 한다. 하나님이 주신 좋은 것들도 우리가 그것에 빠져 버리면 탐욕이 된다. 우리는 그것을 향한 우리의 마음이 질서 안에서 넘치지 말고 항상 제자리를 잡도록 해야 한다. 아무리 좋은 것도 탐닉하면 문제가 된다. 가족들은 좋은 것이다. 가족들에게 무관심하거나 그들을 돌보지 않는다면 그것은 심각한 문제이고 죄를 짓는 것이다. 그러나 반대로 지나치게 가족들에 몰두하여 빠지는 것도 문제가 된다. 그것은 가족을 향한 나의 욕심의 발로일 수 있고, 그들을 통해 나의 욕구를 충족시키려는 왜곡된 관심일 수 있다. 여기서 가족들에 대한 집착이 생긴다. 집착은 사랑이 아니다. 집착은 탐욕의 발로이다. 집착은 상대에 대한 진정한 이해와 건강한 관심으로 그에게 베풀고 그를 배려하지 못한다. 집착은 상대를 통해 자기를 표출하려고 하는 것이고, 결국 그를 죽이는 것이다. 그것은 사랑이 될 수 없다. 모든 다른 좋은 것들도 마찬가지다. 그 어떤 좋은 것들도 우리가 그것에 지나치게 매료되어 헤어 나오지 못하고, 그것이 우리에게 주어진 목적을 망각하고 그것을 나의 탐욕으로 사로잡아 버린다면, 우리는 그 좋은 것들을 파괴하는 것이고, 그것을 주신 하나님을 망령되게 하는 것이다.

좋은 것이 좋은 것이 되지 못하고 결국 나쁜 것이 되고 마는 것이다. 하나님이 주신 좋은 것이 우리를 파괴하게 되는 것이다.

4. 좋은 것을 주신 분을 생각하라

그러면 어떻게 해야 하는가? 첫째, 이 좋은 것들을 주신 하나님께 먼저 감사하며 사용해야 한다. 주신 것들에 몰입하여 주신 분을 망각하지 말아야 한다는 뜻이다. 주신 것을 잘 사용하되 무엇보다 주신 분께 더욱 감사하고 그분께 영광을 돌리며 살아야 한다. 만일 우리가 좋은 옷을 입고 기분이 좋은 나머지, 좋은 옷을 입지 못하고 있는 남과 비교하여 그들을 무시하고 우월감에 사로잡힌다면, 그것은 좋은 옷을 주신 하나님께 감사하고 있는 것이 아니다. 부엌에서 나오는 음식의 좋은 냄새가 너무도 맛있는 냄새이기에 음식 맛에 사로잡혀 집에서 영적인 어떤 냄새도 맡을 수 없다면, 그 좋은 음식을 주신 하나님께 우리는 진정으로 감사하고 있는 것인가? 그렇지 않다. 둘째, 모든 좋은 것에 대해 하나님은 왜 이 좋은 것을 나에게 주셨는가 생각하며 살아야 한다. 내가 즐기고 있는 그것에 탐닉하고 나의 욕망을 만족시켜 준 것에 집중하는 것이 아니라, 하나님께서 이것을 나에게 주신 이유와 그 용도를 생각해야 한다. 하나님은 우리 모두에게 각각의 소명을 주셨다. 우리는 그것을 먼저 알아야 한다. 성직(聖職)만이 소명이 아니다. 하나님은 모든 그리스도인들에게 은사를 주셨고 그 은사를 통해 당신의 뜻을 이루기 원하시는 하나님의 부르심을 주신 것이다. 우리는 하나님으로부터 소명을 받은 자로서, 하나님께서 나에게 주신 부르심과 좋은 것들을 연결시켜야 한다. 그리고 그 깨달음 가운데 소명 달성을 위해 효율적으로 사용해야 한다.

5. 모든 상황에 처할 줄 알라

우리 그리스도인들은 이 세상에서 열심히 산다. 하나님의 부르심이 있기에 그 뜻을 이루고자 나름대로 최선을 다한다. 그런데 그 과정에 우리는 여러 가지 상황을 직면하게 된다. 세상적으로 잘 나가기도 하고 어려워지기도 한다. 사람들이 알아주기도 하고 알아주지 않기도 한다. 부유하게 되기고 하고 가난해 지기도 한다. 미래를 묵상하며 사는 우리 그리스도인들은 주어진 모든 상황을 받아들인다. 가난하다고 창피하게 생각하지 않고, 부유하다고 자고하지 않는다. 어렵다고 불만에 쌓이지 않고, 형통하다고 교만하지 않는다. 병이 들었다고 비참해지지 않고, 건강하다고 자찬하지 않는다. 우리는 가난할 수 있고 부유할 수 있다. 어려울 수 있고 형통할 수 있다. 병들 수 있고 건강할 수 있다. 이 모든 상황에 우리는 균형 잡힌 심령의 자세를 가져야 한다. 중용(中庸, moderation)의 자세다. 그리스도인의 능력은 치우쳐진 감정 표현이나 과다한 행동 표출에서 나타나는 것이 아니다. 그리스도인의 능력은 모든 상황에서 흔들리지 않고 중심을 지켜 나아가는데서 나타난다. 그래서 사도 바울은 이렇게 말했다. "나는 비천에 처할 줄도 알고 풍부에 처할 줄도 알아 모든 일 곧 배부름과 배고픔과 풍부와 궁핍에도 처할 줄 아는 일체의 비결을 배웠노라. 내게 능력주시는 자 안에서 내가 모든 것을 할 수 있느니라."(빌 4:12-13)

제17장

The truth of the Christian faith

그리스도인의 자유

그리스도인에게는 자유가 주어졌다. 죄와 사망의 지배로부터 해방되었기 때문이다. 죄로 말미암아 정죄 받고 영원한 심판을 받아야 하는 사망으로부터 해방된 것이다(롬 8:1). 그렇다면 우리는 그 자유를 누려야 한다. 그런데 우리는 종종 아직도 자유롭지 못하다. 신앙생활을 하지만 양심적으로 찝찝하고 편치 않은 경우가 많다. 내 형편이 어려워지면 내가 무엇을 잘못했나 근심한다. 제대로 하지 못한 부분 때문에 양심에 걸려서 힘들어 한다. 율법을 다 지키지 못했기에 마음이 편치 않거나 율법의 어느 한 부분을 잘 지키지 못해서 마음이 괴로울 수 있다. 한편으로 이것은 그리스도인으로 당연한 부분이고 정상적인 부분이다. 그러나 이것이 지나치고 왜곡되어 항상 양심이 불편하고 걱정되며 마음이 힘들어진 상태로 지속된다면 그것은 문제이다. 내 잘못 때문에 하나님으로부터 야단을 맞아 어려움이 올까봐 항상 전전긍긍한다면 그것은 비정상적이라는 말이다. 우리는 부족하기 때문에 항상 무언가를 잘못하기 마련이다. 그래서 항상 그 결과에 대한 두려움 가운데 사는 그리스도인들이 있다. 그것은 정상적인 그리스도인의 모습이 아니다. 그리스도인에게 주어진 자유를 누리고 있지 못하기 때문이다. 그렇다고 자유를 남용하여 율법을 어기고도 아무런 양심의 가책을 느끼지 않는 경우도 있다. 그것은 더 나쁘다. 죄를 짓고 있는 자신을 합리화하기 위해 그리스도인의 자유를 남용하는 것이기 때문이다. 우리는 이것을 어떻게 정리해야 하는가?

해방과 순종

우리는 해방되었다. 율법의 정죄와 죄의 노예로부터 풀려난 것이다. 그리스도인은 이렇게 된 자신의 변화된 신분에 확신을 가져야 한다. 그리고 변화된 신분의 확신을 기반으로 변화된 삶을 살아야 산다. 신분의 변화와 삶의 변화는 연결되어 있다. 불가분의 관계인 것이다. 해방은 그 전에는 불가능했던 진정한 순종을 가져다준다.

1. 의인의 확신

우리 그리스도인은 자신이 의인이라는 확신을 가져야 한다. 이것은 우리의 마음과 심령에 안정과 평강을 가져다준다. 하나님께서는 당신의 자녀들이 이것을 갖기 원하신다. 그것이 어떻게 가능한가? 우리 그리스도인이 의인이란 확신을 추구할 때, 우리는 율법을 통한 의로움을 잊어 버려야 한다. 처음부터 우리는 예수 그리스도를 믿음으로 의로워졌지 율법을 잘 지켜서 의로워진 것이 아니기 때문이다. 그러므로 믿는 자의 양심은 율법을 초월하여 나아간다. 율법은 어떤 역할을 하는가? 율법이 예수를 믿어 의로워진 자를 바른 길로 인도하는 것은 사실이다. 그러나 율법이 애초에 누구를 의롭게 하지는 못한다. 오히려 율법은 잘못을 지적하고 정죄를 한다. 우리 그리스도인은 그런 율법의 정죄로부터 해방되었다. 예수 그리스도께서 그를 믿는 우리를 대신하여 율법의 모든 요구를 만족시키셨기 때문이다. 그러므로 우리 그리스도인을 향한 율법의 정죄는 그리스도에 의하여 소멸되었다. 그리스도 안에 있기 때문에 율법이 우리를 정죄하지 못하는 것이다. 마찬가지로 선행이 우리를 근본적으로 의롭게 하지 못한다. 왜 그러한가? 우리는 율법 하나를 지켜서 의로워지는 것도 아니고, 선행 하나를 해서 의로워지는 것도 아니기 때문이다. 율법과 선행을 통해 의로워지려면 우리는 율법 전체를 지켜야 하고 모든 선행을 하나님 앞에서 완벽하게 다 행해야 한다. 이것은 죄인 된 인간에게 불가능하다. 우리는 이것이 안 되는 줄 알고 어차피 두 손 들고 주님 앞에 나왔다. 내가 의롭게 되기 위해 실제로 하나님 앞에 공로로 내놓을 것이 없다는 것을 알았기 때문이다. 그런데 이제 와서 율법 하나를 잘 지켰다고, 선행 한 가지를 더 했다고, 하나님 앞에 내가 더 의인이 된다는 생각은 옳지 않은 것이다. 우리가 의로워진 것은 오직 하나님의 자비를 받아들였기 때문이다. 더 이상 나를 바라보지 않고 그리스도를 바라보았기 때문이다. 그러므로 율법을 지키고 선행을 할 때, 우리는 그것으로 내가 하나님 앞에 더 의로워진다는 생각은 버려야 한다. 그것은 오히려 나를 교만하게 만들 뿐이다.

2. 율법의 역할

그러면 율법의 역할은 무엇인가? 율법이 인간을 의롭게 해주지는 못하지만, 인간의 무능함을 알게 해주고 인간이 심판받을 수밖에 없다는 사실을 깨닫게 한다. 그리하여 인간을 그리스도에게로 인도한다. 또한 그리스도인을 거룩한 삶으로 인도하는 중요한 역할을 한다. 율법과 선행은 그리스도인들에게 절대적으로 필요한 것이다. 율법이 우리를 의롭게 해주기 때문이 아니다. 우리 그리스도인의 삶이 원래 거룩함을 실천하는 삶이기 때문이다. 우리는 거룩한 삶을 살라고 하나님에 의해 부르심을 받았다. 성화의 삶이다. 즉, 칭의된 우리는 성화의 삶으로 소명을 받은 것이다. 사도 바울은 이렇게 말한다. "하나님이 우리를 부르심은 부정하게 하심이 아니요 거룩하게 하심이니"라(살전 4:7). "곧 창세 전에 그리스도 안에서 우리를 택하사 우리로 사랑 안에서 그 앞에 거룩하고 흠이 없게 하시려고 그 기쁘신 뜻대로 우리를 예정하사 예수 그리스도로 말미암아 자기의 아들들이 되게 하셨"다(엡 1:4-5).

율법이 어떻게 성화의 삶으로 우리를 인도하는가? 율법은 의로워진 우리를 자극하고 도전하여 거룩과 순결을 향한 열심을 품게 만드는 역할을 한다. 그러므로 내가 율법을 따르고 지키면 나는 하나님의 뜻에 순종했다는 즐거움을 갖게 된다. 율법 몇 개를 더 잘 지켰다고 내가 더 분명한 의인이 되었다는 확신을 갖는다든지, 그 보상으로 하나님께서 나에게 무언가 더 잘 해줄 것이라든지 하는 공식은 성립하지 않는다. 이것의 문제는 율법을 지키면서 나를 바라보고 있는 것이다. 그것은 잘못된 것이다. 우리는 주님을 바라보았기에 의로워졌다. 그렇다면 우리는 거룩한 삶을 살 때에도 주님을 바라보아야 한다. 율법의 도전과 자극을 받아 행한 후에 나는 주님이 원하시는 것을 했다는 것 때문에 즐거운 것이다. 하나님께서 나에게 원하시는 것을 했기에 그분께서 기뻐하실 것이라는 인식 때문에 즐거운 것이다. 내가 그것을 행했기에 내가 더 의로워지고 내 공로가 더 빛날 것이라는 것 때문에 즐거운 것이 아니다. 그것은 공로의식을 생성한다. 율법 준행에 공로의식이 들어가면 교만을 낳고 그것은 곧 바리새인이 되는 것이다. 율법 준행에 나의 공로는 없다. 공로가 없기에 대가를 바라는 것도 없다. 기쁨과 감사함으로 하는 것이다.

3. 자유로운 율법 순종

우리 그리스도인이 율법을 지키는 것은 율법의 사슬에 묶인 상태로 지키는 것이 아니다. 우리는 율법으로부터 자유로워진 상태로 율법을 지키는 것이다. 무슨 말인가? 우리가 율법 하에 묶여 있는 상태라면 우리는 하나님의 율법을 지키려는 순수한 열심이 우러나오지 않는다. 그 상태에서 지킨다면 그것은 무언가를 대가로 바라고 지키게 될 수밖에 없다. 그것은 율법을 제대로 지키는 것이 아니다. 율법을 지킨다는 것은 마음에서 우러나와 하나님의 뜻에 순종한다는 것을 의미한다. 율법의 가르침은 결국 다음의 말씀으로 집약되기 때문이다. "너는 마음을 다하고 뜻을 다하고 힘을 다하여 네 하나님 여호와를 사랑하라."(신 6:5) 이것이 될 때 모든 율법 순종이 제대로 되는 것이다. 이것이 되기 위하여 우리의 영은 다른 모든 감정과 생각을 비워야 한다. 우리의 심령은 모든 욕망으로부터 깨끗해져야 한다. 우리의 모든 에너지는 이 말씀에 집중되어야 한다. 그러나 신앙의 경륜과 신앙의 성숙함을 가지고 있는 자들도 그 목표에 도달하지 못한다. 그들이 하나님을 깊이 사랑하고 심령에서 우러나오는 신실한 애정이 있음에도 불구하고, 그 마음과 심령의 한 부분에는 자신의 욕망이 자리 잡고 있음을 부인할 수 없다. 그들은 투쟁한다. 그러나 여전히 육신에 매여 있기에 육신의 욕망을 완전히 제거하지 못한다. 그들은 신실하게 노력하고 순수한 열심을 품는다. 그러나 요구되어진 완전에 도달하지는 못한다. 그들의 선행은 아무리 노력을 해도 완전할 수가 없고, 항상 부분적으로 죄성이 묻어 있으며, 부분적으로 육신의 욕망이 드리워져 있다. 그들의 행위가 악하다는 것이 아니다. 다만 완전하지 못하다는 것이다.

율법 앞에서는 완전하지 못한 것이 정죄의 대상이 된다. 그러나 예수 그리스도를 통해 우리를 구원하신 하나님께서는 완전하지 못한 우리의 행실을 은혜로 받아주신다. 부족한 부분이 있고 죄가 묻어있는 부분이 있지만, 하나님께서는 우리 행실의 선한 부분을 받아주신다는 말이다. 전체적으로 완전하지 않지만 마치 그것이 완전한 것처럼 여겨주신다는 것이다. 이것이 하나님의 은혜다. 우리는 처음 예수 믿고 의로워질 때만 하나님의 은혜를 경험하는 것이 아니다. 거룩한 삶을 사는 과정에서도 하나님의 은혜를 경험한다. 하나님의 은혜로 우리는 율법으로부터 자유로워졌다. 그 은혜의 힘으로 말미암아 우리는 심령에서 우러나오는 열정으로 하나님의 뜻을 따르기 원한다. 하나님의 율법을 지키고 싶은 것이다. 억지로가 아니고 무엇을 대가로 기대하면서가 아니다. 받은 은혜가 너무 감사해서 주님을 너무 사랑하기 때문에 하나님의 뜻에 순종하고 율법을 지키길 원한다.

4. 종과 아들의 차이

율법의 기준으로 판단한다면, 우리의 모든 행위는 율법의 저주 하에 있다. 이런 상태라면 우리는 마음에서 우러나와 율법을 지켜야할 이유가 없다. 그러나 율법의 저주에서 해방된 우리는 하나님 아버지의 달콤한 부르심을 듣는다. 그리고 그 부르심에 기쁨과 열정을 가지고 아버지 앞에 나아간다. 종은 율법의 사슬 하에 묶여서 주로부터 주어진 일을 감당한다. 그는 주어진 일을 완벽하게 이루어내지 못하면 감히 주 앞에 나아갈 수가 없다. 그러나 아들은 다르다. 아들은 아버지에 의해 부드럽고 친절하게 대접받는다. 비록 임무가 완성되지 못해도, 절반 밖에 끝내지 못했어도, 아니 잘못 처리된 부분이 여기저기 섞여 있어도, 아들은 그것을 아버지에게 그대로 올려드린다. 그는 자신이 행한 일의 부족함을 알아도 자신의 마음속에서 우러나오는 아버지를 향한 순수한 사랑과 순종을 아버지가 받아주실 것이라는 신뢰를 가지고 있기 때문이다. 그것이 아버지가 의도하셨던 기대와 수준에 미치지 못한다 하더라도 말이다. 하나님과의 관계에서 우리 그리스도인은 종이 아니고 아들(자녀)이다. 아들이기에 우리의 섬김이 부족하지만 은혜로우시고 자비로우신 아버지께서 그것을 받아주신다는 것을 확고히 믿는다. 우리에게는 이런 확신이 필요하다. 이런 확신이 없다면 우리의 모든 섬김과 행위는 항상 부족함과 아쉬움과 후회와 허망함으로 우리의 심령을 괴롭힐 수밖에 없다. 결국 그리스도인이 누려야 할 자유를 누리지 못하게 되는 것이다. 우리가 진정으로 하나님을 경외하고 사랑하는 마음이 없다면, 아무리 완벽에 가까운 행실을 한다고 해도 하나님은 우리를 받아주시지 않는다. 우리는 율법 아래 있지 않고 은혜 아래 있기 때문이다. 바울은 이렇게 말한다. "그러므로 너희는 죄가 너희 죽을 몸을 지배하지 못하게 하여 몸의 사욕에 순종하지 말고… 오직 너희 자신을 죽은 자 가운데서 다시 살아난 자 같이 하나님께 드리며 너희 지체를 의의 무기로 하나님께 드리라. 죄가 너희를 주장하지 못하리니 이는 너희가 법 아래 있지 아니하고 은혜 아래에 있음이라."(롬 6:12-14)

준수 원칙

종이 아닌 아들의 신분으로 자유롭게 율법을 순종하게 된 그리스도인은 자유라는 새로운 개념을 갖게 되었다. 과거에는 없었던 자유가 복음으로 우리에게 왔고 이제 그 자유를 누리게 된 것이다. 그러나 그리스도로 말미암은 이 자유는 방종이 아니다. 성경은 우리가 얻은 자유를 누리는데 원칙이 있음을 가르친다. 원칙도 없는 무질서한 자유가 아니고 거룩한 삶을 위한 아름다운 자유를 말하고 있다.

1. 자유의 원칙

성경에는 금하는 것들이 있다. 살인하지 말라, 도둑질 하지 말라, 거짓 증언 하지 말라, 안식일을 지키라 등의 하나님 계명이다. 그러나 동시에 성경에는 금하고 있지 않는 것들도 많이 있다. 어떤 음식을 먹어야 하는지, 어떤 종류의 옷을 입어야 하는지, 어떤 자동차를 사야 하는지 등은 우리의 자유로 주어져 있다. 물론 기본적인 원칙은 있다. 몸에 해로운 것은 섭취하지 말 것이고, 사치하지 말 것이며, 남의 입장을 힘들게 하지 말 것이다. 건강을 해치거나, 허영에 빠지거나, 남을 배려하지 않는 것은 명백히 비성경적이기 때문이다. 이런 원칙을 지키는 범위 내에서 우리에게는 많은 자유가 주어져 있다. 하나님께서는 당신의 자녀들에게 어떻게 하지 말라는 계명과 어떻게 하라는 계명을 주셨다. 그런데 동시에 양쪽 명령에 속하지 않는 영역이 있다. 이렇게 하든, 저렇게 하든 상관이 없는 영역이다. 자유영역이라고 할 수 있다. 이 부분은 하나님께서 우리의 판단과 기호와 양심에 맡겨 두셨다. 그리스도인이 누려야할 자유의 영역이다. 이런 자유영역의 부분에서 우리는 우리에게 주어진 자유를 스스로 억압하거나 양심적으로 가책을 받는 일이 없어야 한다. 하나님께서 우리에게 주신 자유를 누리지 못하는 것은 잘못이기 때문이다. 그래서 사도 바울은 말한다. "자기가 옳다 하는 바로 자기를 정죄하지 아니하는 자는 복이 있도다."(롬 14:22). 하나님께서 자유영역에서는 우리의 판단에 맡기셔서 우리가 옳다고 생각하는 것을 그대로 행할 수 있는 자유를 주셨다. 그런 자신을 정죄하지 않는 것이 복된 것이다.

2. 포용의 원칙

그리스도인의 자유가 나와 하나님과의 관계만으로 정리되는 경우는 앞에서 본 것처럼 단순하게 정리될 수 있다. 그러나 우리는 나와 하나님과의 관계로만 세상을 사는 것이 아니다. 우리는 공동체 안에서 살고 있다. 여러 사람들과 접촉하고 교제하며 살고 있다. 공동체 생활을 할 때에는 단순히 나와 하나님과의 관계만 생각할 수가 없다. 나와 하나님 말고 다른 사람들을 생각해야 하는 부분이 있기 때문이다. 다른 형제자매도 하나님과의 관계 가운데 자유를 누리며 살고 있다. 그런데 자유영역의 부분에서 그의 행동이 내 판단과 맞지 않고 내 시선에 불편을 초래하는 경우가 생긴다. 어떻게 해야 하는가? 그럴 때 우리는 그를 정죄해서 안 된다. 그가 나를 정죄해서도 안 되지만, 나도 그를 정죄해서는 안 된다. 서로 의견이 다를 수 있다. 그러므로 자유영역에서 그의 행동이 내 개인의 생각과 판단에 어긋난다고 해서 그를 정죄해서는 안 된다.

초대교회에 음식으로 문제가 생겼다. 이 문제에 대해 사도 바울은 다음과 같이 말했다. "믿음이 연약한 자를 너희가 받되 그의 의견을 비판하지 말라. 어떤 사람은 모든 것을 먹을 만한 믿음이 있고 믿음이 연약한 자는 채소만 먹느니라. 먹는 자는 먹지 않는 자를 업신여기지 말고 먹지 않는 자는 먹는 자를 비판하지 말라. 이는 하나님이 그를 받으셨음이라."(롬 14:1-3) 자유영역의 부분을 말하는 것이다. 당시 구약 제사법과 관련하여 음식법의 영향으로 음식에 대한 의견차이가 있었다. 음식 부분은 그리스도인의 자유영역이다. 우리는 더 이상 음식법에 매여 있지 않기 때문이다. 그럼에도 불구하고 오랜 관습으로 인해 일부 유대 그리스도인들 가운데 의식적으로 벗어나지 못하여 힘든 자들이 있었다. 그 경우 피차간에 서로 비판하지 말고 이해하며 받아주라는 것이다. 포용의 원칙이다.

우리는 별로 중요하지 않은 것으로 분쟁에 휩싸이게 되는 경우를 목격한다. 서로 이해하려 하고 상대의 입장을 고려하면 포용할 수 있음에도 불구하고, 자기 생각에만 사로잡혀 남의 상황과 입장을 생각하지 못하기 때문이다. 그것은 감정 다툼으로 이어지고 큰 분쟁의 결과를 초래하기도 한다. 우리는 진리를 위해서 투쟁해야 한다. 교회사에서 사도들과 많은 위대한 신앙의 선배들은 진리와 정의를 위해 목숨을 걸고 싸웠다. 그러나 자유영역에서는 그렇지 않다. 여러 가지 입장이 있을 수 있고 그것들을 포용할 수 있어야 한다.

3. 사랑의 원칙

포용의 원칙은 자연스럽게 사랑의 원칙으로 이어진다. 자유를 누리되 포용할 줄 알아야 하며 나아가 사랑을 잃지 말아야 한다는 것이다. 즉, 내가 누리는 자유가 혹 남에게 해가 되거나 불편을 초래한다면 그 자유를 스스로 절제하거나 포기할 수 있어야 한다. 바울은 말한다. "내가 주 예수 안에서 알고 확신하노니 무엇이든지 스스로 속된 것이 없으되 다만 속되게 여기는 그 사람에게는 속되니라."(롬 14:14) 당시 유대 전통의 구약 제사법에 금지된 음식물 섭취가 논란거리가 되었다.

이것을 먹어도 되느냐, 안 되느냐 하는 문제였다. 구약의 제사법은 폐지되었다. 그런데 유대 그리스도인들 사이에 이 관습에서 완전히 벗어나지 못하는 사람들이 있었다. 또한 우상에 바쳐진 제물을 먹는 것에 대한 논란이 있었다. 사실상 음식 자체는 아무런 문제가 되지 않는다. 음식은 그냥 음식이기 때문이다. 그래서 바울은 이렇게 말했다. "그러므로 우상의 제물을 먹는 일에 대하여는 우리가 우상은 세상에 아무 것도 아니며 또한 하나님은 한 분밖에 없는 줄 아노라."(고전 8:4)

그런데 제사법과 오랜 전통의 관습에서 헤어 나오지 못하는 사람들이나 우상에 바쳐진 음식을 더럽다고 생각하는 사람에게는 그것이 더럽게 되는 것이다. 그러나 더럽지 않다고 생각하고 먹는 사람에게는 더럽지 않은 것이다. 음식은 동일한 음식인데 무엇이 차이를 만드는가? 먹는 사람의 양심이다. 그 사람의 양심이 거리낀다면 그 음식을 먹는 것은 죄가 된다. 그러면 우리는 어떻게 해야 하는가? 내 양심에는 전혀 문제가 되지 않는데, 그것이 다른 사람의 양심에 어려움을 초래하여 시험에 들게 한다면 우리는 그것을 포기한다. 무엇을 포기하는가? 나에게 주어진 자유를 포기한다. 무엇 때문에 하나님께서 나에게 주신 소중한 자유를 포기해야 하는가? 사랑 때문이다. 형제를 사랑하기 때문에 나의 자유를 포기한다는 말이다. 사도 바울은 단호하게 말한다. "만일 음식으로 말미암아 네 형제가 근심하게 되면 이는 네가 사랑으로 행하지 아니함이라. 그리스도께서 대신하여 죽으신 형제를 네 음식으로 망하게 하지 말라."(롬 14:15) "그러나 이 지식은 모든 사람에게 있는 것은 아니므로 어떤 이들은 지금까지 우상에 대한 습관이 있어 우상의 제물로 알고 먹는 고로 그들의 양심이 약하여지고 더러워지느니라. 음식은 우리를 하나님 앞에 내세우지 못하나니 우리가 먹지 않는다고 해서 더 못사는 것도 아니고 먹는다고 해서 더 잘사는 것도 아니니라. 그런즉 너희의 자유가 믿음이 약한 자들에게 걸려 넘어지게 하는 것이 되지 않도록 조심하라… 만일 음식이 내 형제를 실족하게 한다면 나는 영원히 고기를 먹지 아니하여 내 형제를 실족하지 않게 하리라."(고전 8:7-13) 이것은 사랑의 원칙이 자유의 원칙보다 우선함을 말한다. 바울은 사랑의 원칙에 결론을 내린다. "모든 것이 가하나 모든 것이 유익한 것은 아니요 모든 것이 가하나 모든 것이 덕을 세우는 것은 아니니 누구든지 자기의 유익을 구하지 말고 남의 유익을 구하라."(고전 10:23-24)

4. 지혜의 원칙

자유는 행동 양식의 다양한 가능성을 승인한다는 의미를 가지고 있다. 그렇게 하든, 하지 않든 상관이 없다는 것이다. 그런데 이 때 또 하나 생각해야 할 원칙이 있다. 그것은 지혜의 원칙이다. 다 가능하나 더 지혜로운 방법이 있을 수 있다는 것이다. 바울이 직면했던 할례 문제가 좋은 예로 사도행전에 기록되어 있다. "바울이 그[디모데]를 데리고 떠나고자 할 새 그 지역에 있는 유대인으로 말미암아 그를 데려다가 할례를 행하니 이는 그 사람들이 그의 아버지는 헬라인인 줄 다 앎이러라."(행 16:3) 디모데는 원칙적으로 할례를 받을 이유가 없다. 그리스도인들은 할례를 받지 않기 때문이다. 그러나 바울은 디모데를 할례 받게 했다. 그것은 앞으로의 복음사역에서 유대인들과 부딪히는 상황을 고려할 때 불필요한 마찰과 에너지 소모를 최소화하기 위함이었다. 나아가 유대인들을 전도할 때에 할례 받지 않은 것이 말썽이 되어 소모전을 일으키는 것보다, 할례를 받아 그것을 피하고 복음 전파에 총력을 기울이는 것이 좋다고 생각한 것이다.

그러나 디도의 경우는 달랐다. 바울은 디도에게 할례를 받지 않게 했다. 디도도 디모데처럼 이방 그리스도인으로 사역에 동참하는 자이었다. "그러나 나[바울]와 함께 있는 헬라인 디도까지도 억지로 할례를 받게 하지 아니하였으니 이는 가만히 들어온 거짓 형제들 때문이라. 그들이 가만히 들어온 것은 그리스도 예수 안에서 우리가 가진 자유를 엿보고 우리를 종으로 삼고자 함이로되 그들에게 우리가 한시도 복종하지 아니하였으니 이는 복음의 진리가 항상 너희 가운데 있게 하려 함이라."(갈 2:3-5) 왜 디도는 할례를 받게 하지 않았는가? 상황이 달랐다. 유대인들이 할례 받는 그리스도인들을 가지고 그들도 율법을 지킨다고 비방하고 오해를 불러일으키어 복음을 훼손하는 상황이 벌어졌기 때문이었다. 무엇을 말하는가?

할례를 받거나 받지 않거나 사실상 그 자체는 문제가 되지 않는다. 할례를 받을 때 어떤 의미로 받는가가 중요하다. 할례를 형식적으로 받아도 의미상으로 율법을 지켜 의로워지겠다는 의식이 아니면 아무런 문제가 되지 않는다. 우리는 이것에 자유로운 것이다. 그러므로 우리는 유대인들의 의미로 할례를 받지 않는다. 그런데 디모데 경우처럼, 할례를 받지 않는 이 자유가 복음전파에 여러 가지 오해를 일으키고 방해가 된다면 그 자유를 제한하는 것이 지혜로운 것이라는 말이다. 그러나 디도 경우처럼 어떤 자들이 할례 받는 그리스도인들을 노리고 그들을 율법주의자로 몰아버리는 상황이 된다면 그 경우에는 할례를 받지 않는 것이 지혜로운 것이다. 무슨 원리인가? 우리에게 주어신 자유는 더 근원적이고 높은 차원의 목적을 위해 지혜롭게 사용되어야 한다는 것이다. 복음을 효과적으로 전하여 하나님 나라의 확장을 도모하겠다는 것이다. 자유를 누리는 것은, 그것이 하나님이 누리라고 주신 복이기 때문이다. 그럴 때는 그렇게 해야 한다. 그런데 그것이 다른 형제의 양심에 문제를 일으킨다면 그를 배려해서 조심해야 한다. 그를 사랑하기 때문이다. 나아가 복음전파라는 중요한 사명 앞에서는 자유가 적절하고 지혜롭게 사용되어야 한다. 어떤 것을 해도 되고 안 해도 되는 것이라면, 주어진 상황에서 더 크고 중요한 하나님의 명령을 지키는데 도움이 되는 방향으로 행하는 것이 옳다는 말이 된다. 사도 바울은 이렇게 결론을 내린다. "내가 모든 사람에게서 자유로우나 스스로 모든 사람에게 종이 된 것은 더 많은 사람을 얻고자 함이라. 유대인에게 내가 유대인과 같이 된 것은 유대인들을 얻고자 함이요. 율법 아래 있는 자들에게는 내가 율법 아래에 있지 아니하나 율법 아래에 있는 자 같이 된 것은 율법 아래에 있는 자들을 얻고자 함이요. 율법 없는 자에게는 내가 하나님께는 율법 없는 자가 아니요 도리어 그리스도의 율법 아래에 있는 자이나 율법 없는 자와 같이 된 것은 율법 없는 자들을 얻고자 함이라. 약한 자들에 대하여 내가 약한 자와 같이 된 것은 약한 자들을 얻고자 함이요. 내가 여러 사람에게 여러 모습이 된 것은 아무쪼록 몇 사람이라도 구원하고자 함이라."(고전 9:19-22) 한 영혼이라도 더 구원하고자 하는 그의 복음의 열정을 찾아볼 수 있다.

제18장

The truth of the Christian faith

기도

　　　　　　　　그리스도인의 삶 가운데 가장 기본적으로 해야
하는 것이 있다. 이것은 우리 영혼이 건강하게 살기 위해 필수적으로
해야 하는 것이다. 이것을 하지 않으면 우리 영은 메말라서 기력을 상
실할 수밖에 없고 그리스도인으로 정상적인 삶을 살 수가 없다. 그것
은 우리 영적 삶의 두 기둥으로, 말씀과 기도이다. 말씀은 하나님의 진
리를 깨닫게 하고, 하나님의 사랑과 은혜를 체험하게 하며, 우리를 순
종과 선행으로 인도한다. 기도는 우리 속사람이 하나님을 찬미하고,
우리 죄를 고백하며, 감사의 마음을 올려 드리고, 우리의 필요를 간구
하는 것이다. 말씀과 기도는 하나님과 우리 사이에 쌍방 간의 긴밀한
교제가 이루어지는 구체적인 방법이다. 우리는 하나님과의 이런 교제
가 없이는 살 수가 없다. 말씀이 우선이다. 그러나 말씀 다음에는 기도

가 있어야 한다. 말씀과 기도는 이렇게 씨줄과 날줄처럼 함께 가는 것이다. 말씀을 바르게 이해하는 것은 중요하다. 동시에 기도를 바르게 알고 행하는 것도 중요하다. 기도를 바르게 하지 못하면 오히려 해가 될 수 있기 때문이다. 기도의 양도 중요하다. 그러나 기도의 내용이 잘못되어 있으면 많은 기도의 양이 오히려 해가 될 수 있다. 우리는 바른 기도를 해야 한다. 기도에 대해 더 생각해 보고자 한다.

기도의 본질

기도란 근본적으로 무엇인가? 기도는 우리의 심령 속에 왜 일어나는가? 무엇이 우리로 하여금 기도하게 하는가? 복음이다. 우리 심령에 복음이 오지 않으면 기도가 시작되지 않는다. 복음은 우리를 하나님께로 연결시켜주기 때문이다. 우리 영은 비로소 진정한 대화의 대상을 찾은 것이다.

1. 복음에 대한 응답

인간은 타락하여 자신의 구원을 위해 스스로 그 어떤 것도 할 수 없다. 그러므로 인간은 도움을 얻기 위해 자신 밖으로 손을 내밀 수밖에 없다. 우리는 그렇게 구원받은 것이다. 두 손 들고 주님께 나온 것이다. 하나님께서 그런 인간에게 긍휼을 베푸시어 그리스도를 통하여 자신을 드러내셨고 구원의 길을 여셨다. 하나님께서 그리스도를 통하여 인간을 위한 해결책을 주신 것이다. 주 예수 그리스도 안에서만 당신의 은혜와 사랑을 부어주시는 것이다. 그렇게 우리의 모든 불행 가운데 행복을 안겨주셨고, 우리의 모든 결핍 가운데 충만함을 부어주셨다. 하나님께서는 그리스도 안에서 하늘의 보물을 우리에게 열어주신 것이다. 그래서 우리는 예수 그리스도를 바라본다. 그리스도 밖에서는 그 보물을 얻을 수 없기 때문이다. 우리는 모든 기대를 주 예수 그리스도에게 건다. 그리고 모든 소망을 그리스도에게서 찾는다. 이 척박한 세상에서 우리는 오직 그리스도 안에서만 참 된 안식을 얻을 수 있다. 인간은 주님께서 비추시는 빛 안으로 들어와야 진리의 빛을 볼 수 있다. 주 안에 생명이 있기 때문이다. 시편 기자는 말한다. "진실로 생명의 원천이 주께 있사오니 주의 빛 안에서 우리가 빛을 보리이다."(시 36:9)

기도는 하나님께서 우리에게 그리스도를 통하여 빛을 비춰주셨기에 가능하게 되었다. 어두움 가운데는 진리를 알 수도 없었고 하나님께 다가갈 수도 없었으며 하나님을 알지도 못했다. 그러나 우리가 그 빛 안으로 들어가니 모든 것을 알 수 있었고 모든 답을 찾을 수 있었다. 그리스도 안에서 답을 찾았다는 말이다. 복음을 발견한 것이다. 예수 그리스도의 복음에서 답을 찾았기에 반응이 나온다. 그 반응이 바로 기도라는 것이다.

2. 믿음과 기도의 관계

우리에게 부족하거나 필요한 것은 모두 하나님께 있다. 성부 하나님께서 그 모든 것을 예수 그리스도 안에 다 거하게 하셨다. "아버지께서는 모든 충만으로 예수 안에 거하게" 하신 것이다(골 1:19). 그래서 우리는 이 모든 것을 샘의 원천이신 주 예수 그리스도로부터 얻는다. 이제 우리는 이 세상에 살면서 상황에 따라 이것을 구한다. 기도로 간구하는 것이다. 하나님은 모든 좋은 것의 주인이시고 공급자이시다. 하나님은 그 좋은 것을 당신께 구하라고 초청하신다. 그런데 그분에게 가지도 않고 구하지도 않는다면, 그 보물을 얻을 수 있는 기회를 스스로 거부하는 꼴이 된다. 왜 그럴까? 하나님을 믿지 못하기 때문이다. 믿지 못하기에 들어도 흘려버리고 초청받아도 무시하는 것이다. 그것은 하나님께 불경한 행위를 저지르는 것일 뿐더러 자신에게는 실질적 손해를 자초한다. 보물이 있는 장소를 알려주었음에도 불구하고 소중한 것을 놓치게 된다. 믿지 않고 마음에 두지 않았기 때문이다. 참 믿음은 그렇게 할 수 없다. 참 믿음은 하나님의 부르심에 무관심할 수 없기 때문이다.

참 믿음은 복음을 듣고 나온다. 복음을 통해 형성된 믿음은 우리의 심령으로 하여금 하나님의 이름을 부르게 되어 있다(롬 10:14). 우리를 하나님의 자녀로 삼으시는 양자의 영이 우리 심령에 복음의 증거로 인치시기 때문이다(롬 8:16). 양자의 영이신 성령께서 우리의 영을 일으키셔서 하나님께 우리의 소원을 드러내게 하고 말할 수 없는 탄식을 불러일으킨다. 바울은 이렇게 말한다. "이와 같이 성령도 우리의 연약함을 도우시나니 우리는 마땅히 기도할 바를 알지 못하나 오직 성령이 말할 수 없는 탄식으로 우리를 위하여 친히 간구하시느니라."(롬 8:26) 성령께서 역사하시어 양자의 영을 받은 우리로 하여금 하나님을 아버지로 부르게 하신다(롬 8:15). 그래서 참 믿음을 가진 자는 기도하게 되어 있다.

3. 기도의 필요

우리는 기도를 통해 하늘에 계신 아버지께서 우리를 위해 쌓아놓으신 귀한 것들에 도달할 수 있는 특권을 부여받았다. 우리는 기도를 통해 하나님과 교제하게 된다. 하늘의 성역으로 들어가는 것이다. 그곳에서 인격적으로 하나님을 만나며 호소한다. 우리가 믿은 것이 헛된 것이 아니라는 것을 체험하기 위해 하나님의 약속에 대해 간구한다. 하나님께서 약속하신 것을 하나님으로부터 기대하며 간구한다. 그러면 그 기대는 곧 간구를 통해 이루어진다. 그래서 우리에게는 기도가 절대 필요하다. 기도의 행위는 큰 유익을 가져다주기 때문이다. 하나님의 이름을 부르는 것만이 안전의 요새가 된다. 선지자 요엘은 이렇게 말한다. "누구든지 여호와의 이름을 부르는 자들은 구원을 얻으리니 이는 나 여호와의 말대로 시온 산과 예루살렘에서 피할 자가 있을 것임이요 남은 자 중에나 여호와의 부름을 받을 자가 있을 것임이니라."(욜 2:32) 우리는 기도함으로 우리의 모든 것을 감찰하시고 인도하시는 하나님의 섭리를 간구한다. 그리고 우리를 보존하시는 하나님의 권능을 요청한다.

왜 이런 기도를 하는가? 우리가 연약하기에 하나님의 은총을 구하는 것이다. 우리는 피조물이기에 스스로의 능력으로 안전을 지킬 수 없고, 죄인이기에 스스로 불행을 막을 수 없다는 것을 고백하는 것이다. 그래서 오직 하나님만이 안전을 지켜주시고 불행을 막아주실 수 있음을 고백한다. 그리고 하나님께서 긍휼과 자비를 베푸셔서 우리를 돌보시고 지켜주시도록 간구한다. 기도를 통해 우리는 이것을 한다. 기도를 통해 하나님께서 자신을 드러내시고 우리와 함께 하시기를 요청하는 것이다. 이것은 우리 심령에 큰 평강과 안식을 제공한다. 우리 앞에 놓여 있는 필요를 주께 내어놓음으로 우리의 부족한 모든 것이 그분 앞에 하나도 가려지지 않고 다 드러났다는 사실에 안식을 얻는 것이다. 어떻게 그렇게 되는가? 우리를 사랑하시는 하나님은 우리를 돌보시려는 강한 의지와 돌보실 수 있는 무한한 능력을 가지고 계심을 확신하기 때문이다.

4. 기도의 유익

이런 생각이 들 수 있다. 왜 하나님께 우리의 사정을 꼭 알려드려야 하는가? 하나님은 이미 다 알고 계시지 않는가? 우리가 어떤 어려움을 겪고 있는지, 우리에게 무엇이 필요한지 다 알고 계시지 않는가? 우리의 기도를 통해 하나님을 깨우고 주의를 환기시키고 상황을 알려드려야 한다는 것은 모순 아닌가? 그런데 이런 의혹은 주께서 왜 당신의 백성들에게 기도하라고 말씀하시는지 그 목적을 이해하지 못하는 결과다. 기도는 하나님보다는 우리를 위해서 하는 것이다. 하나님께서는 기도를 통해 우리가 필요로 하는 모든 것이 하나님 자신에게서 나온다는 것을 우리로 하여금 알게 하시려는 의도가 있다. 그리고 그것을 기도를 통해 입증하기 원하신다. 이런 기도의 유익은 우리에게 돌아온다.

선지자 엘리야는 갈멜 산에서 이스라엘 백성을 모으고 바알 선지자들과 대결했다. 참 하나님이 바알인지 여호와 하나님이신지 밝히려는 것이었다. 엘리야는 대승을 거두고 바알 선지자들을 도륙한다. 하나님의 뜻을 잘 알게 된 엘리야는 아합 왕에게로 간다. 그리고 아합 왕에게 가뭄 가운데 비를 예언한다. 그는 하나님의 뜻이 이루어 질 줄 알았지만 얼굴을 무릎 사이에 넣고 열심히 기도했다. 그의 하인을 일곱 번이나 보내어 비가 오는지 확인하도록 했다(왕상 18:41-43). 선지자 자신의 예언을 믿지 못해서이었을까? 그렇지 않다. 그것은 그의 임무였다. 그는 그의 요구를 하나님 앞에 올려드려야 했다. 기도하지 않으면 자신의 믿음이 흐트러지고 약해져서 어려워질 수 있다는 것을 알았기 때문이다.

우리가 하나님의 이름을 부르고 기도하는 것은 매우 중요하다. 우리의 심령이 주님을 향한 열심이 충만하여 그를 찾고 사랑하고 섬기려는 마음으로 가득 차도록 하기 위함이다. 모든 상황에서 오직 하나님만이 우리의 피난처가 되시고 우리의 공급자가 되시며 해결자가 되신다는 것을 깊이 있게 인식하기 위함이다. 그리고 하나님께서 주시는 모든 좋은 것을 감사함으로 받도록 하기 위함이다. 우리의 기도는 이 모든 것들이 다 하나님으로부터 온다는 것을 기억하게 한다. 시편 기자는 말한다. "모든 사람의 눈이 주를 앙망하오니 주는 때를 따라 그들에게 먹을 것을 주시며 손을 펴사 모든 생물의 소원을 만족하게 하시나이다."(시 145:15-16)

기도가 응답되었을 때 우리를 향한 하나님의 친절하심을 더욱 묵상하게 된다. 그리고 그것이 우리의 기도를 통해 얻어졌다는 기쁨을 누리게 된다. 하나님께서 결코 우리를 버리지 않으시고 필요할 때 그를 부를 수 있는 길을 열어놓으셨다는 것을 확신한다. 하나님은 졸지도 않으시고 주무시지도 않으신다. 그런데 간혹 그렇게 느껴질 때가 있다. 그것은 우리를 훈련하시기 위해, 그리고 우리에게 더 좋은 것으로 주시기 위해 그렇게 하신다. 기도가 응답되지 않은 것이 아니다. 시편 기자는 이렇게 말한다. "여호와께서는 자기에게 간구하는 모든 자 곧 진실하게 간구하는 모든 자에게 가까이 하시는도다."(시 145:18) "여호와의 눈은 의인을 향하시고 그의 귀는 그들의 부르짖음에 기울이시는도다."(시 34:15)

하나님과의 대화

복음으로 말미암아 진정한 대화의 대상을 찾은 우리 심령은 이제 본격적인 대화로 들어간다. 대화란 적절한 방법과 기술이 필요하다. 적절하지 못한 대화는 관계를 어렵게 하고 교제를 불가능하게 한다.

좋은 대화를 위해서는 도움이 필요하다. 하나님과의 대화도 그렇다. 우리는 하나님과 어떤 식으로 대화해야 하는가? 하나님과의 교제를 위한 좋은 대화는 어떤 특성을 가지고 있는가?

1. 순수한 대화

기도는 하나님과의 교통이며 대화를 통해 이루어진다. 대화의 대상은 다름 아닌 하나님이시다. 그러므로 그 대화는 일상적인 대화와는 차이가 있다. 우리는 상대와 걸맞은 대화를 해야 한다. 하나님과의 대화는 어떻게 하는 것이 그 격에 맞는 대화인가? 하나님과의 대화는 순수해야 한다. 순수하다는 것은 깨끗한 것을 의미하며 이물질이 섞여 있지 않다는 것을 말한다. 하나님은 거룩하신 분이기에 하나님과 하는 우리의 대화는 거룩해야 한다. 생각을 집중하지 못하고 잡다한 생각에 사로잡혀 흐트러진 마음으로 기도하게 된다면 그것은 하나님과의 대화가 될 수 없다. 기도하면서 이 생각 저 생각으로 떠돌아다닌다면 그것은 곤란하다. 하나님과 잠시 짧은 시간 내에 기도할 때에도 잠시나마 하나님께 집중한다. 그러나 정해진 시간에 깊은 기도를 할 때 우리는 마음과 생각을 총집중하여 속사람의 심령으로 깊이 들어가야 한다. 내 영혼의 깊은 속에서 우러나오는 탄식의 소리에 귀를 기울여야 한다. 그 소리는 하나님의 영이 나의 영에게 주신 아버지의 자녀라는 확신에서 우러나온 것임을 인식해야 한다(롬 8:16). 그러면 나의 영은 하나님의 영에 사로잡혀 하나님께 집중하며 속사람이 열려져 나온다. "여호와여 내가 깊은 곳에서 부르짖었나이다. 주여 내 소리를 들으시며 나의 부르짖는 소리에 귀를 기울이소서."(시 130:1-2)

이것이 순수한 대화의 출발이다. 이 순수함을 하나님은 받으신다. 흐트러져 여기 저기 돌아다니는 생각 가운데 나오는 기도는 진정한 의미에서 하나님과의 대화가 될 수 없다. 또한 나의 깊은 속으로 들어가서 내 영이 하나님의 영과 만남이 이루어지지 않는다면 진정한 대화가 될 수 없다. 그것은 하나님께 드려야 하는 마땅한 존경과 경외를 저버리는 것이다. 간단히 기도할 때가 있다. 잠시 하나님과 대화할 때가 있다. 그것도 필요하고 중요하다. 그런데 우리는 하나님과 깊이 있는 대화를 하는 별도의 시간이 있어야 한다. 일정한 기도시간 내에서의 하나님과의 대화는 집중과 깊이가 있어야 한다. 내가 집중하지 않고 내 속으로 깊이 들어가지 않고 대화한다면, 우리는 하나님께 망령되이 행하는 것이 된다. 합당한 존경과 경외를 표하지 않기 때문이다. 우리가 일상적으로 다른 사람과 대화할 때에도 얼굴은 대하고 있지만 그 사람에게 집중하지 않고 딴 생각이나 잡념에 사로잡혀 있다면 진정한 대화가 될 수가 없다. 그것은 결례가 된다. 내가 그에게 말을 할 때 내 깊은 속에서 우러나오는 진심을 말하지 않는다면 그것은 진정한 의미에서 대화가 될 수 없는 것이다. 하물며 하나님과 대화하는데 어떻게 아무렇게 할 수 있겠는가?

하나님 아버지와의 대화에는 위를 향하는 차원이 있다. 생각을 하나님께 집중하고 깊은 속에서 내 영의 탄식이 우러나온 후, 내 영은 위를 바라본다. 하늘에 계신 우리 아버지께서 나를 부르셨다는 의식 때문이다. 하나님께서 당신 앞으로 우리를 초청하신 것이다. 대화하자고 부르시는 것이다. 그 초청과 부르심에 우리는 반응을 보인다. 하나님의 위대하심과 장엄하심이 우리를 움직이고 세상의 염려와 애착으로부터 이탈시킨다. 염려와 애착을 벗어버리고 우리 영은 위로 향한다. 위를 향하여 우리 영이 움직이는 것을 우리는 손을 들어 표현하기도 한다. 우리 영이 하나님이 계신 곳을 향하고 있다는 의미이다. 이것은 우리가 하나님으로부터 너무도 멀리 떨어져 있음을 기억하고 인식하는 표현이다. 기도를 통해 우리는 그곳으로 가는 것이다. 손을 들어 하나님을 향하듯 우리의 영은 눈을 들어 저 위에 계신 하나님을 바라본다. 시편 기자는 말한다. "여호와여 나의 영혼이 주를 우러러보나이다."(시 25:1) 하나님께서는 위로 올라와 남아 있는 우리의 근심과 염려를 당신의 품에 다 내려놓으라고 말씀하신다. 내려놓고 대화하자고 하신다. 그래서 우리는 주님 품에 안긴다. 그리고 마음과 뜻과 정성을 모아 사랑의 아버지께 내어 놓는다.

2. 하나님의 뜻 안에서 대화

우리는 하나님과 어떤 내용의 대화를 하는가? 찬미, 고백, 감사, 간구의 4요소는 이 대화의 범위와 성격을 잘 정리해 준다. 내가 하나님께 표현하는 내용의 범주를 보여주는 것이다. 그런데 그 가운데 한 가지 중요한 원리가 있다. 그것은 우리의 기도가 하나님께서 허락하시는 것 외의 내용을 포함해서는 안 된다는 것이다. 하나님께서는 우리에게 심령을 털어 놓으라고 말씀하셨다. "백성들아 시시로 그를 의지하고 그의 앞에 마음을 토하라. 하나님은 우리의 피난처시로다."(시 62:8) 그렇다고 어리석고 악한 마음의 보따리 끈을 풀어놓으라는 것은 아니다. 하나님께서 당신 백성의 기도를 들어주시겠다고 약속하셨지만 그들의 모든 요구대로 다 행하신다는 것은 아니다. 그들에게 여전히 죄성이 남아 있기 때문이다. 그 죄성은 항상 자기중심적 이기주의를 포함하고 있다. 하나님의 뜻을 추구하기보다는 자신의 편리와 유익을 도모하게 된다. 하나님의 말씀과는 무관하게 기도하게 된다는 말이다. 자신이 원하는 대로 당돌하고 불경스럽게 하나님을 귀찮게 달려들기도 한다. 이 경우 자신의 악한 욕망을 채우기 위해 하나님과 대화로 들어가기를 원하는 것이다. 하나님이 당신의 자녀들과의 대화 가운데 자비를 베푸시고 긍휼을 보이신다고 해도, 하나님의 친절하심이 스스로를 욕되게 하실 수는 없다. 기도하는 자들이 자신의 욕망을 하나님께 무분별하게 쏟아 붓는다면 하나님은 대화의 창을 닫으신다. 우리는 하나님 뜻 안에서 대화하게 되어 있기 때문이다. 사도 요한은 말한다. "그를 향하여 우리가 가진 바 담대함이 이것이니 그의 뜻대로 무엇을 구하면 들으심이라. 우리가 무엇이든지 구하는 바를 들으시는 줄을 안즉 우리가 그에게 구한 그것을 얻은 줄을 또한 아느니라."(요일 5:14-15)

하나님 뜻이 무엇인지 분명히 알 수 없는 경우가 있다. 그럴 때는 어떻게 기도하는가? 더 깊은 이해를 달라고 기도하고, 우리에게 가장 좋은 것이라고 판단되는 것을 간구하며, 주님께 그 이유를 올려드린다. 그러나 오직 주님의 뜻이라면 그렇게 해달라고 기도한다. 궁극적으로 내 뜻이 아니고 하나님 뜻이 이루어지게 해달라고 기도하는 것이다. 여기서 하나님의 뜻을 기다리는 것이 중요하다. 시편 기자는 말한다. "너는 여호와를 기다릴지어다. 강하고 담대하며 여호와를 기다릴지어다."(시 27:14)

3. 성령 안에서 대화

우리에게는 완전한 기도를 할 능력이 없다. 하나님께 집중해야 하고 심령이 뜨겁게 주님을 향해야 하는데 잘 되지 않는다. 아니, 그 반대로 가는 경우도 많다. 그러므로 우리에게는 도움이 필요하다. 하나님께서는 우리의 필요를 아시고 우리에게 성령님을 기도의 안내자와 기도의 스승으로 주셨다. 진정한 기도는 성령의 인도하심을 받고 성령의 가르침 하에서 이루어지는 것이다. 성령께서는 기도에서 무엇이 옳은 것인지 깨달음을 주시고 그것에 맞추어 우리의 감정을 조절하게 하신다. 그래서 사도 바울은 이렇게 말한다. "이와 같이 성령도 우리의 연약함을 도우시나니 우리는 마땅히 기도할 바를 알지 못하나 오직 성령이 말할 수 없는 탄식으로 우리를 위하여 친히 간구하시느니라."(롬 8:26) 성령께서는 우리에게 하나님 자녀라는 확신을 주셨고, 하나님과 대화하기 원하는 욕망을 주시며, 깊은 탄식을 위해 우리를 내면의 깊은 곳으로 이끌어 주신다. 기도 가운데 성령님의 이끌림을 받아, 기도의 제목을 알게 되고 어떻게 기도해야 하는지 느낌을 갖게 된다. 기도를 바르게 하는 것은 자동적으로 되지 않는다. 훈련이 필요하다. 말씀으로 채워져야 하고 성령님의 인도를 받아야 한다. 하나님과 대화하기 원하는 속사람의 움직임이 있어야 한다. 어떻게 가능한가? 하나님께서는 성령께서 역사하시도록 기회를 주신다. 그 때에 우리는 성령께서 역사하시도록 마음을 준비하고 영을 열어야 한다. 나의 속사람이 상황을 통해 성령님의 인도를 받도록 하는 것이다. 어떤 경우인가?

(1) 인생에 어려움과 고난이 찾아 올 때 하나님께 부르짖는다. 즉, 도저히 길을 찾을 수가 없고 앞으로 나아갈 능력이 없어 소진되었을 때, 그리고 부딪힌 상황에서 암담함과 불안으로 견딜 수 없는 상황에 놓이게 될 경우이다. 이런 깊은 수렁에 빠졌을 때 시편 기자는 살아계신 하나님께 부르짖는다. 스스로 헤어 나아올 수 없기에 하나님을 향해 이렇게 부르짖는다. "하나님이여 내 기도에 귀를 기울이시고 내가 간구할 때에 숨지 마소서. 내게 굽히사 응답하소서. 내가 근심으로 편하지 못하여 탄식하오니 이는 원수의 소리와 악인의 압제 때문이라. 그들이… 나를 핍박하나이다. 내 마음이 내 속에서 심히 아파하며 사망의 위험이 내게 이르렀도다. 두려움과 떨림이 내게 이르고 공포가 나를 덮었도다."(시 55:1-5)

(2) 죄를 지어 대가를 치르는 고통을 겪을 때 하나님께 절규한다. 심령이 너무도 고통스럽고 하나님 앞에 너무도 죄송하고 미안해서 그

냥 지나갈 수 없기 때문이다. "하나님이여 주의 인자를 따라 내게 은혜를 베푸시며 주의 많은 긍휼을 따라 내 죄악을 지워 주소서. 나의 죄악을 말갛게 씻으시며 나의 죄를 깨끗이 제하소서. 무릇 내가 내 죄과를 아오니 내 죄가 항상 내 앞에 있나이다. 내가 주께만 범죄하여 주의 목전에 악을 행하였사오니 주께서 말씀하실 때에 의로우시다 하고 주께서 심판하실 때에 순전하시다 하리이다."(시 51:1-4)

(3) 외로움이 엄습할 때 주님을 바라본다. 믿었던 자들이 돌아서고, 기대했던 자들이 떠나며, 바라보았던 자들이 눈을 돌릴 때, 우리는 주님을 바라본다. 그리고 기도한다. "나의 영혼이 잠잠히 하나님만 바람이여 나의 구원이 그에게서 나오는도다. 오직 그만이 나의 반석이시오. 나의 구원이시오. 나의 요새이시니 내가 크게 흔들리지 아니하리로다."(시 62:1-2)

(4) 기쁨이 넘칠 때 주님을 찬양한다. 닫혔던 것이 열리고, 구부러졌던 것이 펴지며, 악이 무너지고 선이 이기는 모습을 볼 때, 기뻐하고 즐거워한다. 그 기쁨과 즐거움을 가장 먼저 주님과 나눈다. 감사함으로 그 기쁨을 올려드린다. "온 땅이여 하나님께 즐거운 소리를 낼지어다. 그의 이름의 영광을 찬양하고 영화롭게 찬송할지어다. 하나님께 아뢰기를 주의 일이 어찌 그리 엄위하신지요. 주의 큰 권능으로 말미암아 주의 원수가 주께 복종할 것이며 온 땅이 주께 경배하고 주를 노래하며 주의 이름을 노래하리이다 할지어다."(시 66:1-4) 모든 나의 상황과 사건은 나로 하여금 기도하게 한다. 그 상황을 통해 성령님께서는 내 속사람을 움직이신다.

심령의 자세

기도는 하나님을 향한 심령의 움직임이고 속사람의 표출이다. 하나님 앞에서 우리의 심령이 바른 자세로 기도할 때 하나님과의 대화는 이루어지고 교제가 가능해 진다. 우리는 어떤 심령의 자세를 가져하는가?

1. 우선적이고 지속적인 기도

기도는 하나님과의 대화이다. 하나님과의 대화는 우리의 영적 삶을 풍성하게 한다. 하나님께서 나와 함께 하심을 체험하기 때문이다. 기도는 영의 호흡으로 내 영이 하나님의 영을 체험하는 것이다. 산소가 공급되어야 살 수 있듯이 우리 영은 하나님의 영을 체험하고 하나님의 숨결이 공급되어야 살 수 있다. 창세기 2:7은 이렇게 말한다. "여호와 하나님이 땅의 흙으로 사람을 지으시고 생기를 그 코에 불어넣으시니 사람이 생령이 되니라." 하나님께서 인간을 창조하실 때 언급된 표현이다. 여기서 생기는 생명의 숨결을 말하고, 불어넣는다는 말은 호흡으로 불어넣는 것을 의미하며, 생령은 살아 있는 영을 말한다. 인간은 하나님께서 당신의 호흡을 불어넣었을 때 살아 있는 영이 되었다는 말이다. 인간은 하나님의 호흡과 숨결이 필요하다. 원래 그렇게 만들어졌기 때문이다. 하나님의 호흡과 숨결은 하나님의 영이신 성령의 역사를 의미한다. 하나님의 영은 내 영에 활력을 불어넣으며 나를 영적으로 건강하게 한다. 기도는 영의 호흡이다. 주님과의 대화가 소홀해지면 그만큼 우리의 영적 삶은 풍성해질 수 없다.

우리에게 언제나 문제가 있다. 우리 마음이 항상 하나님의 은혜를 간구하며 하나님과의 대화를 즐겨해야 하는데 그렇게 하지 못한다. 하나님과의 대화를 위해 기도로 들어가도 항상 동일한 열정을 가지고 기도하기가 어렵다. 어느 때는 열심히 하는데, 어느 때는 열심히 할 마음이 생기지 않는다. 어렵고 힘들고 문제가 있을 때는 하나님께 가서 매달리고 간구한다. 그러나 별 문제가 없을 때에는 그렇게 하지 않는다. 절실한 기도와 간구의 필요를 느끼지 못하기 때문이다. 그러면 하나님과의 대화가 뜸해지고 하나님과의 교제가 희미해진다. 자연스럽게 하나님과의 관계가 소원해지며 그만큼 영적 삶에 빈공간이 생긴다. 그러면 그 빈자리에 다른 것이 들어와 그 공백을 메우게 된다. 그것은 하나님과의 관계를 더 멀어지게 한다. 부부간에도 대화가 사라지면 교제 관계에 문제가 생기고 빈 공간에 다른 것이 들어온다. 부부간에 건강하고 정상적인 친밀감이 사라지기 때문이다. 인간은 교제가 필요하며 누군가와 깊은 교제 관계를 가져야 한다. 이 세상에서 하나님께서 주신 그런 관계는 부부관계다. 그러나 부부관계보다 우선되는 관계가 있으니, 그리스도인에게 그것은 하나님과의 관계다. 하나님과의 관계가 우선적으로 가장 가까운 관계로 잘 유지 될 때, 부부관계도 건강하고 좋은 관계가 될 수 있다. 기도는 하나님과의 관계를 유지하는데 꼭 필요한 영적 도구다. 시편 145:18은 이렇게 말한다. "여호와께서는 자기에게 간구하는 모든 자 곧 진실하게 간구하는 모든 자에게 가까이 하시는도다." 예레미야 29:12-13에서도 이렇게 말한다. "너희가 내게 부르짖으며 내게 와서 기도하면 내가 너희들의 기도를 들을 것이요 너희가 온 마음으로 나를 구하면 나를 찾을 것이요. 나를 만나리라."

하나님과의 교제를 위해 우리는 불규칙적이고 불안정한 기도생활을 원하지 않는다. 힝싱 어렵고 힘든 상황에만 하나님께 매달리는 건강하지 않은 기도생활은 바람직하지 않다. 물론 그것도 안하는 것보다는 낫지만, 그렇게만 하는 것은 하나님 뜻이 아니다. 우리는 누구와 대화하고 싶어 하는가? 내가 가장 좋아하는 사람과 대화하고 싶어 한다. 내가 가장 좋아하는 자와 가장 먼저 대화하고 싶어 한다. 나에게 그게 누군지 생각해 보아야 한다. 인간에게는 교제의 욕구가 있다. 좋은 것이고 꼭 필요한 것이다. 내가 가장 좋아하는 자에게 나의 모든 것을 다 털어놓고 싶고 그와 마음을 나누고 싶어 한다. 하나님께서는 우리의 그런 대상이 되기를 원하신다. 하나님께서는 모든 상황에서 당신의 자녀가 당신과 가장 먼저, 가장 솔직하게, 모두 다 털어놓고 말하기를 원하신다. 그것이 나의 유익과는 상관이 없고 하나님만 원하시는 것인가? 그렇지 않다. 그것은 우리에게 큰 유익이고 우리에게 주어진 특권이다. 가장 위대하시고 가장 높으신 분이 나와 가장 깊은 대화를 가장 먼저 원하시는 것이다. 하나님의 은혜는 참으로 놀랍다. 모든 상황에서 가장 먼저 하나님과 나누며 대화하라는 것이다. 그것이 하늘에 계신 우리의 아버지께서 이 땅에 있는 당신의 자녀들과 교제하시는 방법이다. 힘들 때나 기쁠 때나 모두 다 먼저 하나님과 나누라는 말이다. 야고보 사도는 말한다. "너희 중에 고난당하는 자가 있느냐 그는 기도할 것이요. 즐거워하는 자가 있느냐 그는 찬송할지니라."(약 5:13)

찬송도 하나님께 드리는 것으로 사실상 하나님과의 대화다. 고난의 때만 기도하지 말고 기쁠 때도 기도하라는 말이다. 상반되는 양극을 말하는 것은 전체를 다 말하는 것이다. 사도 바울은 말한다. "항상 기뻐하라. 쉬지 말고 기도하라. 범사에 감사하라. 이것이 그리스도 예수 안에서 너희를 향하신 하나님의 뜻이니라."(살전 5:16-18) 어떻게 항상 기뻐할 수 있는가? 어떻게 기도를 쉬지 않을 수 있는가? 어떻게 모든 일에 감사할 수 있는가? 일상적으로는 가능하지 않다. 오직 항상, 그리고 매사에 하나님을 마음속에 품고 있을 때 가능한 것이다. 그렇게 할 수 있는 방법은 항상 하나님을 우선순위에 두고 지속적인 대화의 대상으로 삼는 것이다. 사도 바울은 권면한다. "모든 기도와 간구를 하되 항상 성령 안에서 기도하고 이를 위하여 깨어 구하기를 항상 힘쓰며 여러 성도를 위하여 간구하라."(엡 6:18)

2. 겸손과 회개의 기도

우리가 기도하러 나올 때 우리는 진정으로 겸손한 마음으로 하나님 앞에 선다. 자신의 가치, 자신의 영광, 자신에 대한 확신 등은 없다. 오직 하나님께 모든 영광을 올리겠다는 마음으로 선다. 다른 분이 아닌 하나님 앞에 서기 때문이다. 하나님과의 대화에는 오직 나와 하나님 밖에는 없다. 그렇다면 나는 하나님과 비교될 수밖에 없다. 하나님 앞에 서 있는 나는 당연히 겸손한 존재가 될 수밖에 없고, 하나님은 위대하시며 모든 가치와 영광은 하나님 것이 될 수밖에 없다. 너무도 당연하고 옳은 것이다. 거룩한 자일수록 하나님 앞에 바쳐지는 그는 하나님 앞에서 더 낮아지고 겸손해진다. 성전에서 하나님 앞에 서게 된 이사야는 이렇게 말한다. "거룩하다, 거룩하다, 거룩하다, 만군의 여호와여 그의 영광이 온 땅에 충만하도다… 그 때에 내가 말하되 화로다 나여 망하게 되었도다. 나는 입술이 부정한 사람이요 나는 입술이 부정한 백성 중에 거주하면서 만군의 여호와이신 왕을 뵈었음이로다."(사 6:3-5)."

우리가 간구할 때 우리는 하나님 앞에 내놓을 것이 없다. 우리의 의로움이나 우리의 공로를 내세워 간구하는 것이 아니라는 말이다. 오직 하나님의 긍휼에 의지하여 간구할 따름이다. 간구의 근거는 하나님이지 우리가 아니다. 간구하는 것도 우리의 영광을 위해서가 아니고 하나님의 영광을 위해서다. 다니엘의 기도를 들어 보라. "나의 하나님이여 귀를 기울여 들으시며 눈을 떠서 우리의 황폐한 상황과 주의 이름으로 일컫는 성을 보옵소서. 우리가 주 앞에서 간구하옵는 것은 우리의 공의를 의지하여 하는 것이 아니요 주의 큰 긍휼을 의지하여 함이니이다. 주여 들으소서. 주여 용서하소서. 주여 귀를 기울이시고 행하소서. 지체하지 마옵소서. 나의 하나님이여 주 자신을 위하여 하시옵소서. 이는 주의 성과 주의 백성이 주의 이름으로 일컫는 바 됨이니이다. 내가 이같이 말하여 기도하며 내 죄와 내 백성 이스라엘의 죄를 자복하고 내 하나님의 거룩한 산을 위하여 내 하나님 여호와 앞에 간구" 하나이다(단 9:18-20). 우리는 주로 우리를 위해 기도한다. 그런데 다니엘의 기도는 달랐다. 예루살렘과 이스라엘 백성이 수치를 당하고 있는 상황에서 단순히 다니엘 자신과 이스라엘 백성이 고통을 당하니까 구원해달라고 간구하는 것이 아니었다. 그는 이 사건이 하나님의 영광을 가리기 때문에 아픈 마음으로 간구했다. 하나님의 명예가 실추되기에 안타까운 마음으로 기도했다. 다니엘은 하나님을 위해서 기도한 것이다. 하나님을 위해 기도해 보았는가? 진정으로 하나님의 입장이 난처해지실 것 같아 안타까워 하나님을 위해 기도해 보았는가? 이것이 진정한 대화다. 자기 입장만 생각하지 말고, 대화 대상의 입장과 형편을 생각하고 마음으로 느끼며 대화하는 것이다. 우리의 필요를 위해 간구하고 기도할 수 있지만, 그것이 하나님의 입장과 어떻게 연관되는지 생각하며 기도해야 하는 것이다.

우리가 하나님께 간구할 때 우선적으로 내 죄를 고백하고 죄 사함을 간구한다. 그리고 오직 하나님의 긍휼과 자비에 호소하며 매달린다. 자신은 그것을 요청할 자격이 없기 때문이다. 자신의 어떤 것도 내놓을 것이 없고 오직 죄와 추한 모습만 있기 때문이다. 다니엘은 예루살렘과 주의 백성이 회복되기를 간구했다. 그런데 그는 주의 도성과 주의 백성이 수치를 당하고 있는 것이 다니엘과 백성의 죄 때문이라고 생각했다. 간구에 앞서 자신의 죄를 회개하는 것이다. 하나님 앞에 서 있는 다니엘과 이스라엘 백성의 모습은 죄로 말미암아 더럽고 추한 모습이었다. 그래서 다니엘은 죄를 자복하고 회개하였다.

이사야 선지자도 예루살렘이 황폐해진 상황에서 하나님 앞에 서서 간구할 때 자신과 백성의 죄악을 먼저 보았다. 그리고 그것을 솔직하고 겸손하게 고백하며 하나님께 올려드렸다. "무릇 우리는 다 부정한 자 같아서 우리의 의는 다 더러운 옷 같으며 우리는 다 잎사귀 같이 시들므로 우리의 죄악이 바람 같이 우리를 몰아가나이다. 주의 이름을 부르는 자가 없으며 스스로 분발하여 주를 붙잡는 자가 없사오니 이는 주께서 우리에게 얼굴을 숨기시며 우리의 죄악으로 말미암아 우리가 소멸되게 하셨음이니이다."(사 64:6-7) 그리고 나서 이사야는 하나님께 간구했다. 오직 하나님의 자비와 긍휼에 의존하며 간구했다. "그러나 여호와여, 이제 주는 우리 아버지시니이다. 우리는 진흙이요 주는 토기장이시니 우리는 다 주의 손으로 지으신 것이니이다. 여호와여, 너무 분노하지 마시오며 죄악을 영원히 기억하지 마시옵소서. 구하오니 보시옵소서. 보시옵소서. 우리는 다 주의 백성이니이다. 주의 거룩한 성읍들이 광야가 되었으며 시온이 광야가 되었으며 예루살렘이 황폐하였나이다. 우리 조상들이 주를 찬송하던 우리의 거룩하고 아름다운 성전이 불에 탔으며 우리가 즐거워하던 곳이 다 황폐하였나이다. 여호와여 일이 이러하거늘 주께서 아직도 가만히 계시려 하시나이까 주께서 아직도 잠잠하시고 우리에게 심한 괴로움을 받게 하시려나이까."(사 64:8-12)

3. 믿음과 확신의 기도

자신의 부족함을 알고 죄의 고백과 죄 사함의 간구를 함에도 불구하고, 우리는 주님을 향한 믿음과 응답의 확신을 가지고 기도한다. 우리의 간구가 이루어진다는 확신을 말한다. 우선 하나님께서 우리의 허물과 죄악을 사해주시고 당신의 자녀에게 사랑의 눈으로 우리를 보아주신다는 확신이다. 그 확신은 동시에 다른 간구에 대한 하나님의 응답에 대한 확신으로 이어진다. 예수님께서 말씀하셨다. "내가 너희에게 말하노니 무엇이든지 기도하고 구하는 것은 받은 줄로 믿으라. 그리하면 너희에게 그대로 되리라."(막 11:24) 물론 우리의 욕심대로 아무거나 막 구하면 다 받는다는 것은 아니다. 우리는 하나님의 뜻 가운데 기도해야 함을 잊지 말아야 한다. 여기서 우리는 기도의 자세를 말한다. 마가복음 11:24에서 "받은 줄로 믿으라"에서 "받은 줄로"라는 동사는 미래형이 아니고 현재완료형이다. 앞으로 받을 것이라고 믿으라는 말이 아니고, 이미 받은 것으로 믿으라는 것이다. 간구의 내용이 하나님 뜻 가운데 올려지는 것이라면 분명히 그렇게 된다는 믿음과 확신을 가지고 기도하는 것을 말한다. 이것은 갑자기 인위적으로 되지는 않는다. 평소 하나님과의 진지하고 긴밀한 대화와 교제가 있을 때 가능하다. 우선적이고 지속적인 기도가 있을 때, 그리고 겸손한 회개의 기도가 있을 때 가능한 것이다. 야고보 사도는 이렇게 말한다. "너희 중에 누구든지 지혜가 부족하거든 모든 사람에게 후히 주시고 꾸짖지 아니하시는 하나님께 구하라. 그리하면 주시리라. 오직 믿음으로 구하고 조금도 의심하지 말라. 의심하는 자는 마치 바람에 밀려 요동하는 바다 물결 같으니 이런 사람은 무엇이든지 주께 얻기를 생각하지 말라."(약 1:5-7)

우리의 간구

하나님과의 대화 중 우리는 무엇을 요청하게 된다. 피조물로서 또한 하나님의 자녀로서 창조주에게, 그리고 아버지에게 도움을 요청하고 무엇을 간구하는 것은 당연한 일이다. 그런데 하나님께 드리는 간구에도 방법이 있다. 성경이 가르치는 이 방법으로 간구할 때 기도는 정상적으로 진행되며 그 의미를 발하게 된다.

1. 중언부언 하지 않는 기도

기도의 네 가지 요소인 찬미, 고백, 감사, 간구 중 우리에게 가장 친숙해 있는 부분은 간구다. 하나님께 무엇을 간절히 요구하는 것이다. 사실 이것이 현실적으로 우리의 기도 중 가장 많은 비중을 차지하고 있다. 우리는 부족함을 느끼고 연약함을 알기 때문에 기도하고 간구한다. 잘못된 것은 없다. 오히려 당연하고 자연스러운 것이다. 우리는 지극히 현실적인 필요를 위해 간구할 수 있다. 그런데 간구를 할 때 잘 생각해 보아야 할 것이 있다. 우리는 이방인처럼 기도해서는 안 된다는 것이다. 그래서 예수님께서 이렇게 가르치셨다. "기도할 때 이방인과 같이 중언부언하지 말라. 그들은 말을 많이 하여야 들으실 줄 생각하느니라. 그러므로 그들을 본받지 말라. 구하기 전에 너희에게 있어야 할 것을 하나님 너희 아버지께서 아시느니라."(마 6:7-8)

이방인들은 기도할 때 중언부언하는데, 우리 그리스도인은 그렇게 하지 말라고 주께서 말씀하셨다. 중언부언한다는 것은 무엇인가? 중언부언한다는 것은 인격적인 대화를 하는 것이 아니고 "빈말을 한다"는 것이다. 내용 없이 횡설수설하는 것이다. 자판기를 생각하면 된다. 말을 넣으면 결과물이 나온다는 개념이다. 더 많이 얻어내기 위해서는 더 많은 기도를 해야 한다는 생각에 사로잡혀 있는 것이다. 무엇을 요구하는 의미 없는 내용이 계속 반복된다. 왜 이런 일이 발생되는가? 첫째, 내가 진정으로 무엇을 위해 기도해야 하는지 알지 못하기 때문이다. 왜 모르는가? 무엇이 진정으로 필요한지를 모르기 때문이다. 올바른 간구를 하기 위해서는 우리의 진정한 필요를 알아야 한다. 진정한 필요를 모르면 정확하게, 그리고 간절하게 간구하지 못한다. 둘째, 간구하는 대화의 대상을 진실되게 의식하지 못하기 때문이다. 대화의 대상이 분명하고 나에게 실제적으로 와 닿는다면 중언부언하지 않을 것이다. 그러나 기도의 대상이 명확하게 설정되어 있지 않다면 그 대화는 빈말이 될 수밖에 없다. 대화의 상대 없이 무슨 대화를 하겠는가? 설정되었어도 설정된 대상에게 집중하지 못한다면 어떻게 대화할 수 있겠는가? 설정되었어도 하나님의 뜻을 파악하지 못하거나 하나님의 뜻에 관심이 없다면 무엇을 대화할 수 있겠는가? 잘 될 수가 없다. 자기에게만 집중하게 되고 정리되지 않은 어설픈 자신의 요구에 집중하게 될 것이기 때문이다. 그럴 때의 기도 내용은 자신의 욕심에 초점이 맞추어지게 된다. 기도가 자신의 욕망에 집중되면 이기적 감정에 휩싸여 하나님의 뜻을 무시하게 되고, 원하는 것을 얻어내기에 급급하기 때문에 의미 없이 반복적으로 할 수밖에 없다. 그러면 대화의 대상이 되시는 하나님과의 인격적인 교통은 이루어질 수 없다. 하나님을 신뢰하고 우리 인생의 주인이 되시는 그분께 의존하는 심령의 고백이 없기 때문이다. 결국 겉도는 기도가 되고 마는 것이다. 그럴 때 우리는 기도의 유익과 특권을 놓치게 된다. 기도와 간구를 통한 하나님과의 진정한 교제를 놓치게 되기 때문이다. 하나님의 자녀는 아버지께서 우리의 필요를 다 아신다는 것을 믿으며 기도한다. 그런 사랑의 아버지와 대화하며 간구한다. 우리 필요를 다 아시고 우리에게 필요한 것을 다

주신다는 것을 믿으며 간구한다. 편안한 마음으로 감사한 마음으로 하나님께 우리의 필요를 아뢴다. 하나님을 신뢰하고 하나님을 의존하며 살고 있다는 것을 하나님께 아뢰는 것이다. "하늘에 계신 우리 아버지여"라고 주기도문은 시작한다(마 6:9). 이것은 우리의 생존을 위해 우리의 아버지가 되시는 하나님께 모든 것을 의존하고 있음을 표현하는 것이다. 그 하늘의 아버지는 우리에게 좋은 것을 주시는 분인 것을 믿는다. 예수님께서 이렇게 말씀하셨다. "너희 중에 아버지 된 자로서 누가 아들이 생선을 달라 하는데 생선 대신에 뱀을 주며 알을 달라 하는데 전갈을 주겠느냐 너희가 악할지라도 좋은 것을 자식에게 줄 줄 알거든 하물며 너희 하늘 아버지께서 구하는 자에게 성령을 주시지 않겠느냐 하시니라."(눅 11:11-13)

2. 염려하지 않는 기도

우리가 필요를 위해 간구할 때 우리는 염려와 불안 가운데 하지 않는다. 믿는 마음으로 한다. 하나님 아버지께서 우리를 지켜주시고 우리의 필요를 공급해 주신다는 믿음을 가지고 간구한다는 말이다. 하나님께서 우리의 필요를 다 아시는데도 우리는 그것들을 위해 기도한다. 왜 그러한가? 안 주실 것 같아서 염려하기 때문이 아니라, 모든 것들이 다 하나님으로부터 나온다는 것을 알기 때문에 기도하는 것이다. 하나님께서 주신 것으로 믿기 때문에 기도하는 것이다. 그 믿음을 우리의 공급자에게 고백하는 것이다. 오늘 먹은 양식도 하나님께서 주신 것이다. 감사하다. 내일 먹을 것도 하나님께서 주십사고 간구하는 것이다. 모든 것 하나하나가 다 나를 사랑하시는 하나님 아버지께로부터 나오는 것임을 믿고 고백하며 하나님께 감사하며 간구하는 것이다. 하나님 아버지는 이런 당신의 자녀를 기뻐하신다. 내 능력으로 벌어서 내가 먹는 것인데 그것이 무슨 의미가 있는가? 혹자는 그렇게 말한다. 그러나 그 능력을 누가 주셨는가? 그 건강을 누가 주셨는가? 내가 피땀 흘리고 내가 고생해서 내 가족들을 먹여 살리는데 무슨 말인가? 혹자는 그렇게 말할 것이다. 그런데 그런 의식은 불안과 염려를 조장할 수밖에 없다. 내가 모든 책임을 지고 있기 때문이다. 이것을 어떻게 감당할 수 있겠는가? 그러나 많은 사람들이 이렇게 생각하며 살고 있다. 안타까운 일이다. 물론 내가 힘들게 일하는 것은 사실이다. 그러나 내 가족을 책임지시는 분은 하나님이시다. 아니, 나를 책임지시는 분은 하나님이시다. 이것을 알고 믿으며 하나님께 간구하는 것이다. 하나님, 나와 내 가족을 돌보아 주시옵소서! 하나님께서는 나와 내 가족을 누구보다도 잘 아신다. 그리고 돌보신다. 그것을 믿지 못해서가 아니다. 그렇게 안 해주실까봐 불안하고 염려가 되어서 기도하는 것이 아니다. 오히려 그렇게 해주시는 하나님을 믿으니까 기도하는 것이다. 감사하며 기도하는 것이다. 하나님 아버지에 대한 신뢰와 의존을 표현하며 우리 아버지에게 간구로 올려드리는 것이다. 그러므로 기도는 신앙의 중요한 행위다. 바울은 말한다. "아무 것도 염려하지 말고 다만 모든 일에 기도와 간구로 너희 구할 것을 감사함으로 하나님께 아뢰라. 그리하면 모든 지각에 뛰어난 하나님의 평강이 그리스도 예수 안에서 너희 마음과 생각을 지키시리라."(빌 4:6-7)

우리는 하나님 나라와 의를 가장 우선으로 간구해야 한다. 이것은 주님께서 가르쳐 주신 말씀이다. "그러므로 염려하여 이르기를 무엇을 먹을까 무엇을 마실까 무엇을 입을까 하지 말라. 이는 다 이방인들이 구하는 것이라. 너희 하늘 아버지께서 이 모든 것이 너희에게 있어야 할 줄을 아시느니라. 그런즉 너희는 먼저 그의 나라와 그의 의를 구하라. 그리하면 이 모든 것을 너희에게 더하시리라. 그러므로 내일 일을 위하여 염려하지 말라. 내일 일은 내일이 염려할 것이요. 한 날의 괴로움은 그 날로 족하니라."(마 6:31-34) 다른 것을 간구하지 말라는 것이 아니다. 먼저 하나님 나라와 하나님 의를 구하라는 것이다. 무엇이 우선이고 무엇이 나중인지를 알고 간구하라는 것이다. 구하고 있는 그것이 하나님 나라와 의를 위해 필요한 것인지, 그 잣대로 재어보며 간구해야 한다. 무엇보다 순수하게 나의 욕심만을 챙기기 위한 것이라면 그것은 잘못된 간구이다. 그러나 그것이 하나님 나라와 의를 위해 도움이 되는 것이라면 기도하며 간절히 간구하라고 주님은 말씀하신다.

3. 자신의 필요를 간구하는 기도

우리는 진정으로 무엇이 부족하지 무엇이 가장 필요한지 알아야 한다. 그래야 성숙하고 아름다운 기도와 간구가 나온다. 그 필요는 물질적이고 현실적인 것만은 아닐 것이다. 아니, 그보다 더 중요하고 필요한 간구의 내용이 우리에게는 있다. 우리에게는 항상 영적인 은혜가 필요하다. 늘 영적으로 부족함을 느끼기 때문이다. 우리에게는 많은 지혜가 필요하다. 항상 지혜가 부족하기 때문이다. 많은 일들을 주님의 뜻에 합당하게 처리할 수 있도록 하기 위한 지혜가 필요하다. 주님의 영광을 위해 의미 있는 일을 하기 위한 지혜가 필요하다. 교회와 이웃을 잘 섬기기 위한 지혜가 필요하다. 부부간에 사랑을 유지하기 위한 지혜와 자녀를 잘 키우기 위한 마음의 다스림이 필요하다. 우리는 이런 필요를 파악하고 간구해야 한다.

또한 우리는 기도를 위해 나의 내면을 성찰해야 한다. 그래야 나의 진정한 필요를 알 수 있기 때문이다. 이것도 간구의 내용이다. 주님, 나를 알게 하여 주시옵소서. 나의 부족함을 알게 하시고 나의 필요를 알게 하여 주시옵소서. 진정으로 나를 위해 필요한 것을 아는 것이 중요하다. 내 욕심의 움직임이 나타날 때 그것을 당연시 여기고 그것을 채우기 위해 간구하는 것이 아니라, 그런 나의 욕심의 발로가 옳은 것인지 알게 해달라고 기도하는 것이 중요하다. 나의 간구가 정욕과 욕심에서 우러나와 나의 소유욕이나 지배욕을 채우기 위한 것이 아니라, 오히려 그 욕심을 잘 다스리기 위해 하나님께 지혜와 능력을 간구하는 것이 옳은 것이다.

이것은 하나님 나라와 의를 위해 간구하는 것과 긴밀한 관계를 맺고 있다. 오직 우리는 하나님의 뜻이 이 땅에 이루어지고 펼쳐지며 복음이 온 땅에 퍼지도록 간구해야 한다. 그러나 우리는 그것이 하나님의 백성을 통해, 그리고 나를 통해 이루어진다는 것을 알아야 한다. 그러므로 하나님 나라와 의가 나를 통해 이루어지도록 간구해야 한다. 나를 성찰하며 기도하는 것은 하나님 나라와 의를 위해 간구하는 것이 된다. 하나님의 뜻이 이 땅에서 이루어지도록 하기 위해서는 먼저 내가 어떤 모습을 갖추어야 하며 어떤 심령을 가져야 하는지 알아야 한다. 하나님께서는 나를 통해 우리를 통해 하나님의 자녀들을 통해 당신의 나라와 의를 이루시기 때문이다.

간구는 우리 속에서 우러나오는 것이다. 우리 속사람이 무언가 부족함을 느끼기 때문이다. 부족함을 느끼는 것은 좋은 것이다. 인간은 죄성 때문에 부족함을 가지고 있고 하나님과 떨어져 있기 때문에 부족함을 느낄 수밖에 없다. 부족한 감정은 우리를 겸손하게 만들고 하나님을 더욱 찾게 만든다. 그것은 좋은 것이다. 인간을 인간으로 알고 하나님을 하나님으로 알게 하는 길이기 때문이다. 우리의 부족함이 물질적인 부족함과 현실적인 부족함으로만 여겨진다면 곤란하다. 내가 하나님 나라와 의를 이루기 위해 부족한 것이 무엇인지 알아야 한다. 그리고 그 부족한 것을 채우도록 기도해야 한다. 시편 기자는 자신이 하나님으로 채워질 때 부족함을 해결할 수 있었다고 기도했다. "내가 여호와께 아뢰되 주는 나의 주님이시오니 주 밖에는 나의 복이 없다 하였나이다… 여호와는 나의 산업과 나의 잔의 소득이시니 나의 분깃을 지키시나이다… 내가 여호와를 항상 내 앞에 모심이여 그가 나의 오른쪽에 계시므로 내가 흔들리지 아니하리로다. 이러므로 나의 마음이 기쁘고 나의 영도 즐거워하며 내 육체도 안전히 살리니… 주께서 생명의 길을 내게 보이시리니 주의 앞에는 충만한 기쁨이 있고 주의 오른쪽에는 영원한 즐거움이 있나이다."(시 16:2-11)

제19장 교회

　우리는 교회역사를 돌아보며 수도원의 공헌과 아울러 문제점을 보았다. 문제점은 공로의식을 불러일으킨 것이다. 물론 그 과정에 하나님의 은혜도 말했다. 결과적으로 중세 교회는 하나님의 은혜와 인간의 공로가 합작하여 구원을 이룬다고 가르쳤고 이것이 로마 가톨릭교회의 공식 가르침이 되었다. 이것을 신인협동설이라고 한다. 그러나 종교개혁에서 성경을 근거로 주장한 개신교의 가르침은 달랐다. 그것은 하나님의 은혜로 말미암아 믿음으로 구원받는 것이다. 중세 로마 가톨릭교회도 하나님의 은혜를 말한다. 하나님의 은혜란 무엇인가? 그것은 하나님의 호의를 말한다. 하나님께서 공정한 것을 초월하여 호의를 베푸시는 하나님의 사랑이다. 사도 바울은 이렇게 말한다. "이는 그리스도 예수 안에서 우리에게 자비하심으로써 그 은혜의 지극히 풍성함을 오는 여러 세대에 나타내려 하심이라. 너희는 그 은혜에 의하여 믿음으로 말미암아 구원을 받았"느니라(엡 2:7-8). 은혜는 우리에게 어떻게 전달이 되는가? 교회를 통해 전달이 된다. 교회는 은혜를 어떻게 전달하는가? 하나님 말씀을 통해 전달한다. 하나님 말씀의 핵심인 복음을 통해 하나님의 은혜가 우리에게 전달되는 것이다. 그러나 중세 시대 로마 가톨릭교회 전통은 하나님의 은혜 전달이 하나님 말씀보다는 성례에 치우쳐 있었다. 성례는 교회에서 행하고 사제들이 수행하는 것으로, 하나님의 은혜는 로마 가톨릭교회의 독점물이 되었고 그들이 성례를 통해 임의로 나누어주는 꼴이 되었다.

교회의 정의

로마 가톨릭교회는 교회를 무엇이라고 생각하는가? 가톨릭교회는 전통적으로 교회를 성직자들의 모임이라고 가르쳤다. 천주교 교인들이 교회(성당)에 간다는 것은 성직자들의 모임에 간다는 것을 의미한다. 가서 사제들이 베푸는 성례에 참여하여 하나님의 은혜를 계속 받는다고 생각하는 것이다. 교회가 성직자들의 모임인가? 그렇지 않다. 교회는 모든 믿는 자들의 모임이다. 시간을 초월한 모든 진정한 믿는 자들의 모임인 것이다. 에베소서 5:25은 이렇게 말한다. "그리스도께서 교회를 사랑하시고 그 교회를 위하여 자신을 주심 같이 하라." 여기서 교회란 그리스도께서 구원하시기 위해 돌아가신 모든 자들을 말한다. 또한 교회는 그리스도의 몸이라고 정의한다. 그리스도께서 교회의 머리이시기 때문이다. 에베소서 1:22-23에서도 이렇게 말한다. "만물을 그의 발 아래에 복종하게 하시고 그를 만물 위에 교회의 머리로 삼으셨느니라. 교회는 그의 몸이니 만물 안에서 만물을 충만하게 하시는 이의 충만함이니라."

교회는 그리스도의 교회이다. 그리스도께서 세우신 것이지 인간이 스스로의 힘으로 세운 것도 아니고 인간이 모여서 만든 조직이 아니다. 예수님께서 말씀하셨다. "또 내가 네게 이르노니 너는 베드로라 내가 이 반석 위에 내 교회를 세우리니 음부의 권세가 이기지 못하리라."(마 16:18) 이것을 비가시적 교회(무형교회)라고 말한다. 비가시적 교회는 시간과 공간을 초월하여 모든 참 믿는 자들이 속해 있는 교회다. 눈에 보이지 않기에 비가시적 교회라고 한다. 그 교회에는 아브라함도 있고 모세도 있으며 바울도 있고 그리스도를 주로 믿는 우리도 있다. 그러나 성경에는 또 하나의 교회 개념이 있다. 그것은 가시적 교회(유형교회)이다. 우리가 다니고 있는 교회는 가시적 교회이다. 가시적 교회는 비가시적 교회에 포함되어 있으나 가시적 교회의 일부는 비가시적 교회 밖에 있다. 가시적 교회에 참 믿는 자가 아닌 자들이 있기 때문이다. 가톨릭교회는 교회의 정의를 비성경적으로 내렸고, 하나님의 은혜를 성례로 묶어버렸다. 그 결과 가톨릭교회에는 성례가 비성경적으로 많아졌고 교회의 권위가 비성경적으로 비대해졌다.

가톨릭교회는 7성례를 가르친다. 그것은 세례성사, 견진성사, 성체성사, 고해성사, 결혼성사, 서품성사, 병자성사이다. 이것은 비성경적이다. 성경에는 오직 두 가지 성례만 있다. 세례와 성찬이다. 나머지 5개의 성례는 가톨릭교회가 임의로 만들어낸 것이다. 가톨릭교회는 성경에 가르침이 없어도 전통이라는 이름으로 교회에서 임의로 교리를 만들어 낸다. 가톨릭교회는 말씀이 약하다. 그 대신 약한 부분을 성례로 보완한다. 성례를 베풀 때에 참여자의 신앙의 자세와 상관없이 성례의 효력이 전달된다고 믿는다. 사효성이라고 한다. 성례는 사제만이 베풀 수 있는 것으로 참여자가 어떤 태도를 취하든지 상관없이, 사제가 제대로 집행하기만 하면 하나님 은혜가 주입된다는 것이다. 이는 비성경적이다. 세례는 믿는 자의 신앙고백이 있어야 주는 것이고, 성찬은 회개하는 마음으로 잘 준비하며 드리는 것이다. 그래서 사도 바울은 성찬의 중요성에 관해 이렇게 말했다. "그러므로 누구든지 주의 떡이나 잔을 합당하지 않게 먹고 마시는 자는 주의 몸과 피에 대하여 죄를 짓는 것이니라. 사람이 자기를 살피고 그 후에야 이 떡을 먹고 이 잔을 마시는 것이니라."(고전 11:27-29)

로마 가톨릭교회 전통에 의하면, 세례를 통해 사람이 자신의 능력으로 하나님의 은혜를 받아드리기로 결심하면 그것이 공로가 된다. 세례는 원죄와 세례 이전의 모든 자범죄를 사해준다. 그리하여 하나님의 은혜와 사람의 공로가 합작하여 구원의 길로 들어선다고 가르친다. 그러나 성경의 가르침은 다르다. 우리가 구원을 받는 것은 하나님의 은혜에 의하여 믿음으로 구원을 받은 것이다. 우리의 믿음은 공로가 아니다. 우리의 믿음은 내 능력으로 만들어 낸 것이 아니고 성령님의 역사로 난 것이다. 또한 믿음은 내용물을 담는 그릇일 뿐이다. 내용물은 예수 그리스도를 통한 구원이라는 하나님의 선물이고 그릇은 빈 그릇이다. 빈 그릇이 공로일 수가 없다. 공로는 오직 예수 그리스도에게 있다. 예수 그리스도께서 일생을 통해 율법을 완성하시고 우리 죄를 위해 대신 십자가에서 죄 값을 치르셨다. 그것이 공로다. 사도 바울은 말한다. "그러므로 한 사람으로 말미암아 죄가 세상에 들어오고 죄로 말미암아 사망이 들어왔나니 이와 같이 모든 사람이 죄를 지었으므로 사망이 모든 사람에게 이르렀느니라… 한 사람의 범죄를 인하여 많은 사람이 죽었은즉 더욱 하나님의 은혜와 또한 한 사람 예수 그리스도의 은혜로 말미암은 선물은 많은 사람에게 넘쳤느니라… 그런즉 한 범죄로 많은 사람이 정죄에 이른 것 같이 한 의로운 행위로 말미암아 많은 사람이 의롭다 하심을 받아 생명에 이르렀느니라. 한 사람이 순종하지 아니함으로 많은 사람이 죄인 된 것 같이 한 사람이 순종하심으로 많은 사람이 의인이 되리라."(롬 5:12,15,18)

중세 로마 가톨릭교회 가르침에 의하면, 세례를 통해 하나님의 은혜를 받아 격상된 인간은 자신의 노력으로 거룩한 삶을 산다. 그 거룩한 삶은 공로로 인정되어 그 대가로 하나님의 은혜를 받게 된다. 하나님의 은혜를 받으면 또 더 거룩한 삶을 산다. 그 거룩한 삶은 공로가 되어 그 대가로 또 은혜를 받는다. 이렇게 하나님의 은혜와 인간의 공로는 반복된다. 개신교회와의 차이점이 여기에 있다. 우리는 인간의 공로를 인정하지 않는다. 하나님의 은혜에 의해 믿음으로 말미암아 구원을 얻었다. 그런데 믿음은 공로가 아니다. 모든 공로는 예수 그리스도에게 있다. 그분께서 율법을 완전하게 이루셨고 십자가에서 우리의 죄 값을 치르셨기 때문이다. 성경은 거룩한 삶을 위해 성도의 노력이 필요하다고 가르친다. 성도들에게 많은 권면을 한다. 항상 기도하고, 믿음에서 흔들리지 말며, 선을 행하되 낙심하지 말라는 등의 권면이 있다. 그러나 그것이 공로가 된다고 가르치지 않는다. 그리스도인으로서 당연히 살아야할 도리를 가르치는 것이다. 사도 바울은 선포한다. "그러므로 형제들아 내가 하나님의 모든 자비하심으로 너희를 권하노니 너희 몸을 하나님이 기뻐하시는 거룩한 산 제물로 드리라. 이는 너희가 드릴 영적 예배니라. 너희는 이 세대를 본받지 말고 오직 마음을 새롭게 함으로 변화를 받아 하나님의 선하시고 기뻐하시고 온전하신 뜻이 무엇인지 분별하도록 하라."(롬 12:1-2)

가톨릭교회는 예배 때마다 매번 성찬을 드린다. 미사를 드린다고 말하는 것이 그것이다. 교리적으로는 성체성사라고 한다. 그리스도의 몸을 다시 희생제사로 드리며, 바쳐진 그리스도의 몸을 먹는다는 것이다. 그들에게 미사는 그리스도의 몸을 실제로 먹는 것이기 때문에 대단히 중요하다. 이것을 통해 하나님의 은혜가 전달된다고 믿는 것이다. 미사를 통해 일상적인 작은 죄들이 사함을 받는다고 가르친다. 이것도 비성경적이다. 그리스도를 매번 희생제사로 드린다는 것은 그리스도를 욕보이는 것이다. 그리스도의 완전하신 십자가 사건을 욕되게 하는 것이다. 그리스도께서는 이미 한 번으로 모든 희생제사를 완전하게 치르셨다. 무엇이 부족해서 또 다시 그것도 매번 그리스도를 희생제물로 바친다는 것인가? 성경은 예수 그리스도께서 단번에 자신을 희생제물로 바치셨다고 말한다. "대제사장이 해마다 다른 것의 피로써 성소에 들어가는 것 같이 자주 자기를 드리려고 아니하실지니 그리하면 그가 세상을 창조한 때부터 자주 고난을 받았어야 할 것으로 되 이제 자기를 단번에 제물로 드려 죄를 없이 하시려고 세상 끝에 나타나셨느니라."(히 9:25-26)

로마 가톨릭교회의 가르침에 의하면 고해성사는 교인의 삶에서 가장 중요한 역할을 하는 것으로 좀 더 큰 죄를 해결하는 것으로 사용되고 있다. 참회, 고백, 면제, 보속을 통해 하나님의 은혜가 전달되어, 죄에 대한 형벌의 많은 부분이 탕감되고 단지 남은 죄에 대한 형벌만 치른다는 것이다. 고해성사의 4요소를 보자. 참회는, 죄를 짓고 통회하는 마음을 갖는 것을 말한다. 고백은, 통회하는 마음을 가지고 사제에게 가서 자신의 죄를 고백하는 것이다. 면제는, 사제가 그 고백을 듣고 죄 사함을 선포하는 것이다. 보속은, 사제가 면제를 한 후, 축소된 벌을 받으라는 명령을 내리는 것이다. 그 죄에 대해 원래 받았어야할 형벌이 참회, 고백, 면제의 과정을 거쳤기에 상당히 감소되었다는 의미다. 그래서 그 축소된 남은 형벌을 치르는 것이 보속이다. 보속을 완전하게 치르지 못하면 남은 형벌(잠벌)은 축적되어 죽었을 때 연옥에 가서 그 모든 형벌을 치른다고 가르친다. 연옥에서 벌을 받는 고통의 기간을 다 보낸 후 천국에 간다는 것이다.

연옥은 비성경적인 가르침이다. 왜 이렇게 비성경적이고 말도 안 되는 가르침을 하는 것인가? 이런 것을 통해 가톨릭교회는 교회의 권위를 비성경적으로 높여 놓았다. 면제 부분에서 죄 사함을 선포해도 이 땅에서 여전히 치러야할 그 죄에 대한 형벌이 남아 있다는 것이다. 그 형벌을 치르기 위해 보속을 지시한다. 보속이란 감소된 형벌을 치르는 방법으로 헌금, 금식, 봉사, 성지순례 등을 예로 들 수 있다. 이것을 충실하게 하지 않으면 여전히 형벌이 남게 되어 죽은 후 연옥이란 곳에 가서 남은 형벌을 다 치룬 후에 천국에 간다는 것이다. 이런 황당한 가르침이 있을 수 있는가? 우리는 예수 그리스도를 믿고 죄 사함 받았기 때문에 더 이상 죄 값을 치르는 형벌은 없다. 성경은 연옥의 존재를 결코 가르치지 않는다. 믿는 자들은 죽은 후 그 영혼이 즉시 천국으로 간다. 죽음은 영과 육의 한시적 분리이다. 죽으면 영혼은 하나님의 품으로 바로 간다. 고린도후서 5:8은 이렇게 말한다. "우리가 담대하여 원하는 바는 차라리 몸을 떠나 주와 함께 있는 그것이라." 빌립보서 1:23에서도 이렇게 말한다. "내가 그 둘(사는 것과 죽는 것) 사이에 끼었으니 차라리 세상을 떠나서 그리스도와 함께 있는 것이 훨씬 좋은 일이라." 누가복음 23:43에서 예수님께서 분명히 말씀하셨다. "예수님께서 이르시되 내가 진실로 네게 이르노니 오늘 네가 나와 함께 낙원에 있으리라 하시니라."

교회가 복음이 훼손되면 모든 것이 잘못된다. 복음은 성경의 진리이고 성경 가르침의 핵심이요 모든 것이다. 성경은 인간을 구원하기 위하여 하나님께서 우리에게 계시하신 하나님의 말씀이고 하나님 말씀의 중심은 복음이다. 로마 가톨릭교회는 그 공식적인 가르침에서 복음을 훼손했다. 그리하여 다른 가르침들이 함께 훼손되기 시작했다.

교회의 목적

교회가 성경을 떠나면 예측할 수 없는 일이 벌어진다. 인간의 생각으로 추론하기 시작하고 인간의 호기심을 만족시키거나 인간의 뜻을 맞추기 위해 여러 가지 방법을 동원하게 된다. 그리고 성도들을 현혹시켜 구원의 도리에서 벗어나게 하고 영적 성장을 가로막는다. 이것이 교회의 역사가 보여준 교훈이다. 교회는 성경 위에 있는 것이 아니고 성경 아래에 있다. 교회가 성경을 만든 것이 아니다. 하나님께서 성경을 교회에 주셨다. 그러므로 교회는 하나님 말씀인 성경을 믿고 따르는 것이다. 하나님 아래 교회의 최고의 권위는 성경이지 특정한 인물이 아니다. 교회는 성경이 가르치는 것만을 가르쳐야 한다. 그리고 모든 성도는 예외 없이 성경의 가르침을 따라야 한다. 교회는 성경이 가르치지 않는 부분은 겸손하게 교리적 주장을 삼가해야 한다. 교회가 성경 위에 있지 않기 때문이다.

교회는 자신의 정체성을 분명히 해야 한다. 교회는 성도들을 섬기고 그들을 하나님의 뜻에 따라 양육하고 인도하여 하나님의 영광을 드러내는 삶을 살도록 해야 한다. 인간의 궁극적인 목표가 무엇인가? 하나님을 영화롭게 하고 그분을 영원히 즐거워하는 것이다. 인간은 원래 이것을 하도록 지어졌다. 이는 하나님의 뜻이다. 그러나 죄에 떨어진 인간은 인생의 궁극적 목적을 놓치고 방황하며 무엇을 위해 사는지, 왜 사는지 모르고 살고 있다. 인생의 목적을 알지 못하고 사는 자들은 불행해 질 수밖에 없고 결국 영원한 심판으로 갈 수밖에 없다. 그래서 교회는 복음을 전하여 인간을 구원하고 원래 인간이 만들어진 그 목적을 향해 가도록 그들을 섬기며 돕는 역할을 충실히 해야 한다.

교회는 하나님을 대신하여 군림하도록 세우지 않았다. 교회는 하나님과 인간 사이에 좋은 관계가 형성되고 발전될 수 있도록 옆에서 최선을 다해 돕는 역할을 하도록 하나님이 성령님을 통해 세웠다. 하나님과 인간 사이를 가로막고 오히려 양쪽의 관계를 멀어지게 한다면 큰 문제가 되는 것이다. 과거 중세 로마 가톨릭교회는 성경을 떠나면서 교회 자체의 가르침을 사실상 성경 위에 놓았고 결국 하나님을 대신하여 성도들 위에 군림하는 상황이 되었다. 이것이 중세교회의 전통이었다. 그래서 16세기 종교개혁이 일어났다. 루터와 칼빈을 비롯해 교회를 개혁한 자들은 잘못되어버린 교회의 정체성을 바로잡는 역할을 충실히 했다. 중세교회의 전통은 교회를 성직자들의 모임으로 보았고 성도들은 그들의 모임인 교회로 와서 교회만이 공급해 줄 수 있는 하나님의 은혜를 받으라고 가르쳤다. 성도들 스스로 성경을 읽고 깨닫고 하나님의 은혜를 받는다는 것은 있을 수 없는 것으로 생각했다.

종교개혁자 요한 칼빈은 하나님이 아버지라면 교회는 어머니라고 말했다. 이것은 우리가 이 땅에서 참여하고 있는 가시적 교회를 말하는 것으로 의미 있는 표현이다. 하나님께서는 교회 없이도 당신께서 직접 당신의 백성들을 얼마든지 돌보시고 이끄실 수 있다. 하나님은 외적 수단에 제한되어 있지 않으시고 얽매여 있지도 않으시기 때문이다. 그러나 하나님께서는 성도의 모임인 교회라는 공동체의 방법을 사용하셨다. 우리의 무지와 게으름 때문에 하나님께서는 외적 도움을 통하여 우리를 교육시키시고 신앙적으로 성장하도록 하신 것이다. 하나님께서 우리의 연약함을 돕기 위해 이런 도움의 방법을 추가하신 것이다.

교회의 목적은 무엇인가? 우리는 교회의 목적을 세 가지 사역으로 구분하여 이해할 수 있다. 첫째는 하나님을 향해 하는 사역이고, 둘째는 믿는 성도들을 향해 하는 사역이며, 셋째는 세상을 향해 하는 사역이다. 즉, 교회는 하나님께 예배를 드리고, 성도들을 양육하고 돌보며, 세상을 향해 복음을 전하고 구제를 한다.

(1) 예배. 하나님과의 관계에서 교회의 목적은 하나님을 예배하는 것이다. 교회에서의 예배는 어떤 다른 것을 위한 준비가 아니고, 예배 자체가 교회의 목적을 달성하는 것이다. 바울은 말한다. "그리스도의 말씀이 너희 속에 풍성하게 거하여 모든 지혜로 피차 가르치며 권면하고 시와 찬송과 신령한 노래를 부르며 감사하는 마음으로 하나님을 찬양"하라(골 3:16). "시와 찬송과 신령한 노래들로 서로 화답하며 너희의 마음으로 주께 노래하며 찬송"하라(엡 5:19).

(2) 성도의 양육과 돌봄. 교회는 믿는 자들을 양육시켜 믿음의 장성한 분량에 이르게 해야 할 의무가 있다. 바울은 말한다. "우리가 그를 전파하여 각 사람을 권하고 모든 지혜로 각 사람을 가르침은 각 사람을 그리스도 안에서 완전한 자로 세우려" 함이라(골 1:28). 이것을 위해 하나님은 교회의 성도들에게 각양의 은사를 주셨고 그것을 통해 직분을 주셨다. "이는 성도를 온전하게 하여 봉사의 일을 하게 하며 그리스도의 몸을 세우려 하심이라. 우리가 다 하나님의 아들을 믿는 것과 아는 일에 하나가 되어 온전한 사람을 이루어 그리스도의 장성한 분량이 충만한 데까지" 이르러야 할 것이다(엡 4:12-13). 교회의 목적은 사람들을 예수 믿게 하는 것으로 그치는 것이 아니다. 오히려 교회의 목적은 그들을 그리스도 안에서 성숙한 그리스도인으로 만들어 하나님께 올려드리는 것이다.

(3) 복음 전파와 구제. 예수님께서는 제자들에게 모든 민족으로 제자를 삼으라고 명령하셨다. 이것은 교회에 주시는 매우 포괄적이고 광범위한 지상명령이다. 그래서 마태복음 28:19-20은 이렇게 말한다. "그러므로 너희는 가서 모든 민족을 제자로 삼아 아버지와 아들과 성령의 이름으로 세례를 베풀고 내가 너희에게 분부한 모든 것을 가르쳐 지키게 하라." 복음 전파와 선교는 그리스도의 몸 된 교회가 온 세상을 향해 해야 하는 것이다. 온 세계로 선교사를 파송하여 선교지를 복음화하며 교회를 선교지향적인 교회로 만들어야 할 필요가 있음을 시사한다. 그런데 복음 전파 사역과 아울러 반드시 함께 해야 하는 사역이 있다. 자비를 베푸는 일이다. 그것은 그리스도의 이름으로 가난한 자들과 어려운 형편에 있는 자들을 돌보는 것이다. 구제사역이다. 구약에 하나님께서 이스라엘 백성에게 고아와 과부를 돌보라는 약자를 향한 긍휼과 배려의 정신이 신약에 흐르고 있다. 신약 시대에도 자비의 정신은 계속된다. 신약 성경은 교회 내의 권속들에게 물질적 도움을 주는 것을 우선시한다. 여유가 있는 교회는 재정적인 어려움을 겪고 있는 교회를 돕고, 교회 내에서 경제적인 고통을 당하고 있는 지체들은 성도들이 헌금하여 도왔다. 초대교회는 진정으로 구제에 힘썼다. 신약 성경은 여러 곳에서 매우 강하게 구제의 손길을 재촉한다 (행 11:29; 고후 8:2-5). 이것은 구제에 강력한 하나님의 뜻이 있음을 상기시킨다. 믿음의 형제들끼리 구제의 손길을 내밀지 않는다면 과연 하나님의 사랑이 우리에게 있다고 말할 수가 있겠느냐고 반문한다. 사도 요한은 강조하여 말한다. "누가 이 세상의 재물을 가지고 형제의 궁핍함을 보고도 도와줄 마음을 닫으면 하나님의 사랑이 어찌 그 속에 거하겠느냐."(요일 3:17)

교회는 교회 밖의 사람들을 돕고 구제하는 일도 해야 한다. 물론 그들은 교회에 감사하지 않을 수 있고 복음을 받아들이지도 않을 수 있다. 그러나 예수님께서는 원수 사랑을 이 부분에 적용하셨다. 원수를 사랑하는 마음으로 그들에게 아무 것도 바라지 말고 꾸어주라는 것이다. 그것이 하나님 아버지의 인자하심을 배우는 것이라는 말이다. 하나님은 은혜도 모르는 악한 자들에게도 당신의 자비를 베푸신다는 것이다. 구원에는 이르지 못하지만 이 세상에서 여전히 많은 좋은 것을 누리고 살고 있는 비신자들을 말한다. 하나님의 일반은총을 말하는 것이다. 교회가 하나님의 일반은총을 따를 의무가 있음을 가르치는 것이다. 예수님께서 이렇게 말씀하셨다. "오직 너희는 원수를 사랑하고 선대하며 아무 것도 바라지 말고 꾸어 주라. 그리하면 너희 상이 클 것이요. 또 지극히 높으신 이의 아들이 되리니 그는 은혜를 모르는 자와 악한 자에게도 인자하시니라. 너희 아버지의 자비로우심 같이 너희도 자비로운 자가 되라."(눅 6:35-36) 예수님은 감사하지 않고 이기적인 자들에게도 친절하신 하나님을 닮으라고 가르치신다. 예수님께서 자신을 메시야로 받아들이는 자들만 병을 고치신 것이 아니고 그에게 오는 모든 자들의 병을 고쳐주셨음을 기억나게 한다(눅 4:40).

교회는 이 세 가지 목적과 사역에 균형을 갖추어야 한다. 예배만 강조하고 성도들에게 성경공부를 소홀히 하면 성경 지식에 약하여 신앙은 매우 피상적이 되고 성숙한 그리스도인이 되지 못한다. 또한 복음 전파를 소홀히 하면 교회는 성장하지 못할 뿐만 아니라 다른 사람들에게 영향을 주지 못하고 쇠퇴할 것이다. 교회가 성경공부에만 집중하게 되면 성도들은 하나님을 예배하는 즐거움과 다른 사람들에게 그리스도를 전하는 즐거움을 놓치게 되어 영적으로 메마르게 된다. 교회가 복음 전파에만 강조하고 나머지 두 목적은 소홀히 하면 교인 숫자에만 연연하게 되어 성숙하지 못한 그리스도인들로 채워질 것이고 예배와 교육을 통해 얻을 수 있는 하나님을 향한 진정한 사랑은 심각하게 결여될 것이다.

교회 내의 성도들은 교회와는 다르다. 성도 개인은 하나에 우선순위를 둘 수 있다. 어느 하나를 다른 것에 비해 더 강조할 수 있다는 말이다. 개개 성도들은 각각의 은사가 다르기 때문에 자신의 은사에 따라 어느 한 분야에 집중하는 것이 바람직하다. 물론 세 분야에 다 관련되지만 어느 한 분야에 훨씬 더 많은 시간과 에너지를 소모할 수 있다는 것이다. 교회는 성도들의 모임으로 이런 각각의 은사를 가진 성도들이 합하여 그리스도의 몸을 이루는 것이다. 바울은 말한다. "오직 하나님께 각 사람에게 나누어 주신 믿음의 분량대로 지혜롭게 생각하라. 우리가 한 몸에 많은 지혜를 가졌으나 모든 지체가 같은 기능을 가진 것이 아니니 이와 같이 우리 많은 사람이 그리스도 안에서 한 몸이 되어 서로 지체가 되었느니라. 우리에게 주신 은혜대로 은사가 각각 다르니 혹 예언이면 믿음의 분수대로, 혹 섬기는 일이면 섬기는 일로, 혹 가르치는 자면 가르치는 일로, 혹 위로하는 자면 위로하는 일로, 구제하는 자는 성실함으로, 다스리는 자는 부지런함으로, 긍휼을 베푸는 자는 즐거움으로 할 것이니라."(롬 12:3-8)

교회의 특성

세상에는 참 교회가 있고 거짓 교회가 있다. 성경은 거짓 교회 또는 거짓 종교집단이 있음을 말하고 있기 때문이다. 신약 성경은 이방인의 제사와 우상 숭배를 사실상 귀신과 사탄을 숭배하고 그들을 예배하는 것으로 말한다(고전 10:20; 12:2; 계 2:9). 교회가 참 교회가 아니고 거짓 교회라면 무엇을 의미하는 것인가? 외형적으로 교회의 면모를 갖추고 있고 이름은 교회지만 사실상 거짓 교회라고 한다면, 결국은 누구를 숭배하고 누구를 예배하고 있는 것인가?

1. 교회의 표지

우리는 거짓 교회를 분별할 수 있어야 하고 참 교회를 알아야 한다. 무엇을 보고 참 교회를 알 수 있는가? 여기서 대두된 것이 "교회의 표지"의 필요성이다. 우리가 다니고 있는 교회("가시적 교회" 또는 "유형교회")에는 항상 문제가 있다. 세상에는 완전한 교회가 없고 문제없는 교회가 없다는 말이다. 그러나 교회가 문제가 있다고 다 거짓 교회는 아니다. 교회가 문제가 있지만, 교회가 교회되기 위해서는 기본적으로 갖추어야 하는 것이 있다. 그것을 교회의 표지라고 하며 말씀과 성례의 두 가지 요소를 말한다. 종교개혁자들은 이것을 분명히 했다. "하나님 말씀이 선포되고 경청되며, 그리스도께서 제정하신 대로 성례가 집행되고 있다면 그것은 교회다."

첫 번째 표지는 말씀이다. 하나님 말씀이 선포되고 있지 않고 거짓 교리나 인간의 교리가 가르쳐지고 있는 곳은 참 교회가 아니다. 만일 어떤 교회가 예수 그리스도를 믿어 구원을 받는다는 복음을 드러내지 않고, 복음이 성도들에게 명확하게 선포되고 있지 않다면, 그리고 상당기간 동안 전해지지 않고 있다면, 그것은 참 교회가 아니다. 몰몬교, 여호와 증인, 통일교, 신천지 등의 이단들이 그 대표적인 예이다.

두 번째 표지는 성례다. 세례와 성찬은 성도들로 하여금 교회의 공식 일원으로 섬기기 위한 역할을 하도록 해준다. 세례는, 예수 그리스도를 믿고 구원받은 자가 그리스도와 연합되었고 하나님과 은혜언약이 체결되었음을 표시하는 것으로 그가 교회의 공식 일원이 됨을 확인하는 수단이다. 성찬은 세례 받은 자가 그리스도와의 연합을 확신시키며 은혜언약 체결을 갱신하는 것으로 그가 교회의 공식 일원임을 재확인해주는 수단이다. 교회는 세례와 성찬을 통해 참여자들이 하나님의 자녀요 구원받은 자임을 공식적으로 표시하고 선포하는 것이다. 어떤 모임은 말씀만 있고 성례를 베풀지 않는다면 그것은 교회는 아니다. 복음을 선포하고 가르친다고 해도 그 모임이 성례를 집행하지 않는다면, 그 모임은 교회가 되려는 시도를 하고 있지 않은 것이다. 사적인 성경공부 모임, C.C.C, I.V.F, NAVIGATORS 등의 학생선교단체 등이 그 예가 된다. 그러나 하나님 말씀이 선포되고 있고 주께서 말씀하신대로 성례가 집행되고 있다면, 어떤 곳에서 어떤 형태로 교회가 존재하더라도 그것은 참 교회다.

2. 교회의 순수성과 통일성

교회에는 참 교회가 있고 거짓 교회가 있다. 그러나 참 교회 중에는 더 순수한 교회가 있고 덜 순수한 교회가 있다. 이것은 교리와 윤리를 기준으로 말한다. 사도 바울은 주요 교리와 윤리 문제가 비교적 많지 않은 교회에 대해 기쁨을 표현했다. 빌립보 교회, 데살로니가 교회 등이다. 사도 바울은 빌립보 교회에 대해 너무도 기쁘고 감사한 마음을 가지고 있었다. 그들이 복음을 잘 지키고 열심히 복음의 일에 봉사했기 때문이다. 빌립보 교회는 교리적으로 윤리석으로 상당히 건강했던 교회였다. 바울은 이렇게 말한다. "내가 너희를 생각할 때마다 나의 하나님께 감사하며 간구할 때마다 너희 무리를 위하여 기쁨으로 항상 간구함은 너희가 첫 날부터 이제까지 복음을 위한 일에 참여하고 있기 때문이라. 너희 안에서 착한 일을 시작하신 이가 그리스도 예수의 날까지 이루실 줄을 우리는 확신하노라. 내가 너희 무리를 위하여 이와 같이 생각하는 것이 마땅하니 이는 너희가 내 마음에 있음이며 나의 매임과 복음을 변명함과 확정함에 너희가 다 나와 함께 은혜에 참여한 자가 됨이라. 내가 예수 그리스도의 심장으로 너희 무리를 얼마나 사모하는지 하나님이 내 증인이시니라. 내가 기도하노라. 너희 사랑을 지식과 모든 총명으로 점점 더 풍성하게 하사 너희로 지극히 선한 것을 분별하며 또 진실하여 허물없이 그리스도의 날까지 이르고 예수 그리스도로 말미암아 의의 열매가 가득하여 하나님의 영광과 찬송이 되기를 원하노라."(빌 1:3-11) 데살로니가전서 1:2-10에서도 이와 유사한 칭찬의 내용을 찾아 볼 수 있다.

반면에 심각한 교리적 문제와 윤리적 문제로 근심하기도 했다. 갈라디아 교회와 고린도 교회 등이다. 갈라디아 교회는 교리적인 문제로 심한 어려움에 봉착했다. 교회 내에 복음을 훼손시키는 잘못된 가르침이 들어와 많은 혼란과 문제를 일으키고 있었기 때문이다. 믿음과 행위의 문제에서 다시 한 번 갈등이 일어났기 때문이다. 복음을 통해 믿음으로 의로워지는 것을 알았던 자들이 다시 자신의 행위를 자랑하고 복음을 훼손시키는 일을 저질렀던 것이다. 바울은 이렇게 말했다. "그리스도의 은혜로 너희를 부르신 이를 이같이 속히 떠나 다른 복음을 따르는 것을 내가 이상하게 여기노라. 다른 복음은 없나니 다만 어떤 사람들이 너희를 교란하여 그리스도의 복음을 변하게 하려 함이라. 그러나 우리나 혹은 하늘로부터 온 천사라도 우리가 너희에게 전한 복음 외에 다른 복음을 전하면 저주를 받을지어다. 우리가 전에 말하였거니와 내가 지금 다시 말하노니 만일 누구든지 너희가 받은 것 외에 다른 복음을 전하면 저주를 받을지어다… 어리석도다 갈라디아 사람들아 예수 그리스도께서 십자가에 못 박히신 것이 너희 눈앞에 밝히 보이거늘 누가 너희를 꾀더냐. 내가 너희에게서 다만 이것을 알려 하노니 너희가 성령을 받은 것이 율법의 행위로냐 혹은 듣고 믿음으로냐 너희가 이같이 어리석으냐 성령으로 시작하였다가 이제는 육체로 마치겠느냐. 너희가 이같이 많은 괴로움을 헛되이 받았느냐 과연 헛되냐. 너희에게 성령을 주시고 너희 가운데서 능력을 행하시는 이의 일이 율법의 행위에서냐 혹은 듣고 믿음에서냐."(갈 1:6-9; 3:1-5)

고린도 교회는 온갖 윤리적 문제로 교회가 진통을 겪었다. 고린도 교회 교인들은 그리스도인으로서 성숙한 신앙으로 성장하지 못하고 육신의 유혹에 빠져 많은 어려움을 겪었다. 바울은 그 중 분열의 문제에 대해 다음과 같이 힐난했다. "형제들아 내가 신령한 자들을 대함과 같이 너희에게 말할 수 없어서 육신에 속한 자 곧 그리스도 안에서 어린 아이들을 대함과 같이 하노라. 내가 너희를 젖으로 먹이고 밥으로 아니하였노니 이는 너희가 감당하지 못하였음이거니와 지금도 못하리라. 너희는 아직도 육신에 속한 자로다. 너희 가운데 시기와 분쟁이 있으니 어찌 육신에 속하여 사람을 따라 행함이 아니리요. 어떤 이는 말하되 나는 바울에게라 하고 다른 이는 나는 아볼로에게라 하니 너희가 육의 사람이 아니리요."(고전 3:1-4)

이 얼마나 부끄럽고 창피한 노릇인가. 그럼에도 불구하고 이 교회들은 모두 참 교회였다. 교회에는 순수성이라는 것이 있다. 교회의 순수성이란 교리와 행실의 올바른 정도와 교회를 향한 하나님의 뜻에 순응하는 정도를 말한다. 우리는 교회의 더 높은 순수성을 위해 열심히 기도하고 사역해야 한다. 교회를 향한 주님의 뜻을 잘 받들어야 한다. 이를 위해 권하고 가르치는 일에 교회는 최선을 다해야 하는 것이다. "이는 곧 물로 씻어 말씀으로 깨끗하게 하사 거룩하게 하시고 자기 앞에 영광스런 교회로 세우사 티나 주름잡힌 것이나 이런 것들이 없이 거룩하고 흠이 없게 하려 하심이라."(엡 5:26-27) 사도 바울은 말한다. "우리가 그를 전파하여 각 사람을 권하고 모든 지혜로 각 사람을 가르침은 각 사람을 그리스도 안에서 완전한 자로 세우려 함이니 이를 위하여 나도 내 속에서 능력으로 역사하시는 이의 역사를 따라 힘을 다하여 수고하노라."(골 1:28)

그러나 우리는 교회의 순수성에만 관심을 가질 수는 없다. 그렇게 하면 우리는 분리주의로 빠질 수가 있기 때문이다. 분리주의란 무엇인가? 조금이라도 교리적으로 잘못되었다고 생각되는 교회나 그리스도인이 있으면 그들을 정죄하고 교류를 단절하는 것을 말한다. 우리만 순수한 교회라고 생각하고 스스로를 고립시키는 문제점을 지니고 있다. 이것도 주님의 뜻은 아니다. 그러므로 신약 성경은 우리에게 교회의 통일성을 가르친다. 교회의 통일성을 위해 우리는 노력을 해야 한다. 교회의 통일성이란 무엇인가? 교회의 통일성이란 참 교회로서 분열되지 않는 것을 말한다.

예수님께서는 당신의 제자들이 하나 되는 것에 대해 많은 말씀을 하셨다. 교회의 분열을 심각하게 우려하셨다고 볼 수 있는 대목이다. 분열은 복음 전파에 장애가 되고 주님의 핵심적 가르침인 사랑의 계명에 큰 훼손을 가져다주기 때문이다. 예수님께서는 이렇게 말씀하셨다. "아버지여, 아버지께서 내 안에, 내가 아버지 안에 있는 것 같이 그들도 다 하나가 되어 우리 안에 있게 하사 세상으로 아버지께서 나를 보내신 것을 믿게 하옵소서."(요 17:21) "곧 내가 그들 안에 있고 아버지께서 내 안에 계시어 그들로 온전함을 이루어 하나가 되게 하려함은 아버지께서 나를 보내신 것과 또 나를 사랑하심 같이 그들도 사랑하신 것을 세상으로 알게 하려 함이로소이다."(요 17:23) 그리스도인들이 하나 되는 것은 매우 중요하다. 교회 내에서 우리가 하나 되고, 또한 교회들이 하나 됨은 매우 중요한 전도와 선교적 의미를 가지고 있다. 우리가 분열하고 싸우면 세상은 하나님께서 그리스도를 보내셨다는 것을 안 믿게 될 것이고, 하나님께서 우리를 사랑하신다는 것을 믿지 못하게 될 것이다.

그래서 사도 바울은 교회들을 향해 애타게 권면했다. "형제들아 내가 우리 주 예수 그리스도의 이름으로 너희를 권하노니 모두가 같은 말을 하고 너희 가운데 분쟁이 없이 같은 마음과 같은 뜻으로 온전히 합하라."(고전 1:10) "그러므로 그리스도 안에 무슨 권면이나 사랑의 무슨 위로나 성령의 무슨 교제나 긍휼이나 자비가 있거든 마음을 같이하여 같은 사랑을 가지고 뜻을 합하여 한마음을 품어 아무 일에든지 다툼이나 허영으로 하지 말고 오직 겸손한 마음으로 각각 자기보다 남을 낫게 여기고 각각 자기 일을 돌볼뿐더러 또한 각각 다른 사람들의 일을 돌보아 나의 기쁨을 충만하게 하라."(빌 2:1-4)

참 교회는 얼마든지 이것을 행할 수 있는 기본적인 능력을 가지고 있다. 그러기에 열심히 하라는 것이다. 하면 된다는 것이다. 사도 바울이 이런 명령을 할 수 있는 것은, 모든 참된 믿는 자들에게는 실제로 영적 통일성이 이미 존재하고 있기 때문이다. 에베소서 4:4-5은 이렇게 말한다. "몸이 하나요 성령도 한 분이시니 이와 같이 너희가 부르심의 한 소망 안에서 부르심을 받았느니라. 주도 한 분이시요. 믿음도 하나요. 세례도 하나요. 하나님도 한 분이시니 곧 만유의 아버지시라. 만유 위에 계시고 만유를 통일하시고 만유 가운데 계시도나."

교회의 권위

오늘날 교회의 권위가 땅에 떨어지고 있다. 대내외적으로 교회의 심각한 윤리적 문제가 노출되고 있기 때문이다. 이것은 교회가 원래 소유하고 있는 권위를 스스로 잃게 만드는 것이다. 이것은 심각한 문제다. 교회는 하나님께서 세우신 그리스도의 몸이다. 하나님께서 이 땅에 하실 일이 있으셔서 세워 놓으신 영적 공동체인 것이다. 이 일을 위해 주님께서는 교회에 권위를 주셨다. 우리는 이것을 잘 알고 교회에 참여해야 한다. 주께서 교회에 주신 좋은 의미의 권위가 무엇인지 바로 알고 교회를 섬겨야 한다.

교회는 영적 권위를 가지고 있다. 교회 안에 하나님의 능력을 가지고 있기 때문이다. 고린도후서 10:3-4은 이렇게 말한다. "우리가 육신으로 행하나 육신에 따라 싸우지 아니하노니 우리의 싸우는 무기는 육신에 속한 것이 아니요. 오직 어떤 견고한 진도 무너뜨리는 하나님의 능력이라." 교회가 가지고 있는 하나님의 능력은 마귀의 세력과 대적하여 싸우는 권능을 말한다. 마귀는 항상 교회를 공격하려 한다. 교회를 무너뜨리려 하고 복음전파를 방해하며 성도들의 성장을 훼방한다. 교회는 복음전파와 교회의 발전을 방해하고 성도들과 하나님과의 관계를 이간시키려는 이런 사탄 마귀의 세력과 싸우는 무기를 가지고 있다. 그것은 교회 구성원들에게 주어진 것으로 기도, 예배, 성경말씀, 믿음, 바른 행실 등이다. 사도 바울은 이렇게 권면한다. "끝으로 너희가 주 안에서와 그 힘의 능력으로 강건하여지고 마귀의 간계를 능히 대적하기 위하여 하나님의 전신갑주를 입으라. 우리의 씨름은 혈과 육을 상대하는 것이 아니요. 통치자들과 권세자들과 이 어둠의 세상 주관자들과 하늘에 있는 악의 영들을 상대함이라. 그러므로 하나님의 전신갑주를 취하라. 이는 악한 날에 너희가 능히 대적하고 모든 일을 행한 후에 서기 위함이라. 그런즉 서서 진리로 너희 허리띠를 띠고 의의 호심경을 붙이고 평안의 복음이 준비한 것으로 신을 신고 모든 것 위에 믿음의 방패를 가지고 이로써 능히 악한 자의 모든 불화살을 소멸하고 구원의 투구와 성령의 검 곧 하나님의 말씀을 가지라. 모든 기도와 간구를 하되 항상 성령 안에서 기도하고 이를 위하여 깨어 구하기를 항상 힘쓰며 여러 성도를 위하여 구하라."(엡 6:10-18)

영적 능력이란 죄와 암흑의 세력을 무너뜨리고, 안 믿는 자들의 심령에 믿음을 일깨우는 복음의 능력을 말한다. 사도 바울은 말한다. "믿음은 들음에서 나며 들음은 그리스도의 말씀으로 말미암았느니라."(롬 10:17) 또한 야고보 사도도 이렇게 말한다. "그가 그 피조물 중에 우리로 한 첫 열매가 되게 하시려고 자기의 뜻을 따라 진리의 말씀으로 우리를 낳으셨느니라."(약 1:18) 그러나 우리를 대적하는 영적 세력이 있다. 그것은 복음을 무력하게 만들려는 사탄 마귀의 세력이다. 바울은 복음 전도를 대적하는 마술사 엘루마에게 저주를 선포했다. 사도행전 13:8-11은 이렇게 말한다. "이 마술사 엘루마는 그들을 대적하여 총독으로 믿지 못하게 힘쓰니 바울이라고 하는 사울이 성령이 충만하여 그를 주목하고 이르되 모든 거짓과 악행이 가득한 자요 마귀의 자식이요 모든 의의 원수여 주의 바른 길을 굽게 하기를 그치지 아니하겠느냐. 보라 이제 주의 손이 네 위에 있으니 네가 맹인이 되어 얼마동안 해를 보지 못하리라 하니 즉시 안개와 어둠이 그를 덮어 인도할 사람을 두루 구하는지라."

바울은 복음을 선포하려는 자신을 괴롭히는 귀신들린 여인에게 붙어있는 악령을 질책했다. 사도행전 16:16-18은 이렇게 말한다. "우리가 기도하는 곳에 가다가 점치는 귀신 들린 여종 하나를 만나니 점으로 그 주인들에게 큰 이익을 주는 자라. 그가 바울과 우리를 따라와 소리 질러 이르되 이 사람들은 지극히 높은 하나님의 종으로서 구원의 길을 너희에게 전하는 자라 하며 이같이 여러 날을 하는지라. 바울이

심히 괴로워하여 돌이켜 그 귀신에게 이르되 예수 그리스도의 이름으로 내가 네게 명하노니 그에게서 나오라 하니 귀신이 즉시 나오니라." 헤롯 왕이 복음을 전하는 자들을 해하려 먼저 야고보를 죽이고 베드로를 감옥에 가두었을 때, 천사가 나타나 쇠문을 열고 베드로를 감옥에서 구출했다(행 12:1-17). 헤롯이 왕복을 입고 단상에서 연설할 때 백성들이 신의 소리라 그를 칭송하고 헤롯이 영광을 하나님께 돌리지 아니하자, 주의 사자가 그를 치니 벌레에 먹혀 죽게 되었다(행 12:20-23). 그 사건 직후 기록된 다음 구절은 흥미롭다. "하나님의 말씀은 흥왕하여 더하니라."(행 12:24) 초대교회에는 여러 가지 방법으로 악령의 세력을 무너뜨리는 모습을 볼 수 있다. 그것은 결국 복음이 더 왕성하게 전파되도록 하는 역할을 했다.

그러면 질문이 생긴다. 현재 교회도 사도 시대의 초대교회처럼 그런 동일한 수준의 영적 능력을 행할 수 있는가? 그렇지는 않다. 사도행전에 보면 사도들과 다른 그리스도인들 사이에 분명한 차이가 있었다. 사도행전 5:12-13은 이렇게 기록한다. "사도들의 손을 통하여 민간에 표적과 기사가 많이 일어나매 믿는 사람이 다 마음을 같이하여 솔로몬 행각에 모이고 그 나머지는 감히 그들과 상종하는(합류하는) 사람이 없으나 백성이 칭송하더라." 나아가, 바울은 고린도 교회 지도자들과 심지어 디모데나 디도에게도 고린도에서 그의 대적자들에게 그런 영적 능력을 사용하라고 지시하지 않았다. 사도 바울은 주께서 "내게 주신 그 권한"에 대해 말하고 있지, 교회나 그리스도인들에게 보편적으로 주어진 능력을 말하고 있지 않다. 예수님께서 행하신 권세나 사도 시대에 사도들이 행한 권세가 지금 현재 교회와 성도들에게 그대로 적용되는 것은 아니다.

그러나 바울은 고린도 교회에게 근친상간의 경우에 교회의 치리

권위를 사용할 것을 이렇게 말했다. "너희 중에 음행이 있다 함을 들으니… 누가 그 아버지의 아내를 취하였다 하는지라… 어찌하여… 그 일 행한 자를 너희 중에서 쫓아내지 아니하였느냐… 주 예수의 이름으로 너희가 내 영과 함께 모여서 우리 주 예수의 능력으로 이런 자를 사탄에 내어 주었으니 이는 육신은 멸하고 영은 주 예수의 날에 구원을 받게 하려 함이라. 너희가 자랑하는 것이 옳지 아니하도다. 적은 누룩이 온 덩어리에 퍼지는 것을 알지 못하느냐."(고전 5:1-6) 그리고 앞에서 본 에베소서 6:10-18에 기록된 영적 전쟁의 묘사는 일반 그리스도인들에게 다 적용되는 것이다.

사탄 마귀와 싸우는 영적 권위와 아울러 교회는 복음을 선포하여 천국에 이르게 하는 권위가 주어졌다. 주께서는 베드로의 신앙고백을 기뻐하시며 주님의 교회를 세우시겠다고 선포하시고 천국 열쇠를 약속하셨다. 마태복음 16:16-19은 그 장면을 이렇게 묘사한다. "시몬 베드로가 대답하여 이르되 주는 그리스도시요. 살아계신 하나님의 아들이시니이다. 예수님께서 대답하여 이르시되 바요나 시몬아 네가 복이 있도다. 이를 네게 알게 한 이는 혈육이 아니요. 하늘에 계신 내 아버지시니라. 또 내가 네게 이르노니 너는 베드로라 내가 이 반석 위에 내 교회를 세우리니 음부의 권세가 이기지 못하리라. 내가 천국 열쇠를 네게 주리니 네가 땅에서 무엇이든지 매면 하늘에서도 메일 것이요. 네가 땅에서 무엇이든지 풀면 하늘에서도 풀리리라." 천국 열쇠란 무엇인가? 우선 열쇠에 대해 생각해 보고자 한다. 누가복음 11:52에 열쇠가 나온다. "화 있을진저 너희 율법교사여 너희가 지식의 열쇠를 가져가서 너희도 들어가지 않고 또 들어가고자 하는 자도 막았느니라." 요한계시록 1:18에도 열쇠가 나온다. "나는 처음이요 마지막이니 곧 살아 있는 자라 내가 전에 죽었었노라. 볼지어다. 이제 세세토록 살아 있어 사망과 음부의 열쇠를 가졌노니."

두 구절을 통해 열쇠는 들어가고 나가는 것을 통제하는 역할을 하고 있음을 본다. 특히 예수님께서는 사망과 죽음의 출입을 위한 권위를 가지고 계심을 말한다. 그렇다면 천국 열쇠는 그리스도의 복음을 선포하는 권위를 의미한다. 복음으로 천국 문을 열어 사람들을 들어가게 할 수 있는 권위를 뜻한다. 베드로는 오순절 날 복음을 선포함으로 이 권위를 가장 먼저 사용했다. 그리고 모든 성도들은 2차적 의미에서 이 열쇠를 가지고 있다. 다른 사람들과 복음을 나눌 수 있기 때문이다.

교회에는 또 하나의 권위가 있다. 그것은 교회 내에서 성도들을 치리하는 권위다. 예수님께서 말씀하셨다. "네 형제가 죄를 범하거든 가서 너와 그 사람과만 상대하여 권고하라. 만일 들으면 네가 네 형제를 얻은 것이요. 만일 듣지 않거든 한두 사람을 데리고 가서 두세 증인의 입으로 말마다 확증하게 하라. 만일 그들의 말도 듣지 않거든 교회에 말하고 교회의 말도 듣지 않거든 이방인과 세리와 같이 여기라. 진실로 너희에게 이르노니 무엇이든지 너희가 땅에서 매면 하늘에서도 매일 것이요. 무엇이든지 땅에서 풀면 하늘에서도 풀리라."(마 18:15-18) 마태복음 18:18에는 마태복음 16:19과 동일한 표현이 나온다. 그런데 마태복음 18:15-17은 마태복음 18:18과 연결이 되어있고 그 내용은 결국 치리를 말한다. 즉, 예수님께서는 천국 열쇠가 천국에 들어갈 수 있는 문을 여는 권세만을 의미하신 것이 아니다. 교회 안에 있는 성도들을 사랑하고 철저하게 돌보며 나아가 그들의 행위에 제제를 가할 수 있는 권위가 있음도 말씀하신 것이다. "교회의 말도 듣지 않을 경우에 이방인과 세리와 같이 여기라"는 말씀은 교회의 치리를 말한다. 교회의 치리는 하나님의 승인을 받은 것으로 여길 수 있다는 말이다.

한 가지 유념할 점은 징계가 치리의 전부가 아니라는 것이다. 우리는 치리의 마지막 수순인 징계 전에 얼마나 많은 과정이 있었는지를 상기해야 한다. 치리의 광범위한 의미를 이해해야 한다. 한 사람이 권면하고, 듣지 않으면 한두 사람을 데리고 가서 또 권면하고, 그런 후에도 듣지 않으면 교회에 말하고, 교회의 말도 듣지 않을 경우에는 징계가 나가는 것이다. 치리는 단순 징계가 아니다. 치리는 한 영혼을 사랑하여 그를 소중히 여기고 그를 철저하게 돌본다는 의미가 내포되어 있다. 공적 징계 후에도 그가 회개하면 다시 복원시킨다. 교회 역사적으로 치리에 입각한 징계는 수찬정지 명령으로 시작하여, 성도들과의 교제 금지, 그리고 최종으로 출교했다.

성도의 교제

이 세상에서 누리는 모든 복은 우리가 받을 자격이 있어서 얻은 것이 아니다. 그것은 모두 은혜로 받은 것이다. 사실 우리 그리스도인의 삶의 전체가 은혜의 삶이다. 그럼에도 불구하고 하나님께서 우리에게 추가로 은혜를 주시기 위해 사용하시는 특별한 수단들이 있다. 특히 교회의 교제권 내에 그러한 수단이 존재한다. 그것은 어떤 활동, 예식, 또는 기능 등으로 하나님께서 우리에게 더 많은 은혜를 주시기 위해 사용하시는 방법이다. 다르게 말하면, 성령님께서 믿는 자들의 삶에 복을 내려주시기 위해 교회 내에서 역사하시는 수단들이 있다는 것이다. 물론 개인기도, 예배, 성경공부, 개인적 믿음 등은 모두 하나님께서 그리스도인 개인에게 은혜를 주시기 위해 역사하시는 방법이다. 그런데 여기서 우리는 특별히 교회의 교제권 내에서 하나님께서 우리에게 복을 주시기 위해 사용하시는 은혜의 수단을 말한다. 곧, 은혜의 수단이란 하나님께서 그리스도인들에게 더 많은 은혜를 주시기 위해 교회의 교제권 내에서 사용하시는 설교, 세례, 성찬, 중보기도, 예배, 성도의 교제, 전도, 위로, 권면, 상담 등 여러 활동들을 말한다. 성령께서는 이 모든 것들을 통해 개인들에게 다양한 복을 주시도록 역사하신다.

이 중에서 성도의 교제를 살펴보기로 한다. 우리는 교회에서 이루어지는 성도의 교제를 소중한 은혜의 수단으로 인식하고 소홀히 하지 말아야 한다. 초대교회는 교제를 중시했다. 그들은 "사도의 가르침을 받아 서로 교제하고 떡을 떼어 오로지 기도하기를" 힘썼다(행 2:42). 히브리서 기자는 다음과 같이 말한다. "서로 돌아보아 사랑과 선행을 격려하며 모이기를 폐하는 어떤 사람들의 습관과 같이 하지 말고 오직 권하여 그 날이 가까움을 볼수록 더욱 그리하자."(히 10:24-25) 성도의 교제를 통해 서로간의 친밀감과 애정은 성장할 것이고 결국 예수님께서 "너희는 서로 사랑하라(요 15:12)"고 하신 명령이 성취되는 것이다. 믿는 자들은 교제를 통해 서로를 돌보며 서로의 짐을 져서 그리스도의 법을 성취하게 되는 것이다(갈 6:2).

교회 내에서 이루어지는 성도의 교제는 성직자들에게 은혜의 수단을 지나치게 집중하려는 문제를 극복하는데 도움을 준다. 그리스도인들은 교회에서 서로 대화하고 음식을 함께 나누며, 함께 일하고, 함께 재미 있는 시간을 가짐으로 서로의 교제를 즐길 때, 하나님의 은혜를 경험하게 된다는 사실을 알아야 한다. 초대교회 교인들은 "날마다 마음을 같이하여 성전에 모이기를 힘쓰고 집에서 떡을 떼며 기쁨과 순전한 마음으로 음식을 먹고 하나님을 찬미하며 또 온 백성에게 칭송을 받으니 주께서 구원 받는 사람을 날마다 더하게" 하셨다(행 2:46-47).

왜 성도 간에 교제를 할 때 하나님의 은혜를 체험하게 되는가? 그것은 성령님의 역사를 체험하기 때문이다. 우리는 믿는 형제와 자매를 통해 성령님께서 역사하시는 것을 느끼며 감동을 받는다. 하나님의 은혜를 체험하는 것이다. 형제나 자매가 신앙으로 기뻐하는 모습을 보며, 일이 잘 풀려서 주님께 감사하며 찬양하는 모습을 보며, 역경 가운데서도 주안에서 승리하는 모습을 보며, 인내하며 병마와 싸우면서도 끊임없이 주님을 바라보는 모습을 보며, 병에서 치유를 받아 감사와 찬송을 올리는 모습을 보며, 자신의 잘못과 죄를 깨닫고 뉘우치며 눈물을 흘리는 모습을 보며, 주변의 형제자매들에 비해 세상적으로 훨씬 뒤지지만 조금도 아랑곳 하지 않고 함께 열심히 신앙생활을 하는 모습을 보며, 교회 내에서 공의를 위해 열심히 노력하는 모습을 보며, 어렵고 가난한 성도들을 위해 돕고 구제하려는 아름다운 모습을 보며, 우리는 감동을 받는다. 이것은 자연인으로서는 할 수 없는 행동들이다. 성령님께서 역사하시기 때문에 가능한 것이다. 믿음의 형제자매들의 이런 모습을 보는 것은 곧 성령님의 역사를 체험하는 것이다. 우리는 이들을 보며 간간히 그리스도의 모습을 본다. 도전을 받기도 하고 감동을 받기도 한다. 우리가 혼자서 은혜의 수단만을 추구한다면 얻을 수 없는 하나님의 복이다. 우리는 혼자 신앙생활을 할 수 없다. 우리는 서로가 필요하다. 교제가 필요한 것이다.

교제의 과정에 어려움이 생길 때가 있다. 의견 차이로 갈등이 생길 때가 있다. 그러므로 불편해 질 때가 있다. 이것도 우리는 긍정적으로 생각해야 한다. 불편한 관계를 통해 나 자신을 돌아보고 문제 해결을 위해 고민하면서 나의 모난 부분과 부족한 부분이 깎여지고 채워지기 때문이다. 인간관계의 어려움을 통해 우리의 신앙은 성숙해 지는 것이다. 교제가 이루어질 때 우리의 연약한 부분과 문제점이 드러나게 되고, 그것이 드러날 때에 치유되고 해결될 수 있는 것이다. 물론 이 부분은 조심스럽고 지혜롭게 다루어져야 한다. 교회 내에서도 서로 신뢰할 수 있는 교제권이 필요하다. 믿음 안에서 한 성령님의 인도 하에서 모든 것을 함께 나누고, 위해서 기도해 줄 수 있고, 사랑으로 감싸줄 수 있는 그런 교제권이 필요하다. 그런 성도 간의 교제권은 평생을 함께 하는 것이다.

제20장

The truth of the Christian faith

예배

　　　　　　예수님께서 부활 승천하시고 오순절에 성령께서 강림하신 이후 초대교회를 통해 신약교회 시대가 열렸으나, 교회는 얼마 후 유대인들 및 로마 제국으로부터 박해를 받기 시작했다. 그 후 서기 313년까지 기독교회는 불법 집단으로 간주되어 그리스도인들은 로마 제국의 핍박을 받았으며 사회 일반인들에게 정상적인 대우를 받지 못하며 살았다. 313년 밀란칙령으로 로마 제국 황제, 콘스탄틴에 의해 기독교회에 대한 박해는 중지되었고 기독교는 제국에 의해 공인을 받았으며 그 후 로마 제국의 국교까지 되었다.

　　이때부터 예배는 초대교회의 단순하고 겸손한 성경적 모습에서 벗어나 화려해지고 건전성을 상실하기 시작했다. 예배에 신비적 요소를 투입하기 시작했고, 이방 종교의 색채가 도입되었다. 성찬에서 빵과 포도주 속에 그리스도의 몸과 피가 물질적으로 존재한다는 성찬론이 나타났고, 이방 종교에서 대중적인 인기를 끌고 있던 여신에 대한 요구가 교회에 들어와 마리아를 신성화하기 시작했다. 이것이 현재 로마 가톨릭교회의 화체설과 마리아론의 출발이었다. 예배가 세상과 인간의 요구에 의해 변질되었다. 16세기 개신교 종교개혁은 성경적 예배를 회복시키려 했다. 미신적 요소와 비성경적 내용을 제거하고 오직 성경이 말하는 예배를 가르치고 교회의 공적 예배에 도입했다. 우리는 매 주일 예배를 드리고 있다. 그리스도인 삶 전체가 예배지만, 주일에 온 성도들이 다 모여 하나님께 드리는 예배는 무엇이고, 왜 예배를 드리며, 우리는 어떻게 예배를 드려야 하고, 우리에게는 결과적으로 어떤 유익이 있는가를 살펴보고자 한다.

예배는 우리가 영원하신 하나님의 가치를 인식하고 전적인 흠모와 숭배의 반응을 통해 그분에게 무한한 가치를 부여해 드리는 것이다. 하늘의 예배는 이것을 잘 보여준다. 사도 요한은 이렇게 묘사한다. "내가 곧 성령에 감동되었더니 보라 하늘에 보좌를 베풀었고 그 보좌 위에 앉으신 이가 있는데, 앉으신 이의 모양이 벽옥과 홍보석 같고 또 무지개가 있어 보좌에 둘렸는데 그 모양이 녹보석 같더라. 또 보좌에 둘려 이십사 보좌들이 있고 그 보좌들 위에 이십사 장로들이 흰 옷을 입고 머리에 금관을 쓰고 앉았더라… 보좌 가운데와 보좌 주위에 네 생물이 있는데 앞뒤에 눈들이 가득하더라… 네 생물은 각각 여섯 날개를 가졌고 그 안과 주위에는 눈들이 가득하더라. 그들이 밤낮 쉬지 않고 이르기를 '거룩하다 거룩하다 주 하나님 곧 전능하신 이여 전에도 계셨고 이제도 계시고 장차 오실 이시라' 하고 그 생물들이 보좌에 앉으사 세세토록 살아 계시는 이에게 영광과 존귀와 감사를 돌릴 때에 이십사 장로들이 보좌에 앉으신 이 앞에 엎드려 세세토록 살아 계시는 이에게 경배하고 자기의 관을 보좌 앞에 드리며 이르되 '우리 주 하나님이여 영광과 존귀와 권능을 받으시는 것이 합당하오니 주께서 만물을 지으신지라 만물이 주의 뜻대로 있었고 또 지으심을 받았나이다' 하더라."(계 4:2-11)

예배는 하나님 앞에서 우리의 심령과 목소리로 하나님을 영화롭게 해드리는 활동이다. 그러므로 예배는 하나님을 향한 것이다. 시편 기자는 하나님께 존귀와 영광을 돌리며 경배했다. "여호와 우리 주여 주의 이름이 온 땅에 어찌 그리 아름다운 지요. 주의 영광을 하늘 위에 두셨나이다."(시 8:1) "여호와는 광대하시니 우리 하나님의 성 거룩한 산에서 극진히 찬송하리로다."(시 48:1) "내 영혼아 여호와를 송축하라 내 속에 있는 것들아 다 그의 거룩한 이름을 송축하라."(시 103:1) "여호와께 그의 이름에 합당한 영광을 돌리며 거룩한 옷을 입고 여호와께 예배할지어다."(시 29:2)

예배는 우리가 하나님 앞에 나올 때 반드시 드리는 것이다. 이 때 우리는 심령으로 하나님을 흠모하고, 음성으로 그분을 찬양하며 그분에 대해 말한다. 이런 예배의 행위를 다른 자들이 다 들을 수 있도록 한다. 사도 바울은 골로새 교인들에게 다음과 같이 격려한다. "그리스도의 말씀이 너희 속에 풍성히 거하여 모든 지혜로 피차 가르치며 권면하고 시와 찬송과 신령한 노래를 부르며 감사하는 마음으로 하나님을 찬양하고… 하나님 아버지께 감사하라."(골 3:16-17) 하나님께서 우리를 교회로 부르신 가장 근본적인 이유는 집단적 회중으로 하나님께 예배를 드리기 위함이다. 하나님께서 이스라엘 백성을 애굽에서 이끌어 내신 이유도 그들이 하나님께 예배를 드리도록 하기 위함이었다(출 7:16). 시내 산에서 하나님 백성이 회중으로 모이고 예배를 드리는 것이 출애굽의 근본 목적이었다. 하나님께서는 그들을 자신 앞에 데려와 그들이 하나님의 말씀을 듣고 당신을 예배하도록 하신 것이다.

그리스도인의 모든 삶은 예배의 행위이며, 교회가 하는 모든 것은 예배라고 여겨질 수 있다. 우리가 하는 모든 것이 하나님을 영화롭게 하기 위함이기 때문이다. 그러나 우리가 지금 예배를 말할 때에는 그런 넓은 의미가 아니고, 그리스도인들이 한 자리에 모여서 말과 음악으로 하나님을 찬양하는 구체적이고 좁은 의미의 예배를 지칭한다. 예배에는 4가지 요소가 있다. 그것은 인식, 반응, 교제, 갱신이다. 하나님이 누구신지 인식한 후, 그 놀라우신 하나님께 반응을 하며, 그분과 교제하여, 그 결과로 우리에게 갱신이 나타나는 것이다.

인식

예배는 하나님이 만물의 창조주가 되시고 통치자가 되시며 나의 생명과 삶의 주인 되시는 것을 인식해야 가능하다. 나를 구원하신 놀라우신 은혜와 지속적으로 나를 사랑하시고 인도하시는 거룩하신 사랑과 자비로 말미암아 더욱 하나님을 흠모하며 그분의 가치를 인식하는 것이다. 예배는 하나님이 하나님이심을 인식하는 것이다. 하나님만이 인간의 가장 고귀한 찬양과 가장 깊은 충성을 받으시기에 합당하신 분이심을 아는 것이다. 그러므로 제1 계명은 너무도 합당하다. "너는 나 외에는 다른 신들을 네게 있게 말지니라."(출 20:3) 하나님께 올바른 예배를 드리려면, 우리는 하나님이 어떠신 분인지 알아야 한다.

하나님은 무소부재하시다. 하나님은 모든 곳에 계시다는 말이다. 시편 기자는 어디에도 계신 하나님을 고백한다. 아무리 멀리가도 하나님을 피할 수가 없다. 무소부재하신 하나님이시기에 우리는 하나님을 떠나 숨을 곳도 없고 피할 데도 없다. 하나님은 어느 곳에나 다 계시기 때문이다. 시편 기자는 말한다. "내가 주의 영을 떠나 어디로 가며 주의 앞에서 어디로 피하리이까. 내가 하늘에 올라갈지라도 거기 계시며 스올에 내 자리를 펼지라도 거기 계시나이다. 내가 새벽 날개를 치며 바다 끝에 가서 거주할지라도 거기서도 주의 손이 나를 인도하시며 주의 오른손이 나를 붙드시리이다."(시 139:7-10)

솔로몬은 하나님이 계실 성전을 짓고 성전의 한계를 말한다. 아무리 하나님이 계시는 하나님의 전이라 하더라도, 그것은 하나님의 존재 자체를 완전히 포함할 수 없다는 것을 잘 알고 있다. 성전이라는 제한된 장소가 하나님을 가두어 놓을 수 없음을 알고 있는 것이다. 솔로몬은 땅뿐만이 아니라 심지어 하늘의 하늘이라도 하나님을 가두어 놓을 수 없음을 고백한다. "하나님이 참으로 땅에 거하시리이까. 하늘과 하늘들의 하늘이라도 주를 용납하지 못하겠거든 하물며 내가 건축한 이 성전이오리이까."(왕상 8:27) 하나님은 만물을 지으신 창조주이시다. 하나님이 만드신 모든 것 안에는 시간과 공간도 포함된다. 만드신 분이 만들어진 것 안에 갇혀 계실 수는 없다. 시간과 공간의 주가 되시는 하나님은 시간과 공간을 초월하여 존재하신다. 사도 바울은 이렇게 말한다. "우주와 그 가운데 있는 만물을 지으신 하나님께서는 천지의 주재이시니 손으로 지은 전에 계시지 아니하시고 또 무엇이 부족한 것처럼 사람의 손으로 섬김을 받으시는 것이 아니니 이는 만민에게 생명과 호흡과 만물을 친히 주시는 이심이라."(행 17:24-25) 하나님의 존재는 시간과 공간 하에서 존재하는 인간의 기본적인 존재 양식과는 다르다. 하나님은 모든 것을 초월하여 존재하신다.

그러나 하나님은 특정한 사람들과 특별히 함께 하신다. 구약 시대에는 이스라엘 백성과 함께 하셨고, 신약 시대에는 교회와 함께 하시고 당신의 자녀들과 함께 하신다. 하나님의 함께 하심은 당신의 존재를 축소시키거나 제한시킨다는 의미가 아니다. 여전히 시공을 초월하여 모든 곳에 다 계시지만 어떤 경우에는 하나님의 존재 양식에 특별한 의미가 존재한다. 곧 모든 곳에 다 계시지만 특정한 곳에 특별한 의미로 존재하신다는 말이다. 예수님께서 이렇게 말씀하셨다. "두세 사람이 내 이름으로 모인 곳에는 나도 그들 중에 있느니라."(마 18:20) 여기서 주님께서 함께 하시겠다고 하는 경우는 장소보다도 사람들과 그들이 모이는 목적에 있다. 예수님의 이름으로 모인 모임에는 주께서 특별한 마음으로 그들과 함께하신다는 것이다. 하나님께서는 "통회하고 마음이 겸손한 자와 함께" 하신다(사 57:15). 하나님께서는 모든 곳에 다 계시지만 특별한 상황과 특별한 사람들 사이에 특별하게 함께 하신다. 하나님은 영과 진리로 드리는 예배를 받으시며 그런 자들과 특별히 함께 하신다(요 4:24).

하나님은 거룩하시다. 거룩하신 하나님이란 말은 두 가지 의미를 가지고 있다. 하나는 초월적 하나님이고, 다른 하나는 윤리적 하나님이다. 초월적 하나님이란 어떤 하나님을 말하는가? 시편 기자는 말한다. "여호와께서 통치하시니 만민이 떨 것이요. 여호와께서 그 불 사이에 좌정하시니 땅이 요동할 것이로다. 여호와께서 시온에서 광대하시고 모든 민족 위에 높으시도다. 주의 크고 두려운 이름을 찬송할지어다. 그는 거룩하시도다. 왕의 능력은 공의를 사랑하는 것이라. 주께서 공평을 견고히 세우시고 야곱 중에서 공과 의를 행하시나이다. 너희는 여호와 우리 하나님을 높여 그 발등상 앞에서 경배할지어다."(시 99:1-5) 하나님의 초월성 때문에 인간은 하나님을 온전히 이해할 수 없다. 하나님은 우리가 머릿속에 넣고 분석하고 평가할 수 있는 분이 아니다. 하나님은 인간 존재와는 근본적으로 차원이 다르신 분이다. 하나님은 분석과 판단의 대상이 아니고 경배와 예배의 대상이시다. 어느 인간도 예배의 대상이 될 수 없다. 하나님의 거룩의 경지는 인간의 거룩함과는 차원이 다르다. 하나님께서는 스스로 거룩하다고 말씀하신다(레 19:2). 하나님께서는 윤리적으로 완전하신 분이시다. 우리는 예배에 그러한 하나님을 만나러 나아간다. 그러므로 죄로 물들은 우리는, 그리스도의 피 공로로 깨끗해졌지만, 예배드리러 가기 전에 자신의 윤리적 거룩함을 챙겨야 한다. 회개하고, 심령을 정리하고, 준비하여 나아가야 한다.

하나님은 의로우시다. 여기서 하나님의 의로움은 하나님의 미쁘심을 말한다. 모든 면에 믿으실 만한 분이라는 것이다. 인간은 완전히 믿을 수 없다. 일관성이 부족하고 약속의 말을 완전히 지키지 못한다. 그러나 하나님은 무엇을 하시든지 모든 것에 일관성이 있으시고, 말씀과 약속을 꼭 지키신다. 영원 전부터 영원까지 동일하시다. "여호와는 맹세하고 변하지 아니하"신다(시 110:4). 하나님의 의로움은 하나님의 공의를 말하는 부분이 있다. 하나님은 의로우시기 때문에 심판하신다. 공의가 집행되어야 하기 때문이다(시 9:7-8). 의로우신 하나님은 의로우심으로 말미암아 당신의 백성을 구원하신다. 또한 의로우심으로 말미암아 하나님은 구원과 심판의 양면을 다 가지고 계신다. 은혜와 징벌의 양면을 다 가지고 계시다는 말이다. 우리는 하나님 앞에 두렵고 떨리는 마음으로 나아가야 한다. 공포가 아니고 경외적 떨림이다. 그리스도 안에 있기 때문이다.

하나님은 자비로우시다. 하나님의 변치 않는 사랑, 긍휼, 선하심, 은혜 등을 말한다. 친절을 베푸시고 악한 자에게도 인내하시고 기다려 주신다. 당신 백성을 불쌍히 여기사 영원히 파멸에 이르도록 두시지 않으시고 그들의 구원을 위해 당신의 독생자 예수 그리스도를 희생시키셨다. 시편 기자는 말한다. "여호와는 긍휼이 많으시고 은혜로우시며 노하기를 더디 하시고 인자하심이 풍부하시도다."(시 103:8) "아버지가 자식을 긍휼히 여김 같이 여호와께서 자기를 경외하는 자를 긍휼히 여기"신다(시 103:13). 하나님께서는 부족한 나를 받아주시고, 포옹해 주시고, 감싸 주시고, 사랑해 주신다. 우리 예배는 감사한 마음으로 하나님을 향해야 한다. 예배는 하나님 중심의 예배이어야 한다.

반응

시간과 공간을 초월하시고, 거룩하시며, 의로우시고, 자비로우신 하나님을 만나고 인식하면 당연히 하나님을 향한 반응이 나온다. 인식과 반응은 불가분의 관계다. 인식을 했는데 반응이 안 나올 수 없다. 그 반응은 하나님을 향한 경배다. 하나님께 대한 경배는 경이, 감사, 기쁨, 겸손, 순종, 자신 포기, 희생 등의 반응으로 나타난다. 예배에서 우리는 이러한 반응을 특정한 방법으로 표현한다. 경배의 마음을 기도, 찬송, 헌금 등으로 표현하는 것이다. 우리가 예배드릴 때 하나님을 깊이 인식하며 그에 따르는 반응을 보인다. 온전한 헌신과 의탁으로 하나님을 향한 사랑을 드리며 그것을 여러 가지 방법으로 표현하는 것이다.

이 반응의 본질은 무엇인가? 시편 기자에게 하나님을 향한 경배(숭배, 흠모)가 가장 중심적인 관심이고 최상의 기쁨이다. 웨스트민스터 신앙고백에는 "인간의 궁극적 목적이 하나님을 영화롭게 하고 그분을 영원히 즐거워하는 것"이라고 되어 있다. 우리는 하나님을 즐거워한다. 하나님을 바라보고 하나님을 생각하고 하나님을 묵상하면 너무도 감사하고 기쁘고 즐거운 것이다. 우리는 예배를 통해 우리 하나님에 대한 감사와 기쁨을 표현하며 나아간다. 하나님께 드리는 예배는 즐거운 것이다. 감사와 기쁨으로 하나님께 나아가는 것이다. 노래와 찬송으로 기쁨을 표현하고 입술을 통해 하나님께 감사함으로 올리는 것이다. 시편 기자는 말한다. "사람이 내게 말하기를 여호와의 집에 올라가자 할 때에 내가 기뻐하였도다."(시 122:1) "감사함으로 그의 문에 들어가며 찬송함으로 그의 궁정에 들어가서 그에게 감사하며 그의 이름을 송축할지어다."(시 100:4) "오라 우리가 여호와께 노래하며 우리의 구원의 반석을 향하여 즐거이 외치자."(시 95:1)

경배는 말과 노래로만 표현되어서는 충분하지 않다. 시편 기자는 찬송과 감사로 노래한 것뿐만이 아니고 예물을 드렸다. "여호와의 이름에 합당한 영광을 그에게 돌릴지어다. 예물을 들고 그의 궁정에 들어갈지어다."(시 96:8) 예물은 무엇을 의미하는가? 하나님은 물질이 필요한 것이 아니다. 우리가 하나님께 드리는 예물에는 우리의 희생이 들어가 있다. 우리가 수고해 거둔 물질을 도려내어 드리는 것이다. 예물 없이 예배를 드리는 것은 하나님을 향한 충분한 반응이 되지 못한다. 우리의 희생이 들어가지 않았기 때문이다. 물질을 바치는 것은 자신을 포기하며 하나님께 드리는 것을 의미한다. 헌금은 자신을 비워 하나님께 드리는 것을 상징적으로 표현한다. 자신을 희생하고 비우며 진실한 마음에서 우러나와 드리는 예배를 하나님은 기뻐 받으시는 것이다. 이사야 선지자는 잘못된 예물을 드리는 이스라엘 백성을 신랄하게 비판했다. "여호와께서 말씀하시되 너희의 무수한 제물이 내게 무엇이 유익하뇨 나는 숫양의 번제와 살진 짐승의 기름에 배불렀고 나는 수송아지나 어린 양이나 숫염소의 피를 기뻐하지 아니하노라. 너희가 내 앞에 보이러 오니 이것을 누가 너희에게 요구하였느냐. 내 마당만 밟을 뿐이니라. 헛된 제물은 다시 가져오지 말라. 분향은 내가 가증히 여기는 바요. 월삭과 안식일과 대회로 모이는 것도 그러하니 성회와 아울러 악을 행하는 것을 내가 견디지 못하겠노라."(사 1:11-13)

하나님께서는 겸손하고 찢어진 심령을 원하신다. 하나님께서는 사랑, 신뢰, 그리고 순종을 원하신다. 구약의 희생제물은 그들이 하나님을 향한 이러한 전적 의탁이 있을 때에만 받아들여졌다. 사도 바울은 우리 전체를 하나님께 드리라고 말한다. "너희 몸을 하나님이 기뻐하시는 거룩한 산 제물로 드리라 이는 너희의 드릴 영적 예배니라."(롬 12:1) 무엇보다 예물을 바칠 때에는 그동안 매일의 영적 예배의 삶이 동반되어야 한다. 헌금은 매일의 산 제사의 삶을 바치는 것을 상징한다. 너희 몸이라고 할 때에는 인간 전체의 헌신을 말한다. 매일의 삶을 말한다. 매일의 헌신적 삶이 예물의 바침을 통하여 상징적으로 전달되는 것이다. 매일의 헌신적 삶이 없는 예배는 무의미하다.

교제

우리가 하나님을 흠모하며 예배가 진행될 때에 우리는 하나님을 더욱 깊이 있게 만나게 된다. 하나님을 만날 때 우리는 하나님에 의하여 인식되고 붙잡혀지고 느껴지고 있다는 사실을 알게 된다. 그리고 내면적으로 우리의 심령이 움직이고 감동이 된다. 예배는 예배의 대상이신 하나님과 예배를 드리는 우리 사이에 교제 성격을 가지고 있다. 쌍방간에 서로를 찾고 발견하는 과정을 말한다. 인간은 하나님을 찾고 하나님은 인간을 찾는 과정이다. 인식과 반응을 통해 자연스럽게 나타나는 현상이다.

이 교제에 있어서 우리는 분명히 하나님께 회개의 헌신을 드리게 된다. 우리의 부족함과 그동안 매일의 삶에서 하나님 앞에 지은 죄로 인하여 참회의 마음을 감사, 찬송, 예물과 더불어 드린다. 그리고 참회와 회개에 대한 하나님으로부터의 죄 사함을 받아야 한다. 이것 없이는 진정한 교제가 이루어지지 않는다.

예배는 올바른 순서로 질서정연하게 이루어진다. 하나님과의 깊은 교제는 정돈된 순서에 의하여 이루어지는 것이다. 사도 바울은 교회에서 이루어지는 모든 일을 "품위 있게 하고 질서 있게 하라"고 권면한다(고전 14:40). 예배 순서는 하나님과 회중 사이에 주고받는 대화 형식으로 되어 있다. 쌍방 간의 교제 순서로 되어 있다는 말이다. 주보에 나타난 교회의 주일대예배 순서를 살펴보자. 먼저 '예배의 부름'이 있다. 하나님이 회중을 예배로 부르시는 것이다. 하나님의 부르심에 대한 반응으로 회중은 '기원, 찬송, 신앙고백-사도신경'으로 화답한다. 그 다음 '성시교독'을 통해 하나님이 말씀하신다. 하나님의 말씀에 대해 회중은 '송영1장, 기도, 찬송'으로 화답한다. 그리고 '성경봉독'을 통해 하나님은 말씀하신다. 그러면 회중은 '헌금, 봉헌송, 찬양'으로 화답한다. 연이어 '설교'를 통해 하나님은 말씀하신다. 회중은 '찬송'으로 화답한다. 마지막으로 '축도'를 통해 하나님은 회중에게 축복을 선포하신다. 회중은 '주기도송'으로 화답한다. 특히 오늘날 예배 시에 있는 '성도의 교제 및 새가족 환영'은 성도의 교제로 예배 순서 중간에 삽입되었다. 예배하는 과정에 하나님께서는 잠시 당신 백성의 교제를 기쁘게 허락하신다는 생각으로 그렇게 한다.

이러한 교제를 통하여 인간의 욕구가 충족된다. 물론 인간욕구 충족이 예배의 근본 목적은 아니다. 그러나 인간에게는 이러한 필요와 욕구가 있고 이것은 하나님께 올바른 예배를 드렸을 때에 자연스럽게 충족되게 되어 있다. 예배가 올바로 드려지지 않으면 우리의 영적 욕구가 충족되지 않는다. 하나님께 나아가지 못한 시편 기자는 영적 갈급으로 상당한 고통을 겪었다. 그는 이렇게 말한다. "하나님이여 사슴이 시냇물을 찾기에 갈급함 같이 내 영혼이 주를 찾기에 갈급하나이다. 내 영혼이 하나님 곧 살아 계시는 하나님을 갈망하나니 내가 어느 때에 나아가서 하나님의 얼굴을 뵈올까. 사람들이 종일 내게 하는 말이 네 하나님이 어디 있느뇨 하오니 내 눈물이 주야로 내 음식이 되었도다. 내가 전에 성일을 지키는 무리와 동행하여 기쁨과 찬송의 소리를 내며 그들을 하나님의 집으로 인도하였더니 이제 이 일을 기억하고 내 마음이 상하는도다."(시 42:1,2,3,4) 이 시편 기자는 왜 이렇게 마음이 상하여 있는가? 상당 기간 동안 하나님 전에 나아가 예배드리지 못하여 영적 필요와 욕구가 충족되지 않기 때문이다. 그는 구체적으로 무엇을 갈구하고 있는가? 예배다. 시편 기자는 예배를 통한 하나님과의 교제가 절대적으로 필요했던 것이다.

갱신

예배는 하나님을 만나는 것이다. 하나님을 만나면 인간에게 변화가 온다. 영적 갱신이다. 영적으로 새로워진다는 말이다. 영이 새롭게 힘을 얻는다는 것을 의미한다. 갱신이 예배의 목적은 아니다. 갱신은 진정으로 예배를 드리는 자에게 자연스럽게 나타나는 결과다. 선지자 이사야는 성전에서 하나님을 만나 예배드리고 결정적인 변화를 체험한다. 영적으로 새 힘을 얻고 소명을 받아 새로운 인생을 시작한다. 예배를 통해 이루어지는 갱신이다. 이사야는 예배를 통한 자신의 갱신을 이렇게 말한다. "내가 본즉 주께서 높이 들린 보좌에 앉으셨는데 그의 옷자락은 성전에 가득하였고 스랍들이 모시고 섰는데… 서로 불러 이르되 거룩하다 거룩하다 거룩하다 만군의 여호와여 그의 영광이 온 땅에 충만하도다 하더라. 이같이 화답하는 자의 소리로 말미암아 문지방의 터가 요동하며 성전에 연기가 충만한지라. 그 때에 내가 말하되 화로다 나여 망하게 되었도다. 나는 입술이 부정한 사람이요. 나는 입술이 부정한 백성 중에 거주하면서 만군의 여호와이신 왕을 뵈었음이로다 하였더라. 그 때에 그 스랍 중에 하나가 부젓가락으로 제단에서 잡은 바 숯을 손에 가지고 내게로 날아와서 그것을 내 입술에 대며 이르되 보라 이것이 네 입에 닿았으니 네 악이 제하여졌고 네 죄가 사하여졌느니라 하더라. 내가 또 주의 목소리를 들으니 주께서 이르시되 내가 누구를 보내며 누가 우리를 위하여 갈꼬 하시니 그 때에 내가 이르되 내가 여기 있나이다. 나를 보내소서 하였더니."(사 6:1-8).

　죄성의 뿌리는 이기주의다. 우리는 예수 믿고 구원받기 전, 하나님보다 자신을 더 소중하게 여기고 섬겼으며, 남보다는 항상 내가 더 중요하고 나 중심적으로 살았다. 그러나 하나님의 은혜로 회개하고 예수 믿어 새 사람이 되었다. 이제는 주님이 내 인생의 주인이시다. 내 인생의 목적도 분명해졌다. 하나님을 영화롭게 하고 그분을 즐거워하는 것이다. 그러나 우리에게는 여전히 죄성이 남아 있기에 이기주의가 자주 표출된다. 그러므로 우리는 평생 성화를 위해 노력해야 한다. 예배는 성화의 과정에서 우리에게 꼭 필요하다. 죄성의 근본을 지속적으로 치유해 주기 때문이다. 우리는 예수 믿고 하나님 앞에 의로워졌으나, 죄성이 단번에 완전히 치유되지는 않는다. 그래서 우리는 예배를 통해 지속적으로 하나님을 만나며 꾸준히 갱신되어지는 것이다.

　어떻게 이것이 가능한가? 예배를 통해 나를 바라보지 않고 하나님을 바라보기 때문이다. 예배에서 나의 마음과 정성이 모두 하나님을 향한다. 하나님을 흠모하며 경배를 드린다. 찬양, 기도, 헌금으로 그 경배를 표현한다. 하나님의 말씀에 도전받고 감동되며 마음과 심령이 녹아진다. 심령에서 우러나오는 찬송으로 화답한다. 이 과정에서 우리는 하나님의 아름다움을 본다. 하나님의 아름다움을 경험할 때 우리는 나 자신을 바라보지 않는다. 나의 이기적 욕심을 채우려는 마음은 사라지고 예배의 대상이 되시는 하나님의 아름다움에 매료되어 나 자신을 잊어버리게 된다. 시편 기자는 말한다. "내가 여호와께 바라는 한 가지 일 그것을 구하리니 곧 내가 내 평생에 여호와의 집에 살면서 여호와의 아름다움을 바라보며 그의 성전에서 사모하는 그것이라."(시 27:4) 예배를 드리는 순간만큼은 나는 나를 바라보지 않는다. 나를 생각하지 않는다. 오직 하나님만 바라본다. 하나님의 영광을 바라본다. 예배는 우리로 하여금 자신을 바라보지 않고 예배의 대상이 되시는 하나님을 바라보게 하여 죄성의 핵심인 자기중심주의를 이탈하게 도와준다. 우리에게 일어나는 치유의 과정이다. 예배는 결과적으로 우리에게 치유를 통해 변화를 가져다준다.

유익

예배는 근본 목적이 하나님께 영광을 올려드리는 것이지만, 예배를 드리는 우리에게 갱신과 더불어 여러 유익을 가져다준다. 이제 좀 더 구체적으로 예배의 결과로 우리에게 주어지는 유익을 정리해 보고자 한다.

우리는 하나님을 즐거워한다. 하나님은 우리로 하여금 당신을 영화롭게만 하라고 지으신 것이 아니고, 당신의 탁월함을 즐기라고 하셨다. 우리는 다른 어떤 상황에서 보다도 예배에서 하나님을 가장 즐거워하게 된다. 하나님은 가장 아름다우신 분이시기 때문이다. 하나님은 생명으로 인도하시기 때문이다. 하늘과 땅에서 내가 사랑하는 분은 하나님 밖에 없기 때문이다. 그러기에 그 하나님을 만나는 예배는 그 무엇보다 사모의 대상이 된다. 시편 기자의 노래를 들어보자. "내가 여호와께 바라는 한 가지 일 그것을 구하리니 곧 내가 내 평생에 여호와의 집에 살면서 여호와의 아름다움을 바라보며 그의 성전에서 사모하는 그것이라."(시 27:4) "주께서 생명의 길을 내게 보이시리니 주의 앞에는 충만한 기쁨이 있고 주의 오른쪽에는 영원한 즐거움이 있나이다."(시 16:11) "하늘에서는 주 외에 누가 내게 있으리요. 땅에서는 주 밖에 내가 사모할 이 없나이다."(시 73:25) "만군의 여호와여 주의 장막이 어찌 그리 사랑스러운지요. 내 영혼이 여호와의 궁정을 사모하여 쇠약함이여 내 마음과 육체가 살아 계시는 하나님께 부르짖나이다… 주의 집에 사는 자들은 복이 있나니 그들이 항상 주를 찬송하리이다… 주의 궁정에서의 한 날이 다른 곳에서의 천 날보다 나은즉 악인의 장막에서 사는 것보다 내 하나님의 성전 문지기로 있는 것이 좋사오니."(시 84:1-2, 4, 10)

초대교회는 예배를 통해 얻는 즐거움을 알았다. 누가 강요하지 않았지만 믿는 자들은 스스로 날마다 모여 예배드렸다. 그들의 마음은 자연스럽게 하나로 모아졌고 그들에게 기쁨과 충만을 안겨주신 하나님께 예배드리지 않을 수 없었다. 더불어 함께 교제하지 않을 수 없었다(행 2:46). 예수님께서 승천하신 후 제자들은 너무도 자연스럽게 모였다. 기쁨에 넘쳐서 항상 성전에 모여서 예배드리며 하나님을 찬양했다. 그들은 "큰 기쁨으로 예루살렘에 돌아가 늘 성전에서 하나님을 찬송"했다(눅 24:52-53). 물론 이런 성전에서의 찬양과 예배는 이 세상에서 끊임없이 지속될 수는 없다. 죄로 타락한 세상에서의 삶은 우리로 하여금 많은 책임질 일들로 시간을 쓸 수밖에 없게 만든다. 그렇지만 우리에게는 예배의 기회가 주어져 있다. 예배를 통해 하나님을 만나고 그분을 찬양하며 하늘의 영광을 맛보는 기회를 가진다. 하늘에서는 네 생물들이 "밤낮 쉬지 않고 이르기를 거룩하다 거룩하다 거룩하다 주 하나님 곧 전능하신 이여 전에도 계셨고 이제도 계시고 장차 오실이시라"고 예배를 드린다(계 4:8). 또한 하늘의 천사들과 이미 천국에 와 있는 성도들이 하늘의 예배에서 주님을 찬양한다. "죽임을 당하신 어린 양은 능력과 부와 지혜와 힘과 존귀와 영광과 찬송을 받으시기에 합당하도다."(계 5:12). 우리는 예배드릴 때 이 하늘 예배에 참여하는 것이다.

우리가 하나님께 예배를 드릴 때 하나님은 무엇을 하시는가? 성경은 피조물이 하나님을 영화롭게 할 때 하나님은 즐거워하신다고 가르친다. 하나님께서 우주만물을 만드셨을 때 그 모든 것을 보시고 기뻐하셨다(창 1:31). 하나님은 당신이 만드시고 구원하신 인간을 특별히 즐거워하신다. 선지자 이사야는 말한다. "너는 또 여호와의 손의 아름다운 관, 네 하나님의 손의 왕관이 될 것이라. 다시는 너를 버림 받은 자라 부르지 아니하며… 오직 너를 헵시바(나의 기쁨이 그에게 있다)라 하며… 이는 여호와께서 너를 기뻐하실 것이며 네 땅이 결혼한 것처럼 될 것임이라… 신랑이 신부를 기뻐함 같이 네 하나님이 너를 기뻐하시리라."(사 62:3-5)

이 진리는 우리에게 큰 격려가 된다. 우리가 하나님을 사랑하고 그분을 찬양할 때 우리는 하나님의 마음에 기쁨과 즐거움을 안겨드리는 것이다. 우리의 사랑이 즐거운 이유는 사랑하는 자의 마음에 즐거움을 가져다준다는 기쁨이 있기 때문이다.

우리는 하나님께 가까이 간다. 구약 성도들은 성전의 예식을 통해 제한된 방법으로만 하나님께 가까이 갈 수 있었다. 사실 대부분의 이스라엘 백성들은 성전 자체에 들어갈 수가 없었고 성전 마당에 있었다. 제사장들도 정해진 시간에만 성전의 성소에 들어갈 수 있었다. 그러나 지성소에는 대제사장 외에는 아무도 들어갈 수 없었고, 그도 일년에 한 번만 들어갈 수 있었다(히 9:1-7). 그러나 신약(새 언약)에서는 성도들이 예배드릴 때 하늘의 지성소에 직접 들어갈 수 있는 놀라운 특권을 얻었다. 예수 그리스도의 구속사역 때문이다. 히브리서 기자는 이렇게 말한다. "그러므로 형제들아 우리가 예수의 피를 힘입어 성소에 들어갈 담력을 얻었나니, 그 길은 우리를 위하여 휘장 가운데로 열어 놓으신 새로운 살 길이요 휘장은 곧 그의 육체니라."(히 10:19-20)

우리가 하나님의 현존에 들어갈 수 있는 확신을 가졌으니 더 강건한 믿음과 거룩한 삶으로 나아가자고 히브리서 기자는 말한다. "우리가 마음에 뿌림을 받아 악한 양심으로부터 벗어나고 몸은 맑은 물로 씻음을 받았으니 참 마음과 온전한 믿음으로 하나님께 나아가자."(히 10:22) 신약교회 예배는 나중에 하늘에서 드릴 예배의 예행연습(rehearsal) 정도가 아니다. 또는 그렇게 한 번 상상해 보고 하는 것도 아니다. 그냥 외식적 활동을 해보는 것은 더욱 아니다. 우리의 예배는 하나님 앞에 드리는 진정한 예배다. 예배를 드릴 때 우리는 하나님의 보좌 앞에 나아가는 것이다. 히브리서 기자는 말한다. "너희는 만질 수 있고 불이 붙는 산과 침침한 흑암과 폭풍과 나팔 소리와 말하는 소리가 있는 곳에 이른 것이 아니라… 너희가 이른 곳은 시온 산과 살아계신 하나님의 도성인 하늘의 예루살렘과 천만 천사와 하늘에 기록된 장자들의 모임과 교회와 만민의 심판자이신 하나님과 및 온전하게 된 의인의 영들과 새 언약의 중보자이신 예수와 및 아벨의 피보다 더 나

은 것을 말하는 뿌린 피니라."(히 12:18-24)

　이것이 새 언약 예배의 실체다. 진정으로 하나님 앞에서 드리는 예배라는 말이다. 우리는 예배를 드릴 때 육신적 눈으로는 하나님을 보지 못한다. 하나님의 보좌에 둘러있는 천사들도 보지 못한다. 우리보다 먼저 가서 하나님 현존에 예배를 지금 드리고 있는 믿는 자들의 영들도 보지 못한다. 그러나 이 모든 자들이 거기 있고 실제로 있다. 우리 주변에서 눈으로 보는 다른 모든 피조물들은 언젠가는 다 파괴되고 사라질 것이다. 그러나 예배 시에 영의 눈으로 보는 이 모든 자들은 실질적 존재들이고 절대로 사라지지 않을 것이다. 우리는 성경을 믿는다. 그렇다면 우리는 예배를 드릴 때 그 하늘의 장소에 들어간다는 사실을 믿는다. 거기서 우리도 목소리를 높여 이미 하나님께 찬송을 올리고 있는 그들과 함께 찬양을 올리는 것이다. 우리의 반응은 이것이다. "그러므로 우리가 흔들리지 않는 나라를 받았은즉 은혜를 받자. 이로 말미암아 경건함과 두려움으로 하나님을 기쁘시게 섬길지니(예배할지니, worship) 우리 하나님은 소멸하는 불이심이라."(히 12:28-29)

방법

　예배는 하나님을 영화롭게 하고 하나님이 우리를 만드신 목적을 달성하는 것이기에 영원한 의의와 위대한 가치를 가진 행위이다. 그러면 우리는 어떻게 하면 진정한 예배로 들어갈 수 있는가?
　예배는 영적 행위이며 성령님의 역사로 우리 안에 그 능력이 나타나야 한다. 그렇다면 우리가 예배를 바르게 드릴 수 있도록 해달라고 성령님께 기도해야 한다. 진정한 예배는 눈에 보이지 않는 영적 차원에서 진행되는 것이다. 성경은 이렇게 말한다. "아버지께 참되게 예배하는 자들은 영과 진리로 예배할 때가 오나니 곧 이 때라. 아버지께서는 자기에게 이렇게 예배하는 자들을 찾으시니라. 하나님은 영이시니 예배하는 자가 영과 진리로 예배할지니라."(요 4:23-24) "영과 진리로" 예배한다는 것은 "영적 활동 영역에서 진실되게" 예배하라는 말로 이해되어야 한다. 진정한 예배는 우리의 육신과 아울러 우리의 영과 관련된 행위이다. 우리의 영이란 눈에 보이지 않는 영역에서 활동하는 우리 존재의 비물질적 부분을 말한다. 마리아는 그렇게 하나님을 예배했다. "내 영혼이 주를 찬양하며 내 마음이 하나님 내 구주를 기뻐하"였다(눅 1:46-47)고 한다. 하나님은 영과 진리로 당신을 예배하는 자들을 찾으신다 (요 4:23). 즉, 하나님은 몸, 마음과 아울러 영으로 예배하는 자들을 찾으신다는 것이다. 그런 예배는 선택 사항이 아니다. 하나님께 예배하는 자들은 영과 진리로 예배해야만 하기 때문이다.

우리는 하나님을 만날 때 그분의 현존에 반응을 하게 되며 바른 예배의 태도가 나타난다. 스랍이 하나님의 영광을 보았을 때, "거룩하다 거룩하다 거룩하다 만군의 여호와여, 그의 영광이 온 땅에 충만하도다."(사 6:3)라고 부르짖었다. 제자들이 예수님께서 물 위를 걷는 것을 보고 그분이 배 안으로 들어갔을 때 바람이 멈추는 것을 보고, "배에 있는 사람들이 예수께 절하며(예배하며) 이르되 진실로 하나님의 아들이로소이다."(마 14:33)라고 말했다. 하나님 전에 나아갈 때 우리는 적절한 반응을 보여야 한다. 히브리서 기자는 말한다. "경건함과 두려움으로 하나님을 기쁘시게 섬길지니(예배할지니), 우리 하나님은 소멸하는 불이심이라."(히 12:28-29) 진정한 예배는 스스로 만들어내는 것이 아니고 그냥 우리 안에서 생성되는 것도 아니다. 그것은 하나님을 심도 있게 아는 것에 대한 반응으로 나타나는 것이다. 그래서 예배는 그 하나님에게 우리의 심령을 쏟아내는 것이 되어야 한다.

우리는 지금 교회에서 진실되고 심오하며 심령에 깊이 느껴지는 예배가 진행되고 있는지 질문해야 한다. 은혜로운 설교 후 마지막 찬송이 올려 질 때에 하나님을 향한 진정한 찬양이 나오는 경우가 많다. 그런데 바로 그 때에 예배는 곧 끝이 나고 만다. 사실 이런 상황에서 예배는 시작되어야 하는데 말이다. 우리는 더 깊이 있고 풍성한 예배가 되도록 노력해야 한다. 어떻게 해야 하는가? 예배는 영적 사건이다. 그러므로 근본적인 해결책도 영적이어야 한다. 예배 준비에 더 많은 기도가 필요하다. 특히 예배를 인도하고 주관하는 입장에서는 하나님께서 예배를 축복하시고 우리가 당신을 더욱 잘 알게 해달라고 간구해야 한다. 동시에 회중은 예배의 영적 본질에 대해 가르침을 받을 필요가 있다. 하나님 앞에서 예배를 드리는 것이 무엇인지 그에 대한 의미를 잘 알아야 한다. 히브리서 12:22-24은 이렇게 말한다. "너희가 이른 곳은 시온산과 살아 계신 하나님의 도성인 하늘의 예루살렘과 천만 천사와 하늘의 기록된 장자들의 모임과 교회와 만민의 심판자이신 하나님과 및 온전하게 된 의인의 영들과 새 언약의 중보자이신 예수와 및 아벨의 피보다 더 나은 것을 말하는 뿌린 피니라."

우리 그리스도인들은 예배를 위해 부서진 인간관계를 회복해야 한다. 예수님께서는 우리가 먼저 형제들과 화해한 후 예배에 나오라고 말씀하신다. "예물을 제단에 드리려다가 거기서 네 형제에게 원망들을 만한 일이 있는 것이 생각나거든 예물을 제단 앞에 두고 먼저 가서 형제와 화목하고 그 후에 와서 예물을 드리라."(마 5:23-24) 사도 요한은 이렇게 말한다. "누구든지 하나님을 사랑하노라 하고 그 형제를 미워하면 이는 거짓말 하는 자니 보는 바 그 형제를 사랑하지 아니하는 자는 보지 못하는 바 하나님을 사랑할 수 없느니라."(요일 4:20) 교회 전체는 하나님의 복을 받는데 장애물이 없도록 해야 한다. 교회에서 일부 성도들의 죄와 부서진 관계가 교회의 많은 사람들에게 퍼져 교회 전체에 하나님의 복이 전달되지 않는 결과가 나타나지 않도록 해야 한다. 베드로는 이렇게 말한다. "너희는 하나님의 은혜에 이르지 못하는 자가 없도록 하고 또 쓴 뿌리가 나서 괴롭게 하여 많은 사람이 이로 말미암아 더럽게 되지 않게"하라(벧전 12:15).

우리가 예배에서 진정으로 하나님께 가까이 나아가기 원한다면 개인적으로 거룩한 삶을 살기 위한 끊임없는 노력이 있어야 한다. 히브리서 기자는 이렇게 말한다. "모든 사람과 더불어 화평함과 거룩함을 따르라. 이것이 없이는 아무도 주를 보지 못하리라."(히 12:14). 예수님께서는 "마음이 청결한 자가 하나님을 볼 것이요(마 5:8)"라고 말씀하셨다. 이 약속은 부분적으로 이 땅에서 이루어지고 궁극적으로는 앞으로 올 세상에서 완전히 이루어질 것이다. 진정한 예배는 거룩한 삶에서 우러나오는 것이다. 주일 예배는 한 주간 거룩한 삶의 정산이다. 우리는 하나님을 만난다는 기쁨과 설렘으로 주일 예배를 위해 한 주간을 준비한다.

참고문헌

데이비드 W. 홀, 피터 A. 릴백, 편집. 「칼빈의 기독교강요 신학」. 나용화 외 역. 서울: 기독교문서선교회, 2009.

롤란드 베인톤. 「마틴 루터의 생애」. 이종태 역. 서울: 생명의 말씀사, 1982.

루돌프 W. 하인즈. 「개혁과 투쟁」. 원종천 역. 서울: 도서출판 그리심, 2010.

마가렛 딘슬리. 「중세교회역사: 590-1500」. 박희석 역. 서울: 기독교문서선교회, 1993.

마틴 루터. 「루터 저작선」. 존 딜렌버거 편집. 이형기 역. 서울: 크리스챤다이제스트, 1994.

앨리스터 맥그래스. 「하나님의 칭의론: 기독교 교리 칭의론의 역사」. 서울: 기독교문서선교회, 2005.

요셉 리차드. 「칼빈의 영성」. 한국칼빈주의연구원 편역. 서울: 기독교문화협회, 1986.

원종천. 「존 칼빈의 신학과 경건」. 서울: 대한기독교서회, 2008.

원종천. 「중세 영성의 진수: 성 버나드」. 서울: 대한기독교서회, 2004.

원종천. 「청교도 언약사상: 개혁운동의 힘」. 서울: 대한기독교서회, 1998.

원종천. 「칼빈과 청교도 영성」. 서울: 도서출판하나, 1994.

윌리스턴 워커. 「기독교회사」. 송인설 역. 서울: 크리스챤다이제스트, 1993.

정규남. 「한국성경주석총서: 출애굽기」. 서울: 도서출판 횃불, 2006.

존 칼빈. 「기독교강요」. 상, 중, 하. 원광연 역. 고양: 크리스챤다이제스트, 2003.

파울 알트하우스. 「루터의 신학」. 이형기 역. 서울: 크리스챤다이제스트, 1994.

피터 A. 릴백. 「칼빈의 언약사상」. 원종천 역. 서울: 기독교문서선교회, 2009.

칼 수소 프랑크. 「기독교수도원의 역사」. 최형걸 역. 서울: 은성출판사, 1997.

클레르보의 버나드. 「하나님의 사랑」. 엄성옥 역. 서울: 은성출판사, 1991.

Allison, Gregg R. *Historical Theology: An Introduction to Christian Doctrine*. Grand Rapids: Zondervan, 2011.

Beal G. K. *A New Testament Biblical Theology*. Grand Rapids: Baker Academics, 2011.

Beal, G. K. *We Become What We Worship: A Biblical Theology of Idolatry*. Downers Grove: IVP Academic, 2008.

Beeke, Joel R. *Puritan Reformed Spirituality: A Practical Theological Study from Our Reformed and Puritan Heritage*. New York: Evangelical Press, 2004.

Beeke, Joel R. and Jones, Mark. *A Puritan Theology: Doctrine for Life*. Grand Rapids: Reformed Heritage Books, 2012.

Billings, J. Todd. *Union with Christ: Reframing Theology and Ministry for the Church*. Grand Rapids: Baker Academic, 2011.

Boda, Mark J. *After God's Own Heart: The Gospel According to David*. Phillipsburg, P & R Publishing, 2007.

Calvin, John. *Calvin: Institutes of the Christian Religion*. Ed. John T. McNeill; Trans. Ford Lewis Battles. Philadelphia: The Westminster Press, 1960.

Duguid, Iain M. *Living in the Gap between Promise and Reality: The Gospel According to Abraham*. Phillipsburg, P & R Publishing, 2009.

Ferguson, Sinclair B. *Know Your Christian Life*. Downers Grove: InterVarsity Press, 1981.

Frame, John M. *The Doctrine of the Christian Life*. Phillipsburg: P & R Publishing, 2008.

Gaffin Jr., Richard B. *By Faith, Not by Sight: Paul and the Order of Salvation*. Waynesboro: Paternoster, 2006.

Grudem, Wayne. Systematic Theology. Grand Rapids: InterVarsity Press, 1994.

Hall, David W. and Lillback, Peter A. Ed. *Theological Guide to Calvin's Institutes*. Phillipsburg: P & R Publishing, 2008.

Horton, Michael S. *Covenant and Eschatology: The Divine Drama*. Louisville, London: Westminster John Knox Press, 2002.

Horton, Michael S. *Covenant and Salvation: Union with Christ*. Louisville, London: Westminster John Knox Press, 2007.

Horton, Michael S. *For Calvinism*. Grand Rapids: Zondervan, 2011.

Horton, Michael S. *Lord and Servant: A Covenant Christology*. Louisville: Westminster John Knox Press, 2005.

Husbands, Mark and Treier, Daniel J. Ed. *Justification*. Downers Grove: InterVarsity Press, 2004.

Kistler, Don. Ed. *The Puritans on Prayer*. Morgan, PA: Soli Deo Gloria Publication, 1995.

Lillback, Peter A. *The Binding of God: Calvin's Role in the Development of Covenant Theology*. Grand Rapids: Baker Academics, 2001.

Longman III, Tremper. *Immanuel in Our Place: Seeing Christ in Israel's Worship*. Phillipsburg, P & R Publishing, 2001.

Old, Hughes Oliphant. *Worship: Guides to the Reformed Tradition*. Atlanta: John Knox Press, 1984.

Oliphant, K. Scott. Ed. *Justified in Christ: God's Plan for Us in Justification*. Fearn, Ross-shire: Christian Focus Publication, 2007.

Olson, Roger E. *Against Calvinism*. Grand Rapids: Zondervan, 2011.

Ozment, Steven. *The Age of Reform: 1250-1550*. New Haven and London: Yale University Press, 1980.

Peterson, David. *Possessed by God: A New Testament Theology of Sanctification and Holiness*. Downers Grove: InterVarsity, 1995.

Peterson, Eugene B. *Subversive Spirituality*. Grand Rapids: Eerdmans, 1997.

Plantinga, Cornelius. Jr. *Not the Way It's Supposed to Be: A Breviary of Sin*. Grand Rapids: Eerdmans, 1995.

Seidfrid, Mark A. *Christ, Our Righteousness, Paul's Theology of Justification*. Downers Grove: InterVarsity Press, 2000.

Stark, Rodey. *The Rise of Christianity: How the Obscure, Marginal Jesus Movement Became the Dominant Religious Force in the Western World in a Few Centuries*. New York: HarperOne, 1997.

Venema, Cornelius P. *But for the Grace of God: An Exposition of the Canons of Dort*. Grandville: Reformed Fellowship Inc., 2011.